广西职业教育城市轨道交通运营管理专业及专业群发展研究基地研究成果
广西城市轨道交通运营管理高水平专业群建设研究成果

城市轨道交通运营管理专业群课程标准

马成正　陈振棠　谢　伟
马　丹　王杰华　雷莲桂　著
姚明阳　周　赟　黄　珏

西南交通大学出版社
·成　都·

图书在版编目（CIP）数据

城市轨道交通运营管理专业群课程标准 / 马成正等著. —成都：西南交通大学出版社，2021.11
ISBN 978-7-5643-8382-4

Ⅰ. ①城… Ⅱ. ①马… Ⅲ. ①城市铁路 – 交通运输管理 – 职业教育 – 课程标准 Ⅳ. ①U239.5

中国版本图书馆 CIP 数据核字（2021）第 244863 号

Chengshi Guidao Jiaotong Yunying Guanli Zhuanyequn Kecheng Biaozhun
城市轨道交通运营管理专业群课程标准

马成正　陈振棠　谢　伟
马　丹　王杰华　雷莲桂　著
姚明阳　周　赟　黄　珏

责任编辑	宋浩田
封面设计	何东琳设计工作室
出版发行	西南交通大学出版社 （四川省成都市金牛区二环路北一段 111 号 西南交通大学创新大厦 21 楼）
邮政编码	610031
发行部电话	028-87600564　028-87600533
网址	http://www.xnjdcbs.com
印刷	四川煤田地质制图印刷厂
成品尺寸	210 mm×285 mm
印张	19.75
字数	552 千
版次	2021 年 11 月第 1 版
印次	2021 年 11 月第 1 次
定价	58.00 元
书号	ISBN 978-7-5643-8382-4

课件咨询电话：028-81435775
图书如有印装质量问题　本社负责退换
版权所有　盗版必究　举报电话：028-87600562

前 言
PREFACE

当前我国轨道交通运营产业正在由"半自动化、自动化"向"智能化、智慧化"快速发展，伴随产业升级，轨道运营企业职业岗位正快速发生着变迁与融合，企业对人才的需求，由原来的"一专一能"向"一专多能""多专多能""能适应综合性岗位"发展，高素质的复合型技术技能人才成为企业的用人目标。基于上述现状，国务院、教育部等部门出台了《国家职业教育改革实施方案》（国发〔2019〕4号）、《教育部 财政部关于实施中国特色高水平高职学校和专业建设计划的意见》（教职成〔2019〕5号），提出"深化复合型技术技能人才培养培训模式改革"的要求。

专业建设是高职院校教育教学工作的核心，决定着人才培养规格和办学的整体水平。随着高职教学改革的逐渐深入，在产业集群发展的背景下，即使是实力较强的单个专业，也很难把握产业发展对职业教育提出的新要求，或者说以单个专业面向市场已无法满足产业发展的需要，进行从专业建设到专业群建设的转变已经势在必行，专业群建设是形成高职院校核心竞争力的关键。

柳州铁道职业技术学院是广西轨道交通行业职业教育教学指导委员会主任单位和广西轨道交通职教集团牵头单位。为使我校的教育资源进一步优化整合与共享，加强核心专业建设，促进相关专业提升，提高办学质量，学校围绕轨道交通运营领域，依据自身独特的办学优势和服务面向，按照"对接轨道交通运营产业链、专业基础相通、技术领域相近、职业岗位相关"的原则，以城市轨道交通运营管理为核心，融合了铁道交通运营管理、高速铁路客运服务、铁路物流管理、城市轨道交通机电技术、城市轨道交通车辆技术、通信技术等共6个专业（融合后共7个专业），组建了城市轨道交通运营管理专业群，提升我校面向专业集群的人才供给实力。

为加快城市轨道交通运营管理专业与专业群发展，专业群各专业全面贯彻执行教育部发布的职业教育国家教学标准，将国家标准要求落实到专业教学标准体系建设过程。同时为更好地适应所在区域产业特点，项目组成员总结当地企业对人才的需求特点、已有经验，升华和共享理论成果，与行业企业共同编写了专业群课程标准，整合各专业教学内容，优化课程布局，彰显行业特色，体现了人才的岗位适应性和职业迁移能力，以适应铁路和城市轨道交通企业转型升级对人才的新要求，形成特色长效的专业群课程体系，促进专业间合力的形成，实现专业链与产业链对接，发挥专业集群优势，提升服务产业能力，进一步促进校企合作的深入开展，充分发挥城市轨道交通运营管理专业及专业集群的引领辐射作用，进一步提高学校的知名度和社会影响力。

本书为广西职业教育城市轨道交通运营管理专业及专业群发展研究基地项目、广西城市轨道交通运营管理高水平专业群建设项目研究成果，由项目组成员马成正、陈振棠、谢伟、马丹、王杰华、雷莲桂、姚明阳、黄珏、周赟等负责编著和审定，并组织专业群教师参与了各相关模块的编写与研讨，编写过程中得到了南宁轨道交通集团有限公司、中国铁路南宁局集团有限公司等行业企业高级技术人员与企业首席技师等的大力支持，在此对他们表示衷心的感谢！

由于编著时间与编著人员水平有限，本书还有需要完善之处，恳请广大读者批评指正。

作 者
2021年8月

目 录
CONTENTS

一、专业群各专业核心课程标准

1 城市轨道交通运营管理专业 ·················· 003
  1.1 城市轨道交通运营管理专业课程设置及学时分配 ·················· 003
  1.2 城市轨道交通运营管理专业核心课程标准 ·················· 005
    1.2.1 "城市轨道交通车站行车工作"课程标准 ·················· 005
    1.2.2 "城市轨道交通车站客运组织与服务工作"课程标准 ·················· 009
    1.2.3 "城市轨道交通车站机电设备运用"课程标准 ·················· 013
    1.2.4 "城市轨道交通调度工作"课程标准 ·················· 018
    1.2.5 "城市轨道交通票务工作"课程标准 ·················· 022
    1.2.6 "城市轨道交通运营安全与应急处理"课程标准 ·················· 029

2 铁道交通运营管理专业 ·················· 037
  2.1 铁道交通运营管理专业课程设置及学时分配 ·················· 037
  2.2 铁道交通运营管理专业核心课程标准 ·················· 039
    2.2.1 "铁路调车工作"课程标准 ·················· 039
    2.2.2 "接发列车工作"课程标准 ·················· 044
    2.2.3 "列车调度指挥"课程标准 ·················· 051
    2.2.4 "铁路普通货物运输"课程标准 ·················· 056
    2.2.5 "铁路客运组织"课程标准 ·················· 061
    2.2.6 "铁路行车规章"课程标准 ·················· 069
    2.2.7 "车站作业计划与统计"课程标准 ·················· 075
    2.2.8 "铁路行车安全管理"课程标准 ·················· 079

3 高速铁路客运服务 ·················· 087
  3.1 高速铁路客运服务专业课程设置及学时分配 ·················· 087
  3.2 高速铁路客运服务专业核心课程标准 ·················· 089
    3.2.1 "铁路客运规章"课程标准 ·················· 089
    3.2.2 "高速铁路客运组织"课程标准 ·················· 096
    3.2.3 "高速铁路客运乘务实务"课程标准 ·················· 101
    3.2.4 "高速铁路行车技术管理"课程标准 ·················· 109

  3.2.5 "高铁安全管理与应急处置"课程标准 …………………… 118
  3.2.6 "高速铁路客运服务管理"课程标准 …………………… 127

4 铁路物流管理专业 ……………………………………………………… 134
4.1 铁路物流管理专业课程设置及学时分配 …………………………… 134
4.2 铁路物流管理专业核心课程标准 …………………………………… 136
  4.2.1 "仓储配送实务"课程标准 ……………………………… 136
  4.2.2 "铁路物流运输业务"课程标准 ………………………… 141
  4.2.3 "集装箱与多式联运"课程标准 ………………………… 145
  4.2.4 "铁路物流市场营销"课程标准 ………………………… 149
  4.2.5 "铁路特种货物运输组织"课程标准 …………………… 152

5 城市轨道车辆应用技术专业 …………………………………………… 160
5.1 城市轨道车辆应用技术专业课程设置及学时分配 ………………… 160
5.2 城市轨道车辆应用技术专业核心课程标准 ………………………… 162
  5.2.1 "城轨车辆机械构造"课程标准 ………………………… 162
  5.2.2 "城轨车辆电器与电机"课程标准 ……………………… 166
  5.2.3 "城轨车辆制动系统"课程标准 ………………………… 170
  5.2.4 "城轨车辆网络控制系统"课程标准 …………………… 177
  5.2.5 "城轨车辆行车规章与操纵"课程标准 ………………… 183
  5.2.6 "城轨车辆电气控制"课程标准 ………………………… 188

6 城市轨道交通机电技术专业 …………………………………………… 194
6.1 城市轨道交通机电专业课程设置及学时分配 ……………………… 194
6.2 城市轨道交通机电专业核心课程标准 ……………………………… 196
  6.2.1 "城轨通风空调与给排水系统"课程标准 ……………… 196
  6.2.2 "城轨综合监控系统及 BAS 维护"课程标准 …………… 200
  6.2.3 "城轨站台门与电扶梯设备维护"课程标准 …………… 205
  6.2.4 "城轨 AFC 系统维护"课程标准 ………………………… 209
  6.2.5 "城轨低压配电及照明系统维护"课程标准 …………… 212
  6.2.6 "电气控制与 PLC 技术"课程标准 ……………………… 217

7 现代通信技术专业 ……………………………………………………… 223
7.1 现代通信技术专业课程设置及学时分配 …………………………… 223
7.2 现代通信技术专业核心课程标准 …………………………………… 225
  7.2.1 "移动通信技术"课程标准 ……………………………… 225
  7.2.2 "数据通信"课程标准 …………………………………… 229
  7.2.3 "通信线路"课程标准 …………………………………… 235
  7.2.4 "传输系统"课程标准 …………………………………… 240
  7.2.5 "通信工程施工与管理"课程标准 ……………………… 244
  7.2.6 "无线网络规划与优化"课程标准 ……………………… 247
  7.2.7 "通信工程勘察与设计"课程标准 ……………………… 251

二、专业群专业基础课程标准

8 课程标准 ··· 259
  8.1 "轨道交通概论"课程标准 ··· 259
    8.1.1 课程性质 ··· 259
    8.1.2 课程目标与内容 ··· 259
    8.1.3 课程考核 ··· 261
    8.1.4 实施要求 ··· 261
  8.2 "轨道交通车辆"课程标准 ··· 262
    8.2.1 课程性质 ··· 262
    8.2.2 课程目标与内容 ··· 262
    8.2.3 课程考核 ··· 264
    8.2.4 实施要求 ··· 264
  8.3 "轨道交通信号与通信设备"课程标准 ······································ 265
    8.3.1 课程性质 ··· 265
    8.3.2 课程目标与内容 ··· 265
    8.3.3 课程考核 ··· 268
    8.3.4 实施要求 ··· 268
  8.4 "轨道交通线路站场"课程标准 ·· 269
    8.4.1 课程性质 ··· 269
    8.4.2 课程目标与内容 ··· 269
    8.4.3 课程考核 ··· 272
    8.4.4 实施要求 ··· 272
  8.5 "电力与电子技术"课程标准 ··· 273
    8.5.1 课程性质 ··· 273
    8.5.2 课程功能定位 ··· 273
    8.5.3 课程目标与内容 ··· 274
    8.5.4 课程考核 ··· 277
    8.5.5 实施要求 ··· 277
  8.6 "机械基础"课程标准 ·· 279
    8.6.1 课程性质 ··· 279
    8.6.2 课程目标与内容 ··· 279
    8.6.3 课程考核 ··· 283
    8.6.4 实施要求 ··· 284

三、专业拓展课程模块课程标准

9 课程标准 ··· 287
  9.1 "物联网概论"课程标准 ··· 287

  9.1.1 课程性质 ……………………………………………………………… 287
  9.1.2 课程目标与内容 ………………………………………………………… 287
  9.1.3 课程考核 ………………………………………………………………… 288
  9.1.4 实施要求 ………………………………………………………………… 288
9.2 "轨道交通市场营销"课程标准 ………………………………………………… 289
  9.2.1 课程性质 ………………………………………………………………… 289
  9.2.2 课程目标与内容 ………………………………………………………… 289
  9.2.3 课程考核 ………………………………………………………………… 291
  9.2.4 实施要求 ………………………………………………………………… 291
9.3 "轨道交通班组管理"课程标准 ………………………………………………… 292
  9.3.1 课程性质 ………………………………………………………………… 292
  9.3.2 课程目标与内容 ………………………………………………………… 292
  9.3.3 课程考核 ………………………………………………………………… 294
  9.3.4 实施要求 ………………………………………………………………… 294
9.4 "办公软件高级应用"课程标准 ………………………………………………… 296
  9.4.1 课程性质与功能定位 …………………………………………………… 296
  9.4.2 课程目标与内容 ………………………………………………………… 296
  9.4.3 课程考核 ………………………………………………………………… 298
  9.4.4 实施要求 ………………………………………………………………… 299
  9.4.5 其　　他 ………………………………………………………………… 299
9.5 "轨道交通运输法规"课程标准 ………………………………………………… 300
  9.5.1 课程性质与功能定位 …………………………………………………… 300
  9.5.2 课程目标与内容 ………………………………………………………… 300
  9.5.3 课程考核 ………………………………………………………………… 303
  9.5.4 实施要求 ………………………………………………………………… 303
9.6 "公关礼仪"课程标准 …………………………………………………………… 304
  9.6.1 课程性质、课程功能定位 ……………………………………………… 304
  9.6.2 课程目标与内容 ………………………………………………………… 304
  9.6.3 课程考核 ………………………………………………………………… 307
  9.6.4 实施要求 ………………………………………………………………… 307

一、专业群各专业核心课程标准

1 城市轨道交通运营管理专业

1.1 城市轨道交通运营管理专业课程设置及学时分配

城市轨道交通运营管理专业课程设置及学时分配见表1-1。

表1-1 课程设置及学时学分分配表
城市轨道交通运营管理专业（三年制）

		序号	课程编码	课程名称	学分	考核方式	教学总学时	其中实践学时	开课时数	开课学期 1 16/19	2 16/20	3 18/20	4 14/20	5 20	6 20
公共基础课	必修课	1	001001060	思想道德修养与法律基础	3.0	课内考试	48	12	4/10	4					
		2	001003080	毛泽东思想和中国特色社会主义理论体系概论	4.0	课内考试	64	8+8	4/14			4			
		3	001002020	形势与政策	1.0	考查	16		讲座	讲座					
		4	008011020	创新创业基础	1.0	考查	16	4	8+8	讲座					
		5	008013020	大学生职业发展与就业指导	1.0	考查	16	4	8+8				讲座		
		6	009001010	安全教育	0.5	考查	8		讲座	讲座					
		7	010003040	大学生心理成长	2.0	考查	32		2/8+2/8	2					
		8	005001040	体育与健康	2.0	考查	24	22	2/12	2					
		9	005005040	体育专项1	2.0	考查	28	26	2/14		2				
		10	005006040	体育专项2	2.0	考查	28	26	2/14			2			
		11	005007040	体育专项3	2.0	考查	28	26	2/14				2		
		12	003007080	公共英语	4.0	统一考试	52	14	4/13	4					
		13	003027060	城市轨道交通专业英语	3.0	课内考试	36	4	3/12				3		
		14	502001060	计算机文化基础	1.5	考证	28		2/14		2				
		15	002003060	应用经济数学	3.0	统一考试	48		4/12	4					
		16	004004040	写作与沟通	2.0	课内考试	32		3/11			3			
		17	004001030	普通话	1.5	课内考试	24		2/12	2					
		18	011002040	军事训练	2.0	考查	112	112	28/2	2w					
		19	011001040	军事理论	2.0	考查	36		2/11+2/7	2					
		20	014002020	劳动专题教育	1.0	考查	16		4+4+4+4	讲座					
		21	007005020	劳动实践	3.0	考查	72	72	24+24+24		1W		1W		1W
		22	014001060	班会主题教育	3.0	考查	48		8+8+8+8+8+8	讲座					
	选修课	23	007003080	公共选修课（见公共选修课手册）	4.0	考查	60		2/15+2/15						
		24	012002040	美育选修课（见公共选修课手册）	2.0	考查	30		2/15						
				公共基础课合计	**52.5**		**902**	**338**		18	10	5	5		
专业（技能）课	专业基础课	1	601042030	轨道交通服务礼仪	1.5	考查	24	8	2/12	2					
		2	601063040	轨道交通概论	2.0	统一考试	32	4	2/16	2					
		3	601055040	轨道交通车辆	2.0	课内考试	32	4	3/11	3					
		4	601056060	轨道交通信号与通信设备	3.0	统一考试	48	12	4/12		4				
		5	601065040	轨道交通线路站场	2.0	统一考试	32	8	2/16		2				
		6	601062070	电工与电子技术	3.5	课内考试	60	30	4/15		4				
		7	601043030	轨道交通运营职业道德	1.5	课内考试	24	4	2/12			2			
				专业基础课合计	**15.5**		**252**	**70**		7	10	2	0		

续表

	序号	课程编码	课程名称	学分	考核方式	教学总学时	其中实践学时	开课时数	开课学期					
									1	2	3	4	5	6
									16/19	16/20	18/20	14/20	20	20
专业核心课	1	601011080	城市轨道交通车站行车工作	3.5	统一考试	56	20	4/14				4		
	3	601048080	城市轨道交通车站客运组织与服务工作	3.5	统一考试	56	18	4/14				4		
	6	601058070	城市轨道交通车站机电设备运用	3.5	统一考试	54	12	3/18			3			
	2	601020070	城市轨道交通调度工作	3.0	统一考试	52	14	4/13				4		
	4	601021070	城市轨道交通票务工作	3.0	统一考试	52	14	4/13				4		
	5	601059070	城市轨道交通运营安全与应急处理	3.5	统一考试	56	14	4/14				4		
			专业核心课合计	20.0		326	92		0	0	11	12		
专业主干课	1	601079030	认知实习	1.5	考查	24	24	1w		1w				
	2	601024060	城市轨道交通运营管理规章	3.0	课内考试	48	4	4/12				4		
	3	601073030	形体训练	1.5	考查	24	24	1w		1w				
	4	601078060	客运服务心理	3.0	课内考试	52	4	4/13				4		
	5	601053040	轨道交通车辆驾驶	2.0	课内考试	32	20	2/16		2				
	6	601044040	城市轨道交通列车运行控制系统	2.0	课内考试	36	6	3/12			3			
	7	601019060	城市轨道交通车站行车工作实训	3.0	考查	48	48	24/2				2w		
	8	601018060	城市轨道交通车站客运组织与服务工作实训	3.0	考查	48	48	24/2				2w		
	9	601032030	城市轨道交通列车运行图绘制实训	1.5	考查	24	24	24/1					1w	
	10	601030060	城市轨道交通调度工作实训	3.0	考查	48	48	24/2					2w	
	11	601033060	城市轨道交通票务工作实训	3.0	考查	48	48	24/2					2w	
	12	601061030	城市轨道交通运营应急预案编制实训	1.5	考查	24	24	24/1					1w	
	13	601060030	城市轨道交通运营客流计划实训	1.5	考查	24	24	24/1					1w	
	14	601067120	技能考证培训	6.0	考查	96	96	24/4					4w	
	15	601077180	毕业设计（专业综合实践）	9.0	考查	144	144	24/6					6w	
	16	601070320	实习（跟岗、顶岗）	16.0	考查	432	432	24/18						18w
			专业主干课合计	60.5		1152	1018		0	5	0	8		
专业限选课	1	601068030	客服手语	1.5	课内考试	24	8	2/12		2				
	2	601069020	人工智能概论	1.0	讲座	16	0	讲座			讲座			
	3	601066040	轨道交通运输法规	2.0	课内考试	30	4	2/15			2			
	4	601052040	轨道交通班组管理	2.0	课内考试	30	4	2/15			2			
	5	601057060	财务基础	3.0	课内考试	48	6	4/12			4			
	6	601064040	轨道交通市场营销	2.0	课内考试	30	4	2/15			2			
	7	601005040	办公软件高级应用	2.0	课内考试	30	0	2/15				2		
			专业限选课合计	13.5		208	26		0	2	10	2	0	0
			总合计	162		2840	1544	学期总课时	520	522	450	502	416	464
								周总课时	25	27	28	27		

说明	每学期有一周机动和一周考试（前四学期），第五学期有一周机动。第二学期的劳动实践课程在暑期完成，第六学期的劳动实践课程在实习周完成，均不计入学期教学周学时。	毕业方式
		毕业设计（专业综合实践）

1.2 城市轨道交通运营管理专业核心课程标准

1.2.1 "城市轨道交通车站行车工作"课程标准

1.2.1.1 课程性质

1. 课程类型、课程功能

本课程是城轨交通运营专业必修的一门专业核心课,是学生在学习了"城市轨道交通运输设备""城市轨道交通车辆""城市轨道交通通信与信号"等课程后,以及具备了城轨车站、设备等基本知识的基础上,为其开设的一门理实一体化课程,其目的是对接城轨运营专业人才培养目标,面向城轨车站运营管理各工作岗位,培养学生办理城轨车站(车辆段)基本行车工作的职业能力、良好的沟通能力和团队协作精神,让他们树立安全第一的职业意识。并为后续"城市轨道交通调度工作"课程的学习奠定基础。

2. 课程功能定位

表 1-2　课程功能定位分析

对接的工作岗位	对接培养的职业岗位能力
站务员岗位 值班员岗位 值班站长岗位	1. 能正确填写行车凭证
	2. 能正确显示手信号
	3. 能操作车站级 ATS 设备
	4. 能进行手摇道岔人工准备进路作业
	5. 能在正常情况及非正常情况下接发列车
	6. 能操作车站行车设备
	7. 能组织车站施工检修作业
车厂值班员岗位	1. 能进行车辆段正常情况及非正常情况接发列车作业
	2. 能进行车辆段调车作业

1.2.1.2 课程目标与内容

1. 课程总目标

本课程是一门专业核心课,通过本课程的教学工作,能使学生了解城轨车站行车工作的具体内容,理解行车组织的基本原理,掌握城市轨道交通车站和车辆基地行车作业流程及相关制度,培养学生独立思考、获取资源、分析问题、解决问题的能力,让他们树立安全意识、服务意识,使他们具备规范操作、严谨求实的职业习惯。

2. 课程具体目标

表 1-3　课程教学目标与内容

序号	考核指标点	知识目标	技能目标	素质目标	教学内容
1	能初步掌握行车工作基础知识	了解车站及设备、列车运行图、调度指挥系统和调度模式；掌握列车和驾驶模式、列车运行方向	能够说出列车概念及相关知识；能够指出列车运行方向；能够说出车站主要设备与作用；能够说出调度指挥机构	归纳总结能力；专业学习的热情	行车工作基础知识
2	能组织列车在自动闭塞区间、移动闭塞区间运行	了解行车闭塞法种类；理解闭塞法工作原理；掌握自动站间闭塞、准移动闭塞、移动闭塞使用特点和规定；掌握电话闭塞法办理方法和规定	能够正确填写行车凭证；能够根据情况正确选择行车闭塞法；能组织列车在自动站间闭塞区间、移动闭塞区间、电话闭塞区间运行	认知新知识的能力、举一反三的能力	行车闭塞
3	能胜任车站行车工作，遵守相关规范	理解城市轨道交通行车组织工作的基本理论和方法，掌握城市轨道交通车站接发列车工作办理程序和方法、正常情况及非正常情况下的行车组织、列车运行模式，掌握特殊情况下行车应急处理程序	能熟练操作车站行车设备；能在正常情况及非正常情况下办理车站接发车作业；能够在车站联锁设备故障时进行应急处理	具有工作责任心；团队合作的能力；培养规范作业的意识	行车闭塞 车站行车工作
4	能组织车站、车辆段的施工检修作业	了解施工计划的分类；掌握车站和车辆段施工防护的要求、施工组织过程	能够组织车站运营时、非运营时设备施工检修；能够组织车辆段检修作业；能够处理施工登记和注销	安全工作意识	车站施工检修组织

表 1-4　课程教学安排

序号	项目（模块）	任务（单元）	教学内容	重点、难点	学时
1	项目1 行车工作基础知识	1.1 列车、车站与调度指挥系统	城市轨道交通行车工作要素	**重点**：城市轨道交通行车工作要素 **难点**：列车和驾驶模式、列车运行方向	2
2		1.2 行车组织原则 1.3 开、关车站工作	车站行车工作原则、车站开关站作业程序	**重点**：行车工作基本原则 **难点**：行车工作基本原则	2
3	项目2 行车闭塞	2.1 自动站间闭塞	闭塞的概念、自动站间闭塞设备使用特点和规定	**重点**：自动站间闭塞设备使用特点和规定 **难点**：行车闭塞法的原理	2
4		2.2 准移动闭塞 2.3 移动闭塞	准移动闭塞使用特点和规定、移动闭塞使用特点和规定	**重点**：准移动闭塞、移动闭塞的使用特点和规定 **难点**：准移动闭塞与移动闭塞的原理	2
5		2.4 电话闭塞 2.5 行车闭塞法变更	电话闭塞办理方法和规定、行车闭塞法变更的注意事项	**重点**：电话闭塞法的作业流程 **难点**：行车闭塞法变更的注意事项	2

续表

序号	项目（模块）	任务（单元）	教学内容	重点、难点	学时
6		3.1 车站行车工作规定和操作技能	车站行车工作规定	**重点**：车站行车工作的各项规定	2
7		实训1：LATS操作	各项LATS操作命令	**重点**：排列进路的基本操作 **难点**：信号故障时LATS的操作	2
8		3.2 车站中控时接发列车	中控时接发列车规定	**重点**：调度集中控制时接发列车作业流程 **难点**：调度集中控制时列车到发意外处理	2
9		3.3 车站站控时接发列车	站控时接发列车规定	**重点**：站控时接发列车作业流程 **难点**：站控时设备运作特点	2
10		实训2：自动自动和站间闭塞联锁站接发列车	办理进路的方法、自动站间闭塞接发列车作业程序	**重点**：自动站间闭塞接发列车作业程序 **难点**：使用自动站间闭塞的条件	2
11	项目3 车站行车工作	3.4 车站电话闭塞接发列车	填写路票的要求、使用电话闭塞法的条件	**重点**：路票的填写要求 **难点**：使用电话闭塞法的条件	2
12		实训3：手摇道岔作业	道岔位置的判断方法、手摇道岔作业程序	**重点**：手摇道岔作业程序 **难点**：道岔位置的判断方法	2
13		实训4：电话闭塞法联锁站接发列车作业	行车凭证、行车日志的填写方法，电话闭塞法的作业程序	**重点**：电话闭塞法的作业程序 **难点**：行车日志的填写	2
14		实训5：电话联系法接发列车作业	行车日志的填写方法、电话联系法的作业过程	**重点**：电话联系法的作业过程 **难点**：行车日志的填写方法	2
15		3.5 车站列车折返作业	车站列车折返作业方法与优缺点	**重点**：车站列车折返作业方法与优缺点 **难点**：列车折返特殊情况的处理方法	2
16		3.6 车站联锁设备故障应急处理	车站联锁设备故障应急处理	**重点**：联锁设备故障时的行车组织方法 **难点**：开放引导信号的条件	2
17	期中测试		期中测试		2
18		4.1 实训6：车辆段行车设备操作	CBI系统的各项操作	**重点**：调车和列车进路的办理 **难点**：系统中各功能按键的用途	2
19	项目4 车辆段接发车作业 项目5 车辆段调车	5.1 调车作业及计划 5.2 调车作业	调车作业过程及其基本规定	**重点**：调车作业过程 **难点**：调车前准备工作的内容	2
20		实训7：列车手信号与调车手信号	手信号的显示内容与要求	**重点**：手信号的显示内容 **难点**：手信号显示的时机	2
21		实训8：典型调车作业联控用语综合演练	联锁站调车作业流程与作业用语	**重点**：联锁站调车作业流程 **难点**：联锁站调车作业用语	2
22		5.3 试车工作	试车线试车作业程序	**重点**：试车线试车作业程序 **难点**：问路调车模式的作业程序	2
23	项目6 车站施工检修组织	6.1 车站检修施工	施工管理的一般规定、车站施工组织与施工防护的要求	**重点**：车站施工组织与施工防护的要求 **难点**：车站施工防护的要求	2
24		6.2 车辆段检修施工组织	车辆段施工组织与施工防护要求	**重点**：车辆段施工组织与施工防护要求 **难点**：车辆段施工防护要求	2

续表

序号	项目（模块）	任务（单元）	教学内容	重点、难点	学时
25	项目6 车站施工检修组织	实训9：施工登记表填写（主站请、主站销）	一项施工多个车站进行，主站请销点时的施工登记表填写；电子请点销点系统	**重点**：施工登记表的填写	2
26		实训10：施工登记表填写（主站请、辅站销）	一项施工多个车站进行，主站请、辅站销点时的施工登记表填写；电子请点销点系统	**重点**：施工登记表的填写	2
27	项目7 复习与测验	复习与测验	本课程的知识体系结构，运营管理知识	**重点**：基本行车闭塞法、电话闭塞法接发列车作业程序、非正常情况下行车组织、施工安全防护要求	4

1.2.1.3 课程考核

（1）课程考核分为终结性评价和过程评价，关注学生个体差异。

（2）终结性评价采用标准化试题的闭卷考核，占比50%。

（3）过程性考核着重考核学生平时成绩（包括学习态度、课堂考勤、课堂表现、平时作业、实训考核）和期中测验，其中测验占比10%，平时成绩占40%［考勤10%，实训考核10%，作业10%，课堂参与10%（职教云平台）］。

1.2.1.4 实施要求

1. 授课教师基本要求

本课程的授课教师具备车站各项与运营管理相关设备的基本操作技能，授课前接受车站站务人员技能的专业训练或有车站工作的实践经历，具有高等学校教师资格。

2. 教学方法和策略

贯彻"以学生为中心"的教学理念，实施行动导向教学方法，学生以小组形式，在教师的引导下通过项目的完成，达到专业知识学习和专业技能训练的目的。创造学习环境，创设有利于学生对知识意义构建的教学情境，在教学情境下使学生能够独立思考、共同探索、协作完成，使老师从知识传授者的角色转为学生学习过程的组织者、咨询者和指导者，使教学过程向学生自觉学习过程转化。每项工作任务完成后，各小组就提交一份成果报告。

1.2.2 "城市轨道交通车站客运组织与服务工作"课程标准

1.2.2.1 课程性质

1. 课程类型、课程功能

本课程是城市轨道交通运营管理专业必修的一门专业核心课,是学生在学习了"城市轨道交通概论""城市轨道交通场站设备运用""城市轨道交通客运服务标准"后,在具备了城市轨道交通基本理论的基础上,开设的一门理论课,其功能是对接城市轨道交通运营管理专业人才培养目标,面向站务员、值班员、值班站长工作岗位,培养客运组织与服务能力,并为后续"城市轨道交通车站客运组织与服务工作实训""城市轨道行车组织""城市轨道票务管理"等课程的学习奠定基础。

2. 课程功能定位

表1-5 课程功能定位分析

对接的工作岗位	对接培养的职业岗位能力
厅巡岗	1. 会帮助乘客、回答询问,会帮助老弱病和有困难级伤残乘客
	2. 会制止携带超大、超长、超重物品乘客进站乘车,并对乘客耐心解释
	3. 会分辨乘客是否有精神异常、酗酒的情况,如有,应禁止其进站乘车,发现留意可疑人员,会及时汇报车控室,必要时请求地铁公安或其他同时协助并注意自我保护
	4. 在出入口、站厅范围内发生治安、安全事件,能及时赶到,保护现场,寻找目击证人;发现有故意损坏或偷窃站厅设备设施行为时会及时制止,及时汇报车控室
	5. 会留意站厅乘客购票情况,发现排长队或大客流时及时报车控室,会协助值班站长、值班员做好客流组织工作
	6. 对发生在站厅的客伤事件会及时报车控室,会协助进行处理,并寻找目击证人
	7. 会巡视站厅设备设施、告示、贴纸等设施的状态,发现异常会及时报车控室,并进行相应处理
站台岗	1. 会对本区域人员管理和乘客进行引导;会进行清客工作;会制止乘客不当行为
	2. 会分辨三品等严禁携带进站的物品并进行制止
	3. 会按规定巡视站台,立岗接发车,会对站台乘客候车秩序、站台卫生和安全负责,会采取措施确保屏蔽门及以内区域安全
	4. 会监视列车运行状态、候车乘客动态,发生异常情况会及时处理

1.2.2.2 课程目标与内容

1. 课程总目标

课程以工作任务或案例分析为内容,以学生为主体组织教学活动,通过学生分组自学,教师课堂讲解,模拟现场作业情景实作训练等手段,重点培养学生掌握城市轨道交通客运岗位群应具备的客运工作技能,同时还注重认真严谨、纪律严明、团结协助的"半军事化"职业素质养成。

2. 课程具体目标

表1-6 课程教学目标与内容

序号	考核指标点	知识目标	技能目标	素质目标	教学内容
1	熟悉车站构造和基本布局基本结构，能进行导向标识的设置	了解城市轨道交通系统的模式何特点，了解站内、站外导向标识和平面布局的原理的规则	会计算站厅站台的相关指标及相关设备设施数量和，能进行车站平面布置	空间布局能力，举一反三的能力	城市轨道交通客运组织概况，城轨系统构成，车站结构，站厅站台设备设施数量计算，站台面积计算，车站平面图绘制方法，导向标识绘制方法
2	城市轨道交通客流认知	了解客流的含义及影响因素，明确相关客流指标的概念	能够根据客流指标情况判断客流状态	培养学生严谨细致的工作态度及分析能力	客流的基本概念和影响因素，客流相关指标介绍
3	熟悉日常客流八步曲步骤及组织工作原则，在突发事故时进行及时处理	熟悉城市轨道交通客流组织工作的基本理论和基本方法，熟悉主要运营规章处理日常生产过程中的有关问题	能办理各项客运业务的能力，会进行进站客流、出站客流引导	掌握客运应急处理程序，培养大客流、突发事件情况下客流组织能力，随机应变能力	流线设计及绘制，客流控制措施及实施
4	掌握换乘客流引导的规则和方法	了解各种换乘方式，掌握换乘客流组织的方法	能进行换乘客流引导，会设计换乘客流流线	培养细心细致、统筹规划的能力	换乘方式、客流流线图的绘制
5	按规章操作屏蔽门、自动扶梯、多种情况下进行客运组织	熟悉屏蔽门、自动扶梯操作规范及要求，熟悉客运服务的规范和要求，了解各岗位作业流程	能按规范操作屏蔽门、自动扶梯、PA、CCTV等设备，会遵循规章进行客运服务	培养安全意识，事故预防意识，团队合作能力，服务乘客的能力	屏蔽门四级控制、自动扶梯操作程序和注意事项，客运服务准则和规范

表1-7 课程教学安排

序号	项目（模块）	任务（单元）	教学内容	重点、难点	学时
1	城市轨道交通客运组织概述	客运组织工作	客运组织概念、特点、内容	**重点**：客运组织工作的特点和内容	2
2		车站组成及车站布局	车站的组成，车站平面布局的原则	**重点**：车站的组成部分 **难点**：平面布局原则	2
3		实训1：站厅层布局	车站站厅层各设备的功能布局、训练站厅层设备设施的布局掌握车站出入口、通道、防灾、照明、紧急疏散以及其他建筑设备的功能布局	**重点、难点**：站厅层各设备布局	2
4		实训2：站台层布局	车站站台层各设备的功能布局，训练站台层设备布局	**重点**：站台设备功能布局	2
5		实训3：车站平面布局训练	以真实车站为例，训练车站平面布局	**难点**：站厅站台楼扶梯的连接	2
6		站车信息揭示、标识和PIS	安全信息揭示、信息标识系统以及PIS内容	**重点**：信息系统的构成	2
7		实训4：导向标识布局训练	导向标识布局定义、分类及原则，站外、站厅、站台导向标识布局训练	**重点、难点**：导向标示布局方法	2

续表

序号	项目（模块）	任务（单元）	教学内容	重点、难点	学时
8	城市轨道交通客流认知	客流基础知识	客流的基本概念和影响因素，了解客流相关指标的含义	**重点、难点**：客流指标	2
9		日常客流组织八步曲	掌握日常客流组织工作过程，进站客流、出站客流组织工作。	**重点**：八步曲的内容 **难点**：如何进行客流组织	2
10		实训5：进站客流组织	训练进站客流组织工作	**重点**：进站客流组织工作内容和规范	2
11		实训6：出站客流组织	训练出站客流组织工作	**重点**：出站客流组织工作内容和规范	2
12	城市轨道交通客流组织	大客流组织	领会大客流控制原则，明确大客流组织措施和三级客流控制	**重点、难点**：三级大客流控制办法	2
13		突发事件客流组织	明确突发事件处理时的疏散、清客和隔离三种客流组织办法	**重点、难点**：疏散、清客、隔离实施流程	2
14		实训7：客流组织演练	要求创设突发事件需疏散、清客的作业情景，模拟演练疏散、清客客流组织工作	**重点**：演练方案的编制 **难点**：组织工作中各岗位之间的分工配合	2
15	段考				2
16		换乘概念和换乘方式	各种换乘方式	**重点**：不同的换乘方式	2
17	城市轨道交通客流换乘组织	换乘客流组织	换乘客流的组织方法，绘制换乘客流流线图	**重点**：换乘客流组织方法 **难点**：绘制客流流线图	2
18		实训8：换乘客流引导	绘制换乘客流流线图，阐述换乘客流引导方式	**重点**：绘制客流流线图 **难点**：阐述流线图中的客流引导方式	2
19		车站各岗位职责及作业流程	车站各岗位技能、岗位职责和作业流程	**重点**：岗位流程和职责 **难点**：岗位技能	2
20		屏蔽门操作程序	屏蔽门的系统控制模式，系统功能，会屏蔽门操作	**重点、难点**：屏蔽门的四级操作	2
21		自动扶梯的操作程序及故障处理	自动扶梯的操作程序和一般故障处理	**重点**：自动扶梯开启关闭流程 **难点**：故障处理	2
22	城市轨道交通客运作业与服务	值班员、值班站长岗位职责及作业流程	车站值班员、值班站长岗位技能、岗位职责和作业流程	**重点**：值班员、值站岗位流程	2
23		PA、CCTV、ACS和CLK	ISCS系统中的PA、CCTV、ACS和CLK的功能，进行各子系统的日常操作	**重点**：各系统的功能和操作	2
24		客运服务规范和细微服务	客运服务标准、行为规范、形体标准、着装标准，细微服务技巧	**重点**：客运服务标准及技巧	2

续表

序号	项目（模块）	任务（单元）	教学内容	重点、难点	学时
25	城市轨道交通客运作业与服务	实训9：站厅、站台服务	站厅、站台服务内容和流程	**重点**：站厅、站台服务内容流程	2
		突发事件处理	突发事件的处理原则，信息通报的原则、内容及作业流程	**重点、难点**：突发事件处理流程	2
		客伤处理	客伤事故的定义和范围认定，掌握客伤事故的处理过程	**重点、难点**：客伤处理流程及办法	2
26	期末考试				2

1.2.2.3 课程考核

课程考核采用形成性考核（即过程考核）和终结性考核相结合的方式。原则上形成性考核占50%，终结性考核占50%。形成性考核包括课堂考勤、实训表现、作业、期中测验；终结性考核指期末考试。

本课程的综合成绩=30%×平时成绩+20%×段考成绩+50%×期末考试成绩

1.2.2.4 实施要求

1. 授课教师基本要求

本课程授课教师具备本科以上学历、助教以上职称，具有两年以上城市轨道交通运营管理专业教学经验，具有半年以上现场工作或跟岗实习经验，具备高等学校教师资格。

2. 教学方法和策略

（1）教学方法。

根据学情分析和教学内容特征，选择项目化教学、案例教学法、情景教学法、工作过程导向教学法、探究式教学法、"理实一体化"等教学法，将各种实践与技能融入项目任务、案例、情景之中，实现"做中学"。

（2）教学策略。

教学过程中可以采用网络教学平台实现混合式教学。课程教学与实践穿插教学等。

1.2.3 "城市轨道交通车站机电设备运用"课程标准

1.2.3.1 课程性质

1. 课程类型、课程功能

"城市轨道交通车站机电设备运用"是城市轨道交通运营管理的一门专业核心课程,是学生在学习了"轨道交通车辆""轨道交通信号与通信设备"等课程的相关知识、具备了网络通信、轨道交通车辆等认知能力的基础上,开设的一门理实一体课,其功能是对接城市轨道交通运营专业人才培养目标,面向城市轨道交通车站运营工作岗位,培养学生熟悉城轨机电设备的结构、功能、工作原理等相关知识,掌握系统构件认知、运行管理操作等基本技能,为后续专业核心课程学习奠定坚实的基础,对该专业学生职业能力的培养和职业素养的养成起主要的支撑作用。

2. 课程功能定位

表1-8 课程功能定位分析

对接的工作岗位	对接培养的职业岗位能力
城市轨道车站运营岗位群	掌握地铁综合监控ISCS、消防报警FAS,环境监控BAS、气体灭火系统的操作与故障处理的方法
	能根据车站运营与特殊情况需要正确及时地操作环控运行设备
	具有站台门、电扶梯及电气系统机构、原理认知能力;具备站台门/电扶梯设备的运行管理、操作使用及事故应急处理能力
	具有AFC系统基础知识,掌握售票机、检票机硬件的层次结构以及电气原理;掌握AFC事故应急处理流程,能检测并判断设备各部件的状态,根据事故现象及电气电路图分析查找并排除简单故障
	掌握给排水、低压配电及照明设备的操作及故障处理的方法

1.2.3.2 课程目标与内容

1. 课程总目标

通过本课程的学习,旨在让学生了解城轨机电设备的组成、功能、管理、维护等基础知识;具备城轨机电设备的认知和正常操作能力的基本方法和技能,非正常情况下,能综合运用车站设备,组织列车安全运行、组织乘客紧急疏散,培养学生的设备应急操作能力和综合演练能力,增强学生的安全操作意识、服务意识、责任意识,提高学生的工作适应能力,初步具备一定的工作经验和工程技术人员的素质。

2. 课程具体目标

设置本课程的目的是培养学生使其具有能够熟练使用城市轨道交通车站机电设备的能力,具有能够对城市轨道交通车站机电设备进行日常维护和常见故障进行处理的能力。立足这一目的,结合高职学生的学习能力水平与岗位的职业能力要求,依据城轨机电设备与维护管理的主要课程内容设定了以下的目标。

表 1-9 课程教学目标与内容

序号	考核指标点	知识目标	技能目标	素质目标	教学内容
1	认知轨道交通车站机电设备	了解课程性质及教学基本情况了解地铁车站的主要设备；掌握理解车站设备配置的原则	能识别车站机电设备；会车站设备配置及管理方法	树立"统一指挥，服从安排"的意识	轨道交通车站机电设备概述
2	具备车站综合监控系统的监控功能	了解综合监控系统的发展、综合监控系统的功能及特点；掌握综合监控系统的设备组成	能认知 ISCS 系统的结构、功能认知；能够识别 ISCS 集成系统间的联控关系	培养认真、刻苦、勇于实践的工作作风，养成规范、严谨的工作态度；树立"大局观"的意识	车站综合监控系统
3	具备车站消防系统（FAS）以及气体灭火等消防设备的管理以及操作能力	了解地铁火灾的特征；了解地铁车站 FAS 系统的组成；掌握地铁 FAS 系统的日常运营模式及其启动控制方式	1. 能处理 FAS 系统控制过程常见故障处理 2. 能及时处理车站突发火警，紧急控制救灾的应急作业操作 3. 能紧急控制气体灭火止喷作业	培养学生良好的职业素养、合作共事以及随机应变的工作能力	车站消防系统
4	具备车站环控系统的管理以及操作能力	1. 掌握车站环控系统的分类、组成、运行原理、控制方式； 2. 识别车站环控系统常见设备； 3. 能分析特殊情况下环控系统设备的运行； 4. 了解环控系统的分类及设备； 5. 理解环控系统的主要功能	1. 能操作 BAS 系统软件进行日常操作； 2. 能进行灾害情况下 BAS 系统的操作控制； 3. 车站 BAS 设备出现故障时的应急处理； 4. 会基本的通风与环境控制设备使用方法	培养综合应用专业知识分析问题解决问题的能力，具备团队精神和协作能力	环控系统；BAS 系统
5	具备车站机电设备的管理及运用能力	1. 了解车站电梯、AFC、给排水、屏蔽门、广播等设备； 2. 掌握电梯、AFC、广播等设备的功能； 3. 掌握电梯、AFC、广播等设备的控制方式	1. 能够对车站电梯、AFC、给排水、屏蔽门、广播等设备进行日常管理； 2. 对车站电梯、AFC、给排水、屏蔽门、广播等设备异常处理	社会主义核心价值观；具备团队精神和协作能力	电梯系统；屏蔽门系统；自动售检票系统；低压配电及照明系统；车站机电设备实训项目

表 1-10 课程教学安排

序号	项目（模块）	任务（单元）	教学内容	重点、难点	学时
1	项目一 轨道交通车站机电设备概述	轨道交通车站机电设备概述	1. 了解地铁车站主要设备； 2. 车站设备配置的原则； 3. 车站设备配置及管理方法	**重点**：地铁车站主要设备 **难点**：车站设备配置及管理	2
2	项目二 车站综合监控系统	综合监控系统	1. 车站综合监控系统概述 2. 车站综合监控系统的工作模式	**重点**：综合监控系统的主要功能 **难点**：车站综合监控系统的工作模式	4

续表

序号	项目（模块）	任务（单元）	教学内容	重点、难点	学时
3	项目三 屏蔽门系统	屏蔽门系统	1. 了解站台门的布置； 2. 站台门的技术标准； 3. 屏蔽门的构造及原理	**重点**：站台门的构造 **难点**：屏蔽门工作原理	2
4		屏蔽门系统的监视、异常处理	1. 站台门系统的功能； 2. 屏蔽门系统的监控； 3. 屏蔽门异常处理	**重点**：站台门系统的监控 **难点**：屏蔽门异常处理	2
5	项目四 电梯系统	电梯系统	1 自动扶梯概述； 2 自动扶梯、垂直电梯基本结构及功能； 3 垂直扶梯的操作及应急处理	**重点**：自动扶梯基本结构及功能 **难点**：垂直扶梯的操作及应急处理	2
6		车站电梯系统的管理及运用	1. 了解电梯系统的运行管理； 2. 理解电梯故障的救援； 3. 掌握电梯的应急处理	**重点**：自动扶梯的监控 **难点**：自动扶梯、垂直电梯的异常处理	2
7	项目五 自动售检票系统	自动售检票系统	1. 了解自动售检票的设备布置； 2. 理解AFC系统的建设原则； 3. 掌握TVM/BOM的常见故障处理	**重点**：自动售检票的设备布置 **难点**：TVM/BOM的常见故障处理障应急处理	2
8		自动售检票系统的监视、故障处理	1. 自动售检票的架构； 2. 自动售检票系统的监视； 3. 自动售检票系统异常处理	**重点**：自动售检票系统的监视 **难点**：自动售检票系统的异常处理	2
9	项目六 环控系统	1 环控系统的主要功能、组成及制式 2 环控系统的运行模式、控制系统及设备	1. 环控系统的主要功能； 2. 车站通风系统的系统组成； 3. 环控系统的主要设备；环控系统的基本概念； 4. 环控系统的运行模式及控制系统基本功能	**重点**：环控系统的主要设备、主要功能 **难点**：环控系统的运行模式、控制系统	4
10	项目七 车站消防系统（FAS）	车站消防系统（FAS）	1. 地铁火灾的特征； 2. FAS系统的主要设备； 3. 地铁FAS系统的日常运营模式及其启动控制方式	**重点**：FAS系统的主要设备；地铁车站FAS系统的组成 **难点**：FAS系统的日常运营模式；FAS系统的功能	4
11		火灾集中报警监控子系统的基本操作	1. 火灾集中报警监控子系统的基本操作； 2. 火灾集中报警监控子系统的异常处理	**重点**：火灾集中报警监控子系统的基本操作 **难点**：火灾集中报警监控子系统的异常处理	2
12		FAS主机的基本操作	1. 了解FAS主机的组成； 2. FAS主机的作用； 3. FAS主机日常监控； 4. FAS主机的异常处理	**重点**：FAS主机日常监控 **难点**：FAS主机的异常处理	2
13		气体灭火系统的认知及控制操作	1. 气体灭火系统的组成及设备； 2. 掌握气体灭火系统的火警处理流程及管理注意事项	**重点**：气体灭火系统的组成及设备 **难点**：气体灭火系统的火警处理流程	2
14	项目八 给水排水系统	车站给排水系统	1. 了解给排水的主要设备； 2. 理解给排水的流程； 3. 掌握排水系统运用	**重点**：给排水的流程 **难点**：排水系统运用	2
15	项目九 低压配电及照明系统	低压配电及照明系统	1. 低压配电及照明系统的组成； 2. 低压配电及照明系统系统的种类、主要功能； 3. 掌握电力监控系统的主要功能	**重点**：低压配电及照明系统的组成与功能 **难点**：电力监控系统的主要功能	2

续表

序号	项目（模块）	任务（单元）	教学内容	重点、难点	学时
16	项目十 机电设备监控系统（BAS）	3. 机电设备监控系统（BAS）	1. BAS系统的主要功能； 2. BAS系统的监控对象； 3. 车站BAS设备出现故障时的应急处理	**重点**：BAS系统的主要功能 **难点**：车站BAS设备出现故障时的应急处理	4
17		环境与设备监控子系统的认知及基本操作	1. 环境与设备监控子系统的人机界面； 2. 环境与设备监控子系统的基本要求； 3. 环境与设备监控子系统日常监控	**重点**：环境与设备监控子系统的日常操作 **难点**：环境与设备监控子系统的日常操作	2
18		环境与设备监控子系统的异常处理	1. 环境与设备监控子系统的异常原因分析； 2. 环境与设备监控子系统的异常处理	**重点**：环境与设备监控子系统的异常原因分析 **难点**：环境与设备监控子系统的异常处理	2
19	项目十一 车站机电设备实训项目	课内实训1 供电监控子系统、闭路电视监控子系统	1. 供电、闭路电视子系统的架构； 2. 供电、闭路电视子系统的功能闭路电视监控子系统的运用	**重点**：供电、闭路电视子系统的架构 **难点**：闭路电视监控子系统的运用	2
20		课内实训2 乘客信息监控子系统、门禁系统	1. 乘客信息监控子系统的架构； 2. 乘客信息系统子系统的原理； 3. 乘客信息监控子系统、门禁系统的监控操作	**重点**：乘客信息系统的监控操作 **难点**：门禁系统的监控操作	2
21		课内实训3 公共广播监控子系统	1. 公共广播监控子系统的构成； 2. 广播系统的功能； 3. 广播系统的操作	**重点**：广播系统的功能 **难点**：广播系统的操作	2
22		课内实训4 IBP盘认知与操作	1. IBP的设备组成； 2. IBP盘的操作流程	**重点**：IBP的设备组成 **难点**：IBP盘的操作流程	2
23		课内实训5 IBP盘的操作及故障处理	1. IBP的日常操作； 2. IBP应急操作； 3. IBP盘故障处理	**重点**：IBP的日常操作 **难点**：IBP应急操作	2
24		课内实训6 综合监控运行维护和故障处理	1. 综合监控的设备巡查和保养； 2. 综合监控运行维护； 3. 综合监控简易故障处理	**重点**：综合监控的设备巡查和保养 **难点**：综合监控简易故障处理	2
25	期末考试	期末考试	检查本课程阶段性教学效果	考核车站机电设备的认知及组成；考核AFC、电梯、站台门、环控系统、BAS、FAS等设备的管理及运用	2

注：本课程标准适用于52~60学时的"城市轨道交通车站机电设备运用"课程标准，表中的学时为建议和参考学时，实际教学内容和课时可结合课程标准，根据教学的专业和课时进行选择和调整。

1.2.3.3 课程考核

课程考核采用形成性考核（即过程考核）和终结性考核相结合的方式。原则上形成性考核占50%，终结性考核占50%。形成性考核：平时成绩占30%（含课内考勤及表现10%、线上线下教学互动20%）；课内实训考核成绩占20%。

1.2.3.4 实施要求

1. 授课教师基本要求

具备大学本科及以上学历，中级及以上职称，拥有高校教师资格证，有现场工作或挂职经历，思想品德好，经过专业的技能学习。

2. 教学方法和策略

（1）教学方法。

在本课程的教学实施过程中，结合教学内容，主要采用了讲授法、情境教学法、任务驱动法、案例分析法等基于行动导向、突出工学结合特色的教学方法。在教学方式上实现了以教师为中心向以学生为中心的转化，以实现课程目标。

（2）教学策略。

本课程采用多媒体课件、现场图片及录像、动画、案例视频、虚拟仿真软件、工作任务真实装备相结合的现代教学技术手段，来改善教学效果，提高教学质量，同时积极引进行业、企业专家参与教学。

1.2.4 "城市轨道交通调度工作"课程标准

1.2.4.1 课程性质

1. 课程类型、课程功能

"城市轨道交通调度工作"是城市轨道交通运营管理专业的一个核心学习领域,先修课程有"城市轨道交通设备""城市轨道交通信号与通信设备运用""城市轨道交通车站行车工作",为本学习领域奠定了坚实的基础。本学习领域为后续专项实训课程做支撑。主要学习城市轨道交通行车组织的基本方法、列车开行方案、运输计划编制、列车运行图编制、正常情形下的调度指挥与特殊情形下的调度指挥等内容,主要培养学生准确、熟练编制列车开行计划及调度指挥的职业能力,使其具备良好的沟通能力和团队协作精神,让其树立安全第一的思想意识的职业素质,并具备行车调度员职业岗位能力。

2. 课程功能定位

通过讲授、训练等教学环节,学生学完本课程后应学会行车调度指挥设备的运用,列车开行方案、运输计划与列车运行图的编制方法,掌握城市轨道交通调度指挥的基本技能,具备行车调度员的职业岗位能力,通过知识学习,树立安全第一的思想意识,具备从事城轨行车工作的岗位能力。

表 1-11 课程功能定位分析

对接的工作岗位	对接培养的职业岗位能力
行车调度员岗位	1. 会编制列车开行方案、运输计划
	2. 会编制列车运行图
	3. 会熟练使用中心 ATS 系统
	4. 会及时发布调度命令和绘制实绩运行图
	5. 能够根据实际运行情况进行列车运行调整
	6. 能够正确地完成调度统计与分析
	7. 能够正确组织 ATC 系统降级处理
	8. 能够正确及时处理区间迫停列车
	9. 能够组织特殊列车开行
	10. 能够正确组织列车运行突发情况应急处理

1.2.4.2 课程目标与内容

1. 课程总目标

通过本课程学习,使学生掌握城轨交通行车组织、列车运行组织的基本知识和方法,提高学生的工作协调能力、岗位安全责任心及调度工作岗位技能,让学生在进行岗位能力学习的过程中提高职业素养,掌握关键核心工作技能,以便更好地适应岗位的需要。

依据课程所归属的考核指标点来阐述学生学完本门课程要达到的目标。课程的考核合格率不应低于 95%。

2. 课程具体目标

表 1-12 课程教学目标与内容

序号	考核指标点	知识目标	技能目标	素质目标	教学内容
1	树立安全第一的思想意识的职业素质	熟练掌握调度工作基本知识	掌握《调度规则》《行车组织规则》	培养学生认真负责、安全第一、统一指挥、逐级负责的工作态度	正常情况调度指挥,非正常情况的调度指挥
2	良好的沟通能力和,团队协作精神	熟悉掌握城轨列车运行图的编制、实时运行图的铺画	会编制城轨列车运行图、会进行当班的实时运行图的铺画	培养学生团队合作能力;统筹安排能力	列车运行图的编制,实时运行图的铺画
3	行车调度员职业岗位能力	熟悉掌握行车调度员的岗位职责、会非正常情况下调度指挥	能够熟练地运用调度调整方法进行列车运行指挥	培养学生良好的职业技能素养,能胜任行车调度员工作	列车运行调整能够正确地完成调度统计与分析;能够正确组织 ATC 系统降级处理

表 1-13 课程教学安排

序号	项目（模块）	任务（单元）	教学内容	重点、难点	学时
1	项目一 列车开行方案	任务一 列车开行方案概述 任务二 客流分析与行车组织方法	列车开行方案概念,影响列车开行方案的因素,客流的特征和演变规律	**重点**：掌握列车开行方案确定的过程 **难点**：适应客流特征的行车组织方法	2
2		任务三 确定列车编组方案 任务四 确定列车交路	了解车型选择依据,理解车辆编组依据的主要原则；理解列车交路概念和设置原则,了解确定列车交路的步骤	**重点**：掌握列车编组车辆数的计算方法 **难点**：掌握列车交路的基本形式及其适用条件	2
3		任务五 确定列车开行数量和列车开行间隔时间 任务六 确定快慢列车开行方案和列车停站方案	掌握列车开行数量和列车开行间隔时间的计算方法。了解快慢列车开行的必要性,了解列车非站站停车的基本方法	**重点**：列车开行数量和列车开行间隔时间的计算方法 **难点**：列车开行数量和列车开行间隔时间的计算方法	2
4	项目二 运输计划编制	任务一 编制客流计划	理解站到发客流和各站上下车人数的计算方法	掌握断面客流图绘制方法	2
5		课内实训 1 任务二 编制全日行车计划	会编制全日行车计划	**重点**：全日行车计划 **难点**：全日行车计划	2
6		课内实训 2 任务三 编制车辆配备和运用计划	编制车辆运用计划	**重点**：车辆配备计划 **难点**：车辆配备计划	2
7	项目三 列车运行图编制	任务一 列车运行图的格式与分类	了解列车运行图的分类；理解列车运行图的格式与车次规定	**重点**：站名线计算 **难点**：掌握站名线的画法	2
8		课内实训 3 铺画站名线与运行线	学会铺画站名线技能	**重点**：铺画的步骤 **难点**：实际铺画的步骤	2
9		任务二 列车运行图的组成要素（1）	了解列车运行图组成的时间要素、数量要素与其他要素	**重点**：掌握区间运行时分、停站时间 **难点**：追踪列车间隔时间、折返作业时分的确定方法	2

续表

序号	项目（模块）	任务（单元）	教学内容	重点、难点	学时
10		任务二 列车运行图的组成要素（2）	掌握车站间隔时间的组成与计算	**重点**：掌握车站间隔时间的组成与计算	2
11		任务三 轨道区间列车开行方案与通过能力	了解通过能力与输送能力的定义，平行运行图通过能力的计算	**重点**：掌握单线成对非追踪列车放行方案 **难点**：双线平行追踪列放行方案	2
12		任务四 城市轨道交通通过能力计算	影响通过能力的因素	**重点**：掌握列车等速时通过能力计算方法	2
13	项目三 列车运行图编制	任务五 列车运行图编制	了解列车运行图编制要求和步骤、编制原则，列车运行线的铺画方法	**重点**：理解铺画时的约束条件，理解列车运行方案图与详图的编制要求 **难点**：掌握列车运行图评价指标的计算方法，掌握时刻表的编制要求	2
14		课内实训4 铺画列车运行图的有关符号	会利用列车运行图记录行车事项	**重点**：会运行图记事	2
15		段考	考核开行方案、运输计划、运行图等内容	**重点**：交齐资料	2
16		任务一 认识调度指挥机构及模式 任务二 调度日常工作制度	了解行车调度指挥机构及设备，理解列车调度指挥原则，了解调度日常工作制度、安全管理制度	**重点**：掌握列车调度指挥模式。 **难点**：业务培训制度、书面报告填写制度	2
17		课内实训5 任务三列车自动监控系统（ATS）操作	了解列车自动监控系统（ATS）的功能	**重点**：理解设备工作特点 **难点**：会正确进行列车自动监控系统操作	2
18	项目四 正常情况调度指挥	任务四 调度命令与实绩运行图	理解调度命令种类、掌握发布调度命令的程序、需发布调度命令的情形及号码编制	**重点**：掌握实绩运行图标记方法	2
19		任务五 列车运行调整方法	了解城市轨道交通列车运行调整的特点，理解列车晚点及影响，理解列车运行调整的目标和原则	掌握列车运行调整方法	2
20		课内实训6 列车运行调整	能根据具体情形选用正确的调整方法进行列车运行调整	**重点**：会正确下达调度命令	2
21		任务六 正常情况调度指挥 任务七 调度工作统计与分析	了解列车运行指挥日常工作，理解行车调度工作的程序、掌握运营前的准备工作、运营期间的行车组织和运营服务结束工作	**重点**：理解调度工作统计指标 **难点**：掌握列车运行指标的计算	2
22	项目五 特殊情况调度指挥	任务一 列车自动控制系统（ATC）降级控制处理	理解系统局部故障下的降级控制模式	**重点**：掌握ATC系统故障应急处理规定	2
23		任务二 车站联锁设备故障处理	理解LOW故障、信号机故障、轨道电路故障、道岔故障时行车调度员处理	**重点**：掌握联锁区域故障时调度处理方法	2

续表

序号	项目（模块）	任务（单元）	教学内容	重点、难点	学时
24		任务三 列车在区间被迫停车处理	理解列车在区间被迫停车处理规定、掌握列车退行处理方法	**重点**：掌握救援列车开行的有关规定	2
25		课内实训7 救援列车开行组织	会进行加开救援列车的调度组织	**难点**：应急处理程序	2
26	项目五 特殊情况调度指挥	任务四 突发情况调度指挥	了解线路故障时应急处理、临时交路应急处理、发生列车轧人事故应急处理；理解突发情况行车组织一般要求，掌握正线发生脱轨、挤岔事故时应急处理、发生火灾事故应急处理、公交接驳和屏蔽门故障处理	**重点**：突发情况下调度指挥的汇报和预案启动 **难点**：突发情况的处理方法	2

1.2.4.3 课程考核

（1）考核方式：闭卷、线下。

（2）评价方式：课程考核采用过程考核和终结性考核相结合的方式，形成性考核占40%，终结性考核占60%。形成性考核：课堂考勤10%、课堂表现10%、作业10%、期中测验20%。

1.2.4.4 实施要求

1. 授课教师基本要求

本课程授课教师具备车站行车工作组织的基本技能、调度工作组织的基本知识。有城市轨道交通车站相关工作经验或经过专门的调度工作基本操作技能训练，具有高等学校教师资格。

2. 教学方法和策略

（1）教学方法。

案例教学法、情景教学法、工作过程导向教学法、探究式教学法。

通过模拟实际工作环境，教学采用来自真实工作项目的实际案例，教学过程中，理论结合实践，强调学生的参与。

（2）教学策略。

在教学过程中，通过讲解和实操步骤演示，加深学生记忆。也可以在训练过程中结合视频循环播放等方式来保证学生达到实训要求。

1.2.5 "城市轨道交通票务工作"课程标准

1.2.5.1 课程性质

1. 课程类型、课程功能

本课程是城市轨道交通运营管理专业必修的一门专业核心课,是学生在学习了城市轨道交通概论、城市轨道交通场站设备、城市轨道交通车站客运组织工作等课程、具备了客运相关知识的基础上,为他们开设的一门理论+实践课,其功能是对接城市轨道交通运营管理专业人才培养目标,面向城市轨道交通票务工作岗位,培养学生使其具备票务岗位群(站务员、值班员、值班站长、站长以及票务管理员)的票务能力和票务技能、综合运用专业知识解决实际问题能力以及具备良好的职业素质,为后续城市轨道交通票务工作实训的课程学习奠定基础。

2. 课程功能定位

表 1-14 课程功能定位分析

对接的工作岗位	对接培养的职业岗位能力
站务员 售票员岗位	1. 能应用 BOM 售票、充值以及对车票进行异常处理、填写报表
	2. 能够安全管理车站车票、现金、报表、票务钥匙等,具备票务收益安全意识
	3. 能够具有良好的票务业务服务态度和票务技巧
	4. 能够协助处理票务紧急情况
站务员 厅巡岗岗位	1. 能够了解票务相关设备的功能及结构并引导乘客正确操作相关票务设备
	2. 能够巡视车站 TVM、GATE 的运作情况,明确巡视设备的要求和技巧
	3. 能够更换 GATE 票箱,明确作业条件、作业标准、安全要点
	4. 能够检查乘客车票的有效性,明确作业规范
	5. 能够协助处理票务紧急情况
值班员 客运值班员	1. 能够及时安排 TVM 钱箱、票箱的更换,补币、补票工作
	2. 能够给售票员进行配票、配备用金和结账
	3. 能够掌握 TVM 加币、加票、钱箱回收、AVM 钱箱回收作业条件、作业标准、安全要点,SC 操作
	4. 能够安全管理车站现金、车票,具备较强的票务安全管理意识
	5. 能够对钱票箱进行清点、填写相关报表、进行车站票款解行
	6. 能够处理乘客票务纠纷以及 AFC 终端设备常见故障
	7. 能够处理票务紧急情况
值班站长	1. 能够监督车站票务管理工作、进行车站票务工作检查、审核票务报表和台账,负责车站现金、车票、票务备品安全
	2. 能够处理乘客票务纠纷、票务差错和票务违章
	3. 能够处理票务紧急情况
站长	1. 能够总体负责车站的票务管理工作
	2. 能够检查、监督、落实车站员工的票务工作
	3. 能审核车站报表和台账、负责车站现金、车票、票务备品安全
	4. 能够总体处理乘客票务纠纷、票务差错和票务违章
票务管理员	1. 能够明确制作车票的流程和基本要求
	2. 能够根据计划对车票进行配送和回收、控制单程票的流失
	3. 能够进行清分票款,掌握票款清分主体和清分方案

1.2.5.2 课程目标与内容

1. 课程总目标

《城市轨道交通票务工作》主要培养学生使其具备票务岗位群（站务员、值班员、值班站长、站长以及票务管理员）的票务能力和票务技能，能综合运用专业知识解决实际问题，养成良好的职业素质，并达到运营企业的用人标准。

2. 课程具体目标

表1-15 课程教学目标与内容

序号	考核指标点	知识目标	技能目标	素质目标	教学内容
1	认识车站AFC系统结构	掌握车站AFC系统的5层结构	能够掌握AFC系统5层结构的知识内容	培养学生全局观，全面认识票务设备	AFC系统结构特点
2	能够引导乘客自助购票、充值、自助检票	自助购票、充值、自助检票的基本理论和方法	能够掌握TVM、AVM、GATE的设备使用方法和技能	培养学生的实践操作能力	1. 引导乘客自助购票 2. 引导乘客自助充值 3. 引导乘客自助检票
3	掌握闸机回收售票箱	掌握闸机回收票箱作业条件、作业工具、安全要点等理论知识	能够熟练操作闸机设备，掌握闸机回收钱箱的操作步骤	培养学生的作业规范意识	1. 闸机回收钱箱作业条件 2. 闸机回收钱箱作业工器具 3. 闸机回收钱箱安全要点及注意事项 4. 闸机回收钱箱作业标准
4	掌握售票作业	掌握售票作业的相关作业流程和规定	能够熟练运用BOM设备进行售票	培养学生良好服务态度意识、爱岗敬业意识	1. 售票作业规定 2. 售票作业流程 3. BOM操作规范
5	掌握BOM异常车票处理	学会处理乘客的异常车票	掌握BOM的操作技能	培养学生灵活机动处理问题的意识	1. 车票异常情况的处理流程 2. BOM异常车票处理规定
6	掌握TVM加币加票、TVM及AVM回收钱箱	掌握相关作业条件、作业标准、安全要点等理论知识	掌握TVM、AVM设备操作技能	培养学生细心踏实以及安全意识	1. TVM加币加票 2. TVM、AVM回收钱箱
7	掌握车票、现金的安全管理	掌握车票、现金的安全管理规定及流程	能够根据规定对车票、现金进行管理	培养学生对车票、现金安全管理意识	1. 站务员对车票、现金的安全管理 2. 值班员对车票、现金的安全管理
8	掌握相关票务报表填写	掌握相关报表填写规定	能够根据具体情况填写相关报表	培养学生，养成做事细心踏实的习惯	1. 填写售票员结算单 2. 填写乘客事务处理单 3. 填写车站营收日报 4. 填写TVM/CVM纸币钱箱清点报告 5. 填写特殊情况票款交接记录表
9	能够处理车站票务紧急情况	掌握车站终端设备故障处理的相关规定	能够根据不同的情况处理票务紧急情况	培养学生应急处理票务事务意识	1. TVM、AG、BOM故障处理 2. 非正常运营模式下的票务处理
10	掌握乘客票务纠纷、票务差错、票务违章的处理	掌握票务纠纷、票务差错、票务违章的相关规定	掌握处理票务纠纷、票务差错、票务违章的技能	培养学生遵章守纪的意识	1. 处理乘客票务纠纷 2. 处理票务差错和票务违章

表 1-16 课程教学安排

序号	项目（模块）	任务（单元）	教学内容	重点、难点	学时
1	项目 1 认知票务管理体系	1.1 掌握票务管理的基础设施	1. 了解票务管理系统 2. 明确票务管理系统与自动售检票系统的关系 3. 认识 AFC 系统结构	**重点**：AFC 系统结构 **难点**：AFC 系统 5 层结构各自特点	2
2		1.2 了解票务管理岗位群的关键技能	1. 站务员的票务技能 2. 车站值班员的票务技能 3. 车站值班站长的票务技能 4. 票务管理员的票务技能	**重点**：岗位群的票务技能 **难点**：票务岗位群关键技能要求	
3		1.3 票务相关设备设施布局	1. 车站票务相关设备设施的配置、布置原则 2. 典型车站票务相关设施布局	**重点**：设备设施配置布置原则 **难点**：对现有设备设施布局根据相关原则进行优化	
4		1.4 认识车票	1. 车票票种 2. 各类型车票适用范围 3. 车票的使用规定	**重点**：车票票种及车票的使用规定 **难点**：车票的使用规定	2
5		1.5 计算票价	1. 票价制式 2. 票价的优惠政策 3. 按区间分段计价票价计算（实训 1） 4. 按区间分段计价票价计算（实训 2）	**重点**：区间分段计价方法、里程分段计价方法 **难点**：根据计价方法计算票价	4
6	项目 2 站务员（厅巡岗）票务管理	2.1 引导乘客自助购票	1. 购票引导程序 2. TVM 的功能 3. TVM 的结构及部件功能 4. 购票的操作流程	**重点**：TVM 购票流程 **难点**：TVM 的结构及功能	2
7		2.2 引导乘客自助充值	1. AVM 的功能 2. AVN 的结构及部件功能 3. AVM 的充值操作流程	**重点**：AVM 的充值操作流程 **难点**：AVM 的结构及功能	
8		2.3 引导乘客自助检票	1. 自助检票的引导程序 2. 自动检票机的功能与分类 3. 自动检票机的结构及部件功能 4. 自动检票机的操作流程	**重点**：自动检票机的操作流程 **难点**：自动检票机的结构及部件功能	2
9		2.4 闸机回收票箱	1. 作业条件 2. 作业工器具 3. 安全要点及注意事项 4. 作业标准	**重点**：闸机回收票箱的作业条件和作业标准 **难点**：作业标准	
10		2.5 巡视车站票务设备的运作	1. 作业要求 2. 巡视设备运作的服务技巧 3. 服务用语	**重点**：作业要求 **难点**：服务技巧	
11		2.6 检验车票的有效性	1. 引导乘客自助检票 2. 持便携式验票机检票	**重点**：引导乘客自助检票和持便携式验票机检票的作业标准 **难点**：自助检票机的结构、功能	2
12	项目 3 站务员（售票岗）票务管理	3.1 售票准备作业	1. 售票前的准备工作 2. 售票准备作业流程 3. 车站售票的配票作业 4. 售票员交接班工作	**重点**：售票准备作业程序 **难点**：售票员的配票作业	2

续表

序号	项目（模块）	任务（单元）	教学内容	重点、难点	学时
13	项目 3 站务员（售票岗）票务管理	3.2 售票作业	1. 售票相关规定 2. 作业程序 3. 操作BOM的流程	**重点**：售票作业程序及BOM操作 **难点**：售票操作程序	
14		3.3 BOM异常车票处理	1. 持单程票无法正常出闸的处理 2. 持储值票无法正常出闸的处理	**重点**：车票异常处理 **难点**：根据车票异常处理规定灵活处理实际问题	4
16		3.4（实训3）填写售票员结算单	1. 售票员结算单表样 2. 售票员结算单填写说明	**重点**：售票员结算单填写方法 **难点**：根据实际乘客事务情况填写售票员结算单	2
17		3.5（实训4）填写乘客事务处理单	1. 乘客事务处理单表样 2. 乘客事务处理单填写说明	**重点**：乘客事务处理单填写方法 **难点**：根据实际乘客事务情况填写乘客事务处理单	2
18		3.6 站务员（售票岗）对车票的安全管理	1. 车票管理流程 2. 车票安全管理要点	**重点**：车票的安全管理要点 **难点**：培养学生对车站车票的安全管理意识	
19		3.7 站务员（售票岗）对现金的安全管理	1. 现金管理流程 2. 现金安全管理要点 3. 假钞的处理	**重点**：现金的安全管理要点 **难点**：培养学生对车站现金的安全管理意识	2
20		3.8 结算作业	1. 结算作业条件和安全要点 2. 售票员结算的程序	**重点**：结算作业安全要点及程序 **难点**：结算作业程序	
21	项目 4 值班员票务管理	4.1 给售票员配票、配备用金和结账	1. 配票、配备用金的准备工作 2. 配票、配备用金作业程序 3. 结账作业程序	**重点**：配票、配备用金、结账作业程序 **难点**：配票、配备用金、结账作业程序	2
22		4.2 TVM加币、加票	1. 作业条件 2. 作业工器具 3. 安全要点 4. 作业标准	**重点**：TVM加币加票作业条件、安全要点、作业标准 **难点**：TVM加币加票作业标准	
23		4.3 TVM回收钱票	1. 作业条件 2. 作业工器具 3. 安全要点 4. 作业标准	**重点**：TVM回收钱箱作业条件、安全要点、作业标准 **难点**：TVM回收钱箱作业标准	2
24		4.4 AVM回收钱箱	1. 作业条件 2. 作业工器具 3. 安全要点 4. 作业标准	**重点**：AVM回收钱箱作业条件、安全要点、作业标准 **难点**：AVM回收钱箱作业标准	
25		4.5 值班员对车票的安全管理	1. 车票的保管规定 2. 车票的交接管理 3. 站间调票 4. 车票盘点 5. 车票回收的规定	**重点**：车票保管、交接、盘点、调票、回收规定 **难点**：车票交接管理及车票盘点	2

续表

序号	项目（模块）	任务（单元）	教学内容	重点、难点	学时
26	项目 4 值班员票务管理	4.6 值班员对现金的安全管理	1. 备用金的管理 2. 票款的管理 3. 车站现金交接的规定 4. 钱箱的管理规定 5. 钱箱的管理规定	**重点**：现金管理、交接、伪钞处理、钱箱管理规定 **难点**：票款管理、伪钞处理程序	2
27		4.7 车站票款解行	1. 车站票款解行方式 2. 车站票款解行流程 3. 车站票款解行的注意事项	**重点**：车站票款解行的方式、解行注意事项 **难点**：车站票款解行的注意事项	
28		4.8 管理票务备品和票务钥匙	1. 票务备品的管理 2. 票务钥匙的管理	**重点**：票务备品、票务钥匙的管理规定 **难点**：票务钥匙的保管规定和交接规定	
29		4.9 车站计算机操作	1. 车站计算机系统登录 2. 设备监控 3. 运营状态数据查询 4. 客流数据查询 5. 报表查询和打印	**重点**：SC 操作 **难点**：SC 操作	1
30		4.10（实训 5）填写车站营收日报	1. 车站营收日报表样 2. 车站营收日报的填写说明	**重点**：车站营收日报填写规范 **难点**：车站营收日报填写方法	1
31		4.11 运营结算和交接班作业	1. 车站客运值班员的运营结算作业 2. 车站客运值班员的交接班作业	**重点**：交接班作业掌握结账作业程序 **难点**：交接班作业掌握结账作业程序	1
32		4.12 处理 AFC 终端设备常见故障	1. 处理 TVM 常见故障 2. 处理 GATE 常见故障 3. 处理 AVM 常见故障 4. 处理 BOM 常见故障	**重点**：AFC 设备故障处理方法 **难点**：处理 AFC 设备常见故障规定	1
33	段考	考核半学期以来的所学内容	考核半学期以来的所学内容	**重点**：项目 1~项目 4 的重点内容 **难点**：项目 1~项目 4 的难点内容	2
34	项目 5 值班站长票务管理	5.1 检查车站票务工作	1. 检查票务处（客服中心）的工作 2. 检查票务处（点钞室）的工作 3. 检查票务处（点钞室）闭路监视系统的作业情况	**重点**：车站票务作业内容，会分析相关案例 **难点**：车站票务作业内容，会分析相关案例	2
35		5.2 审核票务报表和台账	1. 审核报表、台账的填写情况 2. 审核票款的收益情况 3. 审核车站车票的出售、站存数量	**重点**：车站各类报表和台账的填写规定和填写方法 **难点**：车站各类报表和台账的填写方法	
36		5.3 处理乘客票务纠纷	1. 乘客投诉 TVM 卡币/卡票的处理 2. 乘客反映 TVM 少出车票或找零不足的处理 3. 乘客反映出站闸机吞票的处理	**重点**：乘客票务纠纷处理方法 **难点**：乘客票务纠纷处理方法	2

续表

序号	项目（模块）	任务（单元）	教学内容	重点、难点	学时
37	项目 5 值班站长票务管理	5.4 处理票务差错和票务违章	1. 票务差错、票务违章的定义 2. 票务违章的分类 3. 票务差错、票务违章的处理原则	**重点**：票务差错和票务违章处理原则及分类 **难点**：票务差错和票务违章处理原则及分类	
38	项目 6 车站票务紧急情况处理	6.1 自动售票机故障的处理	1. 部分自动售票机发生故障的处理 2. 全部自动售票机发生故障的处理	**重点**：自动售票机故障情况下的处理方法 **难点**：自动售票机故障情况下的处理方法	2
39		6.2 半自动售票机故障的处理	1. 部分半自动售票机发生故障的处理 2. 全部半自动售票机发生故障的处理	**重点**：半自动售票机故障的处理方法 **难点**：如何根据半自动售票机的具体故障情况做相应的处理	
40		6.3 自动检票机故障的处理	1. 部分自动检票机发生故障的处理 2. 全部自动检票机发生故障的处理	**重点**：自动售票机故障的处理方法 **难点**：如何根据自动售票机的具体故障情况做相应的处理	
41		6.4 AFC 终端设备同时故障的处理	1. 车站全部售票类设备发生故障的处理 2. 车站出现两类及以上 AFC 终端设备发生故障的处理	**重点**：AFC 终端设备故障处理方法 **难点**：AFC 不同设备同时发生故障时如何进行处理	1
42		6.5 非正常运营模式下的票务处理	1. AFC 系统运营模式的分类 2. 非正常运营模式的设置原则 3. 非正常运营模式下的票务处理方案	**重点**：非正常运营模式下设置原则及票务处理方案方法 **难点**：非正常运营模式下票务处理方法	1
43	项目 7 票务管理员关键技能	7.1 控制单程票流失	1. 乘客使用单程票的流程 2. 单程票流失的原因 3. 控制单程票流失的措施 4. 统计单程票的流失量	**重点**：控制单程票流失的措施 **难点**：单程票流失量的统计	
44		7.2 清分票款	1. 清分模型 2. 换乘方式与票款清分 3. 清分算法	**重点**：清分模型和清分算法 **难点**：清分算法	2
45		实训 7 票款清分结算	训练运用不同清分模型进行清分和结算	**重点**：清分算法 **难点**：如何根据实际情况进行票务清分	
46	期末考试		期末考试		2

1.2.5.3 课程考核

课程考核采用形成性考核（即过程考核）和终结性考核相结合的方式。其中形成性考核占 50%：包括课堂考勤 10%、课堂表现 10%、作业 10%，期中测验 20%；终结性考核占 50%、即期末考试成绩占 50%。

1.2.5.4 实施要求

1. 授课教师基本要求

本课程授课教师具备本科以上学历、助教以上职称，具有1年以上城市轨道交通运营管理专业教学经验，具有在企业工作或跟岗实习经验，具备高等学校教师资格。

2. 教学方法和策略

（1）教学方法。

主要采用工作过程导向教学法、任务驱动法、案例教学法、情景教学法。

以现场岗位作业过程为导向，围绕城市轨道交通票务管理领域职业岗位的作业标准和作业流程，针对职业岗位能力的要求分模块整合教学内容，设计相应的教学任务，实现培养目标与岗位职业标准"无缝衔接"，也尽可能实现"教-学-做"一体。

（2）教学策略。

教学过程中可以采用网络教学平台实现混合式教学。

在教学过程中，可以采用网络平台和现场教学相结合的方式，首先在网络平台或采用其他手段给学生进行课前预习，然后通过课堂教学解决课程的重难点内容，最后再次利用网络平台或采用其他手段让学生课后复习。

1.2.6 "城市轨道交通运营安全与应急处理"课程标准

1.2.6.1 课程性质

1. 课程类型、课程功能

本课程是城市轨道交通运营管理专业必修的专业核心课程,是学生在学习了"城市轨道交通车站行车工作""城市轨道交通车站客运组织与服务工作""城市轨道交通调度工作""城市轨道交通票务工作"等课程,具备了城轨车站行车组织、客运组织能力的基础上,为他们开设的一门理实一体课,其功能是对标城市轨道交通运营管理专业人才培养标准,面向城轨车站站务员、值班员、值班站长、调车员、行车调度员等工作岗位,培养城轨运营作业所需要的事故预防能力、事故调查与处理能力,突发事件的应急处置能力,同时培养学生使其具备良好的职业道德、较强的安全意识、科学的思维方法,为后续的顶岗实习与工作奠定基础。

2. 课程功能定位

培养学生就业后所从事岗位所需安全相关知识、能力与素质。

表 1-17 课程功能定位分析

对接岗位	对应岗位所需安全职业能力
站务员	1. 会进行乘客安全与班组安全管理
	2. 会进行消防设备操作
	3. 会进行车站突发事件应急处理
	4. 会进行车站火灾的应急处理
	5. 会进行站台门就地铁操作
	6. 会进行屏蔽门故障的应急处理
	7. 会进行乘客受伤的应急处理
	8. 会进行车站停电的应急处理
	9. 会进行电梯困人的应急处理
	10. 会进行 AFC 设备故障时的应急处理
值班员岗位	1. 会进行消防设备的日常检查
	2. 会使用灭火器,消防软管和消防水带,自助式呼吸器、消防服、消防靴、消防手套、消防斧及消防水桶,防火导向绳、防火毯、防爆头灯
	3. 会使用火灾报警按钮
	4. 会进行站台门/车门夹人夹物应急处理
	5. 会进行屏蔽门故障应急处理
	6. 会进行站厅/站台、隧道及设备房火灾应急处理
	7. 会进行电话闭塞法行车组织
	8. 会进行客伤的应急处理
调车员	1. 会编制、修改与传达调车作业计划
	2. 会分析调车作业安全事故发生的原因
	3. 会预防调车作业事故
行车调度员	1. 会进行行车突发事故的应急处理
	2. 会进行危险源的辨识与风险评价

1.2.6.2 课程目标与内容

1. 课程总目标

通过本门课程的学习,学生应熟悉城市轨道交通安全基础知识,安全相关法规,城轨事故调查处理,专项安全等知识,掌握风险管理理论,系统安全分析方法,突发安全事件的应急处置程序、行车安全等相关知识,学会操作各类消防设备以及应急设备,学会运用"辩证思维、法治思维、系统思维、创新思维、精准思维、战略思维"六个思维以及常用的安全分析方法解决作业中遇到的实际安全问题,同时培养学生,使学生具备爱岗敬业、团结协作、精益求精等良好的职业道德、较强的安全意识、科学的思维方法,为以后走上工作岗位参加城轨运营作业打下基础,确保作业时的安全,进而成长为一个合格的作业人员。

2. 课程具体目标

表 1-18 课程教学目标与内容

序号	考核指标点	知识目标	能力目标	思政目标	教学内容
1	具备安全管理的基本素养,能够编制事故	了解运营安全的定义及特性、城轨运营安全事故类型及内容。了解城轨典型事故案例,掌握学习安全管理的方法;掌握安全生产管理基本概念、安全生产五要素及相互关系	较强的安全现场管理分析能力与应用能力	系统思维、辩证思维;遵法、守法、护法;规则意识、责任意识、安全意识	城市轨道交通运营安全概述;安全生产管理基础
2		了解系统安全管理、持续改进理论、掌握运营安全重点管理的内容;掌握安全检查技巧;现场安全管理运作的内容	会运用安全检查技巧进行安全检查的能力,会分析现场重点安全管理内容的能力,会现场安全管理作业程序的能力	系统思维、规则意识、责任意识、安全意识	城轨运营企业安全管理模式及其运作
3		了解事故预防原则的组织管理原则,掌握事故预防原则的技术原则;掌握事故法则、事故预防的3E准则,能量意外释放论	会运用事故预防的技术原则选用安全预防策略能力,运用事故预防的3E准则提出安全预防措施的能力	规则意识、责任意识、安全意识	事故致因理论;事故预防理论
4	具备安全法律法规相关知识,会进行生产安全事故的分类与分级	了解我国的安全生产法律体系、城市轨道交通安全相关法律文件体系、熟悉安全生产法的内容、掌握生产安全事故的分类与分级	能正确地进行生产安全事故的报告的能力	法治思维、遵章守纪、爱岗敬业、恪尽职守;规则意识、责任意识、安全意识	安全生产法
5		了解《工伤保险条例》等安全相关法律,熟悉城市轨道交通运营劳动安全守则	会轨行区作业安全防护的能力	遵法、守法、护法;安全意识、责任意识、规则意识	安全生产相关法律法规;城市轨道交通运营劳动安全守则

续表

序号	考核指标点	知识目标	能力目标	思政目标	教学内容
6	具备城轨运营事故调查基本知识，会编写事故报告	了解城轨交通事故责任划分；熟悉城轨道事故与突发事件的分类与分级；掌握运营事故报告原则、流程与内容；掌握行车事故、地外伤亡事故处理流程	会进行城轨道事故与突发事件的分类与分级的能力，会正确进行城轨运营安全事故报告及现场的保护的能力，会正确进行事故证据搜集作业的能力	遵法、守法、护法；安全意识、责任意识、规则意识	城轨运营安全事故报告与调查处理
7		掌握事故报告的编写格式，会编写事故报告	会编制错按IBP盘紧急停车按钮事故报告	系统思维、安全意识、责任意识、规则意识	编制错按IBP盘紧急停车按钮事故报告
8	会编制安全检查表、应用事故安全分析法进行安全事故分析	了解运营安全系统工程概念；掌握安全检查表格式、因果图组成要素、排列图分析法要点、事故树相关符号和意义	会编制安全检查表、会用因果图分析事故；会绘制排列图并进行分析	辩证思维、安全意识、协同意识	城轨运营安全安全系统分析与评价
9		掌握风险的定义及风险管理步骤；了解危险源的分类方法，掌握危险源识别通用要求	危险源识别能力	系统思维、安全意识、爱岗敬业、工匠精神	风险理论基础；危险源辨识理论；城市轨道交通运营危险源识别要求
10	具备风险理论基础知识，能够应用风险分析法进行作业风险分析与评价	掌握工作危险分析法，风险矩阵评价法	会采用工作危险分析法分析危险源；会利用风险矩阵评价法评价风险的等级	系统思维；安全至上	工作危害分析法；风险矩阵评价法；风险控制
11		掌握工作危害分析法	会用工作危害分析危险源；会根据风险分析的结果提出对策措施	系统思维，团队精神，精益求精	车站电焊作业风险分析与评价
12	具备编制应急预案的基础知识，会编制应急预案	掌握应急预案的类别与作用；了解应急预案的层级；了解综合应急预案、专项应急预案与现场处置方案的主要内容	会编制现场处置预案	系统思维、精益求精、保障人民生命财产安全的意识	城市轨道交通应急预案编制
13		现场处置预案格式；掌握应急预案编制程序；掌握现场处置方案的主要内容	会根据实际情况进行应急预案编制	遵纪守法、工匠精神、团结协作	编制车站站厅层火灾现场处置预案
14	具备安全标志相关基础知识，会设计并布置安全标志	熟知安全色和对比色的种类；掌握安全色和对比色的用途；熟知安全标志的定义、作用、类型	会制作与辨识安全标志	系统思维、精准思维	安全色和对比色；安全标志制作及其使用要求
15		掌握安全标志布置要求	会设计并布置安全标志	精益求精，系统思维，团结协作，精准思维	设计并布置车站区域范围内的安全标志

续表

序号	考核指标点	知识目标	能力目标	思政目标	教学内容
16	掌握行车作业的安全规定，会进行作业事故分析并提出相应预防措施	掌握行车调度安全的相关知识	调度指挥作业时会正确运用相关安全技能	系统思维，安全意识，责任意识	行车调度安全
17		熟悉列车驾驶安全的相关规定	驾驶列车时会正确运用相关安全技能	系统思维，安全意识，责任意识	列车驾驶安全
18		掌握接发列车、调车作业事故类型，原因及预防措施	接发列车、调车作业时会正确运用相关安全技能	系统思维、严肃认真、安全意识、人本精神	接发列车作业安全；调车作业安全
19		掌握接发列车、调车作业事故类型，原因及预防措施	能根据相关理论知识开展事故分析	精准思维、爱岗敬业，团队协作，规则意识	接发列车作业事故案例分析
20	具备施工作业安全作业基本素养，会进行施工防护	掌握施工作业组织流程；掌握工程车开行的有关安全要求；熟悉接触轨停电挂拆地线作业、线路巡检、抢修作业安全要求	会进行施工作业的防护	精准思维、安全意识、科学精神、爱岗奉献	施工作业安全；接触轨挂拆地线安全；线路巡检作业安全；抢修作业安全
21	掌握消防安全基本知识，会操作相关消防设备，能够进行消防疏散	了解城市轨道交通运营火灾的特点；掌握动火作业管理要求；掌握火灾的分类、防火基本知识、灭火基本知识	会进行动火作业管理	辩证思维、安全意识、责任意识	消防安全概述；防火与灭火基本知识；消防设备及使用方法
22		掌握灭火器、消火栓、空气呼吸机的使用方法	会正确使用消防设备设施	精准思维、爱岗敬业、团队协作、精益求精	灭火器、消火栓、空气呼吸器使用操作演练
23		掌握城市轨道交通火灾的自救灾与逃生及火灾疏散的方法	会正确选择火灾的自救与逃生方法；会正确选择城市轨道交通火灾疏散方法	系统思维，底线思维，爱岗敬业	火灾自救与逃生火灾人员疏散
24	具备设备安全管理基本素养，能够进行设备安全事故预防	熟悉电梯维修作业安全要求，掌握屏蔽门安全管理知识、轨行区作业安全、高处作业安全	会进行电梯维修作业、会进行屏蔽门使用与维护作业、轨行区作业、高处作业的安全监护与防护	精准思维，责任意识，遵章守纪	电梯安全知识；屏蔽门安全管理；接触轨区轨作业安全；高处作业安全
25	具备城轨突发事件应对处理的相关知识，能够进行突发事件应急处置	理解车站与列车应急设备操作；掌握突发事件的应急处理原则；掌握伤害急救常识	会进行车站与列车应急设备操作、会进行常见事故的应急处理	系统思维，安全意识	城轨应急设备及操作；突发事件应急外置原则；伤害急救常识
26		掌握乘客坠入轨行区被压伤或压死时的应急处理时各岗位的职责	能在乘客坠入轨行区被压伤或压死时进行车站的应急处置	责任心、遵章守纪、以人为本	乘客坠落轨行区被压伤或压死时的现场应急处置
27		掌握车站站台火灾应急处理时各岗位职责	能在站台火灾时进行车站的应急处置	尊重生命、实践第一，实施实践基础上的理论创新	站台发生火灾的现场应急处置
28	具备执业健康管理的基本素养	熟悉职业健康安全管理体系基本运行模式与要素；了解体系建立的方法与步骤；了解其审核与认证过程	会建立职业健康安全管理体系	系统思维，安全意识，科学精神	职业健康安全管理体系基本运行模式与要素；职业健康安全管理体系建立的方法与步骤；职业健康安全管理体系的审核与认证

表 1-19 课程教学安排

序号	项目	任务（单元）	教学内容	重点、难点	学时
1	项目一 城市轨道交通运营安全管理基础	知识点 1 城市轨道交通运营安全概述 知识点 2 安全生产管理基础	了解运营安全的定义及特性、城轨运营安全事故类型及内容；掌握安全生产管理基本概念、安全生产五要素及相互关系	**重点**：安全生产管理基本概念、安全生产五要素及相互关系 **难点**：安全生产五要素及相互关系	2
2		知识点 3 城轨运营企业安全管理模式及其运作	了解系统安全管理、持续改进理论、掌握运营安全重点管理的内容；掌握安全检查技巧；现场安全管理运作的内容	**重点**：运营安全重点管理 **难点**：运营安全重点管理	2
3		拓展知识 1 事故致因理论 拓展知识 2 事故预防理论	了解事故预防原则的组织管理原则，掌握事故预防原则的技术原则；掌握事故法则、事故预防的3E准则、能量意外释放论	**重点**：能量意外释放论、事故预防的3E准则 **难点**：事故预防的3E准则	2
4	项目二 城市轨道交通运营安全相关法律法规	知识点 1 城市轨道交通运营安全法规概述 知识点 2 安全生产法 知识点 3 生产安全事报告和调查处理条例	了解城市轨道交通安全相关法律文件体系、熟悉安全生产法的内容、掌握生产安全事的分类与分级	**重点**：安全生产法 **难点**：城市轨道交通安全相关法律文件体系	2
5		知识点 4 运营安全守则 知识点 5 工伤保险条例 知识点 6 铁路车站行车作业人员安全标准	了解《工伤保险条例》等安全相关法律，熟悉城市轨道交通运营劳动安全守则	**重点**：城市轨道交通运营劳动安全守则 **难点**：城市轨道交通运营劳动安全守则	2
6	项目三 城轨运营安全事故报告与调查处理	知识点 1 轨道交通安全事故（突发事件）的分类和分级 知识点 2 城市轨道交通安全事故报告 知识点 3 事故调查组织 知识点 4 事故原因分析 知识点 5 城市轨道交通事故处理	熟悉城轨道事故与突发事件的分类与分级；掌握运营事故报告原则、流程与内容；熟悉事故证据搜集要求；会分析事故的直接与间接原因，熟悉城轨交通事故责任的划分	**重点**：行车事故、地外伤亡事故处理流程 **难点**：行车事故、地外伤亡事故处理流程	2
7		课内实训 1 编制错按IBP盘紧急停车按钮事故报告	掌握事故报告的编写格式，会编写事故报告	**重点**：事故报告的编写格式 **难点**：编写事故报告	2
8	项目四 城轨运营安全安全系统分析与评价	知识点 2 安全检查表分析 知识点 3 因果图分析法	理解安全检查表分析方法的优缺点，掌握其编制依据及格式；掌握因果图的绘制方法	**重点**：城市轨道交通运营安全系统分析4种方法 **难点**：编制安全检查表、绘制因果图、排列图、事故树	2
9	项目五 城市轨道交通运营安全风险管理	知识点 1 风险理论基础 知识点 2 危险源辨识理论 知识点 3 城市轨道交通运营危险源识别要求	了解危险源的分类方法；了解城轨危险源识别要求；掌握风险的定义及风险管理步骤；危险源识别通用要求	**重点**：危险源识别通用要求 **难点**：危险源识别通用要求	2

续表

序号	项目	任务（单元）	教学内容	重点、难点	学时
10	项目五 城市轨道交通运营安全风险管理	知识点4 工作危害分析法 知识点5 风险矩阵评价法 知识点6 风险控制	会采用工作危险分析法分析危险源；会利用风险矩阵评价法评价风险的等级，掌握ALARP原则及风险控制措施	**重点**：工作危险分析法分析危险源 **难点**：工作危险分析法分析危险源、风险矩阵评价法、风险控制理论	2
11		课内实训2：车站电焊作业风险分析与评价	会用工作危险风险法分析危险源；会用矩阵分析法评价风险的大小；会根据风险分析的结果提出对策措施	**重点**：工作危害分析法应用 **难点**：工作危害分析法应用	2
12	项目六 城轨运营安全应急管理	知识点3 城市轨道交通应急预案管理 知识点4 城市轨道交通应急预案编制	了解综合应急预案、专项应急预案与现场处置方案的主要内容；理解应急预案的类别与作用；掌握应急预案的层级	**重点**：现场处置方案的主要内容 **难点**：编制现场处置方案	2
13		课内实训3 编制车站站厅层火灾现场处置预案	会编制现场处置预案	**重点**：现场处置预案编制方法 **难点**：现场处置预案编制方法	2
14	项目七 安全标志及其布置要求	知识点1 安全色 知识点2 安全标志 知识点3 安全标志制作及使用要求	熟知安全色和对比色的种类；掌握安全色和对比色的用途；熟知安全标志的定义、作用、类型；掌握安全标志的制作与使用要求	**重点**：安全标志的种类及意义 **难点**：安全标志的制作与使用要求	2
15		课内实训4 设计并布置车站区域范围内的安全标志	会设计并布置安全标志	**重点**：设计并布置安全标志的方法 **难点**：设计并布置安全标志的方法	2
16	项目八 城轨运营行车安全事故预防	知识点2 行车调度安全	熟悉行车调度安全的相关知识	**重点**：行车调度安全 **难点**：行车调度安全	2
17		知识点3 列车驾驶安全	了解影响列车驾驶安全的主要因素；掌握不安全因素的控制；掌握列车安全驾驶的基本规定；掌握列车驾驶作业安全准则；掌握乘务作业安全事故预防关键点	**重点**：列车驾驶的安全准则 **难点**：列车驾驶的安全准则	2
18		知识点4 接发列车作业安全 知识点5 调车作业安全	掌握接发列车、调车作业事故类型，原因及预防措施。	**重点**：接发列车、调车作业事故原因及预防措施 **难点**：接发列车、调车作业事故原因及预防措施	2
19		课内实训5 接发列车作业事故案例分析	会分析事故原因，会制定预防措施，会判断事故类型	**重点**：事故原因分析 **难点**：事故原因分析	2
20	项目九 城轨运营安全施工安全事故预防	知识点1 施工作业安全 知识点2 接触轨挂折地线安全 知识点3 线路巡检作业安全 知识点4 抢修作业安全	熟悉施工作业的防护；了解施工作业组织流程；掌握工程车开行的有关安全要求；熟悉接触轨停电挂拆地线作业、线路巡检、抢修作业安全要求	**重点**：施工作业的防护 **难点**：施工作业的防护	2

续表

序号	项目	任务（单元）	教学内容	重点、难点	学时
21	项目十 城轨运营消防安全事故预防	知识点1 消防安全概述 知识点2 防火与灭火基本知识 知识点3 消防设备及使用方法	了解城市轨道交通运营火灾的特点；掌握动火作业管理要求。掌握火灾的分类、防火基本知识、灭火基本知识	**重点**：灭火基本知识 **难点**：消防设备及使用方法	2
22	项目十 城轨运营消防安全事故预防	课内实训6 灭火器使用操作演练	会使用灭火器、消火栓；会进行气体灭火系统、火灾报警系统的操作	**重点**：灭火器、消火栓的使用技能 **难点**：空气呼吸机的使用	2
23	项目十 城轨运营消防安全事故预防	知识点4 火灾自救与逃生 知识点5 火灾人员疏散	熟悉城市轨道交通火灾的自救灾与逃生及火灾疏散的方法	**重点**：火灾疏散的方法 **难点**：火灾疏散的方法	2
24	项目十一 城轨运营设备安全事故预防	熟悉电梯维修作业安全要求；掌握屏蔽门安全管理知识、接触轨区域作业安全、高处作业安全	知识点4 电梯安全 知识点5 PSD安全管理 知识点6 接触轨区域作业安全 知识点7 高处作业安全	**重点**：轨行区作业安全、高处作业安全 **难点**：轨行区作业安全、高处作业安全	2
25	项目十二 城轨安全突发事件现场应急处置	知识点1 城轨应急设备及操作 知识点2 突发事件应急外置原则 知识点3 伤害急救常识	熟悉车站与列车应急设备操作，熟悉常见事故的应急处理；掌握突发事件的应急处理原则；掌握伤害急救常识	**重点**：车站与列车应急设备操作 **难点**：车站与列车应急设备操作	2
26	项目十二 城轨安全突发事件现场应急处置	课内实训7 乘客坠落轨行区被压伤或压死时的现场应急处置	会进行乘客坠落轨行区被压伤或压死时的现场应急处置	**重点**：现场应急处置技能 **难点**：现场应急处置技能	2
27		课内实训8 列车在站台发生火灾时的应急处置演练	掌握火灾时各岗位的联动与作业要求	**重点**：列车在区站台发生火灾时各岗位的应急处置措施 **难点**：火灾应急知识应用	2
28	项目十三 职业健康安全管理体系	知识点1 职业健康安全管理体系基本运行模式与要素 知识点2 职业健康安全管理体系建立的方法与步骤 知识点3 职业健康安全管理体系的审核与认证	熟悉职业健康安全管理体系基本运行模式与要素；了解体系建立的方法与步骤；了解其审核与认证过程	**重点**：职业健康安全管理体系基本运行模式与要素 **难点**：职业健康安全管理体系要素	2

1.2.6.3 课程考核

（1）考核方式：终结性评价与过程性评价相结合，关注学生个体差异。过程性评价注重学生职业道德与马克思主义"世界观""人生观""价值观"的养成，终结性评价融入思政相关内容的考核。

（2）评价方式：课程考核采用形成性考核和终结性考核相结合的方式。其中形成性考核中平时成绩占50%：包括课堂考勤（10%）、资源学习（10%）、课堂活动（10%）课程作业（10%）、思政考核（10%）；终结性考核为期末笔试考核，占50%，其中理论考核占40%，思政考核占10%。

表 1-20　课程考核

序号	考核形式	评价要素	评价主体	所占比例
1	形成性考核	课堂考勤	网络教学平台	10%
2		资源学习	网络教学平台	10%
3		课堂活动	网络教学平台	10%
4		课程作业	教师评价 学生互评	10%
5		思政考核	教师评价	10%
6	终结性考核	期末考试：理论考核	教师评价	40%
7		期末考试：思政考核	教师评价	10%

1.2.6.4　实施要求

1. 授课教师基本要求

授课教师应拥有较丰富的城市轨道交通安全通用管理知识，具备较高的城市轨道交通作业安全预防技术与突发事件的应急处理能力，或有城轨企业的相关安全管理经验，具有深厚的马克思主义政治理论素养与高等学校教师资格。

2. 教学方法和策略

（1）教学方法。

主要采用理论讲授法、任务驱动法、PBL法，案例教学法、行动导向教学法等教学方法。

以现场岗位作业过程为导向，围绕城市轨道交通运营作业典型工作任务及其作业流程，针对职业岗位安全能力的要求分模块整合教学内容，设计相应的教学任务，实现培养目标与岗位职业标准"无缝衔接"，尽可能实现"教-学-做"一体化。

（2）教学策略。

在教学过程中，采用职教云网络平台和现场教学相结合的方式，预先给学生进行课前预习，然后在课堂上通过讲解的方式解决课堂的重难点内容，最后再次利用网络平台或采用其他手段让学生课后复习，同时，在育才过程中要重视育人元素的融入。

2 铁道交通运营管理专业

2.1 铁道交通运营管理专业课程设置及学时分配

铁道交通运营管理专业课程设置及学时分配见表 2-1。

表 2-1 课程设置及学时学分分配表
铁道交通运营管理专业（三年制）

		序号	课程编码	课程名称	学分	考核方式	教学总学时	其中实践学时	开课时数	开课学期 1 16/19	2 17/20	3 15/20	4 14/20	5 1/20	6 18
公共基础课	必修课	1	001001060	思想道德修养与法律基础	3.0	课内考试	48	12	4/10	4					
		2	001003080	毛泽东思想和中国特色社会主义理论体系概论	4.0	课内考试	64	8+8	4/14		4				
		3	001002020	形势与政策	1.0	考查	16		讲座	讲座					
		4	008011020	创新创业基础	1.0	考查	16	4	8+8		讲座				
		5	008013020	大学生职业发展与就业指导	1.0	考查	16	4	8+8				讲座		
		6	009001010	安全教育	0.5	考查	8		讲座	讲座					
		7	010003040	大学生心理成长	2.0	考查	32		2/8+2/8	2					
		8	005001040	体育与健康	2.0	考查	24	22	2/12	2					
		9	005009040	体育专项1	2.0	考查	28	26	2/14		2				
		10	005010040	体育专项2	2.0	考查	28	26	2/14			2			
		11	005011040	体育专项3	2.0	考查	28	26	2/14				2		
		12	003007080	公共英语	4.0	统一考试	52	14	4/13	4					
		13	502001040	计算机文化基础	2.0	考证	28		2/14		2				
		14	002003060	应用经济数学	3.0	统一考试	48		4/12	4					
		15	004004040	写作与沟通	2.0	课内考试	32		3/11				3		
		16	004001030	普通话	1.5	课内考试	24		2/12	2					
		17	014004040	军事训练	2.0	考查	112	112	56/2	2w					
		18	011001040	军事理论	2.0	考查	36		2/11+2/7		2				
		19	600001020	劳动专题教育	1.0	考查	16		4+4+4+4		讲座				
		20	018001060	劳动实践	3.0	考查	72	72	24+24+24			1W		1W	1W
		21	014003060	班会主题教育	3.0	考查	48		8+8+8+8+8			讲座			
	选修课	22	007003080	公共选修课（见公共选修课手册）	4.0	考查	60		2/15+2/15						
		23	012002040	美育选修课（见公共选修课手册）	2.0	考查	30		2/15						
				公共基础课合计	50.0		794	334		18	10	5	2		

续表

	序号	课程编码	课程名称	学分	考核方式	教学总学时	其中实践学时	开课时数	开课学期 1 16/19	2 17/20	3 15/20	4 14/20	5 1/20	6 18
专业基础课	1	607127060	铁路信号与通信设备	3.0	统一考试	48	12	4/12	4					
	2	607126090	铁路线路与站场	4.5	统一考试	70	14	6/12	6					
	3	607130030	铁路运输服务礼仪	1.5	考查	24	8	2/12		2				
	4	607123060	铁路机车车辆及牵引供电	3.0	课内考试	48	4	4/12		4				
	5	607131020	铁路职业道德	1.0	课内考试	16		2/8			2			
			专业基础课合计	13.0		206	38		10	6	2			
专业核心课	1	607122080	铁路调车工作	4.0	统一考试	64	32	4/16			4			
	2	607036120	接发列车工作	6.0	统一考试	96	48	4/10+14/4				4		
	3	607120080	列车调度指挥	4.0	统一考试	64	24	5/13				5		
	4	607011100	铁路普通货物运输	5.0	统一考试	82	28	4/15+11/2			4			
	5	607010090	铁路客运组织	4.5	统一考试	72	20	4/18			4			
	6	607128120	铁路行车规章	6.0	统一考试	96	16	4/9+12/5				4		
	7	607012080	车站作业计划与统计	4.0	统一考试	64	32	5/13				5		
	8	607042070	铁路行车安全管理	3.5	课内考试	56	10	4/14				4		
			专业核心课合计	37.0		594	210				12	5	17	
专业（技能）课 专业主干课	1	607020080	铁路特殊货物运输	4.0	统一考试	64	24	5/13			5			
	2	607067060	行车基本技能实训	3.0	考查	48	48	24/2w				2w		
	3	607065030	货运基本技能实训	1.5	考查	24	24	24/1w			1w			
	4	607066030	客运基本技能实训	1.5	考查	24	24	24/1w				1w		
	5	607073020	认识实习	1.0	考查	24	24	24/1w		1w				
	6	607016060	跟岗实习	3.0	考查	72	72	24/3w				3w		
	7	607057120	行车综合实训	6.0	考证	96	96	24/4w					4w	
	8	607051090	货运综合实训	4.5	考证	72	72	24/3w					3w	
	9	607053090	客运综合实训	4.5	考证	72	72	24/3w					3w	
	10	607117210	毕业设计（或专业综合实践）	10.5	考查	168	168	24/7w					7w	
	11	607118360	毕业实习（顶岗实习）	18.0	考查	432	432	24/18w						18w
			专业主干课合计	57.5		1096	1056					5		
专业限选课	1	607119040	高速铁路概论	2.0	课内考试	30		3/10			3			
	2	607129040	铁路运输法规	2.0	课内考试	30	4	3/10				3		
	3	607035040	集装运输与多式联运	2.0	课内考试	30	4	3/10				3		
	4	607040040	铁路班组管理	2.0	课内考试	30		3/10				3		
	5	607041040	铁路市场营销	2.0	课内考试	30		3/10				3		
	6	607121020	铁路大数据应用	1.0	考查	16						讲座		
	7	003038040	铁道行业英语	2.0	课内考试	36	6	3/12				3		
			专业限选课合计	13.0		202	14				9	9		
			总合计	170.5		2892	1652	学期总课时	530	506	432	568	424	432
								周总课时	28	28	26	28		
			说明	第一、二、三、五学期有一周机动和一周考试，第四学期有一周考试，第六学期有一周机动。第二学期的劳动实践课程在暑期完成，第六学期的劳动实践课程在实习周完成，均不计入学期教学周学时。								毕业方式 毕业设计（或专业综合实践）			

2.2 铁道交通运营管理专业核心课程标准

2.2.1 "铁路调车工作"课程标准

2.2.1.1 课程性质

1. 课程类型、课程功能

本课程是高职铁道交通运营管理专业必修的一门专业核心课。主要讲授铁路调车作业的分类、调车作业计划、调车作业方法、调车作业的规定、调车工作基本技能和日常管理等。学生学完本课程后应达到以下要求：

（1）对铁路车站调车作业计划、作业方法及相关规定以及调车工作基本技能方法有较系统的掌握。

（2）从事铁路车站调车作业计划编制与调车作业具体行车工作时，能自觉按照列车编组计划、列车运行图、铁路技术管理规程的要求及调车作业的相关规定认真执行。

2. 课程功能定位

课程主要学习车站调车作业计划的编制、调车作业方法及规定，调车工作基本技能的理论和方法等。

通过讲授、训练等教学环节，学生学完本课程后应得到培养的能力主要侧重于：

（1）车站行车工作组织中车站调车作业计划的编制能力。

（2）从事车站具体调车工作的能力。

在教学的全过程中，贯彻对学生综合素质提升的指导方针。提高学生的政治素质，使学生树立正确的人生观，培养学生的安全生产意识、遵章守纪意识、全局观意识、团结协作意识及保持良好人际关系等能力。

表 2-2 课程功能定位分析

对接的工作岗位	对接培养的职业岗位能力	对应岗位的知识点
调车长	1. 掌握无线调车灯显设备、信号旗、信号灯、口笛和有关通信设备的使用方法	1. 调车手信号、听觉信号 2. 无线调车灯显设备的使用方法
	2. 掌握调车作业有关规定，包括调车作业基本规定，调车作业区域的划分及作业范围，解体、取送、编组、摘挂等作业方法及有关规定	1. 调车作业基本规定 2. 调车工作技术要求 3. 中间站、技术站调车作业
	3. 能操作调车无线灯显设备的各种信令，能指挥相关人员进行电台指令及通话的试验	1. 调车作业技术要求 2. 无线调车灯显设备的使用方法
	4. 能接收调车作业计划，判别重点注意事项，并布置作业要求	调车作业计划的编制
	5. 能向司机、调车组等人员传达作业计划，布置作业方法、重点事项并对调车人员进行分工，能按规定指派连结员向其他有关人员传达计划等	1. 调车工作领导与指挥的规定 2. 调车作业计划的布置、传达、变更的规定

续表

对接的工作岗位	对接培养的职业岗位能力	对应岗位的知识点
连结员	1. 能识别各种信号，掌握调车工具的使用方法	1. 调车手信号、听觉信号 2. 调车工具、备品使用及交接
	2. 能按规定显示调车信号	调车手信号、听觉信号
	3. 使用无线调车灯显设备作业时，正确及时、信号准确、用语标准、吐字清晰；手信号显示位置适当、正确及时、横平竖直、灯正圈圆、角度准确、段落清晰	1. 无线调车灯显设备的使用方法 2. 调车手信号、听觉信号
	4. 按规定使用人力制动机、排风、软管摘结	1. 人力制动机的使用方法 2. 摘接制动软管的方法
制动员	1. 掌握及熟练运用制动方法，包括人力制动机的使用要领及作业方法，铁鞋制动的操作与制动要领	1. 人力制动机的使用方法 2. 铁鞋制动的方法
	2. 手信号显示位置适当、正确及时、横平竖直、灯正圈圆、角度准确、段落清晰；使用无线调车灯显设备作业时，正确及时、信号准确、用语标准、吐字清晰	1. 调车手信号、听觉信号 2. 无线调车灯显设备的使用方法
	3. 手制动机制动，按规定使用安全带，正确观速观距、瞻前顾后	1. 人力制动机的使用方法 2. 调车工具、备品使用及交接

2.2.1.2 课程目标与内容

1. 课程总目标

通过本课程的学习，要求学生掌握铁路行车组织的基础知识，掌握铁路调车工作的基本知识及基本技能，能正确编制调车作业计划，能从事具体的调车工作，以适应未来铁路车站工作的需要。

2. 课程具体目标

表 2-3　课程教学目标与内容

序号	考核指标点	知识目标	技能目标	素质目标	教学内容	教学资源
1		了解铁路运输过程；掌握铁路车站基础知识；了解铁路基本技术文件；掌握铁路列车的基础知识	能识别铁路车站和识别铁路列车；能识读列车编组计划	培养学生使其具备"学一行，爱一行"和安全行车的意识	铁路车站及列车	课件教案
2	1. 掌握铁路行车组织的基础知识； 2. 掌握调车工作基本理论； 3. 掌握调车工作基本技能；	了解铁路调车工作的基本要求、基本规定；了解调车作业人员岗位标准；掌握调车工作的技术要求、调车信号的显示方法	能够认识调车工作的重要性；在作业中能够认真执行联系应答制度；能够严格执行调车速度有关规定，保证调车作业安全；能够按照调车色灯信号机及驼峰色灯信号机的显示进行信号进行调车作业；能够正确显示调车作业手信号	使学生养成"安全第一"的意识，培养他们吃苦耐劳、爱岗敬业的品质，以及使他们具备团队协作、互相帮助、刻苦钻研、精益求精的精神	调车工作认知	课件视频教案
3		掌握中间站摘挂调车作业计划编制，掌握调车领导与指挥有关规定，出站（跟踪）调车规定，列车摘挂调车作业程序及岗位技术要求，取送车作业程序及岗位技术要求，停留车作业程序及技术要求	能正确编制摘挂调车作业计划；能够完成列车摘挂调车的准备作业；能够按照摘挂调车作业技术要求办理列车中车辆的摘挂作业；能够组织出站（跟踪）调车作业；能够组织取送车作业；能够对停留车辆实施正确的防溜措施	培养学生吃苦耐劳、爱岗敬业的品质，使他们具备团队协作、互相帮助的精神，提高作业安全及人身安全的意识，提高他们处理突发事件的能力	中间站调车	课件视频教案

续表

序号	考核指标点	知识目标	技能目标	素质目标	教学内容	教学资源
4	4. 具备编制调车作业计划及组织实施能力	掌握技术站相关调车作业计划，掌握作业布置、传达及变更的有关规定；掌握难、易行车及难、易行线的概念；掌握越区作业联系制度；掌握铁鞋、人力制动机的原理	能够正确编制并布置相关调车作业计划；能够完成排风、摘管工作、能正确使用铁鞋、人力制动机实施制动；能够处理调车突发事故	培养学生团队协作的精神，保证作业安全及人身安全的意识、意外事件的处置能力	技术站调车	课件视频教案

表 2-4　课程教学安排

序号	项目（模块）	任务（单元）	教学内容	重点、难点	教学方法和手段	学时
1	铁路车站及列车	铁路行车组织基本知识	1. 铁路运输过程 2. 铁路车站 3. 机车车辆 4. 列车	**重点**：铁路车站定义和分类方法，列车的定义、分类和车次规定 **难点**：列车的定义、分类和车次规定	讲授	2
2	调车工作认知	调车工作基本理论	1. 调车工作基本要求 2. 调车工作技术要求	**重点**：调车人员基本要求、制动员岗位标准、调车作业基本要求、调车区划分、调车场线路固定使用、调车作业"九固定"、调车作业工具及备品、调车作业计划认识 **难点**：调车区划分、调车场线路固定使用、调车作业计划认识	讲授	4
3		调车基本技能	1. 调车信号显示 2. 无线调车灯显设备的使用方法	**重点**：调车信号显示、无线调车灯显设备的使用方法 **难点**：无线调车灯显设备的使用方法	讲授演示练习	10
4	车站调车作业计划	编制车站调车作业计划	1. 编制解体调车作业计划 2. 编制编组调车作业计划	**重点**：分部和整列解体调车作业计划的编制方法；调车机车在调车场左端和右端时摘挂列车编组调车作业计划的编制方法 **难点**：分部和整列解体调车作业计划的编制方法；调车机车在调车场左端和右端时摘挂列车编组调车作业计划的编制方法	讲授练习	8
5	中间站调车	调车作业方法；调车作业计划编制、布置、实施及调车技能	1. 列车摘挂作业 2. 取送车辆作业 3. 停留车作业	**重点**：调车作业方法，摘挂调车作业计划编制，列车摘挂调车作业程序，取送车辆作业，取送调车作业计划编制，要道还道制度，摘、挂车技能，车辆停留规定，车辆停留的防溜措施，停留车作业程序 **难点**：调车作业方法，中间站调车计划编制，要道还道制度，摘、挂车技能	讲授演示练习	12
6	技术站调车	调车作业计划编制、布置、实施	1. 准备作业 2. 简易驼峰作业 3. 编组列车作业	**重点**：准备作业程序、车辆溜放间隔、禁止溜放限制、简易驼峰特点、简易驼峰作业程序、列车编组及编组列车程序 **难点**：车辆溜放间隔、禁止溜放限制、列车编组及编组列车程序	讲授演示	6
7			平面牵出线作业	**重点**：牵出线调车的基本要素和作业方法、调整推峰速度的方法 **难点**：牵出线调车的基本要素和作业方法、调整推峰速度的方法	讲授演示	4
8		调车技能	1. 排风、摘接管和列尾装置安装 2. 选闸、试闸技能 3. 铁鞋的使用 4. 观速观距	**重点**：摘接管的方法和注意事项、列尾装置的使用安装、人力制动机的作业要领、铁鞋的制动方法和静止上鞋步骤、观速观距的方法 **难点**：摘接管的方法和注意事项、列尾装置的使用安装、人力制动机的作业要领、观速观距的方法	讲授演示练习	12

续表

序号	项目（模块）	任务（单元）	教学内容	重点、难点	教学方法和手段	学时
9	铁路调车安全、高速铁路调车作业	调车事故等级、高速铁路调车作业	1. 铁路调车安全预防 2. 高速铁路调车作业	**重点**：调车安全预防重点、动车组的调车作业程序 **难点**：调车安全预防重点、动车组的调车作业程序	讲授 演示	2
10			复习课		讲授	2
11			测验		讲授	2

2.2.1.3 课程考核

课程考核采用过程性考核和终结性考核相结合的方式。原则上过程性考核占50%，终结性考核占50%。过程性考核包括但不仅限于课堂考勤、课堂表现、作业、期中测验、实训等。终结性考核一般为期末答卷考试。

2.2.1.4 实施要求

1. 授课教师基本要求

担任本课程教学任务的教师应具有高校教师资格证、本科及以上学历、中级及以上职称、有现场工作或挂职经历，同时，思想品德好，并经过专业的技能学习。

2. 实践教学条件要求

表2-5 室外轨道交通实训场

实训室名称	室外轨道交通实训场	面积要求	1 431 m²
序号	核心设备	数量要求	备注
1	车钩	1对	
2	货车车辆	2辆	
3	红、黄、绿手信号旗	50套	
4	信号灯	10个	
5	口笛	10支	
6	铁路无线调车灯显设备	1套	
7	列尾装置	1套	
8	铁鞋	2只	

3. 教学方法和策略

调车工作是铁路车站行车组织的基本工作，也是实践性很强的工作。本着"学以致用"的理念，以"工作过程"为导向，通过寻求不同的教学载体，如视频、图片等，重视采用案例教学法等教学手段引领学生的学习。结合学生的认知心理规律、自我构建的能力以及工作任务的复杂综合程度，构建不同的任务情境，以学生为主体，发挥学生的多元智能，通过团队协作，开展课内实训，在做中学，并体味成功的快乐。

采用网络教学平台实现混合式教学，让课程教学与实践教学穿插进行。同时在教学组织的过程中，可根据教学情境采用一些信息化教学平台和教学资料等教学策略，让学生在循序渐进完成工作任务的过程中既掌握知识，又掌握学习和工作的方法和态度，并提高他们与人沟通、合作的能力。

4. 教材和数字化资源的选用

表 2-6 "铁路调车工作"课程教材选用表

序号	教材名称	教材	出版社	主编	出版时间
1	《铁路调车作业》	全国职业教育"十三五"规划教材	北京交通大学出版社	刘磊，高承芳	2019.08
2	《铁路行车组织》	铁道运输专业精品教材	上海交通大学出版社	杨建秋	2017.08

表 2-7 "铁路调车工作"课程参考教材选用表

序号	教材名称	教材	出版社	主编	出版时间
1	《铁路技术管理规程》	国铁集团公司规章	中国铁道出版社	国铁集团公司	2017.12
2	《铁路行车组织》	高职教材	中国铁道出版社	宋建业	2018.03
3	《车站调车工作》	课程改革规划教材	中国铁道出版社	徐小勇	2015.08

表 2-8 "铁路调车工作"课程数字化资源选用表

序号	数字化资源名称	类型	数量	是否原创	备注
1	《铁路调车工作》网络课程			是	

2.2.2 "接发列车工作"课程标准

2.2.2.1 课程性质

1. 课程类型、课程功能

本课程是高职铁道交通运营管理专业必修的一门专业核心课。是学生在学习了"铁路信号与通信设备""铁路线路与站场"和"铁路调车工作"课程、具备了专业基本知识的基础上,为其开设的一门理实一体课,主要讲授铁路车站接发列车的基础理论、规章制度、设备使用和组织指挥。其功能是对接铁道交通运营管理专业人才培养目标,面向铁路站段接发列车工作岗位,培养学生初步具备办理车站接发列车、组织施工检修和处理突发事件的能力,并为后续"列车调度指挥"和"铁路行车安全管理"课程的学习奠定基础。

2. 课程功能定位

表 2-9 课程功能定位分析

对接的工作岗位	对接培养的职业岗位能力	对应岗位的知识点
车站值班员、助理值班员、信号员（长）等接发列车工作岗位	1. 熟悉接发列车的组织指挥、工作内容、作业程序；熟悉车站值班员、助理值班员、信号员（长）岗位职责；熟悉《技规》等行车规章的有关规定；熟练操作设备办理列车进路、取消与解锁列车进路	1. 行车工作的组织指挥 2. 接发列车工作的内容、程序 3. 区间、闭塞等知识 4. 进路的排列、取消和解锁
	2. 掌握到发线的合理使用、行车工作基本要求	1. 行车工作的基本要求 2. 到发线的使用原则
	3. 掌握车站值班员、助理值班员、信号员（长）岗位技术要求并熟练办理单（双）半自动闭塞集中联锁接车、发车和通过作业	按照铁道行业标准《铁路接发列车作业》（TB/T 30001—2020）单（双）线半自动闭塞集中联锁（设信号员）、单（双）线半自动闭塞集中联锁（未设信号员）办理接发列车作业
	4. 掌握车站值班员、助理值班员、信号员（长）岗位技术要求并熟练办理双线自动闭塞集中联锁（设信号员）、双线自动闭塞集中联锁（未设信号员）接车、发车和通过作业	按照铁道行业标准《铁路接发列车作业》（TB/T 30001—2020）双线自动闭塞集中联锁（设信号员）、双线自动闭塞集中联锁（未设信号员）办理接发列车作业
	5. 掌握车站值班员、信号员（长）、助理值班员岗位技术要求并熟练办理自动站间闭塞集中联锁（未设信号员）接车、发车和通过作业	按照铁道行业标准《铁路接发列车作业》（TB/T 30001—2020）自动站间闭塞集中联锁（设信号员）、自动站间闭塞集中联锁（未设信号员）办理接发列车作业
	6. 掌握车站值班员、助理值班员、扳道员（长）、引导员岗位技术要求并熟练办理单（双）线电话闭塞无联锁（联锁设备失效）接车、发车和通过作业	按照铁道行业标准《铁路接发列车作业》（TB/T 30001—2020）单（双）线电话闭塞无联锁（联锁设备失效）办理接发列车作业
	7. 掌握各种特殊情况下接发列车的有关规定及办理接发列车作业的程序与方法	1. 电话闭塞无联锁接发列车 2. 常见的特殊情况接发列车 3 设备故障接发列车 4. 电话中断时行车
	8. 会填写各种行车凭证和《运统-46》及有关台账	1. 填写各种行车凭证 2. 登记《运统-46》 3. 行车日志等其他台账

2.2.2.2 课程目标与内容

1. 课程总目标

根据国家职业标准和铁道行业规章,以车站值班员、助理值班员、信号员(长)等职业岗位技能构建课程内容,针对接发列车工作各岗位工种的典型工作任务,分析岗位所需的知识、技能和态度,确定学生应具备的专业能力、方法能力和社会能力。课程的考核合格率不低于95%。

2. 课程具体目标

表 2-10　课程教学目标与内容

序号	考核指标点	知识目标	技能目标	素质目标	教学内容	教学资源
1	具备接发列车工作的基本知识、熟悉《技规》等行车规章有关规定	行车工作的基本要求、组织指挥	规章条文理解能力	培养学生"安全高于一切、责任重于泰山、服从统一指挥"的职业素质	行车规章体系认知、行车工作的基本要求	课件、教案
2		接发列车工作的内容、程序	熟悉接发列车工作的内容、程序	树立作业标准安全生产意识	接发列车工作认知	课件、教案
3		区间、闭塞等知识	掌握各种闭塞方式的发车条件	树立行车安全意识		课件、教案
4		进路的排列、取消和解锁	具备行车设备操作能力	树立严谨认真的工作态度		课件、教案
5	正常接发列车作业	按照铁道行业标准《铁路接发列车作业》(TB/T 30001—2020)办理接发列车	熟记接发列车作业程序,熟练操作行车设备的能力;会正确填写各种表、簿、令、册及行车凭证	具备强烈的安全意识、责任意识、劳动纪律和团结合作精神	办理闭塞(或发车预告)、布置与准备进路、开闭信号、交接凭证、接送列车、发车、开通区间及报点、车机联控及进路变更的有关规定	课件、教案、视频
6		电话闭塞无联锁接发列车	熟记安全控制图,具备应急处理能力;会正确填写各种表、簿、令、册及行车凭证	具备强烈的安全意识、责任意识、劳动纪律和团结合作精神	无联锁(或联锁失效)线路上接发列车	课件、教案、视频
7	非正常情况接发列车作业	常见的特殊情况接发列车	掌握特殊情况接发列车处理办法	具备遵章守纪、安全生产意识	相对方向同时接车及同方向同时接发列车;站内无空闲线路时的接车;双线改按单线行车的接发列车办法;列车反方向运行时的接发列车办法	课件、教案、视频
8		设备故障接发列车	熟记安全控制图,具备应急处理能力;会正确填写各种表、簿、令、册及行车凭证	具备强烈的安全意识、责任意识、劳动纪律和团结合作精神	道岔区段红光带接发列车作业;道岔失去表示接发列车作业;信号机故障接发列车作业	课件、教案、视频
9		电话中断时行车	具备应急处理能力、掌握行车办法及凭证、会填写各种情况下的凭证	具备强烈的安全意识、责任意识、劳动纪律和团结合作精神	电话中断时行车	课件、教案、视频

表 2-11 课程教学安排

序号	项目（模块）	任务（单元）	教学内容	重点、难点、考核点	学时
1	项目1 接发列车工作认知及知识准备	1.1 行车规章体系、行车工作的基本要求	1. 行车规章体系、行车工作的基本要求 2. 列车的定义、分类、等级及运行方向	**重点**：行车工作的基本要求，列车的定义、分类、等级及运行方向 **难点**：列车运行方向的确定	2
2		1.2 接发列车作业内容、程序	1. 接发列车真实工作情景认知 2. 接发列车作业内容、程序、人员及岗位职责	**重点**：接发列车作业内容、程序、人员及岗位职责 **难点**：接发列车作业中须发布调度命令的情况及调度命令的填写	2
3		1.3 区间作用及划分、行车闭塞法及发车权	1. 区间作用及划分 2. 行车闭塞法及发车权	**重点**：区间状态、行车闭塞法的分类及采用、行车制中发车权的确定 **难点**：行车制中发车权的确定	2
4		1.4 列车进路划分、接发车线路使用原则	1. 列车进路的划分 2. 接发车线路使用原则	**重点**：列车进路的确定、接发车线路使用原则 **难点**：接发车线路使用原则	2
5		1.5 接发列车作业项目	1. 半自动闭塞接发列车作业项目及办理办法 2. 控制台相关按钮使用 3. 接发列车作业项目有关规定	**重点**：半自动闭塞的特点、接发列车作业项目及办理办法、接发列车作业项目有关规定 **难点**：半自动闭塞的办理办法、接发列车作业项目的有关规定	10
6	项目2 单（双）线半自动闭塞集中联锁接发列车	2.1 单（双）线半自动闭塞集中联锁（设信号员）接发列车作业	1. 接发列车作业程序、作业项目及各岗位作业技术要求 2. 作业用语标准 3. 作业中的遵章守纪、劳动态度、团队合作、协调沟通能力及安全责任意识	**重点**：接发列车作业程序、作业项目及各岗位作业技术要求，作业用语标准、设备操作要求 **难点**：作业用语标准、设备操作方法规范，作业中的遵章守纪、团队协作、保证作业安全	4
7		2.2 单（双）线半自动闭塞集中联锁（未设信号员）接发列车作业			4
8	项目3 双线自动闭塞集中联锁接发列车	3.1 自动闭塞接发列车作业	1. 自动闭塞的特点、办理方法 2. 行车凭证的填写	**重点**：自动闭塞的特点、行车凭证及办理办法 **难点**：特殊情况行车凭证的确定及填写	2
9		3.2 双线自动闭塞集中联锁（设信号员）接发列车作业	1. 接发列车作业程序、作业项目及各岗位作业技术要求 2. 作业用语标准 3. 作业中的遵章守纪、劳动态度、团队合作、协调沟通能力及安全责任意识	**重点**：接发列车作业程序、作业项目及各岗位作业技术要求，作业用语标准、设备操作要求 **难点**：作业用语标准、设备操作方法规范，作业中的遵章守纪、团队协作、保证作业安全	4
10		3.3 双线自动闭塞集中联锁（未设信号员）接发列车作业			4
11	项目4 单线自动站间闭塞集中联锁接发列车	4.1 自动站间闭塞接发列车作业	1. 自动站间闭塞的特点、办理方法 2. 行车凭证的填写	**重点**：自动站间闭塞的特点、行车凭证及办理办法 **难点**：计轴闭塞设备故障的处理及行车办法	2

续表

序号	项目（模块）	任务（单元）	教学内容	重点、难点、考核点	学时
12	项目4 单线自动站间闭塞集中联锁接发列车	4.2 自动站间闭塞集中联锁（设信号员）接发列车作业	1. 接发列车作业程序、作业项目及各岗位作业技术要求 2. 作业用语标准 3. 作业中的遵章守纪、劳动态度、团队合作、协调沟通能力及安全责任意识	**重点**：接发列车作业程序、作业项目及各岗位作业技术要求，作业用语标准、设备操作要求 **难点**：作业用语标准、设备操作方法规范，作业中的遵章守纪、团队协作、保证作业安全	2
13		4.3 自动站间闭塞集中联锁（未设信号员）接发列车作业			2
14	项目5 特殊情况接发列车	5.1 相对方向同时接车及同方向同时发接列车	1. 有关概念、禁止办理的情况 2. 不能同时办理时的处理办法	**重点**：有关概念、《技规》禁止办理的规定；不能同时办理时的处理办法 **难点**：不能同时办理时的处理办法	2
15		5.2 其他特殊情况接发列车	1. 站内无空闲线路时的接车 2. 双线改按单线行车的接发列车办法 3. 列车反方向运行时的接发列车办法	**重点**：站内无空闲线路时的接车、双线改按单线行车的接发列车办法、列车反方向运行时的接发列车办法 **难点**：双线改按单线行车、列车反方向运行时的接发列车办法	2
16	项目6 单（双）线电话闭塞无联锁接发列车	6.1 电话闭塞法行车	1. 电话闭塞法的特点及采用情况 2. 行车凭证的填写	**重点**：电话闭塞法的特点、采用情况及办理办法，应发电话记录号码的项目，行车凭证的填发要求 **难点**：电话闭塞法的采用情况及办理办法、行车凭证的填发要求	2
17		6.2 无联锁（联锁失效）接发列车	1. 无联锁（联锁失效）接发列车有关规定 2. 对向道岔、防护道岔的确定 3. 引导接车 4. 无联锁（联锁失效）接发列车作业程序、项目及各岗位作业技术要求，作业中严把安全"三关"	**重点**：无联锁（联锁失效）接发列车有关规定，对向道岔、防护道岔的概念及确定，进路准备、确认方法，引导接车办法，无联锁（联锁失效）接发列车作业程序、项目及各岗位作业技术要求 **难点**：对向道岔、防护道岔的确定，进路准备、确认方法，无联锁（联锁失效）接发列车作业程序、项目及各岗位作业技术要求，作业中严把安全"三关"，保证作业安全	4
18		6.3 手摇道岔	手摇道岔操作程序及有关规定	**重点**：手摇道岔的操作方法、作业程序及道岔加锁的有关规定 **难点**：道岔位置、进路的确认，道岔加锁的有关规定	2

续表

序号	项目（模块）	任务（单元）	教学内容	重点、难点、考核点	学时
19	项目6 单（双）线电话闭塞无联锁接发列车	6.4 单（双）线电话闭塞无联锁（联锁设备失效）接发列车作业	1. 安全控制图、接发列车作业程序、作业项目及各岗位作业技术要求 2. 设备操作方法 3. 作业用语标准 4. 作业中的遵章守纪、劳动态度、团队协作、协调沟通能力及安全责任意识	**重点**：接发列车作业程序、作业项目及各岗位作业技术要求，作业用语标准、设备操作要求 **难点**：作业用语标准、设备操作方法规范；作业中的遵章守纪、团队协作、保证作业安全	4
20	项目7 轨道电路故障接发列车	7.1 道岔区段红光带接发列车作业	1. 安全控制图、道岔区段红光带和道岔失去表示故障接发列车作业程序、作业项目及各岗位作业技术要求 2. 设备操作方法 3. 作业用语标准 4. 作业中的遵章守纪、劳动态度、团队协作、协调沟通能力及安全责任意识	**重点**：故障情况确认及报告，道岔区段红光带和道岔失去表示故障接发列车作业程序、作业项目及各岗位作业技术要求，作业用语标准、设备操作要求 **难点**：作业用语标准、设备操作方法规范，作业中的遵章守纪、团队协作、严把"三关"保证作业安全	8
21		7.2 道岔无表示接发列车作业			6
22	项目8 信号机故障接发列车	8.1 出站信号机故障发车作业	1. 安全控制图、信号机故障接发列车作业程序、作业项目及各岗位作业技术要求 2. 设备操作方法 3. 作业用语标准 4. 作业中的遵章守纪、劳动态度、团队协作、协调沟通能力及安全责任意识	**重点**：故障情况确认及报告，信号机故障接发列车作业程序、作业项目及各岗位作业技术要求，作业用语标准、设备操作要求 **难点**：作业用语标准、设备操作方法规范，作业中的遵章守纪、团队协作、严把"三关"保证作业安全	4
23		8.2 进站信号机故障接车作业			4
24	项目9 电话中断时行车	9.1 电话中断时行车	1. 概念、行车办法及凭证 2. 各种情况下的凭证填写	**重点**：电话中断的行车办法及凭证、各种情况的凭证填写要求 **难点**：各种情况的凭证填写要求	2
25	习题课	习题课	课程重点知识练习	理解掌握课程重点知识	2
26	实操技能考核	实操技能考核	车站值班员、信号员、助理值班员接发列车作业	**重点**：接发列车作业程序、作业项目及各岗位作业技术要求，设备操作方法规范，作业用语标准，作业中的遵章守纪、劳动态度、团队协作、协调沟通能力及安全责任意识 **难点**：非正常情况接发列车关键作业点：闭塞、进路、凭证	4
27	理论复习	理论复习	本课程重点内容		2

注：每个任务（单元）最多不超过12学时。

2.2.2.3 课程考核

课程考核采用过程性考核和终结性考核相结合的方式。原则上过程性考核占50%，终结性考核占50%。过程性考核包括课堂考勤、课堂表现、作业、线上学习、实操技能考核，其中实操技能考核占20%；终结性考核为期末答卷考试。

2.2.2.4 实施要求

1. 授课教师基本要求

专任教师需铁道运输或相近专业毕业，具有大学本科及以上学历。专职教师不仅要理论知识扎实，而且要熟悉铁路运输生产及其管理。本课程的兼职教师来自铁路运输生产及管理一线，须具有五年以上的专业实践经验，对铁路接发列车相关岗位工作、技术指导都有丰富经验。兼职教师授课更利于激起学生学习的兴趣，大大提高学生学习的主动性。

专任教师主要负责校内的教学组织、授课，兼职教师主要负责校外指导学生实训，并与专任教师共同进行评价学生的工作。在教学过程中要充分发挥不同教师的优势，协同教学以达到最佳的教学效果。"双师"水平高、"双师"结构合理的教学团队是确保教学质量和课程实施顺利的重要保障。

2. 实践教学条件要求

此部分主要填写本课程教学需要使用的校内实训室、校外实训基地的相关信息，可参考下表填写。

（1）校内实训室。

表2-12 铁路接发列车实训室Ⅰ

实训室名称	铁路接发列车实训室Ⅰ	面积要求	201 m²
序号	核心设备	数量要求	备注
1	6502电气集中联锁设备	2套	
2	光电站场	1	

表2-13 铁路接发列车实训室Ⅱ

实训室名称	铁路接发列车实训室Ⅱ	面积要求	526 m²
序号	核心设备	数量要求	备注
1	计算机联锁设备	14套	

（2）校外实训基地。

表2-14 校外实训基地

序号	校外实训基地名称	合作企业名称	可开展的实训项目	备注
1	中铁南宁局集团公司南宁站实习基地	中铁南宁局集团公司南宁站	接发列车作业	
2	中铁南宁局集团公司桂林站实习基地	中铁南宁局集团公司桂林站	接发列车作业	

3. 教学方法和策略

（1）教学方法：根据学情分析和教学内容特征，选择采用项目化教学、案例教学法、情景教学法、演示法、角色扮演法等教学方法，以自主学习、合作学习为主，教学活动中学生为主体、教师为主导，在提高学生专业技能的同时，培养自主学习、交流沟通、团队合作、分析、解决问题、创新思维等社会能力和方法能力，促进学生职业能力的整体提升。

（2）教学策略：可选择采用职教云教学平台实现混合式教学，引进行业、企业专家参与教学等。

4. 教材和数字化资源的选用

表2-15 "接发列车工作"课程教材选用表

序号	教材名称	教材类型	出版社	主编	出版时间
1	《接发列车工作实务》	公开出版	北京交通大学出版社	蓝志江	2015.07
2	《接发列车工作》	公开出版	中国铁道出版社	高双喜	2015.09

表2-16 "接发列车工作"课程参考教材选用表

序号	教材名称	教材类型	出版社	主编	出版时间
1	《铁路技术管理规程》	公开出版	中国铁道出版社	国铁集团公司	2018.01
2	《铁路运输调度规则》	公开出版	中国铁道出版社	国铁集团公司	2018.01
3	《铁路交通事故调查处理规则》	公开出版	中国铁道出版社	国铁集团公司	2008.02
4	《接发列车作业标准》	公开出版	中国铁道出版社	国铁集团公司	2021.07
5	《车机联控标准》	公开出版	中国铁道出版社	国铁集团公司	2021.07

表2-17 "接发列车工作"课程数字化资源选用表

序号	数字化资源名称	类型	数量	是否原创	备注
1	《接发列车工作》网络课程			是	

2.2.3 "列车调度指挥"课程标准

2.2.3.1 课程性质

1. 课程类型、课程功能

本课程是高职铁道交通运营管理专业必修的一门专业核心课。是学生在学习了"铁路调车工作""车站作业计划与统计"课程,具备了组织车站行车工作能力的基础上,为其开设的一门理实一体课,其功能是对接专业人才培养目标,面向列车调度员工作岗位,培养学生自觉认真执行列车编组计划、列车运行图、铁路技术管理规程、技术计划及运输方案的要求等职业素质,使其具备铺画列车运行图,组织一个铁路调度区段的列车调度工作能力。

2. 课程功能定位

表 2-18 课程功能定位分析

对接的工作岗位	对接培养的职业岗位能力	对应岗位的知识
列车调度员岗位	1. 能自觉认真执行列车编组计划要求	列车编组计划编制
	2. 能编制列车运行图	列车运行图编制
	3. 能自觉认真执行技术计划的要求	了解技术计划相关指标计算方法
	4. 能统一指挥本调度区段的行车工作	列车调度员的主要工作、调度指挥的原则与方法
	5. 能监视列车的运行情况,调整列车运行计划和到发线使用	列车运行调整的方法、编制列车运行调整阶段计划
	6. 能绘制列车实际运行图、发布行车的调度命令和口头指示	列车运行调整实际图
	7. 能进行列车运行情况分析	列车运行情况分析

2.2.3.2 课程目标与内容

1. 课程总目标

通过讲授、训练等教学环节,学生学完本课程后应达到以下要求:

(1)能熟练编制列车运行图,从而编制列车运行调整阶段计划,对铁路一个调度区段的列车调度工作有较系统的掌握。

(2)从事列车调度指挥工作时,能自觉按照列车编组计划、列车运行图、铁路技术管理规程、技术计划及运输方案的要求认真执行。

2. 课程具体目标

表 2-19 课程教学目标与内容

序号	考核指标点	知识目标	技能目标	素质目标	教学内容	教学资源
1	编制货物列车编组计划	掌握货物列车编组计划的作用和内容	能描述货物列车编组计划的内容、描述货物列车编组计划的编制过程	诚实、细心、用心的品德	列车编组计划认知	课件 教案 动画

续表

序号	考核指标点	知识目标	技能目标	素质目标	教学内容	教学资源
2	编制货物列车编组计划	掌握装车地直达列车编组计划的编制方法	会编制装车地直达列车编组计划	善于思考、勤于用脑	装车地直达列车编组计划编制	课件 教案 动画
3		掌握技术站间列车编组计划编制的基本原理和方法	能熟练运用表格计算法、正确编制技术站列车编组计划	善于思考、勤于用脑	技术站列车编组计划的编制	课件 教案 动画
4	编制列车运行图	掌握列车运行图的原理	能了解和掌握列车运行图格式与分类	按图行车的自觉性	列车运行图的格式与分类	课件 教案
5		掌握列车运行图各组成要素及其确定方法	能掌握列车运行图的组成要素	按图行车的自觉性	列车运行图组成要素	课件 教案
6		掌握铁路区段通过能力的计算	能够根据列车运行图技术资料计算区段通过能力	严谨的工作作风	铁路区段通过能力计算	课件 教案
7		掌握列车运行图的铺画	能够正确编制单线、双线列车运行图	耐心细致、精益求精的工作作风	列车运行图的编制	课件 教案
8	技术计划	掌握运输生产数量指标计划的内容和编制方法	能利用重车车流表、空车调整图对重车和空车进行统计和分析，会编制分界站货车出入计划及货物列车列数计划	耐心细致、精益求精的工作作风	运输生产的数量指标	课件 教案
9		掌握货车运用指标计划的内容和计算方法	会计算工作量指标、会用车辆相关法和时间相关法计算货车周转时间	耐心细致、精益求精的工作作风	货车运用指标计划	课件 教案
10	铁路运输调度工作	了解调度指挥的基本原则、基本作业程序，掌握调度指挥基本方法	掌握调度指挥工作的基本方法，	服从意识和纪律观念	列车调度指挥	课件 教案 视频
11		掌握列车运行调整计划的编制和列车实际运行图的铺画	会编制发布列车运行调整计划，会画列车实际运行图	服从意识和确保非正常情况下列车运行安全意识	列车调度指挥	课件 教案 动画
12		掌握列车运行情况分析	会判别正晚点列车与计算列车正点率	严密的思维和钻研的刻苦精神	调度工作分析	课件 教案

表 2-20 课程教学目标与内容

序号	项目（模块）	任务（单元）	教学内容	重点、难点、考核点	学时
1	列车编组计划	货物列车编组计划认知	1. 列车编组计划的作用和内容 2. 列车编组计划的编制过程	列车编组计划的主要内容	1
2		装车地直达列编组计划	1. 装车地直达列车的分类 2. 装车地直达列车的优点 3. 组织装车地直达列车的条件 4. 装车地直达列车编组计划的编制	**重点**：装车地直达列车编组计划的编制方法 **难点**：装车地直达列车编组计划的条件	1
3		技术站列车编组计划	1. 技术站间的计划车流 2. 货车集结时间 3. 货车无改编通过技术站的节省时间 4. 技术站开行直达、直通列的基本条件 5. 选择技术站列车开行最优方案的基本方法	**重点**：编制技术站间重车车流表，集结系数 C 的查定方法，t 节的计算方法，技术站开行直达、直通列的基本条件；绝对计算法 **难点**：技术站间重车车流查定、画方案图的技能、方案选优的技能	8
4	编制列车运行图	列车运行图的格式与分类	1. 列车运行图的格式 2. 站名线的画法 3. 列车运行图的分类	**重点**：运行图的分类、站名线画法 **难点**：站名线画法	1
5		列车运行图组成因素	1. 列车区间运行时分 2. 列车在中间站停站时分 3. 列车在车站上的间隔时间 4. 追踪列车间隔时间 5. 机车在机务段或折返段所在站的停留时间标准 6. 列车在技术站的技术作业时间	**重点**：区间运行时分的表示，$\tau_不$、$\tau_会$、$\tau_连$ 的定义及表示，$I_{绿}^{追}$、$I_发$、$I_到$、$I_通$ 的定义，图示及计算方法 **难点**：区间运行时分的表示，$\tau_不$、$\tau_会$、$\tau_连$ 的图示，$I_{绿}^{追}$、$I_发$、$I_到$、$I_通$ 的图示	5
6		铁路区间通过能力	1. 常见几种能力的概念 2. 平行运行图区间通过能力 3. 非平行运行图区间通过能力 4. 提高区间通过能力的措施	**重点**：平行运行图区间通过 N 的计算 **难点**：限制区间两端站放行列车的方案	2
7		列车运行图的编制	1. 列车运行图的编制要求和步骤 2. 区段管内工作列车运行方案 3. 货物列车运行方案图的编制 4. 列车运行详图的编制 5. 分号列车运行图的概念 6. 列车运行图主要指标的计算 7. 列车运行图编制质量的检查 8. 实行新运行图的准备工作	**重点**：区段管内工作列车运行方案、货物列车运行方案图的编制、列车运行详图的编制、列车运行图主要指标的计算 **难点**：货物列车运行方案图的编制技能、列车运行详图的编制技能	8

续表

序号	项目（模块）	任务（单元）	教学内容	重点、难点、考核点	学时
8	编制列车运行图	实训 编制货物列车运行方案图	1. 估算货物列车旅行时间 2. 估算货物列车机车台数 3. 均衡布置运行线 4. 勾画机车交路 5. 列车运行图与机车周转图配合	**重点**：均衡布置运行线的技能、勾画机车交路的技能 **难点**：列车运行图与机车周转图配合的技能	12
9		实训 编制货物列车运行详图	1. 货物列车运行线的铺画 2. 检查铺画详图要注意的问题 3. 列车运行图主要指标的计算	**重点**：货物列车运行线的铺画技能、列车运行图主要指标的计算技能 **难点**：会检查详图要注意的问题	12
10	铁路运输生产技术计划及运输方案	运输生产的数量指标	1. 使用车计划编制 2. 接运重车计划编制 3. 重车车流表编制 4. 空车调整计划编制 5. 分界站货车出入计划编制 6. 货物列车列数计划编制	**重点**：掌握重车车流表编制、掌握空车调整计划编制、掌握货物列车列数计划编制 **难点**：掌握重车车流表车流分析、掌握空车调整计划编制、掌握货物列车列数计划编制	6
11		货车运用指标计划	1. 货车工作量 2. 货车周转时间 3. 运用车保有量计划	**重点**：会计算工作量指标、会用车辆相关法和时间相关法计算货车周转时间 **难点**：时间相关法计算货车周转时间的技能	4
12	铁路运输调度工作	列车调度指挥	1. 调度指挥的基本原则 2. 列车调度员基本作业程序 3. 调度指挥基本方法 4. 列车运行调整阶段计划 5. 列车运行实际图	**重点**：掌握调度指挥工作的基本方法，会编制列车运行调整计划，会画列车实际运行图 **难点**：掌握调度指挥工作的基本方法，会编制列车运行调整计划	4
13		调度工作分析	1. 调度工作分析的种类 2. 列车运行情况分析	**重点**：列车运行情况分析 **难点**：列车运行情况分析	2

2.2.3.3 课程考核

课程考核采用过程性考核和终结性考核相结合的方式。原则上过程性考核占50%，终结性考核占50%。过程性考核包括但不仅限于课堂考勤、课堂表现、作业、期中测验、实训等。终结性考核一般指期末考试。

2.2.3.4 实施要求

1. 授课教师基本要求

本课程授课教师拥有本科以上学历和讲师以上职称、有车站现场实习或工作经历、具备中级车站值班员以上职业资格水平、具备编制列车运行图等基本技能，拥有高等学校教师资格。

2．教学方法和策略

（1）教学方法：根据学情分析和教学内容特征，选择项目化教学、情景教学法、探究式教学法等教学方法。

（2）教学策略：可选择采用网络教学平台实现混合式教学，引进行业、企业专家参与教学等。

3．教材和数字化资源的选用

表2-21 "列车调度指挥"课程教材选用表

序号	教材名称	教材	出版社	主编	出版时间
1	《铁路行车组织》	铁道运输专业精品教材	上海交通大学出版社	杨建秋	2019

表2-22 "列车调度指挥"课程参考教材选用表

序号	教材名称	出版社	主编	出版时间
1	《铁路技术管理规程》	中国铁道出版社	国铁集团公司	2017
2	《铁路货车统计规则》	中国铁道出版社	国铁集团公司	2017
3	《铁路运输调度规则》	中国铁道出版社	国铁集团公司	2017
4	《铁路调度指挥》	人民交通出版社	申金国，朱光宇	2020

2.2.4 "铁路普通货物运输"课程标准

2.2.4.1 课程性质

1. 课程类型、课程功能

本课程是高职铁道交通运营管理专业必修的一门专业核心课,是学生在学习了"铁路线路与站场""铁路机车车辆及牵引供电"课程、具备了认知铁路运输设备能力的基础上,开设的一门理论+实践课,其功能是对接铁道交通运营管理专业人才培养目标,面向货运员、货运检查员、货运核算员、货运安全员等铁路货运工作岗位,培养学生,使其拥有正确办理铁路货运发送、途中、到达作业及货物损失处理的能力,并为后续"铁路特殊货物运输"课程的学习奠定基础。

2. 课程功能定位

表 2-23 课程功能定位分析

对接的工作岗位	对接培养的职业岗位能力	对应岗位的知识点
所有货运岗位	1. 选择货物运输种类	1. 货物运输种类 2. 不得按零担办理货物
	2. 一批办理审查	一批及其规定
	3. 计算货物运到期限	1. 货物运到期限 2. 货物运到逾期
货运员	1. 进货验收	1. 进货验收 2. 件数和重量
	2. 仓储保管	免费仓储期
	3. 装卸车作业	1. 装卸车责任分工 2. 装车作业 3. 卸车作业
	4. 外交付作业	交付
货运计划员	1. 填制货物运单	货物运单
	2. 货运受理	受理
货运检查员	1. 货物（车）途中交接检查	途中交接检查
	2. 拍发货运交接检查电报	货运交接检查电报
	3. 货运交接检查发现问题处理	货运交接检查发现问题处理
货运核算员	1. 计算货物运杂费	1. 计费因素 2. 运费 3. 京九分流费、铁路建设基金 4. 杂费
	2. 货运制票	货运制票
货运安全员	1. 填制货运记录、普通记录	1. 货物损失种类和等级 2. 货运记录 3. 普通记录
	2. 拍发货物损失速报	货物损失速报
	3. 货物损失调查处理	1. 货物损失调查处理 2. 货物损失划责
	4. 理赔	货物损失赔偿

2.2.4.2 课程目标与内容

1. 课程总目标

课程总目标是培养学生，使他们具备组织铁路货物运输作业流程的能力和正确办理铁路货物运输业务的职业素质。

2. 课程具体目标

表 2-24 课程教学目标与内容

序号	考核指标点	知识目标	技能目标	素质目标	教学内容	教学资源
1	1. 审查货物运输条件	理解货物运输种类及办理条件	正确选择运输种类	培养按章作业、尊客爱货的理念	运输种类	95306网站
2		掌握一批办理规定	正确确定货物批数	培养按章作业、尊客爱货的理念	一批	95306网站
3		理解车站营业办理限制符号含义	正确选择货物发到站	培养按章作业、尊客爱货的理念	营业办理限制	视频 95306网站
4		理解货物运到期限的含义、组成	计算货物运到期限和运到逾期	培养按章作业、尊客爱货的理念	货物运到期限	95306网站
5	2. 组织货物发送作业	掌握运单填写要求	正确填写运单	培养认真、细致，按章作业的理念	托运	视频 95306网站
6		掌握受理内容及要求	受理运单	培养按章作业、尊客爱货理念	受理	95306网站
7		掌握进货验收内容及保管要求	办理进货验收，组织货物保管	培养按章作业、尊客爱货理念	进货验收、保管	95306网站
8		理解装卸车组织分工规定，掌握装车检查内容	组织货物装车作业	培养按章作业、安全第一理念	装车作业	视频
9	3. 组织货物途中作业	理解货物交接检查内容和交接检查电报内容，掌握交接检查发现问题处理规定	办理途中货物（车）途中交接检查，拍发货运交接检查电报	培养按章作业、安全第一理念	货物交接检查	视频
10		理解运输变更条件规定，掌握运输变更办理流程及作业内容	正确办理运输变更	培养按章作业理念	货物运输变更	视频
11	4. 组织货运核算作业	理解运杂费的组成，掌握计费条件和计费方法	正确计算运杂费和制票	培养严谨工作理念	货物运输费用	95306网站
12	5. 货物损失处理	掌握货物损失种类、等级分类	判断货物损失种类和等级	培养实事求是理念	货物损失种类、等级	95306网站
13		掌握记录种类和记录填制要求	正确填写货运记录、普通记录	培养认真、细致理念	记录	视频
14		掌握货物损失调查处理和赔偿程序及内容	组织货物损失处理工作，正确拍发货物损失速报	培养实事求是、按章作业理念	货物损失调查处理	95306网站
15		掌握货物损失赔偿程序及内容	组织理赔工作	培养按章作业、服务理念	货物损失赔偿	95306网站

表 2-25 课程教学安排

序号	项目（模块）	任务（单元）	教学内容	重点、难点	教学方法和手段	学时
1	1. 货物运输基本条件	（1）货运工作的基本任务及法规依据	货运工作的基本任务及法规依据	**重点**：铁路货运法规	多媒体理实一体化教学	1
2		（2）货物运输的基本条件	货物运输的种类、"一批"、营业办理限制、货物运到期限	**重点**：运输种类、"一批" **难点**：营业办理限制、运到期限	多媒体理实一体化教学	11
3	2. 货物运输过程	（1）货物托运、受理、进货验收、保管	托运、受理、进货验收、保管	**重点**：托运、受理 **难点**：填制货物运单	多媒体理实一体化教学	6
4		（2）装车、承运	装车作业、承运	**重点**：装车作业、承运 **难点**：装车作业、货车容许装载量计算	多媒体理实一体化教学	8
5		（3）货物的途中作业	货运交接检查的内容及处理、换装整理的办理要求及货运检查电报的拍发、运输变更办理	**重点**：货运交接检查的内容及处理托运、换装整理的办理要求、运输变更办理 **难点**：拍发货运检查电报、换装整理	多媒体理实一体化教学	8
6		（4）货物的到达作业	卸车作业、到货通知、交付作业	**重点**：卸车作业、交付作业 **难点**：卸车作业、货物仓储费的核收	多媒体理实一体化教学	6
7	3. 货物运价	（1）货物运价概述、运费计算因素	货物运价的构成、运费计算因素	**重点**：运费计算因素	多媒体理实一体化教学	1
8		（2）整车货物运费	整车货物计费重量及运费计算	**重点**：整车货物计费重量及运费计算 **难点**：整车货物运费计算	多媒体理实一体化教学	5
9		（3）零担、集装箱货物运费	零担、集装箱货物计费重量及运费计算	**重点**：零担、集装箱货物计费重量及运费计算 **难点**：零担、集装箱货物运费计算	多媒体理实一体化教学	6
10		（4）运输变更及运输阻碍运费	运输变更、阻碍运费的计算方法	**重点**：运输变更、阻碍运费的计算方法 **难点**：运输变更、阻碍运费里程的确定	多媒体理实一体化教学	2
11		（5）货运其他费用	京九分流费、铁路建基金、电气化附加费及杂费计算	**重点**：京九分流费、铁路建基金、电气化附加费计算 **难点**：杂费计算	多媒体理实一体化教学	8
12	4. 货物损失处理	（1）货物损失的等级和种类	货物损失的定义、种类及等级	**重点**：货物损失的种类及等级	多媒体理实一体化教学	2
13		（2）记录的种类及编制	记录的种类、货运记录、普通记录编制要求及处理	**重点**：货运记录、普通记录编制要求及处理 **难点**：货运记录、普通记录编制	多媒体理实一体化教学	8
14		（3）货物损失的处理	货物损失调查处理、划责、赔偿	**重点**：货物损失调查处理、划责、赔偿 **难点**：拍发货物损失速报、货物损失划责	多媒体理实一体化教学	6

续表

序号	项目（模块）	任务（单元）	教学内容	重点、难点	教学方法和手段	学时
15	4.货物损失处理	（4）货物损失的统计和资料保管	货物损失的统计、资料保管	**重点**：货物损失的统计、资料保管 **难点**：非过失责任、过失责任	多媒体理实一体化教学	2
16	5.测验	测验	检查期中教学效果		测验	2
17	6.复习	复习	期末总复习		复习讨论	2

注：每个任务（单元）最多不超过12学时。

2.2.4.3 课程考核

课程考核实行闭卷考试，采用过程性考核和终结性考核相结合的方式，按期评成绩=平时成绩×40%+测验成绩×10%+期末考试成绩×50%进行成绩评定。

2.2.4.4 实施要求

1. 授课教师基本要求

担任本课程教学任务的教师应具有高校教师资格、本科以上学历、中级以上职称，有现场工作或挂职经历，思想品德好、经过专业技能训练学习。

2. 实践教学条件要求

（1）校内实训室。

表2-26 运输信息实训室

实训室名称	铁路货运综合实训室	面积要求	150 m²
序号	核心设备	数量要求	备注
1	铁路货运核算制票软件	1套	
2	服务器	1台	
3	电脑终端	60台	

（2）校外实训基地。

表2-27 校外实训基地

序号	校外实训基地名称	合作企业名称	可开展的实训项目	备注
1	中铁南宁局集团公司柳州南货运营业部	中铁南宁局集团公司柳州南货运中心	认识实习、顶岗实习	
2	中铁南宁局集团公司湛江货运营业部	中铁南宁局集团公司湛江货运中心	认识实习、顶岗实习	

3. 教学方法和策略

（1）教学方法：根据学情分析和教学内容特征，选择项目化教学、案例教学法、情景教学法、工作过程导向教学法、探究式教学法、"理实一体化"教学等教学方法。

（2）教学策略：可选择采用网络教学平台实现混合式教学，采用课件进行课堂多媒体教学，课堂教学与实训教学穿插，同时伴有校外专家讲座教学、现场参观认知教学等。

4. 教材和数字化资源的选用

表 2-28 "铁路普通货物运输"课程教材选用表

序号	教材名称	教材类型	出版社	主编	出版时间
1	铁路货运组织	国家规划教材	中国铁道出版社	戴实	2015.07

表 2-29 "铁路普通货物运输"课程参考教材选用表

序号	教材名称	教材类型	出版社	主编	出版时间
1	铁路货运系列规章	行业规章	中国铁道出版社	国家铁路集团公司	不定期，最新版

表 2-30 "铁路普通货物运输"课程数字化资源选用表

序号	数字化资源名称	类型	数量	是否原创	备注
1	95306 网站	网站	1	否	

2.2.5 "铁路客运组织"课程标准

2.2.5.1 课程性质

1. 课程类型、课程功能

本课程是高职铁道交通运营管理专业必修的一门专业核心课。是学生在学习了基本素质课程，具备了铁道基本知识、铁道职业基本能力的基础上，开设的一门理实一体课，其功能是对接铁道运营专业人才培养目标，面向铁路企业客运工作岗位，培养劳动者的客运工作能力，并为后续客运技能课程的学习奠定基础。

2. 课程功能定位

表 2-31 课程功能定位分析

对接的工作岗位	对接培养的职业岗位能力	对应岗位的知识点
客运员岗位	1. 具有组织旅客进站、乘降，办理站、车交接客运工作的能力	1. 铁路旅客运输的基础知识
		2. 铁路旅客运输合同的涵义，旅客车票的分类和含义
		3. 路内运输、军事运输和国际联运的相关规定
	2. 服务旅客，解答问讯	熟练运用铁路客运规章解决实际问题
售票员岗位	车票的发售、退票等	1. 铁路客运运价的原则和依据、分类和要求
		2. 铁路旅客运输合同的涵义，旅客车票的分类和含义
		3. 路内运输、军事运输和国际联运的相关规定
		4. 人身伤害、线路中断后的相关处理规定
值班员岗位	客运记录编制、电报的拍发、线路中断的处理	1. 铁路旅客运输的基础知识
		2. 路内运输、军事运输和国际联运的相关规定
		3. 人身伤害、线路中断后的相关处理规定
		4. 客流计划相关概念、知识
行李员岗位	1. 正确掌握运价的计算、办理行李、包裹托运、装车、中转、到达业务	1. 行李包裹运输合同的概念，凭证和权利义务
		2. 人身伤害、线路中断后的相关处理规定
	2. 服务货主、旅客，解答问讯	熟练运用铁路客运规章来解决实际问题

2.2.5.2 课程目标与内容

1. 课程总目标

通过课堂讲授、讲练结合、案例处理、仿真实训等教学环节，学完本课程后使学生树立"人民铁路服务人民"的思想，理解铁路客运规章的知识要点和处理问题的流程，提高学生分析、应变和综合运用的能力，综合运用客运规章知识，掌握客运工作的基本知识和技能，提高动手能力和解决客运服务中旅客运输实际问题的能力，以做一个铁道企业的客运工作者为目标。

2. 课程具体目标

具体表述课程的内容及学生应达到的知识目标、技能目标、素质目标，在进行目标表述时应以学生作为行为主体。

具体表现在以下几个方面：

（1）知识目标。

① 了解铁路整个客运运输体系的构成。

② 掌握铁路客运规章内容。

③ 掌握铁路车站、铁路局运输组织工作的业务流程和具体处理操作办法。

（2）技能目标。

① 携带品违章的处理。

② 乘车条件不符的处理。

③ 乘车证违章的处理。

④ 误售误购、误乘、免费送回中途下车的处理。

⑤ 熟悉全国路网，解答旅客问题。

⑥ 车票的发售、退票。

⑦ 客运记录编制、电报的拍发，线路中断的处理等业务技能。

（3）素质目标。

① 培养学生，使其树立"人民铁路为人民"的思想。

② 培养学生，使其具备工作中严谨做事、注重团队合作，突发情况能应变处理的精神。

表 2-32　课程教学目标与内容

序号	考核指标点	知识目标	技能目标	素质目标	教学内容	教学资源
1	具备铁路旅客运输的基础知识	了解我国旅客运输的基本概况，理解课程的性质目标，明晰课程的考核评价要求	能提供路网咨询	高铁成就激发学生的爱国热情、责任意识和使命意识。服务人民，培养学生专业学习的热情和学习的方法，使他们具有积极向上的学习态度和良好的学习习惯	铁路旅客运输绪论	课件、教案、视频、图片
2		明确列车的等级划分依据及车次的编制原则，熟悉旅客运输凭证的种类及样式	能够区分列车的等级，具备区分运输凭证的能力	通过"合同"引出公平、法治，"不同等级的列车"包含着友善、和谐	旅客列车的车次、等级和分类及旅客运输合同及凭证	课件、教案、视频、图片
3	1. 明晰铁路客运运价的原则和依据、分类和要求 2. 熟练运用铁路客运规章的解决实际问题	《铁路客运运价规则》和各种车票的组成元素，能够根据公式计算旅客票价表	掌握旅客车票票价的计算方法	"票价"包含着公平。培养学生的学习能力，让他们具备认真细致的工作作风	旅客票价的理论计算	课件、教案、图片
4		熟悉《铁路客运运价里程表》和《旅客票价表》的组成和使用方法	能熟练掌握铁路旅客运价里程表、旅客票价表的使用方法	培养职业自豪感及爱岗敬业的职业情操	《铁路客运运价里程表》和《旅客票价表》的使用	课件、教案、图片
5		清楚特定运价的种类，熟悉包车的办理流程和方法	了解特定运价的种类，理解办理包车手续和费用计算	培养学生分析问题的能力以及团队协作、沟通能力、大局意识	特定运价	课件、教案

续表

序号	考核指标点	知识目标	技能目标	素质目标	教学内容	教学资源
6		熟记车票的发售规定，代用票的填制方法，能通晓实名制售票、互联网售票和电话订票的有关规定	熟悉各旅客票种的发售规定，能熟练掌握实名制售票、互联网售票和电话订票的操作方法	通过"实名"引出诚信，有较强的吸纳新知识、新方式方法的能力	车票及其发售规定	课件、教案
7	1. 通晓铁路旅客运输合同的涵义，旅客车票的分类和涵义 2. 在熟悉铁路客运规章的基础上，能运用铁路客运规章的解决实际问题	掌握旅客的乘车条件及不符合乘车条件的处理规定	能够计算车票有效期，能灵活运用现行的规章制度来解决旅客乘车中特殊情况及不符合乘车条件的问题	通过"乘车不符处理"引出友善，培养遵章守纪、按章作业的工作作风、严谨求实的态度	旅客乘车的条件	课件、教案、视频、图片
8		了解分乘的办理规定，理解变径的办理要求，熟悉车票改签、退票、变更到站、变更等级和越站的相关规定	能灵活运用现行的规章制度来解决旅客各种旅行变更的问题	通过"退票贪案"引出法治，通过"变更处理"引出公平公正，并具有良好的社会适应性和交流沟通能力	旅行变更	课件、教案、视频、图片
9		熟悉旅客携带品在体积、重量和物品方面的规定，懂得处理违章携带物品不同情况的方法	能灵活运用现行的规章制度来解决旅客违章携带品的问题	"随身物品免费带"引出友善、长城交枪案引出传承与创新培养遵章守纪、按章作业的工作作风、严谨求实的态度	旅客携带品	课件、教案、视频
10	1. 通晓行李包裹运输合同的概念，凭证和权利义务 2. 在熟悉铁路客运规章的基础上，能运用铁路客运规章的解决实际问题	熟悉行李、包裹运输合同内容，行李、包裹的范围，掌握托运承运规定	能够熟练判定行李、包裹类别，同时能熟练完成行包从承运到交付的操作	具备作风严谨、观察敏锐、判断准确、反应敏捷，认真细致、不厌其烦的职业素质	行李、包裹运输合同	课件、教案
11		掌握托运承运规定，行李包裹的运送原则、运到期限、逾期的处理、运输变更、交付规定等	会办理行李、包裹托运手续，填写行李、包裹票，办理行包逾期处理，交付手续	拥有人民铁路为人民的职业情操	行李包裹的运送	课件、教案、视频
12		理解违章运输的处理相关要求，了解无法交付物品的处理规定	通过实践提高后会办理行包运输变更和违章运输的手续	具备良好的社会适应性和交流沟通能力、遵章守纪的职业素养	行李包裹的违章运输	课件、教案
13	1. 通晓路内运输、军事运输和国际联运的相关规定 2. 能运用铁路客运规章的解决实际问题	懂得对各种铁路乘车证的三证查验	能够熟悉铁路乘车证的种类，对违章使用乘车证进行正确处理	"职工罚款"体现了公正	路内运输	课件、教案

063

续表

序号	考核指标点	知识目标	技能目标	素质目标	教学内容	教学资源
14	1. 通晓路内运输、军事运输和国际联运的相关规定 2. 能运用铁路客运规章的解决实际问题	熟悉军运后付票据的填制	正确确定铁路军事人员运输的范围,了解军事运输的计费付费方式,了解新老兵运输的方式、乘车组织与管理的相关内容	从事铁路军事运输的职工要具备严守国家机密的职业素质,具备服务军队、服务国防的意识,全心全意为新老兵运输服务,任何铁路员工必须保守军运秘密,不得泄露军运秘密、透露军运方向或内容	军事运输	课件、教案
15		了解国际旅客联运的概念、联运站分布,国际联运旅客乘车票据	能识别国际联运旅客乘车票据,能正确办理国际联运旅客的手续以及进行运送费用的计算	增强责任感、使命感,为国防建设服务,为祖国和平安宁服务	国际联运	课件、教案、视频
16	1. 通晓人身伤害、线路中断后的相关处理规定 2. 能运用铁路客运规章解决实际问题,进行运输事故的处理	明确人身伤害事故定义和相关处理依据,掌握现场处理办法与流程,掌握列车、车站具体处理,知道责任划分,了解赔偿	能正确上报、处理伤害旅客,及时送医上报	伤害处理公平、法治,人民铁路为人民,生命为大,实事求是,具备良好的社会适应性和交流沟通能力。	运输事故的处理	课件、教案、图片、视频
17		掌握行包事故的种类和等级,从事故的处理入手,理解掌握查询、定案、调查、赔偿的整个处理过程,明确责任的划分,了解审批、统计、保管	编写记录、拍发相关电报			课件、教案、图片
18		掌握线路中断后的应对措施和对旅客的处理	绕道改签、退票			课件、教案
19	通晓客流计划相关概念、知识	掌握客流分类,理解客流组成及特点,计算旅客计划指标,会编时刻表,会看编组表,会算车底组数、列车定员	计算旅客计划指标	铁路大局意识,家国情怀,严谨做事、注重团队合作	旅客运输计划及组织	课件、教案、视频
20	知道乘务基本知识	掌握乘务组成、乘务制度,了解列车乘务组和乘务员需要数的确定方法,知道车底套用与立折	会车底套用	"帮旅客洗袜子"引出爱岗、敬业,干一行、爱一行,尽可能为旅客提供最好的服务	旅客列车乘务组工作	课件、教案、视频

表 2-33 课程教学目标与内容

序号	项目（模块）	任务（单元）	教学内容	重点、难点、考核点	学时
1	铁路客运基础知识	项目 1-1 铁路旅客运输绪论	铁路旅客运输的基本任务；铁路旅客运输的优缺点；铁路旅客运输营销、运输状况	**重点**：旅客运输的基本任务 **难点**：运输营销 **考核点**：旅客运输的基本任务	4
2		项目 1-2 旅客列车的车次、等级和分类及旅客运输合同及凭证	旅客列车的车次、等级和分类；铁路旅客运输车次的规定；铁路旅客运输车辆的等级；铁路旅客运输合同及凭证	**重点**：旅客运输的凭证 **难点**：车次的规定 **考核点**：车次的规定、车辆的等级、旅客运输的凭证	
3	客运运价	项目 2-1 旅客票价的理论计算	旅客票价构成的三要素；旅客票价的制定原理；旅客票价的计算方法	**重点**：票价的构成要素 **难点**：票价的里程区段 **考核点**：票价的制定原理	8
4		项目 2-2 旅客票价的理论计算训练	非空调列车旅客票价的理论计算；普速空调列车旅客票价的理论计算；动车组列车旅客票价的理论计算	**重点**：票价的理论计算方法 **难点**：空调列车票价的计算 **考核点**：不同种类列车票价的计算	
5		项目 2-3 铁路客运运价里程表、旅客票价表	铁路客运运价里程表的使用；旅客票价表的使用	**重点**：里程表和票价的使用方法 **难点**：里程表的使用方法 **考核点**：查找里程和票价	
6		项目 2-4 特定运价	包用车辆的规定；包用车辆的计算训练；租车、挂运、行驶和过轨运输的费用计算要求	**重点**：包车费用的组成 **难点**：包车费用的计算 **考核点**：包车相关规定	
7	铁路旅客运送条件	项目 3-1 车票及其发售规定	运输合同的权利义务；客票及附加票的发售规定；儿童减价票的发售规定；学生减价票的发售规定；伤残军警减价票的发售规定；代用票的填制规定；异席客票的发售训练；减价票的发售训练	**重点**：车票的发售规定 **难点**：异席客票的发售、代用票的填制 **考核点**：各种车票的发售	27
8		项目 3-2 旅客乘车的条件	旅客丢失车票的规定及训练；旅客误售误购误乘的处理及训练；旅客按规定乘车的处理；旅客客观违章乘车的处理训练；旅客主观违章乘车的处理训练	**重点**：违章乘车的处理 **难点**：误售误购的处理 **考核点**：旅客乘车中各种特殊情况的处理	
9		项目 3-3 旅行变更	旅客车票改签的规定及处理训练；旅客车票变更到站的规定及处理训练；旅客车票退票的规定及处理训练；旅客变更车票等级的规定及处理训练；旅客变径的规定及处理训练；旅客越站的规定及处理训练	**重点**：旅客乘车中旅行变更的规定 **难点**：多种变更同时发生的处理方法；涉及起码里程的旅行变更的处理 **考核点**：旅行变更的办理	

续表

序号	项目（模块）	任务（单元）	教学内容	重点、难点、考核点	学时
10	铁路旅客运送条件	项目 3-4 旅客携带品	旅客携带品的范围规定；违章携带品的处理训练	**重点**：携带品在重量体积和物品方面的规定 **难点**：不同违章携带物品情况的处理方法 **考核点**：携带品范围，违章携带物品的处理	
11	行李包裹运输	项目 4-1 行李、包裹运输合同	行李的范围；包裹的范围；承运人的权利和义务；货主的权利和义务	**重点**：行李和包裹的范围 **难点**：四类包裹的划分 **考核点**：行李和包裹的范围	12
12		项目 4-2 行李包裹的运送	行李的运价规定以及运费计算训练；包裹的运规定以及运费计算训练；行李票、包裹票的填制训练；行李、包裹运送的原则；行李、包裹的运到期限规定；行李、包裹逾期的处理训练；行包的交付及无法交付物品的规定及处理训练	**重点**：行李包裹的运送 **难点**：行包运价的计算 **考核点**：运价的规定、运送原则、运到期限及交付的相关规定	
13		项目 4-3 行李包裹的违章运输	行李包裹违章运输的类型；行李包裹违章运输处理规定	**重点**：行李包裹违章运输的处理规定 **难点**：品名不符的处理 **考核点**：行李包裹违章运输的规定	
14	特种运输	项目 5-1 铁路乘车证	铁路乘车证种类；铁路乘车证的使用规定；违章使用铁路乘车证的规定及处理训练	**重点**：铁路乘车证的种类及使用规定 **难点**：违章使用乘车证的处理 **考核点**：铁路乘车证的种类及使用规定，违章使用乘车证的处理	8
15		项目 5-2 路内用品的使用与携带	利用客车车递文件及附件；免费运输的物品范围及办理规定；路内有关人员携带路用品的规定	**重点**：路内有关人员携带路用品的规定 **难点**：免费运输的物品的办理规定 **考核点**：免费运输的物品范围；路内有关人员携带路用品的规定	
16		项目 5-3 军事运输	军事运输的概念；军事运输的组织原则；军事运输的工作要求	**重点**：军事运输的组织原则 **难点**：军事运输的工作要求 **考核点**：组织原则	
17		项目 5-4 国际联运	国际联运旅客运送票据；国际联运运送条件；国际联运旅客的票价计算训练	**重点**：国际联运的运送条件 **难点**：票价的计算 **考核点**：运送票据及运送条件	
18	运输事故的处理	项目 6-1 人身伤害事故	人身伤害事故定义；相关处理依据、现场处理办法与流程；列车、车站具体处理，事故责任划分，赔偿	**重点**：现场处理办法与流程 **难点**：列车、车站具体处理 **考核点**：现场处理办法与流程	8

续表

序号	项目（模块）	任务（单元）	教学内容	重点、难点、考核点	学时
19	运输事故的处理	项目6-2 行包事故	行包事故的种类和等级，事故的查询、定案、调查、赔偿整个处理过程；责任的划分；编写记录、拍发相关电报	**重点**：责任的划分编写记录、拍发相关电报 **难点**：事故调查过程 **考核点**：行包事故的种类和等级，责任的划分	
20		项目6-3 旅客运输阻碍的处理	线路中断后应对措施；对旅客、行包的处理	**重点**：对旅客的处理 **难点**：退票 **考核点**：对旅客的处理	
21	客流计划	项目7-1 客流计划	客流分类客流组成及特点，旅客计划指标，时刻表、编组表编制，车底组数、列车定员计算	**重点**：旅客计划指标计算 **难点**：车底组数 **考核点**：指标计算	2
22	乘务基本知识	项目8-1 乘务工作	乘务组成、乘务制度，列车乘务组和乘务员需要数的确定方法，车底套用与立折	**重点**：乘务组成、乘务制度 **难点**：车底套用 **考核点**：乘务制度	3
		合计			72

2.2.5.3 课程考核

课程考核采用过程性考核和终结性考核相结合的方式。原则上过程性考核占 50%，终结性考核占 50%。过程性考核包括课堂考勤、课堂表现、作业、期中测验、单元测验等。终结性考核一般指期末考试。

2.2.5.4 实施要求

1. 授课教师基本要求

本课程的主讲教师学历应为本科学历以上，具备高校教师中级职称，并且有铁路旅客运输企业一线工作经历（含挂职），达到铁路客运岗位群相关岗位的中级职业资格水平，具有良好的思想品德和扎实的专业技能等基本素质。

2. 实践教学条件要求

本课程需要使用的实践教学场地及设备具体如下：

校内实训室：

表2-34 高速铁路客运服务综合实训室

实训室名称	高速铁路客运服务综合实训室	面积要求	189 m²
序号	核心设备	数量要求	备注
1	微机售票设备	7套	
2	多媒体教学设备	1套	

3. 教学方法和策略

教学方法上，将传统的教学手段和现代教育技术协调应用，强调理论教学与实践教学并重，重视在实践教学中培养学生的实践能力和创新能力。本课程从教学方法和教学手段两个方面进行课程改革和优化,在课堂教学、实践教学两个层面上进行有益的尝试,以增强学生自主式学习的兴趣,提高学生的学习热情。

本课程主要使用多媒体教学和边讲边练两种手段,充分发挥多媒体在动画、语音等方面的优势,调动学生学习的积极性,提高课堂学习效率。配合理论教学,增强实践性教学环节,采用大量的客运专项案例,将理论技能带入工作情景中运用,提高学生的实践客运处理能力,培养学生的客运理念和职业素养。

4. 教材和数字化资源的选用

表 2-35 "铁路客运组织"课程教材选用表

序号	教材名称	教材	出版社	主编	出版时间
1	《铁路客运组织》	规划教材	中国铁道出版社	彭进	2015.08

表 2-36 "铁路客运组织"课程参考教材选用表

序号	教材名称	教材	出版社	主编	出版时间
1	《铁路客运习题集与能力训练》	公开出版	中国铁道出版社	彭进	2018.02

2.2.5.5 其 他

做好开学第一课,结合课程特点和学习要求,对学生开展树立人生理想、端正学习态度的思想政治教育活动。结合本课程,从考勤、作业、学习纪律等方面对学生提出具体的学习要求。

2.2.6 "铁路行车规章"课程标准

2.2.6.1 课程性质

1. 课程类型、课程功能

本课程是高职铁道交通运营管理专业的一门专业核心课,主要讲授《铁路技术管理规程》等规章的相关内容。使学生掌握接发列车工作、调车工作、列车调度指挥等方面的有关规定,具备运用规章进行安全生产的能力。

2. 课程功能定位

依托国家职业标准,面向交通运输企事业单位、交通运输管理部门等从事交通运输企业生产经营、轨道交通运营管理应用型技术人才等岗位构建课程内容,针对铁路行车工作各岗位工种的典型工作任务,分析岗位所需的知识、技能和职业态度,确定学生应具备的专业态度、技能与方法。使学生建立铁路运输组织的整体概念,树立铁路运输高度集中,统一指挥的重要理念,了解铁路各专业之间的关系和铁路运输机制,确定本专业在整个铁路运输业的地位和重要性,为后续课程的学习奠定基础。

表 2-37 课程功能定位分析

对接的工作岗位	对接培养的职业岗位素养	对应岗位的知识点
调车人员	1. 从事车站解体编组调车作业 2. 保证调车 作业计划的编制 3. 保证调车作业的安全	1. 调车工作的基本要求 2. 掌握牵出线和驼峰调车作业 3. 调车计划的编制 4. 了解调车作业的特殊要求与限制
车站值班员	1. 从事车站接发列车作业 2. 保证行车技术作业的安全	1. 掌握接发列车的基本知识 2. 签发各种行车凭证 3. 特殊条件下的接发列车
助理值班员	1. 辅助完成接发列车作业 2. 保证行车技术作业的安全	1. 车站的生产活动及技术作业 2. 接发列车工作和技术站技术作业 3. 列车运行图和铁路通过能力
车站调度员	1. 调车作业计划的编制 2. 指挥行车调度工作	1. 调车工作的理论及方法 2. 货物列车编组计划 3. 铁路运输生产计划 4. 铁路运输调度工作

2.2.6.2 课程目标与内容

1. 课程总目标

本专业的设立旨在培养具有较强的铁路行车、货运、客运等岗位职业技术能力和较强的学习能力、适应能力,以及安全意识强、劳动纪律性强,具有团队合作精神,符合铁道交通运输行业一线生产、经营、管理和服务岗位要求的高素质技能型人才。

通过本课程的学习,学生应达到以下目标:

(1) 能正确认识铁路行车技术管理及行车作业安全的重要性,提高学生对工作的责任心和安全责任意识;

（2）能正确理解和掌握铁路行车规章的有关条文规定，并能按规章要求较熟练地办理各项行车作业；

（3）具有运用行车规章分析、解决运输生产实际问题的基本能力。

（4）具有铁路行车各工种之间的团结协作精神和协调沟通能力。

2．课程具体目标

具体表述课程的内容及学生应达到的知识目标、技能目标、素质目标，在进行目标表述时应以学生作为行为主体。

表 2-38　课程教学目标与内容

序号	考核指标点	知识目标	技能目标	素质目标	教学内容	教学资源
1	1．铁路调车工作基本认知 2．牵出线调车作业 3．驼峰调车作业 4．调车作业计划编制 5．调车作业的特殊要求与限制	了解调车工作的基本要求和基本工作制度	熟悉调车工作的基本制度	具有合作与协调能力	课程简介 绪论 调车工作基本要求	课件、教案
2		掌握调车计划的编制，调车计划的布置、交接、传达，掌握调车计划的变更，了解调车作业准备	掌握调车计划的编制；掌握调车计划的变更		调车作业计划及准备	课件、教案
3		掌握调车固定信号机显示，掌握调车手信号	掌握调车手信号	具有严谨、认真、细致的工作态度、安全责任观念和安全责任意识	调车信号	课件、教案
4		掌握调车速度的要求；掌握溜放调车作业的限制条件；掌握特种车辆调车作业方法	掌握溜放调车作业的限制条件，特种车辆调车作业方法		调车作业的规定和限制	课件、教案
5		掌握调车工作的制动工作，掌握调车作业中车辆的摘解和连挂	重点掌握调车作业中车辆的摘解和连挂		调车基本技能	课件、教案
6	1．列车编组知识认知 2．货物列车中车辆编挂 3．动车组以外的旅客列车中车辆编挂 4．机车编挂及单机挂车 5．列车中车辆摘挂	了解列车的基本知识；掌握编组列车的质量要求、禁止编入列车的机车车辆	熟悉列车的基本知识；掌握编组列车的质量要求		列车编组认知	课件、教案 视频
7		掌握货物列车中的车辆编挂方法；掌握旅客列车中的车辆编挂的要求	掌握旅客和货物列车中的车辆编挂方法	培养安全责任观念和安全责任意识	货物列车及动车组以外的车辆编挂	课件、教案 课件、教案
8		掌握列车中机车的编挂要求和单机挂车的要求	掌握列车中机车的编挂要求；了解单机挂车的要求		机车编挂及单机挂车	课件、教案
9		掌握列车中列车摘挂的规定和要求	熟悉列车摘挂的规定和要求	培养安全责任观念和安全责任意识	列车中车辆摘挂	课件、教案

续表

序号	考核指标点	知识目标	技能目标	素质目标	教学内容	教学资源
10		掌握列车进路的办理，掌握接发列车工作的基本要求及对接发车线路的合理使用	掌握接发列车工作的基本要求及对接发车线路的合理使用	培养安全责任观念和安全责任意识	接发列车基本知识	课件、教案
11	1. 接发列车基本知识 2. 行车凭证 3. 接发列车作业要求 4. 接发列车作业办理 5. 特殊条件下接发列车 6. 特殊列车接发	掌握我国铁路使用的行车凭证；掌握各种行车凭证的使用时机	了解我国铁路使用的行车凭证的填写；掌握各种行车凭证的使用时机		行车凭证	课件、教案
12		了解接发列车工作的基本任务、主要内容及人员分工；掌握车站到发线路使用方法	了解接发列车工作的主要内容；掌握车站到发线路使用方法		接发列车作业要求	课件、教案
13		掌握各种情况下接发列车程序、岗位作业标准	熟悉接发列车作业程序；了解接发列车作业岗位作业标准		接发列车作业办理	课件、教案
14		掌握特殊列车接发的作业程序、作业要求、特别注意事项	熟悉特殊列车接发的作业程序；了解特殊列车接发注意事项		特殊条件下接发列车	课件、教案
15	1.《站细》认知 2. 车站概况及技术设备编制 3. 日常作业计划及生产管理制度编制 4. 接发列车工作组织 5. 调车工作组织 6. 客货运工作组织 7. 军事运输工作组织	了解《站细》的主要内容、编制依据、编制原则；了解车站位置、性质、等级和客货运量	了解《站细》的主要内容；掌握《站细》的主要编制依据和编制原则	培养安全责任观念和安全责任意识	《站细》认知 车站概况及技术设备编制	课件、教案
16		了解车站组织指挥系统，车站作业计划、车站管理制度编制要求和方法；掌握车站接发列车组织指挥系统	熟悉车站作业计划、车站管理制度编制要求和方法	培养安全责任观念和安全责任意识	日常作业计划及生产管理制度编制 接发车工作组织 调车工作组织	课件、教案
17		了解车站客货运工作与行车有关的组织指挥系统；掌握客货工作与行车有关的作业方法及联系制度	掌握客货工作与行车有关的作业方法及联系制度		客货运工作组织	课件、教案
18	1. 运输调度工作基本认知 2. 调度工作计划编制 3. 调度命令发布 4. 调度指挥工作组织 5. 调度工作分析	了解铁路运输调度工作的基本任务；掌握调度工作计划编制原则、编制方法	了解调度工作的基本任务；熟悉调度工作计划编制原则、编制方法	培养安全责任观念和安全责任意识	运输调度工作基本认知 调度工作计划编制	课件、教案
19		了解需要发布调度命令的情况，调度命令发布的规定；掌握常用调度命令格式和用语	熟悉调度命令发布的规定；掌握常用调度命令格式和用语		调度命令发布	课件、教案

071

续表

序号	考核指标点	知识目标	技能目标	素质目标	教学内容	教学资源
20		了解调度指挥的基本原则、列车调度员基本作业程序，掌握调度指挥基本方法和列车实际运行图的铺画	了解列车调度员基本作业程序；掌握调度指挥基本方法和列车实际运行图的铺画		调度指挥工作组织	课件、教案
21	1. 铁路营业线施工认知 2. 施工计划和施工方案编制 3. 施工组织与实施 4. 施工安全保证	了解和掌握施工计划和施工方案的编制依据、编制方法；掌握施工安全保证体系和监管体系	掌握施工计划和施工方案编制；掌握施工安全保证	具有安全责任观念和安全责任意识	施工计划和施工方案编制 施工组织与实施 施工安全保证	课件、教案

表2-39 课程教学安排

序号	项目（模块）	任务（单元）	教学内容	重点、难点、考核点	学时
1	绪论	车站的概念与分类	（1）课程简介 （2）车站的概念及分类	**重点**：课程学习的主要内容和要求 **难点**：铁路行车规章总则	2
2		调车工作基本要求	行车技术管理规章体系；对行车工作人员的要求；行车工作基本要求；道岔管理	**重点**：行车工作基本要求 **难点**：道岔管理	
3		调车作业计划及准备	调车工作的重要性；调车工作的特点；调车工作的领导与指挥；调车有关人员的职责	**重点**：调车工作的领导与指挥 **难点**：调车有关人员的职责	
4	调车工作	调车信号	调车固定信号机显示；调车手信号；无线调车灯显设备	**重点**：调车固定信号机显示 **难点**：调车手信号	12
5		调车作业的规定和限制	调车进路的准备与确认；溜放调车的限制；试拉及连结制动软管的规定；手推调车的规定	**重点**：溜放调车的限制 **难点**：试拉及连结制动软管的规定	
6		调车基本技能	调车工作相关知识；调车工作职业能力；调车工作职业素质	**重点**：调车工作相关知识 **难点**：调车工作职业能力	
7		列车编组认知	列车的基本知识；编组列车的质量要求；禁止编入列车的机车车辆	**重点**：编组列车的质量要求 **难点**：禁止编入列车的机车车辆	
8	编组列车	货物列车及动车组以外的车辆编挂	普通货物列车的编组方法；特殊货物车辆的编挂；动车组以外的旅客车辆的编挂要求	**重点**：特殊货物车辆的编挂 **难点**：动车组以外的旅客车辆的编挂要求	8

续表

序号	项目（模块）	任务（单元）	教学内容	重点、难点、考核点	学时
9	编组列车	机车编挂及单机挂车	列车中机车编挂要求；单机挂车的要求；列车中车辆摘挂的规定；列车中车辆摘挂要求	**重点**：单机挂车的要求 **难点**：列车中机车编挂要求	
10		列车中车辆摘挂			
11	接发列车	接发列车基本知识	接发列车的基本概念；行车闭塞法	**重点**：行车闭塞法 **难点**：行车闭塞法	16
12		行车凭证	我国铁路使用的凭证；各种行车凭证使用的时机；发给行车凭证的依据	**重点**：各种行车凭证使用的时机 **难点**：发给行车凭证的依据	
13		接发列车作业要求	接发列车的基本任务；接发列车的主要内容；车站到发线使用方法	**重点**：接发列车的主要内容 **难点**：车站到发线使用方法	
14		接发列车作业办理	接发列车作业程序；岗位作业标准；车机联控标准	**重点**：接发列车作业程序 **难点**：岗位作业标准	
15		特殊条件下接发列车	特殊情况下接发列车的作业程序、作业要求及注意事项	**重点**：特殊情况下接发列车的作业程序 **难点**：特殊情况下接发列车的作业要求	
16	《站细》编制	《站细》认知 车站概况及技术设备编制	《站细》的作用；《站细》的主要内容；《站细》编制依据和原则；车站各种技术设备	**重点**：《站细》的主要内容 **难点**：《站细》编制依据和原则	8
17		日常作业计划及生产管理制度编制 接发车工作组织 调车工作组织	车站作业计划组织指挥系统；车站接发车工作组织方法；调车工作组织编制方法	**重点**：车站作业计划组织指挥系统 **难点**：车站接发车工作组织方法	
18		客货运工作组织	客货运工作组织编制方法	**重点**：客货运工作组织编制方法 **难点**：客货运工作组织编制方法	
19	调度指挥	运输调度工作基本认知 调度工作计划编制	运输调度的基本任务；铁路调度所基本工作制度；调度工作计划编制	**重点**：运输调度的基本任务 **难点**：调度工作计划编制	4
20		调度命令发布	需要发布调度命令的情况；调度命令发布的规定；调度命令的管理；常用调度命令的格式和用语	**重点**：需要发布调度命令的情况 **难点**：常用调度命令的格式和用语	
22	营业线施工	施工计划和施工方案编制 施工组织与实施 施工安全保证	营业线施工的基本要求；施工计划和施工方案的编制方法；实施施工方案；施工安全管理的方法	**重点**：施工安全管理的方法 **难点**：施工计划和施工方案的编制方法	2
23			复习课		2
24			测验		2

2.2.6.3 课程考核

课程考核采用过程性考核和终结性考核相结合的方式。以期评成绩=平时成绩×40%+期中测验×10%+期末考试×50%的方式进行成绩评定。平时成绩方面，按照课堂考勤、讨论发言及学习态度占10%，作业占20%，职教云考勤、讨论发言占10%，来进行成绩评定。

2.2.6.4 实施要求

1. 授课教师基本要求

担任本课程教学任务的教师应具有高校教师资格证、本科及以上学历、中级及以上职称，有现场工作或挂职经历，思想品德好，经过专业的技能学习。

2. 实践教学条件要求

（1）校内实训室。

表 2-40 室外轨道实训场

实训室名称	室外轨道实训场	面积要求	1 431 m^2
序号	核心设备	数量要求	备注
1	列尾装置	2 套	

3. 教学方法和策略

（1）教学方法：根据学情分析和教学内容特征，选择项目化教学、案例教学法、情景教学法、工作过程导向教学法、探究式教学法、"理实一体化"等教学方法。

（2）教学策略：可选择采用网络教学平台实现混合式教学，课程教学与实践穿插教学等。

4. 教材和数字化资源的选用

表 2-41 "铁路行车规章"课程教材选用表

序号	教材名称	教材	出版社	主编	出版时间
1	《铁路行车规章教程》	"十二五"普通高等教育本科国家级规划教材	中国铁道出版社	李一龙	2020.07

表 2-42 "铁路行车规章"课程参考教材选用表

序号	教材名称	教材	出版社	主编	出版时间
1	《铁路行车规章》	普通高等教育"十三五"国家级规划教材	北京交通大学出版社	于彦良，戴建勇	2019.05
2	《铁路技术管理规程》	铁道行业规章	中国铁道出版社	国铁集团公司	2020.12

2.2.7 "车站作业计划与统计"课程标准

2.2.7.1 课程性质

1. 课程类型、课程功能

本课程是高职铁道交通运营管理专业必修的一门专业核心课。是学生在学习了"铁路线路与站场""铁路调车工作"课程、具备了专业基础知识和组织车站调车工作能力的基础上,为他们开设的一门理实一体课,其功能是对接专业人才培养目标,面向车站调度员、车号员、车号长工作岗位,使学生能自觉认真执行列车编组计划、列车运行图、铁路技术管理规程、技术计划及运输方案的要求,并使学生具备编制班计划、阶段计划与调车作业计划,领导车站调车工作,进行车站统计工作的能力。

2. 课程功能定位

表 2-43 课程功能定位分析

对接的工作岗位	对接培养的职业岗位能力
车站调度员	1. 能自觉认真执行列车编组计划、列车运行图、铁路技术管理规程、技术计划及运输方案的要求
	2. 掌握货物列车及货车技术作业过程
	3. 能编制车站班计划
	4. 能编制车站阶段计划,下达并组织实施阶段计划
	5. 能领导本班的调车工作
调车区长	正确编制调车作业计划
车号员	1. 掌握货物列车及货车技术作业过程
	2. 能编制列车编组顺序表,同时明确列车编组是否符合列车编组计划和列车运行图的要求,是否符合铁路技术管理规程、危规等有关隔离限制的规定
	3. 能进行票据交接,核对现车,做到"三相符"
车号长	1. 掌握货物列车及货车技术作业过程
	2. 掌握现在车统计
	3. 掌握装卸车统计
	4. 掌握货车停留时间统计

2.2.7.2 课程目标与内容

1. 课程总目标

通过讲授、训练等教学环节,学生学完本课程后应达到以下要求:对车站班计划、阶段计划的编制与车站统计工作方法和技能有较系统的掌握。从事铁路车站作业计划编制与统计某项具体行车工作时,能自觉按照列车编组计划、列车运行图、铁路技术管理规程、技术计划及运输方案的要求认真执行。

2. 课程具体目标

表 2-44 课程教学目标与内容

序号	考核指标点	知识目标	技能目标	素质目标	教学内容
1	掌握货物列车及货车技术作业过程；掌握车号员基本知识与技能	掌握技术站货物列车作业种类；明确技术站货物列车作业内容；熟悉货物列车技术作业过程及组织方法；掌握列车编组顺序表的编制方法	会编制各种货物列车技术作业过程；能编制列车编组顺序表；能进行票据交接，核对现车，做到"三相符"	诚实、细心、用心的品德	货物列车技术作业 列车编组顺序表的编制方法
2		掌握货车技术作业分类；掌握货车在站技术作业过程；理解货车集结过程	会按技术作业判断货车种类，会编制各种货车技术作业过程	善于思考，勤于用脑，养成全面认识问题和及时发现问题的学习习惯	货车在站技术作业过程
3	能编制车站班计划	了解班计划的内容；班计划的资料来源；掌握车站班计划的编制方法	会编制车站班计划	耐心细致、精益求精的工作作风	车站班计划
4	能编制阶段计划	了解阶段计划内容、阶段计划编制资料及阶段工作重点；掌握技术作业表的作用及填画方法；掌握阶段计划的编制步骤及方法；掌握阶段计划的布置与下达	会编制车站阶段计划，下达并组织实施阶段计划，能领导本班的调车工作	耐心细致、精益求精的工作作风	阶段计划
5	能编制调车作业计划	掌握技术站相关调车作业计划编制；掌握中间站摘挂调车作业计划编制	正确编制调车作业计划	做到保证安全，合理运用设备和先进工作方法	调车作业计划
6	能完成车站工作统计工作	明确进行统计工作时对现在列车分类的规定；熟悉装卸车统计的有关规定；掌握号码制及非号码制货车停留时间统计的原理；掌握"货车出入登记表""号码制货车停留时间登记表""非号码制货车停留时间登记表"、运报二、运报三、运报四的填记方法	具备填记"货车出入登记表""号码制货车停留时间登记表""非号码制货车停留时间登记表"、运报二、运报三、运报四的能力，具备现在车统计、装卸车统计、货车停留时间统计的能力	耐心细致、精益求精的工作作风	车站工作统计

表 2-45　课程教学目标与内容

序号	项目（模块）	任务（单元）	教学内容	重点、难点、考核点	学时
1	货物列车及货车在站技术作业过程	概述	列车、列车运行图		2
2		货物列车技术作业过程	1. 技术站货物列车作业种类 2. 技术站货物列车作业内容 3. 货物列车技术作业过程及组织方法	**重点**：技术站货物列车作业的种类和内容 **难点**：技术站货物列车作业的种类和内容	2
3		货车在站技术作业的分类及列车编组顺序表的编制方法	货车在站技术作业的分类及货车在站技术作业过程	**重点**：货车在站技术作业的分类、货车在站技术作业过程 **难点**：货车按在站技术作业的分类	2
4		货车集结过程	货车集结过程	**重点**：货车集结过程 **难点**：T集的公式推算	2
5		列车编组顺序表的编制	1. 列车编组顺序表的作用 2. 列车编组顺序表的填记方法	**重点**：列车编组顺序表的填记方法 **难点**：载重栏、货物名称栏及记事栏的填记方法	8
6	车站班计划	1. 抄收铁路局下达的调度日（班）计划 2. 编制列车出发计划 3. 编制装、卸、排计划 4. 推算预计完成的中时和停时	1. 班计划的内容 2. 编制前的准备工作 3. 编制列车到达计划 4. 编制列车出发计划，确定每一列车的编组内容及车流来源 5. 编制装、卸、排计划 6. 推算预计完成的中时和停时	**重点**：编制列车出发计划 **难点**：编制装、卸、排计划	6
7	车站阶段计划	填记车站技术作业图表	1. 阶段计划的内容 2. 车站技术作业图表的作用 3. 车站技术作业图表的格式 4. 车站技术作业图表的填记方法	**重点**：技术作业图表的填记方法 **难点**：填画列车解体、编组、取送车辆及车流填记	2
8		编制阶段计划	1. 编制资料 2. 编制步骤 3. 编制方法	**重点**：阶段计划的编制方法 **难点**：调机作业顺序的安排	10
9	车站调车作业计划	编制调车作业计划	1. 编制解体调车作业计划 2. 编制编组调车作业计划 3. 编制中间站调车作业计划	**重点**：调车作业计划编制 **难点**：调车作业计划编制	12
10	车站工作统计	现在车统计	1. 现在车分类 2. 现在车掌握 3. 车站出入的货车 4. 货车出入登记表的填记方法 5. 运报二、运报三的填记方法	**重点**：货车出入登记表的填记方法，运报二、运报三的填记方法 **难点**：现在车分类，货车出入登记表的填记方法	6

续表

序号	项目（模块）	任务（单元）	教学内容	重点、难点、考核点	学时
11	车站工作统计	装卸车统计	1. 装车数的统计方法 2. 卸车数的统计方法 3. 增加使用车和增加卸空车的规定 4. 装卸作业次数确定	**重点**：装车数的统计方法、卸车数的统计方法 **难点**：增加使用车和增加卸空车的规定	2
12		货车停留时间统计	1. 货车停留时间分类及其计算 2. 号码制货车停留时间统计方法 3. 非号码制货车停留时间统计方法 4. 区间装卸车停留时间统计方法	**重点**：号码制货车停留时间统计方法、非号码制货车停留时间统计方法、区间装卸车停留时间统计方法 **难点**：号码制货车停留时间统计方法、区间装卸车停留时间统计方法	10

2.2.7.3 课程考核

课程考核采用过程性考核和终结性考核相结合的方式。原则上过程性考核占考核总成绩50%，终结性考核占考核总成绩50%。过程性考核可包括但不仅限于课堂考勤、课堂表现、作业、期中测验、单元测验。终结性考核一般指期末考试。

2.2.7.4 实施要求

1. 授课教师基本要求

本课程授课教师拥有本科以上学历和讲师以上职称、有车站现场实习或工作经历、具备中级车站值班员以上职业资格水平，具备编制车站作业计划和进行车站统计工作等基本技能，具有高等学校教师资格。

2. 教学方法和策略

（1）教学方法：本着"学以致用"的理念，以"工作过程"为导向，寻求不同的教学载体，如车站现车系统等，重视根据学情分析和教学内容特征，选择项目化教学、情景教学法、探究式教学法等教学方法引领学生的学习。结合学生的认知心理规律、自我构建的能力以及工作任务的复杂综合程度，构建不同的任务情境，以学生为主体，发挥学生的多元智能，通过团队协作，开展课内实训，在做中学，并体味成功的快乐。

同时在教学组织的过程中，可根据教学情境采用一些信息化教学平台和教学资料等教学策略，让学生在循序渐进完成工作任务的过程中既掌握知识，又掌握学习和工作的方法和态度，并提高与人沟通、合作的能力。

（2）教学策略：可选择采用网络教学平台实现混合式教学，引进行业、企业专家参与教学等。

3. 教材和数字化资源的选用

表2-46 "车站作业计划与统计"课程教材选用表

序号	教材名称	教材	出版社	主编	出版时间
1	《铁路行车组织》	铁道运输专业精品教材	上海交通大学出版社	杨建秋	2018

表2-47 "车站作业计划与统计"课程参考教材选用表

序号	教材名称	教材	出版社	主编	出版时间
1	《铁路货车统计规则》	铁道行业规章	中国铁道出版社	国铁集团公司	2017

2.2.8 "铁路行车安全管理"课程标准

2.2.8.1 课程性质

1. 课程类型、课程功能

本课程是高职铁道交通运营管理专业必修的一门专业核心课程。是学生在学习了"铁路调车工作""接发列车工作"等行车课程,了解和掌握了铁路运输行车组织方面知识能力的基础上,为其开设的一门理论课,其功能是对接铁道交通运营管理专业人才培养目标,面向行车岗位群工作岗位,培养树立"安全第一,预防为主,综合治理"的安全管理理念,全面认知铁路行车安全管理的重要意义、基本概念和管理保障体系,掌握铁路行车事故的调查处理方法和主要预防措施,了解铁路行车安全的考核和方法。

2. 课程功能定位

表 2-48 课程功能定位分析

对接的工作岗位	对接培养的职业岗位能力	对应岗位的知识点
助理值班员（内勤）	1. 具有严格按作业标准操纵信号设备排列进路、开放信号,做好事故的预防	1. 铁路行车安全管理认知 2. 铁路行车安全保障体系认知 3. 铁路交通事故处理 4. 铁路交通事故预防 5. 铁路行车安全考核与分析
助理值班员（内勤）	2. 具有能认真执行在办理接发和调车作业过程中的安全卡控制度,做好事故的预防	
助理值班员	1. 具有严格按作业标准进行接发列车和调车工作,做好事故的预防	1. 铁路行车安全管理认知 2. 铁路行车安全保障体系认知 3. 铁路交通事故处理 4. 铁路交通事故预防 5. 铁路行车安全考核与分析
助理值班员	2. 具有认真执行在办理接发和调车作业过程中的安全卡控制度,做好事故的预防	
车站值班员	1. 具有严格按作业标准组织好车站的行车工作,做好事故的预防	1. 铁路行车安全管理认知 2. 铁路行车安全保障体系认知 3. 铁路交通事故处理 4. 铁路交通事故预防 5. 铁路行车安全考核与分析
车站值班员	2. 具有认真执行调度命令、监控车站系统和设备以及安全卡控制度,做好事故的预防	
制动员（长）	1. 具有严格按作业标准进行调车作业,做好事故的预防	1. 铁路行车安全管理认知 2. 铁路行车安全保障体系认知 3. 铁路交通事故处理 4. 铁路交通事故预防 5. 铁路行车安全考核与分析
制动员（长）	2. 具有认真执行调车作业过程中的安全卡控制度,做好事故的预防	
连结员	1. 具有严格按作业标准进行分解车列、确认车辆连接状态的调车作业,做好事故的预防	1. 铁路行车安全管理认知 2. 铁路行车安全保障体系认知 3. 铁路交通事故处理 4. 铁路交通事故预防 5. 铁路行车安全考核与分析
连结员	2. 具有认真执行调车作业过程中的安全卡控制度,做好事故的预防	
驼峰作业员	1. 具有严格按作业标准进行驼峰调车作业,做好事故的预防	1. 铁路行车安全管理认知 2. 铁路行车安全保障体系认知 3. 铁路交通事故处理 4. 铁路交通事故预防 5. 铁路行车安全考核与分析
驼峰作业员	2. 具有认真执行驼峰调车作业过程中的安全卡控制度,做好事故的预防	

续表

对接的工作岗位	对接培养的职业岗位能力	对应岗位的知识点
扳道员	1. 具有严格按作业标准准备接发列车调车作业进路，做好事故的预防 2. 具有认真执行准备接发列车调车作业进路过程中的安全卡控制度，做好事故的预防	1. 铁路行车安全管理认知 2. 铁路行车安全保障体系认知 3. 铁路交通事故处理 4. 铁路交通事故预防 5. 铁路行车安全考核与分析

2.2.8.2 课程目标与内容

1. 课程总目标

通过本课程的学习，可使学生全面认知铁路行车安全管理的重要意义、基本概念和管理保障体系，掌握铁路行车事故的调查处理方法和主要预防措施，了解铁路行车安全的考核与分析方法。

2. 课程具体目标

知识目标：该课程全面地介绍了铁路行车安全管理的重要意义、基本概念和管理体系，掌握铁路行车事故的调查处理方法和主要预防措施，了解铁路行车安全管理的考核与分析方法。

能力要目标：通过本课程的学习，可使学生全面认知铁路行车安全管理的重要意义，基本概念和管理保障体系，掌握铁路行车事故的调查处理方法和主要预防措施，了解铁路行车安全的考核与分析方法。

素质目标：让学生牢固树立"安全第一，预防为主，综合治理"的安全管理理念，正确认识铁路技术管理及行车作业安全的重要性，提高对工作的责任心和安全责任意识，具备严谨的工作态度、科学的工作方法、高超的技术水平，具有一定的创新精神与实践能力，为今后所从事的铁路运输安全生产奠定了良好的基础。

表 2-49 课程教学目标与内容

序号	考核指标点	知识目标	技能目标	素质目标	教学内容	教学资源
1	理解铁路行车安全工作的意义，掌握铁路行车安全管理常用方法的基本原理	了解铁路运输安全生产的政治意义与经济意义，认识到铁路行车安全是国家法律赋予铁路运输企业的义务与责任；明确铁路安全生产的指导方针；根据铁路运输生产过程，了解铁路运输安全管理的特点和方法；了解ISO9000体系、安全管理机构设置、行车安全逐级负责制、班组安全管理的理论与实践，了解安全管理的手段	理解铁路行车安全工作的意义；了解铁路行车安全管理的特殊性；掌握铁路行车安全管理常用方法的基本原理，学会铁路运输企业基层组织行车安全工作的管理机构的设置	自觉树立"安全为了生产、生产必须安全"的思想；培养学生的创新精神	了解铁路运输安全生产的政治经济意义；认识到安全是法律赋予的义务与责任；了解安全管理的特点和方法；了解ISO9000体系、安全管理机构设置、安全逐级负责制、班组安全管理理论与实践、安全管理的手段	教案、PPT课件、案例、与教学内容相关的电子文档

080

续表

序号	考核指标点	知识目标	技能目标	素质目标	教学内容	教学资源
2	具备对生产业务部门和综合保障部门的协调能力	了解铁路行车安全保障体系的构成，熟悉站段、车间和班组三级联控制度；了解铁路安全目前的严峻形势，实施风险管理必要性，掌握风险管理实施过程、着重点和问题	认识安全管理的系统性，具备对生产业务部门和综合保障部门的协调能力；熟悉安全风险管理的历史和发展，初步具备铁路风险点辨识和安全风险评价的能力	培养学生安全生产的责任感，提高执行标准化作业的自觉性；培养学生安全风险意识，初步形成一定的安全风险价值理念和行为方式	了解铁路行车安全保障体系的构成，熟悉站段、车间和班组三级联控制度；了解铁路安全目前的严峻形势，实施风险管理必要性，掌握风险管理实施过程、着重点和问题	教案、PPT课件、案例、与教学内容相关的电子文档、微课、视频
3	维护铁路运输企业良好的社会形象的责任；树立依法办事、遵章守纪的正确思想	了解建立铁路行车安全保障体系的必要性和影响行车安全的主要因素，对现代化行车安全保障体系的构成有一个初步的认识；了解《铁路法》《刑法》《安全生产法》等法律的立法原则，领会《铁路安全管理条例》《铁路交通事故应急救援和调查处理条例》等行政法规的精神实质；掌握《技规》《行规》等铁路运输规程、规则的主要内容	以系统工程的角度，认识铁路行车安全保障体系；能理解国家、企业有关铁路行车安全法规，会运用各种铁路行车安全法规指导铁路行车组织工作	从保障铁路行车安全角度出发，维护铁路运输企业良好的社会形象的责任；有较高的职业兴趣；树立依法办事、遵章守纪正确思想	了解建立铁路行车安全保障体系的必要性和影响行车安全的主要因素；了解《铁路法》等法律的立法原则，领会《铁路安全管理条例》等行政法规的精神实质；《技规》《行规》等铁路运输规程、规则	教案、PPT课件、案例、与教学内容相关的电子文档
4	树立自觉接受安全教育和专业培训的思想	了解铁路行车安全技术保障体系的主要内容，学会及时发现危及铁路行车安全的隐患，学会处理各种安全隐患的方法；了解安全教育的内容、形式，学会专业技术教育登记卡的填写，掌握专业技能培训的内容	掌握利用各种技术手段保障铁路行车安全的方法；掌握铁路行车三级教育体系，学会培训计划的制定与考核	具备收集资料、分析资料并进行预测的业务素质；树立自觉接受安全教育和专业培训的思想	了解铁路行车安全技术保障体系的内容、隐患和相应的处理方法；了解开展安全教育的内容、形式，学会专业技术教育登记卡的填写，掌握专业技能培训的内容	教案、PPT课件、案例、与教学内容相关的电子文档

续表

序号	考核指标点	知识目标	技能目标	素质目标	教学内容	教学资源
5	在安全监察工作中坚决执行党的路线、方针、政策和国家法律的自觉性，维护行车安全法规的严肃性	了解铁路运输安全监察工作的程序、安全监察人员的素质与权力、站段安全工作的职责；了解国外铁路行车安全科学化、法治化管理的概况，全面理解安全保障系统的构成	了解铁路行车安全监察机构的设置及安全监察人员的工作职责，学会处理铁路行车安全监督通知书等文件；能根据国外铁路行车安全保障体系的分析，找出国外行车安全保障体系的优点	树立安全监察工作公平公正的理念，培养学生在安全监察工作中坚决执行党的路线、方针、政策和国家法律的自觉性，维护行车安全法规的严肃性；培养学生学习、分析、借鉴国外先进经验的意识	了解铁路行车安全监察组织机构、任务职权、工作准则和职责，国外铁路行车安全法治保障、高新技术和集成化保障系统	教案、PPT课件、案例、与教学内容相关的电子文档
6	加强工作责任	了解铁路交通事故的定义、种类、等级，事故调查处理程序，救援列车的开行办法，学会事故发生后的应急处理	具有对铁路行车工作中发生的紧急情况的应急处理能力	加强工作责任心，认识到交通事故的危害	了解铁路交通事故的定义、种类、等级，事故调查处理程序，救援列车的开行办法，学会发生事故后的应急处理	教案、PPT课件、案例、与教学内容相关的电子文档
7	具有参与交通事故调查处理工作的能力	了解事故调查处理程序、方法，学会事故责任的判定；了解铁路事故救援组织的设立、管理及救接列车的开行办法，认识各种机车车辆起复工具	具有参与交通事故调查处理工作的能力；具备简单的车辆起复能力	树立认真负责的责任意识，要认识到发生事故的两重性；培养吃苦耐劳的工作作风和不怕困难的工作精神	了解事故调查处理程序、方法、责任判定，了解事故救援组织、设备、方法、起复、接触网抢修与救援	教案、PPT课件、案例、与教学内容相关的电子文档
8	具备处理简单故障或小事故的能力	了解几种常见交通事故及对应的处置办法；掌握应急预案的分类分级和基本结构，熟悉国家、铁路总公司以及铁路局交通事故应急预案的具体要求	具备处理简单故障或小事故的能力；能够编制简单的交通事故应急预案	具备强烈的责任意识与稳定的心理素质；具有良好的沟通能力；牢国树立"以人为本、预防为主"安全理念	了解几种常见交通事故及对应的处置办法，掌握应急预的分类分级和基本结构，熟悉国家、铁路总公司以及铁路局交通事故应急预案的具体要求	教案、PPT课件、案例、与教学内容相关的电子文档
9	具有良好的心态、稳定的心理素质、遇事镇定	了解人身安全标准，掌握接发列车、调车作业中防止人身伤亡事故的方法	使学生具备保护自身、班组、同事人身安全的能力	具有良好的心态、稳定的心理素质、遇事镇定；具备把人身安全放在首位的思想意识	了解接发列车事故的种类，分析发生接发列车惯性事故的主要原因，掌握防止接发列车惯性事故的方法	教案、PPT课件、案例、与教学内容相关的电子文档
10	具备预防接发列车事故的能力	了解接发列车事故的种类，分析发生接发列车惯性事故的主要原因，掌握防止接发列车惯性事故的方法	具备预防接发列车事故的能力	培养学生对工作高度负责的精神	了解接发列车事故的种类，分析发生接发列车惯性事故的主要原因，掌握防止接发列车惯性事故的方法	教案、PPT课件、案例、与教学内容相关的电子文档、视频

续表

序号	考核指标点	知识目标	技能目标	素质目标	教学内容	教学资源
11	具备预防调车作业惯性事故的能力	了解发生调车作业惯性事故的常见原因，掌握调车作业惯性事故的预防方法	具备预防调车作业惯性事故的能力	培养学生对工作高度负责的精神	了解发生调车作业惯性事故的常见原因，掌握调车作业惯性事故的预防方法	教案、PPT课件、案例、与教学内容相关的电子文档、视频
12	设备施工的条件下，能够保证行车安全	了解铁路运输设备施工的种类，掌握设备施工条件下的行车方法，学会施工用轻型车辆的开行办法	在使用铁路信号等设备施工的条件下，能够保证行车安全	养成认真负责的工作习惯	了解铁路运输设备施工的种类，掌握设备施工条件下的行车方法，学会施工用轻型车辆的开行办法	教案、PPT课件、案例、与教学内容相关的电子文档、视频
13	从宏观和微观搞好行车安全	了解铁路行车安全考核的主要指标，熟悉安全考核的程序，学会对铁路行车安全管理工作进行评价	从宏观和微观的不同角度理解搞好铁路行车安全管理工作	把安全高于一切的思想贯穿于工作的全过程	了解铁路行车安全考核的主要指标，熟悉安全考核的程序，学会对铁路行车安全管理工作进行评价	教案、PPT课件、案例、与教学内容相关的电子文档
14	掌握铁路行车安全管理常用的分析理论及方法	了解排列图分析法等分析理论的基本原理，学会利用分析理论分析铁路行车安全管理工作	掌握铁路行车安全管理常用的分析理论及方法	培养学生严密的思维和钻研理论的刻苦精神	了解事故树分析法的概述、符号、事故树编制、用布尔代数化简事故树求最小割集	教案、PPT课件、案例

表2-50 课程教学目标与内容

序号	项目（模块）	任务（单元）	教学内容	重点、难点、考核点	学时
1	铁路行车安全管理认知	1. 铁路行车安全的基本认知 2. 铁路行车安全管理的基础工作认知	了解铁路运输安全生产的政治经济意义；认识安全是法律赋予的义务与责任；了解安全管理的特点和方法；了解ISO9000体系、安全管理机构设置、安全逐级负责制、班组安全管理理论与实践、安全管理的手段	**重点**：铁路行车安全的意义、铁路行车安全工作的特殊性、铁路行车安全生产指导方针、规范行车安全管理、铁路运输安全监察与管理机构 **难点**：ISO9000体系，铁路运输安全监察与管理机构	2
2		3. 行车安全系统管理认知 4. 铁路安全风险管理认知	了解铁路行车安全保障体系的构成，熟悉站段、车间和班组三级联控制度；了解铁路安全目前的严峻形势，实施风险管理必要性；掌握风险管理实施过程、着重点和问题	**重点**：行车安全系统管理原则、行车人员重点管理、行车安全重点管理、全路全面推行安全风险管理的意义、风险管理的实施程序、安全风险管理在铁路运输企业的推行 **难点**：风险管理的实施程序	2

续表

序号	项目（模块）	任务（单元）	教学内容	重点、难点、考核点	学时
3	铁路行车安全保障体系认知	1.铁路行车安全保障体系基本知识认知 2.铁路行车安全保障体系的法律体系认知	了解建立铁路行车安全保障体系的必要性和影响行车安全的主要因素；了解《铁路法》等法律的立法原则，领会《铁路安全管理条例》等行政法规的精神实质，《技规》《行规》等铁路运输规程、规则	**重点**：建立行车安全保障体系的必要性、影响行车安全的因素（人-机-环境-管理）、行车安全体系的构成，《技规》《行规》等铁路运输规程、规则 **难点**：行车安全保障体系的构成	2
4		3.行车安全技术保障体系 4.行车安全教育与专业技能培训体系认知	了解铁路行车安全技术保障体系的内容、隐患，处理方法；了解开展安全教育的内容、形式，学会专业技术教育登记卡的填写，掌握专业技能培训的内容	**重点**：铁路行车安全技术保障体系的内容、隐患，处理方法；开展安全教育的内容、形式，学会专业技术教育登记卡的填写，掌握专业技能培训的内容 **难点**：行车安全技术保障体系的构建	2
5		5.铁路行车安全监察体系认知 6.国外行车安全保障体系认知	了解铁路行车安全监察组织机构、任务职权、工作准则和职责，国外铁路行车安全法治保障、高新技术和集成化保障系统	**重点**：铁路行车安全监察体系和国外铁路行车安全保障体系 **难点**：国外铁路行车安全保障体系	2
6	铁路交通事故处理	1.铁路交通事故的认知	了解铁路交通事故的定义、种类、等级，事故调查处理程序，救援列车的开行办法，学会发生事故后的应急处理	**重点**：铁路交通事故的定义、铁路交通事故的分类、铁路交通事故等级 **难点**：如何辨别事故的等级	2
7		2.铁路交通事故调查处理 3.铁路交通事故救援	了解事故调查处理程序、方法、责任判定；了解事故救援组织、设备、方法、起复、接触网抢修与救援	**重点**：铁路交通事故处理的事故报告、调查处理、责任判定、统计分析、总结报告等主要工作，事故救援组织、设备、方法、起复、接触网抢修与救援 **难点**：认识运输事故两重性及其转化过程及运输事故两重性的积极转换条件，事故救援的具体起复、接触网抢修与救援	2
8		4.几种典型情况的现场处置典型工作任务 5.铁路交通事故的应急预案	了解几种常见交通事故及对应的处置办法，掌握应急预案的分类分级和基本结构，熟悉国家、铁路总公司以及铁路局交通事故应急预案的具体要求	**重点**：几种常见交通事故及对应的处置办法，应急预案的分类分级和基本结构 **难点**：几种典型情况的现场处置	2

续表

序号	项目（模块）	任务（单元）	教学内容	重点、难点、考核点	学时
9	铁路交通事故预防	1. 铁路行车作业人身安全	了解人身安全标准，掌握接发列车、调车作业中防止人身伤亡事故的方法	**重点**：了解人身安全标准，掌握接发列车、调车作业中防止人身伤亡事故的方法 **难点**：接发列车、调车作业中防止人身伤亡事故的方法	2
10		2. 接发列车作业惯性事故的预防	了解接发列车事故的种类，分析发生接发列车惯性事故的主要原因，掌握防止接发列车惯性事故的方法	**重点**：接发列车作业惯性事故的种类，防止接发列车惯性事故的方法 **难点**：防止接发列车惯性事故的方法	2
11		3. 调车作业惯性事故的预防	了解发生调车作业惯性事故的常见原因，掌握调车作业惯性事故的预防方法	**重点**：调车作业惯性事故的常见原因，掌握调车作业惯性事故的预防方法 **难点**：调车作业惯性事故的预防方法	2
12		4. 设备施工条件下的行车安全	了解铁路运输设备范工的种类，掌握设备施工条件下的行车方法，学会施工用轻型车辆的开行办法	**重点**：掌握设备施工条件下的行车方法，学会施工用轻型车辆的开行办法 **难点**：施工特定行车办法、封锁区间施工	2
13	铁路行车安全考核与分析	1. 铁路行车安全考核	了解铁路行车安全考核的主要指标，熟悉安全考核的程序，学会对铁路行车安全管理工作进行评价	**重点**：铁路行车安全工作的考核指标及考核方法中的排列图分析法、因果图分析法、安全检查表分析法 **难点**：排列图分析法、因果图分析法、安全检查表分析法	2
14		2. 铁路行车安全分析理	了解事故树分析法的概述、符号、事故树编制、用布尔代数化简事故树求最小割集	**重点**：了解事故树分析法的事故树编制、用布尔代数化简事故树求最小割集 **难点**：事故树编制、用布尔代数化简事故树方	2

注：每个任务（单元）最多不超过 12 学时。

2.2.8.3 课程考核

课程考核采用过程性考核和终结性考核相结合的方式，关注学生个体差异。过程性考核针对各学习环节进行考核，考试成绩占总成绩 50%，其中课件学习（学习进度、评价、问答、笔记、纠错）占总成绩 10%；课堂活动（考勤、参与、课堂表现）占总成绩 10%；线上作业占总成绩 20%，期中测验占总成绩 10%。终结性考核采用闭卷考试的方式，期末考试成绩占总成绩 50%。

2.2.8.4 实施要求

1. 授课教师基本要求

本课程授课教师应具备较丰富的铁道交通运营管理专业理论知识，有良好的铁路行车方面现场经验及基本操作技能或授课前经过专门的基本操作技能训练，并具有高等学校教师资格。

2．教学方法和策略

描述本课程主要使用的教学方法和策略。可参考如下要点来撰写：

（1）教学方法：根据学情分析和教学内容特征，主要采取讲授法、案例教学法、情景教学法、视频学习、探究式教学法等教学方法。

（2）教学策略：可选择和采用职教云等网络教学平台实现混合式教学，引进行业、企业专家参与教学等。

3．教材和数字化资源的选用

表 2-51 "铁路行车安全管理"课程教材选用表

序号	教材名称	教材	出版社	主编	出版时间
1	《铁路行车安全管理》	公开出版	中国铁道出版社	韩买良	2014.09

表 2-52 "铁路行车安全管理"课程参考教材选用表

序号	教材名称	教材	出版社	主编	出版时间
1	《铁路行车安全管理》	公开出版	中国铁道出版社	国铁集团公司	2014.07
2	《铁路行车安全管理》	公开出版	中国铁道出版社	国铁集团公司	2008.08

3 高速铁路客运服务

3.1 高速铁路客运服务专业课程设置及学时分配

高速铁路客运服务专业课程设置及学时分配见表 3-1。

表 3-1 课程设置及学时学分分配表
高速铁路客运服务专业（三年制）

		序号	课程编码	课程名称	学分	考核方式	教学总学时	其中实践学时	开课时数	开课学期					
										1	2	3	4	5	6
										16/19	17/20	17/20	10/20	0/20	18
公共基础课	必修课	1	001001060	思想道德修养与法律基础	3.0	课内考试	48	12	4/10	4					
		2	001003080	毛泽东思想和中国特色社会主义理论体系概论	4.0	课内考试	64	8+8	4/14		4				
		3	001002020	形势与政策	1.0	考查	16		讲座	讲座					
		4	008011020	创新创业基础	1.0	考查	16	4	8+8	讲座					
		5	008013020	大学生职业发展与就业指导	1.0	考查	16	4	8+8				讲座		
		6	009001010	安全教育	0.5	考查	8		讲座	讲座					
		7	010003040	大学生心理成长	2	考查	32		2/8+2/8	2					
		8	005001040	体育与健康	2.0	考查	24	22	2/12	2					
		9	005009040	体育专项1	2.0	考查	28	26	2/14		2				
		10	005010040	体育专项2	2.0	考查	28	26	2/14				2		
		11	005011040	体育专项3	2.0	考查	28	26	2/14				2		
		12	003007080	公共英语	4.0	统一考试	52	14	4/13	4					
		13	003025060	轨道交通服务英语	3.0	课内考试	36	8	3/12			3			
		14	502001030	计算机文化基础	1.5	考证	28		2/14		2				
		15	002003060	应用经济数学	3.0	统一考试	48		4/12	4					
		16	004004040	写作与沟通	2.0	课内考试	32		3/11			3			
		17	004001030	普通话	1.5	课内考试	24		2/12	2					
		18	014004040	军事训练	2.0	考查	112	112							
		19	011001040	军事理论	2.0	考查	36		2/11+2/7	2					
		20	600001020	劳动专题教育	1.0	考查	16		4+4+4+4	讲座					
		21	018001060	劳动实践	3.0	考查	72	72	24+24+24			1W		1W	1W
		22	014003060	班会主题教育	3.0	考查	48		8+8+8+8+8	讲座					
	选修课	23	007003080	公共选修课（见公共选修课手册）	4.0	考查	60		2/15+2/15						
		24	012002040	美育选修课（见公共选修课手册）	2.0	考查	30		2/15						
				公共基础课合计	**52.5**		**902**	**326**		18	10	5	5	0	0

续表

	序号	课程编码	课程名称	学分	考核方式	教学总学时	其中实践学时	开课时数	开课学期					
									1	2	3	4	5	6
									16/19	17/20	17/20	10/20	0/20	18
专业基础课	1	608028060	铁路线路与站场	3.0	统一考试	52	4	4/13	4					
	2	608024060	铁道信号与通信设备	3.0	课内考试	48	14	4/12	4					
	3	608033030	形体与训练	1.5	课内考试	24	16	2/12	2					
	4	608031030	铁路运输服务礼仪	1.5	课内考试	24	8	2/12		2				
	5	608009030	高速铁路客运设施设备	1.5	课内考试	24	4	2/12		2				
			专业基础课合计	10.5		172	46		10	4	0	0	0	0
专业核心课	1	608026080	铁路客运规章	4.0	统一考试	68	24	4/17		4				
	2	608010060	高速铁路客运组织	3.0	课内考试	48	20	6/8			6			
	3	608011080	高速铁路行车技术管理	4.0	统一考试	68	4	4/17			4			
	4	608007060	高速铁路动车乘务实务	3.0	课内考试	48	20	6/8						
	5	608008070	高速铁路客运服务管理	3.5	统一考试	60	20	5/12				5		
	6	608013070	高铁客运安全与应急处置	3.5	统一考试	60	30	6/10				6		
			专业核心课合计	21.0		352	118		0	4	10	11	0	0
专业主干课	1	608034030	形象设计	1.5	课内考试	24	20	2/12		2				
	2	608029080	铁路行车组织	4.0	统一考试	64	16	4/16		4				
	3	608018060	客运心理学	3.0	统一考试	48	4	4/12			4			
	4	608027030	铁路客运业务综合实训	1.5	考查	24	24	24/1				1w		
	5	608005070	城市轨道交通运营组织	3.5	课内考试	60	6	6/10			6			
	6	608014060	高铁客运乘务综合实训	3.0	考查	48	48	24/2				2w		
	7	608017030	客运急救技能实训	1.5	考查	24	24	24/1				1w		
	8	608019030	客运应急处置实训	1.5	考查	24	24	24/1				1w		
	9	608012030	高铁车站客运综合实训	1.5	考查	24	24	24/1				1w		
	10	608004030	城市轨道交通接发车实训	1.5	考查	24	24	24/1				1w		
	11	608002120	技能考证培训	6.0	考查	96	96	24/4				4w		
	12	608001180	高铁客运乘务综合实践	9.0	考查	144	144	24/6				6w		
	13	608015160	跟岗实习	8.0	考查	192	192	24/8				8w		
	14	608006360	顶岗实习	18.0	考查	432	432	24/18						18w
			专业主干课合计	63.5		1228	1078		0	6	4	6	0	0
专业限选课	1	608016040	客户服务业务	2.0	课内考试	30	6	2/15			2			
	2	608021020	人工智能概论	1.0	考查	16					讲座			
	3	608020040	旅游地理	2.0	课内考试	30	6	2/15			2			
	4	608022040	商务礼节	2.0	课内考试	30	16	2/15			2			
	5	608003040	办公软件高级应用	2.0	课内考试	30	24	2/15			2			
	6	608023040	泰语口语/粤语口语（二选一）	2.0	课内考试	30	6	2/15			2			
	7	608030040	铁路运输法规	2.0	课内考试	30	6	3/10				3		
	8	608025040	铁路班组管理	2.0	课内考试	30	6	3/10				3		
	9	608032040	铁路运输市场营销	2.0	课内考试	30	6	3/10				3		
			专业限选课合计	14.0		210	70		0	0	8	6	0	0
	备注：本专业共开设9门限选课，要求学生至少完成7门，并取得14个学分													
	总合计			161.5		2864	1638	学期总课时	496	446	490	528	440	464
								周总课时	28	24	27	28	0	0
	说明		每学期有一周机动和一周考试（前四学期）第2学期开设《铁路客运规章》课程，其他学期课程中均以规章作为指导思想，故不单独开设2-4学期的《xx规章》考查课程。第二学期的劳动实践课程在暑期完成，第六学期的劳动实践课程在实习周完成，均不计入学期教学周学时。								毕业方式 毕业设计或高铁客运乘务综合实践				

3.2 高速铁路客运服务专业核心课程标准

3.2.1 "铁路客运规章"课程标准

3.2.1.1 课程性质

《铁路客运规章》课程针对高速铁路客运乘务专业学生开设,属于专业核心课。通过本课程的学习,学生可以了解现代铁路旅客运输体系及其运输组织的基本原理,理解铁路客运运价的原则和依据、分类和要求,铁路旅客运输合同的涵义,旅客车票的分类和涵义,行包运输合同的概念,掌握铁路客运规章,使之适应所从事工作的需要。

本课程主要任务是结合高速铁路运输现状和典型案例,理论联系实际,并通过大量的实训,培养学生使其具备较为宽广的基础理论和扎实的专业理论知识,在业务上掌握客运组织的基本知识,使学生熟悉铁路车站、铁路局运输组织工作的业务流程和具体作业组织方法,让学生树立"人民铁路为人民"的思想,熟悉运用规章处理旅客运输过程中的有关问题以及获得办理客运业务的初步技能,以满足铁路运输相关工作岗位的技能要求。

表 3-2 课程功能定位分析

对接的工作岗位	对接培养的职业岗位能力	对应岗位的知识点
铁路客运员岗位	1. 能够进行站内组织旅客进出站和站台乘降的标准作业	1. 旅客运输合同
		2. 旅客乘车的条件和车票的查验
		3. 旅客携带品的相关规定
	2. 能够对旅客运送中的特殊情况进行处理	1. 误售误购的办理
		2. 误乘的办理
		3. 乘车票据丢失的办理
	3. 处理客运车站客运业务的能力	1. 客运运价
		2. 车票的发售规定
		3. 乘车条件不符的办理
		4. 乘车证的管理办法
		5. 国际旅客运输的办理规定
铁路售票员岗位	1. 进行标准的微机售票和手工售票的能力	1. 车票发售的基本规定
		2. 微机售、改、退票规定
		3. 代用票的填写规定
	2. 处理售票时发生的特殊情况的能力	1. 旅客运输合同
		2. 旅客乘车凭证
		3. 误售误购的办理
		4. 包车的办理
	3. 处理客运业务的能力	1. 车票改签的办理
		2. 变更到站的办理
		3. 变径的办理

续表

对接的工作岗位	对接培养的职业岗位能力	对应岗位的知识点
列车员岗位	1. 列车上组织旅客乘降的能力	1. 旅客运输合同
		2. 旅客乘车的条件
		3. 旅客携带品的相关规定
	2. 列车上处理客运业务的能力	1. 客运运价
		2. 误售误购的办理
		3. 误乘的办理
	3. 具备服务旅客的能力	站车站车工作组织

3.2.1.2 课程目标与内容

1. 课程总目标

通过课堂讲授、教学做一体、课堂实训完成客运案例处理实训等教学环节，使学生树立"人民铁路为人民"的思想，理解铁路客运规章的知识要点和处理问题的流程，提高学生分析、应变和综合运用的能力，结合铁路客运规章掌握高铁客运服务中旅客运输问题的处理方式。

2. 课程具体目标

具体表现在以下几个方面：

（1）知识目标。

① 了解铁路整个运输体系的构成。

② 掌握铁路客运规章内容。

③ 掌握铁路车站、铁路局运输组织工作的业务流程和具体的处理操作办法。

（2）能力目标。

① 具有组织旅客运输和办理站、车客运工作的初步能力。

② 具有正确处理路内运输中的实际问题的能力。

（3）素质目标

① 培养学生树立"人民铁路为人民"的思想。

② 获得客运业务的初步技能。

表 3-3 课程教学目标与内容

序号	毕业要求指标点	知识目标	技能目标	素质目标	教学内容	教学资源
1	掌握铁路客运基础知识	了解我国旅客运输的基本概况，理解课程的性质目标，明晰课程的考核评价要求	能根据旅客运输数据进行相应的分析	培养专业学习的热情和学习的方法	铁路旅客运输绪论	PPT 图片 微课 文档资源
2		明确列车的等级划分依据及车次的编制原则，熟悉旅客运输凭证的种类及样式	能够区分列车的等级，具备区分运输凭证的能力	培养遵章守纪的职业操守，培养学生的职业自豪感	旅客列车的车次、等级和分类及旅客运输合同及凭证	PPT 图片 文档资源

续表

序号	毕业要求指标点	知识目标	技能目标	素质目标	教学内容	教学资源
3		熟悉全国铁路客运接算站示意图和《行李包裹运价表》	能够明确铁路旅客车票票价、行包运价、特定运价和客运杂费定价体制及考虑的因素,理解票价计算的原理	培养学生树立"人民铁路为人民"的职业情操	旅客票价的理论计算	PPT 图片 微课 文档资源
4	掌握铁路客运票价的计算	《铁路客运运价规则》和各种车票的组成元素,能够根据公式计算旅客票价表	掌握旅客车票票价的计算方法	具有严谨、认真、细致的工作态度和良好的职业素质	旅客票价的理论计算训练	PPT 图片 文档资源
5		熟悉《铁路客运运价里程表》和《旅客票价表》的组成和使用方法	能熟练掌握铁路旅客运价里程、旅客票价表的使用方法	具有积极向上的学习态度和良好的学习习惯	《铁路客运运价里程表》和《旅客票价表》的使用	PPT 图片 微课 文档资源
6		清楚特定运价的种类,熟悉包车的办理流程和方法	了解特定运价的种类,理解办理包车手续和费用计算	培养学生严谨求实的工作作风	特定运价	PPT 图片 文档资源
7	掌握旅客运输规章的有关规定,能够根据旅客需求按流程发售车票,办理改签、退票业务;能运用客运规章处理违章现象,及时准确填写本岗位相关记录与表格	熟记车票的发售规定,代用票的填制方法,能通晓实名制售票、互联网售票和电话订票的有关规定	熟悉各旅客票种的发售规定,能熟练掌握实名制售票、互联网售票和电话订票的操作方法;能灵活运用现行的规章制度来解决旅客各种旅行变更、不符合乘车条件及旅客违章携带品的问题	有较强的吸纳新知识、新方式方法的能力	车票及其发售规定	PPT 图片 文档资源
8		掌握旅客的乘车条件及不符合乘车条件的处理规定	能够计算车票有效期;能灵活运用现行的规章制度来解决旅客乘车中特殊情况及不符合乘车条件的问题	培养遵章守纪、按章作业的工作作风、严谨求实的态度	旅客乘车的条件	PPT 图片 微课 文档资源
9		了解分乘的办理规定,理解变径的办理要求,熟悉车票改签、退票、变更到站、变更等级和越站的相关规定	能灵活运用现行的规章制度来解决旅客各种旅行变更的问题	具有良好的社会适应性和交流沟通能力	旅行变更	PPT 图片 微课 文档资源
10		熟悉旅客携带品在体积、重量和物品方面的规定,懂得处理各种违章携带物品的情况	能灵活运用现行的规章制度来解决旅客携带违章携带品的问题	培养遵章守纪、按章作业的工作作风、严谨求实的态度	旅客携带品	PPT 图片 微课 文档资源

续表

序号	毕业要求指标点	知识目标	技能目标	素质目标	教学内容	教学资源
11	掌握旅客运输规章的有关规定，能够按旅客需求办理行包托运，处理行包逾期、变更、违章等问题	熟悉行李、包裹运输合同内容，行李、包裹的范围，掌握托运承运规定，行李包裹的运送原则、运到期限、逾期的处理、交付规定等，理解运输变更、违章运输的处理相关要求，了解无法交付物品的处理规定	能够熟练判定行李、包裹类别	培养作风严谨、观察敏锐，判断准确、反应敏捷，认真细致、不厌其烦的职业素质	行李、包裹运输合同	PPT 图片 文档资源
12		掌握托运承运规定，行李包裹的运送原则、运到期限、逾期的处理、运输变更、交付规定等	会办理行李、包裹托运手续，填写行李、包裹票，办理行包逾期处理，交付手续	人民铁路为人民的职业情操	行李包裹的运送	PPT 图片 文档资源
13		理解违章运输的处理相关要求，了解无法交付物品的处理规定	通过实践提高后会办理行包运输变更和违章运输的手续	良好的社会适应性和交流沟通能力、遵章守纪的职业素养	行李包裹的违章运输	PPT 图片 文档资源

表 3-4　课程教学安排

序号	项目（模块）	任务（单元）	教学内容	教学方法和手段	重点、难点、考核点	学时
1	铁路客运基础知识	项目 1-1 铁路旅客运输绪论	铁路旅客运输的基本任务；铁路旅客运输的优缺点；铁路旅客运输营销、运输状况	**教学方法：**讲授法 图片展示法 讨论法 **教学手段：**多媒体教学	**重点：**旅客运输的基本任务 **难点：**运输营销 **考核点：**旅客运输的基本任务	6
2		项目 1-2 旅客列车的车次、等级和分类及旅客运输合同及凭证	旅客列车的车次、等级和分类；铁路旅客运输车次的规定；铁路旅客运输车辆的等级；铁路旅客运输合同及凭证	**教学方法：**讲授法 案例教学法 图片展示法 讨论法 情景讨论法 **教学手段：**多媒体教学 教学做一体	**重点：**旅客运输的凭证 **难点：**车次的规定 **考核点：**车次的规定 车辆的等级 旅客运输的凭证	
3	客运运价	项目 2-1 旅客票价的理论计算	旅客票价构成的三要素；旅客票价的制定原理；旅客票价的计算方法	**教学方法：**讲授法 案例教学法 演示法 图片展示法 讨论法 情景讨论法 **教学手段：**多媒体教学 教学做一体	**重点：**票价的构成要素 **难点：**票价的里程区段 **考核点：**票价的制定原理	12

序号	项目（模块）	任务（单元）	教学内容	教学方法和手段	重点、难点、考核点	学时
4	客运运价	项目2-2 旅客票价的理论计算训练	非空调列车旅客票价的理论计算； 普速空调列车旅客票价的理论计算； 动车组列车旅客票价的理论计算	**教学方法：** 讲授法 角色扮演法 图片展示法 讨论法 情景讨论法 **教学手段：** 多媒体教学 教学做一体	**重点：**票价的理论计算方法 **难点：**空调列车票价的计算 **考核点：**不同种类列车票价的计算	
5	客运运价	项目2-3 铁路客运运价里程表、旅客票价表	铁路客运运价里程表的使用； 旅客票价表的使用	**教学方法：** 讲授法 图片展示法 讨论法 情景讨论法 **教学手段：** 多媒体教学 教学做一体	**重点：**里程表和票价的使用方法 **难点：**里程表的使用方法 **考核点：**查找里程和票价	
6		项目2-4 特定运价	包用车辆的规定； 包用车辆的计算训练； 租车、挂运、行驶和过轨运输的费用计算要求	**教学方法：** 讲授法 图片展示法 讨论法 情景讨论法 **教学手段：** 多媒体教学 教学做一体	**重点：**包车费用的组成 **难点：**包车费用的计算 **考核点：**包车相关规定	
7	旅客运输	项目3-1 车票及其发售规定	运输合同的权利义务； 客票及附加票的发售规定； 儿童减价票的发售规定； 学生减价票的发售规定； 伤残军警减价票的发售规定； 代用票的填制规定； 异席客票的发售训练； 减价票的发售训练	**教学方法：** 讲授法 图片展示法 讨论法 案例教学法 角色扮演法 情景讨论法 **教学手段：** 多媒体教学 教学做一体	**重点：**车票的发售规定 **难点：**异席客票的发售、代用票的填制 **考核点：**各种车票的发售	34
8		项目3-2 旅客乘车的条件	旅客丢失车票的规定及训练； 旅客误售误购误乘的处理及训练； 旅客不按规定乘车时的处理； 旅客客观违章乘车的处理训练； 旅客主观违章乘车的处理训练	**教学方法：** 讲授法 案例教学法 任务驱动法 图片展示法 讨论法 情景讨论法 **教学手段：** 多媒体教学 教学做一体	**重点：**违章乘车的处理 **难点：**误售误购的处理 **考核点：**旅客乘车中各种特殊情况的处理	

续表

序号	项目（模块）	任务（单元）	教学内容	教学方法和手段	重点、难点、考核点	学时
9	旅客运输	项目3-3 旅行变更	旅客车票改签的规定及处理训练；旅客车票变更到站的规定及处理训练；旅客车票退票的规定及处理训练；旅客变更车票等级的规定及处理训练；旅客变径的规定及处理训练；旅客越站的规定及处理训练	**教学方法：**讲授法 案例教学法 图片展示法 讨论法 角色扮演法 情景讨论法 **教学手段：**多媒体教学 教学做一体	**重点：**旅客乘车中旅行变更的规定 **难点：**多种变更同时发生的处理方法、涉及起码里程的旅行变更的处理 **考核点：**旅行变更的办理	
10		项目3-4 旅客携带品	旅客携带品的范围规定；违章携带品的处理训练	**教学方法：**讲授法 案例教学法 任务驱动法 图片展示法 讨论法 情景讨论法 **教学手段：**多媒体教学 教学做一体	**重点：**携带品在重量体积和物品方面的规定 **难点：**不同违章携带物品情况的处理方法 **考核点：**携带品范围，违章携带物品的处理	
11	行李包裹运输	项目4-1 行李、包裹运输合同	行李的范围；包裹的范围；承运人的权利和义务；货主的权利和义务	**教学方法：**讲授法 案例教学 图片展示法 角色扮演法讨论法 情景讨论法 **教学手段：**多媒体教学 教学做一体	**重点：**行李和包裹的范围 **难点：**四类包裹的划分 **考核点：**行李和包裹的范围	16
12		项目4-2 行李包裹的运送	行李的运价规定以及运费计算训练；包裹的运价规定以及运费计算训练；行李票、包裹票的填制训练；行李、包裹运送的原则；行李、包裹的运到期限规定；行李、包裹逾期的处理训练；行包的交付及无法交付物品的规定及处理训练	**教学方法：**讲授法 任务驱动法 图片展示法 讨论法 情景讨论法 **教学手段：**多媒体教学 教学做一体	**重点：**行李包裹的运送 **难点：**行包运价的计算 **考核点：**运价的规定、运送原则、运到期限及交付的相关规定	
13		项目4-3 行李包裹的违章运输	行李包裹违章运输的类型；行李包裹违章运输处理规定	**教学方法：**讲授法 案例教学法 图片展示法 讨论法 情景讨论法 **教学手段：**多媒体教学 教学做一体	**重点：**行李包裹违章运输的处理规定 **难点：**品名不符的处理 **考核点：**行李包裹违章运输的规定	

3.2.1.3 课程考核

学生总评成绩由三部分组成：平时成绩（30%）、期中考试成绩（20%）、期末考试成绩（50%）。平时成绩包括考勤（20%）、作业（40%）、课内训练（40%）。

3.2.1.4 实施要求

1. 授课教师基本要求

本课程的主讲教师应为本科以上学历，具备高校教师中级以上职称，具有铁路旅客运输企业一线工作经历（含挂职），达到铁路客运岗位群相关岗位的中级职业资格水平，具备爱岗敬业的精神，以立德树人为使命。

2. 实践教学条件要求

本课程需要使用的实践教学场地及设备具体如下。

表 3-5 高速铁路客运服务综合实训室

实训室名称	高速铁路客运服务综合实训室	面积要求	189 m²
序号	核心设备	数量要求	备注
1	窗口售票设备	7套	
2	电子白板 智能教学平台	1套	

表 3-6 高速铁路客运乘务综合实训室

实训室名称	高速铁路客运乘务实训室	面积要求	414 m²
序号	核心设备	数量要求	备注
1	CRH380A仿真车厢	1节	
2	列车服务设施设备	1套	
3	闸机	2套	

3. 教学方法和策略

教学方法上，将传统的教学手段和现代教育技术协调应用，强调理论教学与实践教学并重，重视在实践教学中培养学生的实践能力和创新能力。本课程从教学方法和教学手段两个方面进行课程改革和优化，在课堂教学、实践教学两个层面上进行有益的尝试，以增强学生自主式学习的兴趣，提高学生的学习热情。

本课程主要使用多媒体教学和边讲边练两种手段，充分发挥多媒体在动画、语音、颜色等方面的特色，调动学生学习的积极性，提高课堂效率。配合理论教学，增强实践性教学环节，采用大量的客运专项案例，将理论技能带入工作情景中运用，提高学生的实践客运处理能力，培养学生的客运理念和职业素养。

4. 教材和数字化资源的选用

表 3-7 "铁路客运规章"课程教材选用表

序号	教材名称	教材	出版社	主编	出版时间
1	《铁路客运组织》	公开出版	中国铁道出版社	彭进	2015.08
2	《铁路客运规章》	公开出版	中国铁道出版社	彭进	2018.08
3	《铁路客运规章》习题集	校本		雷莲桂	2020.09

3.2.2 "高速铁路客运组织"课程标准

3.2.2.1 课程性质

"高速铁路客运组织"课程针对高速铁路客运乘务专业学生开设,属于专业核心课。通过本课程的学习,使学生了解现代铁路旅客运输体系及其运输组织的基本原理,理解国际联运、节假日运输组织、站车交接、客运记录与铁路电报、高速铁路客服系统和管理系统等知识,掌握高速铁路运用信息化手段进行旅客运输组织的技能,使学生适应所从事工作的需要。

本课程主要任务是结合高速铁路运输现状,结合典型案例,理论联系实际,并通过大量的实训,培养学生较为宽广的基础理论和扎实的专业理论知识,在业务上掌握客运组织的基本知识,使学生熟悉铁路车站、铁路局运输组织工作的业务流程和具体作业组织方法,让学生树立"人民铁路为人民"的思想,熟悉运用规章处理旅客运输过程中的有关问题以及获得办理旅客运输组织的初步技能,以满足铁路运输相关工作岗位的技能要求。

课程功能定位分析见表 3-8。

表 3-8 课程功能定位分析

对接的工作岗位	对接培养的职业岗位能力
铁路客运员岗位	1. 能够进行站内组织旅客进出站和站台乘降的标准作业
	2. 能够对旅客运送中特殊情况进行站车交接的处理
	3. 运用信息化技术处理客运业务的能力
铁路售票员岗位	1. 进行标准微机售票和操作管理自动售票设备的能力
	2. 处理售票特殊情况的能力
	3. 处理客运业务的能力
列车员岗位	1. 列车上组织旅客乘降的能力
	2. 列车上处理客运业务的能力
	3. 具备服务旅客的能力

3.2.2.2 课程目标与内容

1. 课程总目标

通过课堂讲授、边讲边练、客运案例处理实训等教学环节,学完本课程后培养的能力主要侧重在:

使学生树立"人民铁路为人民"的思想,理解铁路客运规章的知识要点和处理问题的流程,提高学生分析、应变和综合运用的能力,结合铁路客运规章,掌握高铁客运服务中处理旅客运输问题的能力。

2. 课程具体目标

具体表现在以下几个方面:

(1) 知识目标。

① 了解铁路整个运输体系的构成及运输组织原理。

② 掌握铁路客运规章内容。

③ 掌握铁路车站、铁路局运输组织工作的业务流程和具体处理的操作办法。

（2）能力目标。

① 具有组织旅客运输和办理站、车客运工作的初步能力。

② 具有正确处理路内运输中实际问题的能力。

（3）素质目标。

① 培养学生树立"人民铁路为人民"的思想

② 获得客运业务的初步技能。

表 3-9　课程教学目标与内容

序号	毕业要求指标点	知识目标	技能目标	素质目标	教学内容
1	具备高速铁路铁路旅客运输的组织的基础知识	了解我国高速铁路旅客运输的基本概况，理解课程的性质目标，明晰课程的考核评价要求	能根据旅客运输数据进行相应的分析	培养专业学习的热情和学习的方法	铁路旅客运输绪论
2		明白对各种铁路乘车证的三证查验	能够熟悉铁路乘车证的种类，对违章使用乘车证正确处理	铁路职工要自觉遵守路内乘车证管理办法的规定、路内用品的运输管理规定	路内运输
3	① 通晓路内运输、军事运输和国际联运的相关规定 ② 能运用铁路客运规章的解决实际问题	熟悉军运后付票据的填制	正确确定铁路军事人员运输的范围，了解军事运输的计费和付费方式；能够了解新老兵运输的方式，乘车组织与管理	从事铁路军事运输的职工要具备严守国家机密的职业素质；具备服务军队、服务国防的意识，全心全意为新老兵运输服务；任何铁路员工必须保守军运秘密，不得泄露军运秘密、透露军运方向或内容	军事运输
4		了解国际旅客联运的概念、联运站分布、国际联运旅客乘车票据	能识别国际联运旅客乘车票据，正确办理国际联运旅客的手续以及进行运送费用的计算	增强责任感、使命感，为国防建设服务，为祖国和平安宁服务	国际联运
5	① 能够运用理论知识处理运输事故 ② 熟练、标准、专业地进行站车交接 ③ 能够应对特发事故，并能熟练地编制客运记录和拍发铁路电报	掌握旅客人身伤害事故的现场处理、证据收集、调查定责、赔偿结案等具体方法；掌握行李、包裹运输事故种类等级、立案调查、分析定责、事故赔偿等具体方法；掌握线路中断对旅客、行包运输安排及票价、运费处理的具体做法	懂得各种运输事故发生后的处理依据及善后处理方法	提高"安全高于一切，责任重于泰山"的思想意识，培养学生预防为主，过细工作的严谨态度，明确安全、准确、及时、完整是我国铁路运输的基本原则	运输事故的处理

续表

序号	毕业要求指标点	知识目标	技能目标	素质目标	教学内容
6	① 能够运用理论知识处理运输事故 ② 熟练、标准、专业地进行站车交接 ③ 能够应对特发事故，并能熟练地编制客运记录和拍发铁路电报	了解客运记录的编制范围，理解客运记录的编制原则，掌握客运记录的编制方法	具备针对不同的情况编制客运记录的能力	培养学生临危不乱的突发事件应急处理作风	客运记录的编制
7		了解铁路电报的编制范围，理解铁路电报的编制要点，掌握铁路电报的编制方法	具备规范拍发铁路电报的能力	培养学生精益求精、严谨求实的作风	铁路电报的拍发
8		掌握运输计划指标的计算；客流的形成及分类，客流计划的编制流程和方法	掌握客流调查、客运量预测的方法和技能，会依据资料绘制客流图	培养遵章守纪的职业操守，培养学生的职业自豪感	旅客运输计划概述、客流计划
9	① 能够运用旅客运输计划指标进行分析 ② 能够编制旅客客流计划 ③ 能够运用车底周转图的知识进行旅客列车的编组优化	掌握技术计划中旅客列车运行区段及行车量的计算确定	具备确定旅客列车运行区段和开行对数的能力	培养学生精益求精、严谨求实的作风	旅客运输技术计划
10		了解客车方案图的编制方法，掌握车底周转图的计算和运用	能根据旅客列车运行方案编制时刻表、编组表和车底需要数的计算	培养学生有大局意识、预防为主、过细工作的严谨态度	客车方案图的编制
11		了解旅客运输日计划的编制流程，掌握票额分配的原则和方法，掌握列车定员的计算方法	掌握旅客列车定员的计算方法，具备旅客输送日计划的编制、执行和考核的能力	培养学生团队协作意识	旅客运输日计划
12		了解客运站的作业，熟悉客运站的主要设备； 了解流线组织的原则，熟悉客运站的流线组织方法； 了解客运站工作组织的主要内容	能够熟练完成客运站的各项作业内容，清楚主要设备的功用及布置要求；熟练运用流线疏解的方法，完成旅客、行包、交通车辆的流线组织	培养学生，使他们爱岗敬业、吃苦耐劳、知理守信，有团队精神、善沟通协调，工作认真细致、精益求精，有安全意识	站车工作组织

表 3-10 课程教学目标与内容

序号	项目（模块）	任务（单元）	教学内容	重点、难点、考核点	学时
1	绪论	项目 1-1 绪论	课程简介； 高速铁路旅客运输概述	**重点**：课程考核方式方法 **难点**：课程学习方法 **考核点**：高速铁路旅客运输发展	2
2	特种运输	项目 2-1 铁路乘车证	铁路乘车证种类； 铁路乘车证的使用规定； 违章使用铁路乘车证的规定及处理训练	**重点**：铁路乘车证的种类及使用规定 **难点**：违章使用乘车证的处理 **考核点**：铁路乘车证的种类及使用规定；违章使用乘车证的处理	6

续表

序号	项目（模块）	任务（单元）	教学内容	重点、难点、考核点	学时
2	特种运输	项目 2-2 路内用品的使用与携带	利用客车车递文件及附件； 免费运输的物品范围及办理规定； 路内有关人员携带路用品的规定	**重点**：路内有关人员携带路用品的规定 **难点**：免费运输的物品的办理规定 **考核点**：免费运输的物品范围，路内有关人员携带用品的规定	2
		项目 2-3 军事运输	军事运输的概念； 军事运输的组织原则； 军事运输的工作要求	**重点**：军事运输的组织原则 **难点**：军事运输的工作要求 **考核点**：组织原则	2
		项目 2-4 国际联运	国际联运旅客运送票据； 国际联运运送条件； 国际联运旅客的票价计算训练	**重点**：国际联运的运送条件 **难点**：票价的计算 **考核点**：运送票据及运送条件	4
3	运输事故的处理	项目 3-1 旅客人身伤害事故的处理	人身伤害事故的定义和种类； 事故的现场处置与报告； 事故的善后处理与赔偿； 事故的处理报告与统计	**重点**：事故的种类和现场处置 **难点**：事故的现场报告	4
		项目 3-2 行李、包裹运输损失的处理	行李包裹运输损失的种类和等级； 行李、包裹损失的立案和调查； 行李、包裹损失的责任划分及仲裁	**重点**：行包损失的种类和等级 **难点**：行包损失的调查流程	2
		项目 3-3 客运记录	客运记录的编制要求； 客运记录的编制范围； 客运记录的编制训练	**重点**：客运记录的编制训练 **难点**：客运记录的编制范围及拟稿要求	4
		项目 3-4 铁路电报	铁路电报的含义与等级； 铁路电报的拍发权限、范围和内容限制； 铁路电报的拍发训练	**重点**：铁路电报的拍发训练 **难点**：铁路电报主送单位与抄送单位的确定	2
4	旅客运输计划及组织	项目 4-1 旅客运输计划概述	旅客运输计划的意义和种类； 旅客运输计划的特点； 旅客运输计划指标	**重点**：旅客运输计划指标 **难点**：旅客运输计划指标的计算	2
		项目 4-2 旅客运输客流计划	客流形成； 客流调查； 客流计划编制	**重点**：客流形成 **难点**：客流图的编制	2
		项目 4-3 旅客运输技术计划	车底周转图及乘务交路； 优化旅客列车的编组结构； 车底套跑的运用训练	**重点**：车底周转图及乘务交路 **难点**：车底套跑的运用	6
		项目 4-4 旅客运输日计划	列车定员、票额分配； 列车时刻表和编组表	**重点**：列车定员、列车编组表 **难点**：列车定员	6
5	站车工作组织	项目 5-1 客运车站工作组织	客运站流线组织； 客运站工作组织； 旅服系统简介	**重点**：客运站工作组织的流程 **难点**：客运站流线组织方式的选择	4
		合计			48

3.2.2.3 课程考核

学生总评成绩由两部分组成：平时成绩（占总成绩的50%）+期末考试成绩（占总成绩的50%）。其中平时成绩组成如表3-11所示。

表3-11 平时成绩组成

出勤情况	上课提问	课堂实训	完成作业	老师评定	合计
20%	10%	30%	30%	10%	100%

3.2.2.4 实施要求

1. 授课教师基本要求

本课程的主讲教师应为本科以上学历，具备高校教师中级以上职称，并且有铁路旅客运输企业一线工作经历（含挂职），达到铁路客运岗位群相关岗位的中级职业资格水平，具有基本素质等。

2. 实践教学条件要求

本课程需要使用的实践教学场地及设备具体如下。

表3-12 高速铁路客运服务综合实训室

实训室名称	高速铁路客运服务综合实训室	面积要求	189 m²
序号	核心设备	数量要求	备注
1	装有旅客系统的微机设备	30套	
2	多媒体教学设备	1套	

3. 教学方法和策略

教学方法方面，将传统的教学手段和现代教育技术协调应用，强调理论教学与实践教学并重，重视在实践教学中培养学生的实践能力和创新能力。本课程从教学方法和教学手段两个方面进行课程改革和优化，在课堂教学、实践教学两个层面上进行有益的尝试，以增强学生自主式学习的兴趣，提高学生的学习热情。

本课程主要使用多媒体教学和边讲边练两种手段，充分发挥多媒体在动画、语音、颜色等方面的特色，调动学生学习的积极性，提高课堂效率。配合理论教学，增强实践性教学环节，采用大量的客运专项案例，将理论技能带入工作情景中运用，提高学生的实践客运处理能力，培养学生的客运理念和职业素养。

4. 教材和数字化资源的选用

表3-13 "高速铁路客运组织"课程教材选用表

序号	教材名称	教材	出版社	主编	出版时间
1	《铁路客运组织》	公开出版	中国铁道出版社	彭进	2015.08

表3-14 "高速铁路客运组织"课程参考教材选用表

序号	教材名称	教材	出版社	主编	出版时间
1	《铁路客运习题集与能力训练》	公开出版	中国铁道出版社	彭进	2018.02

3.2.3 "高速铁路客运乘务实务"课程标准

3.2.3.1 课程性质

1. 课程性质

"高速铁路客运乘务实务"主要面向高职三年制高速铁路客运乘务专业学生开设,属专业核心课。本课程的学习过程中,学生要学习高铁速铁路、普速铁路动车组列车乘务工作组织的基本理论与方法、动车组列车乘务工作的主要内容。学习日常动车组列车客运业务工作,掌握动车组列车补票、旅行变更、乘车条件不符、线路中断、旅客伤亡等情况的处理。采用讲授法、案例教学法、任务驱动法、讨论法、练习法、教学做一体等灵活多样的教学方法,使学生掌握动车组列车乘务工作岗位的相关技能,使学生具备能够从事动车组列车乘务工作的知识、能力及素质。

课程内容共分为五部分:客运乘务工作基础知识,高速铁路旅客乘务组织工作,高速铁路旅客列车票务处理、高速铁路列车台账管理和高速铁路列车卫生管理。通过课程学习,应掌握高速铁路客运乘务组织工作的基本知识,熟悉动车组列车客运乘务工作的作业标准和作业流程,掌握动车列车服务规范,熟练进行列车上的补票作业及操作,会编制客运记录及懂得拍发铁路电报,清楚动车组列车的卫生管理要求。

2. 课程功能定位

"高速铁路客运乘务实务"是以动车组列车客运乘务岗位为导向,根据高速铁路客运乘务专业就业岗位所涉及的安全管理及应急处置知识的相关内容,分解成若干教学活动,选取学习内容,重在对学生综合职业能力和可持续发展能力的培养。内容选取如表 3-15 所示。整个课程内容的知识介绍以够用为度,操作技能力求熟练。在学生完成工作任务的过程中,学会从事本专业工作的知识和技能,学生既能掌握基础知识和基本技能,又能具备一定的分析问题和解决问题能力,最终达到培养高速铁路客运安全管理人才的目的。

表 3-15 课程功能定位分析

对接的工作岗位	对接培养的职业岗位能力	对应岗位的知识点
列车员岗位	1. 具备正确的铁路服务理念和良好的职业素养	动车组列车服务质量规范; 铁路运输收入管理
	2. 熟练使用列车员岗位相关的服务设备设施	动车组列车服务设施设备的使用; 站车无线交互系统的应用
	3. 能按标准化完成列车上乘降服务、卫生服务、安全服务	动车组列车乘务工作流程与标准
	4. 在旅客问询、沟通时会使用规范化服务用语,处理旅客违章时能综合运用个性化服务技巧	动车组列车服务质量规范
	5. 灵活运用对待重点旅客的服务要求和方法	动车组列车服务质量规范
列车长岗位	1. 具备正确的铁路服务理念和良好的职业素养	动车组列车服务质量规范; 铁路运输收入管理
	2. 熟练使用客运员岗位相关的服务设备设施	动车组列车服务设施设备的使用; 站车无线交互系统的应用; GSM-R 手持终端的操作与管理

续表

对接的工作岗位	对接培养的职业岗位能力	对应岗位的知识点
列车长岗位	3. 能按标准化完成列车上乘降服务、卫生服务、安全服务	动车组列车乘务工作流程与标准
	4. 能正确地处理运输过程中的各种客运业务	台账资料的种类及管理认知；客运记录的编制；铁路电报的拍发
	5. 灵活运用对待重点旅客时的服务要求和方法	
	6. 会使用移动补票机进行补票操作	移动补票机的操作与管理

3.2.3.2 课程目标与内容

1. 总体目标

通过讲授、演示等教学环节，学完本课程后学生得到培养的能力主要侧重于：通过学习，学生能够熟悉并熟练使用动车组列车客运服务设施设备，懂得乘务组织工作标准和流程，并能掌握动车组列车一个完整值乘周期内各阶段的作业要求和技能；懂得列车上的客运业务处理，能熟练使用移动补票机进行列车上的票务处理；会编制列车上常用的客运记录及拍发列车电报。

2. 课程具体目标

具体表现在以下几个方面：

（1）知识目标。

① 了解动车列车基本知识及服务设施设备。

② 理解乘务管理及卫生管理。

③ 掌握动车列车的乘务工作标准和流程。

④ 掌握列车上的客运业务知识。

⑤ 掌握台账的组成及台账操作及管理方法。

（2）能力目标。

① 具备高速铁路客运乘务的专业认知能力。

② 拥有熟练进行乘务作业的工作能力。

③ 掌握列车客运业务处理技能。

④ 熟练操作移动补票机进行列车票务处理的能力。

⑤ 懂得编制客运记录并会拍发列车电报。

（3）素质目标。

① 具备较强的服务意识和服务理念。

② 有较强的接受新知识、新方法的能力。

③ 具有良好的社会适应性和交流沟通能力，并具备团队协作意识。

④ 培养学生严谨、敏锐、判断准确、反应敏捷、认真细致、不厌其烦的职业素质。

⑤ 具备人民铁路为人民的职业情操。

表 3-16 课程教学目标与内容

序号	毕业要求指标点	知识目标	技能目标	素质目标	教学内容	教学资源
1	掌握高速铁路客运乘务的基础知识	了解高速铁路旅客运输的基本概况，理解课程的性质目标，明晰课程的考核评价要求	能根据旅客运输数据进行相应的分析	培养专业学习的热情和学习的方法	课程概述	PPT 图片 教学视频 文档资源
2		了解动车组列车的类型，掌握动车列车服务设施设备的运用	能够区分不同类型的动车组列车，具备运用动车组列车设施设备的能力	培养遵章守纪的职业操守；培养学生的职业自豪感	动车组列车及列车上服务设施设备的运用	PPT 图片 教学视频 文档资源
3		了解旅客列车乘务工作的特点，理解乘务制度，掌握乘务组工作制度	能够准确地掌握乘务组的工作制度	培养学生树立"人民铁路为人民"的职业情操；具有积极向上的学习态度和良好的学习习惯；具有严谨、认真、细致的工作态度和良好的职业素质	乘务管理概述	PPT 图片 教学视频 文档资源
4		理解乘务组的组成，明确分工，掌握乘务组乘务人员需要人数的确定方法	具备乘务管理的初步能力，能区分不同乘务组成的分工	培养遵章守纪、按章作业的工作作风、严谨求实的态度	旅客列车乘务组成	PPT 图片 教学视频 文档资源
5	具备高速铁路旅客乘务组织工作能力，能够独立规范地进行列车乘务作业	掌握服务质量规范基本规定；了解安全规范	具备动车组列车规范服务的能力	培养严谨的工作作风，安全第一的意识	服务质量规范	PPT 图片 教学视频 文档资源
6		理解动车组列车上服务备品管理的意义；掌握车容的要求及规范作业	具备管理备品的能力，并能够按标准管理车容	有较强的吸纳新知识、新方式方法的能力	服务备品及车容管理	PPT 图片 教学视频 文档资源
7		了解列车广播要求，掌握列车广播规范用语	具备在正常和突发情况下进行动车组列车广播的能力	培养遵章守纪、按章作业的工作作风、严谨求实的态度	列车广播	PPT 图片 教学视频 文档资源
8		了解动车组列车乘务组及人员要求，掌握动车组列车长乘务作业流程与标准；掌握动车组列车员乘务作业流程与标准，掌握动车组列车餐饮服务工作流程和标准；理解动车组保洁工作标准	具备标准、规范地进行动车组列车上各个岗位乘务作业的能力	培养遵章守纪、按章作业的工作作风、严谨求实的态度	动车组列车列车乘务工作流程及标准	PPT 图片 教学视频 文档资源

续表

序号	毕业要求指标点	知识目标	技能目标	素质目标	教学内容	教学资源
9		掌握列车上的补票方法、列车上旅行变更的办理方法、列车改签的办理方法、列车上挂失补的办理方法	具备为旅客办理补票、改签、旅行变更和挂失补等客运业务的能力	培养精益求精的职业素养，严谨的工作作风	列车上的客运业务	PPT 图片 教学视频 文档资源
10	能够进行列车上的各项客运业务操作，具备使用列车上移动补票机、站车无线交互系统的能力	了解移动补票机的功能，掌握移动补票机的操作方法	能够独立地进行列车上的补票业务	培养学生精益求精的业务能力，一丝不苟的工作作风	移动补票机的操作与管理	PPT 图片 教学视频 文档资源
11		了解站车交互系统的组成，掌握站车交互系统的操作方法	能够熟练地使用站车交互系统	培养学生大局观，团队协作意识	站车无线交互系统的应用	PPT 图片 教学视频 文档资源
12		了解铁路运输收入管理的任务与分类及运输收入稽查，理解票据及现金管理，掌握运输费用的核收与结算，掌握运输收入事故分类及处理	熟悉运输收入事故的相关处理方法	培养学生高尚的职业操守，遵章守纪的职业素养	铁路运输收入管理	PPT 图片 教学视频 文档资源
13		了解台账的种类及台账管理的意义，掌握台账管理的具体规定	具备台账管理的意识	培养学生良好的职业素养	台账种类及管理的意义	PPT 图片 教学视频 文档资源
14	高速铁路动车组列车台账的管理能力	了解列车客运记录的编制范围及编制权限，掌握客运记录的编制方法	具备针对不同的情形编制客运记录的能力	培养学生的台账管理能力，遵章守纪按章办事的职业素养	列车客运记录	PPT 图片 教学视频 文档资源
15		了解列车电报的拍发权限，理解拍发范围，掌握电报的拟稿要求	能够根据不同的情景规范地拍发铁路电报	培养学生团结协作的意识，严谨的工作作风	列车电报	PPT 图片 教学视频 文档资源

表 3-17 课程教学目标与内容

序号	项目（模块）	任务（单元）	教学内容	教学方法和手段	重点、难点、考核点	学时
1	高速铁路客运乘务基础	单元 1-1 动车组列车概述	1. 动车组列车的类型及含义 2. 动车组列车的主要技术特点 3. 我国动车组列车的类型及含义	**教学方法**： 讲授法 案例教学法 图片展示法 讨论法 情景讨论法 **教学手段**： 多媒体教学 教学做一体	**重点**：我国动车组列车的类型及含义 **难点**：动车组列车相关符号的含义 **考核点**：动车组列车的类型及含义	2

续表

序号	项目（模块）	任务（单元）	教学内容	教学方法和手段	重点、难点、考核点	学时
2	高速铁路客运乘务基础	单元1-2 动车组列车服务设施设备的运用	动车组列车的设施设备；动车组列车的设施设备的运用	**教学方法：** 讲授法 案例教学法 图片展示法 角色扮演法 情景讨论法 **教学手段：** 多媒体教学 教学做一体	**重点：**动车组列车的设施设备的运用 **难点：**动车组列车的设施设备的运用 **考核点：**动车组列车的设施设备的运用	
3		单元2-1 乘务管理概述	旅客列车乘务工作的特点；乘务制度；乘务组工作制度	**教学方法：**讲授法 案例教学法 图片展示法 角色扮演法 情景讨论法 **教学手段：** 多媒体教学 教学做一体	**重点：**乘务制度 **难点：**乘务组工作制度 **考核点：**乘务制度及乘务组的工作制度	
4		单元2-2 旅客列车乘务组成	乘务组组成及分工；乘务组及乘务员需要人数的确定	**教学方法：** 讲授法 案例教学法 图片展示法 角色扮演法 情景讨论法 **教学手段：** 多媒体教学 教学做一体	**重点：**乘务组组成及分工 **难点：**乘务员需要人数的确定 **考核点：**乘务组组成及分工	
5	高速铁路旅客乘务组织工作	单元2-3 服务质量规范	服务质量规范基本规定；安全规范	**教学方法：** 讲授法 案例教学法 图片展示法 角色扮演法 情景讨论法 **教学手段：** 多媒体教学 教学做一体	**重点：**服务质量规范基本规定 **难点：**服务质量规范基本规定 **考核点：**服务质量规范基本规定	12
6		单元2-4 车容要求及动车组列车规范作业	服务备品管理；车容的要求及规范作业	**教学方法：** 讲授法 案例教学法 图片展示法 角色扮演法 情景讨论法 **教学手段：** 多媒体教学 教学做一体	**重点：**车容要求及动车组列车的规范作业 **难点：**服务备品管理 **考核点：**服务备品管理，车容的要求及规范作业	
7		单元2-5 列车广播	列车广播要求；列车广播规范用语	**教学方法：** 讲授法 案例教学法 图片展示法 角色扮演法 情景讨论法 **教学手段：** 多媒体教学 教学做一体	**重点：**列车广播规范用语 **难点：**列车广播规范用语 **考核点：**列车广播规范用语	

续表

序号	项目（模块）	任务（单元）	教学内容	教学方法和手段	重点、难点、考核点	学时
8	高速铁路旅客乘务组织工作	单元2-6 动车组列车列车乘务工作流程及标准	动车组列车乘务组及人员要求； 动车组列车长乘务作业流程与标准； 动车组列车员乘务作业流程与标准； 动车组列车餐饮服务工作 动车组保洁工作标准	**教学方法：** 讲授法 案例教学法 图片展示法 角色扮演法 情景讨论法 **教学手段：** 多媒体教学 教学做一体	**重点：**作业流程与标准 **难点：**作业流程与标准 **考核点：**作业流程与标准	
9		单元3-1 列车上的客运业务	列车上补票业务； 列车上旅行变更业务； 列车改签业务； 列车上挂失补业务	**教学方法：** 讲授法 案例教学法 图片展示法 角色扮演法 情景讨论法 **教学手段：** 多媒体教学 教学做一体	**重点：**补票、旅行变更及挂失补业务 **难点：**补票业务 **考核点：**补票及旅行变更业务	
10	高速铁路动车乘务应急处理	单元3-2 移动补票机的操作与管理	移动补票机的概述； 移动补票机的操作	**教学方法：** 讲授法 任务驱动法 图片展示法 角色扮演法 情景讨论法 **教学手段：** 多媒体教学 教学做一体	**重点：**移动补票机的操作 **难点：**移动补票机的操作 **考核点：**移动补票机的操作	18
11		单元3-3 站车无线交互系统的应用	站车交互系统的概述； 站车交互系统的操作应用	**教学方法：** 讲授法 模拟教学法 图片展示法 角色扮演法 情景讨论法 **教学手段：** 多媒体教学 教学做一体	**重点：**站车交互系统的操作 **难点：**站车交互系统的操作 **考核点：**站车交互系统的操作	
12		单元3-4 铁路运输收入管理	铁路运输收入管理的任务与分类； 票据及现金管理； 运输费用的核收与结算； 运输收入事故分类及处理； 运输收入稽查	**教学方法：** 讲授法 案例教学法 图片展示法 角色扮演法 情景讨论法 **教学手段：** 多媒体教学 教学做一体	**重点：**运输收入管理的分类，事故的分类及处理 **难点：**运输费用的核收与结算 **考核点：**运输收入管理的分类，事故的分类及处理	
13	红十字应急抢救	单元4-1 台账种类及管理的意义	台账的种类； 台账管理的意义； 台账管理的具体规定	**教学方法：** 讲授法 案例教学法 图片展示法 角色扮演法 情景讨论法 **教学手段：** 多媒体教学 教学做一体	**重点：**台账管理的具体规定 **难点：**台账管理的具体规定 **考核点：**台账的种类及台账管理的具体规定	10

续表

序号	项目（模块）	任务（单元）	教学内容	教学方法和手段	重点、难点、考核点	学时
14		单元 4-2 列车客运记录	列车客运记录的编制范围、编制权限、编制方法	**教学方法：** 讲授法 案例教学法 图片展示法 情景讨论法 **教学手段：** 多媒体教学 教学做一体	**重点：** 列车客运记录的编制方法 **难点：** 列车客运记录的编制方法 **考核点：** 列车客运记录的编制范围及方法	
15		单元 4-3 列车电报	列车电报的拍发范围、拍发权限； 电报的拟稿要求	**教学方法：** 讲授法 案例教学法 图片展示法 情景讨论法 **教学手段：** 多媒体教学 教学做一体	**重点：** 列车电报的拍发拟稿要求 **难点：** 列车电报的拟稿要求 **考核点：** 列车电报的拍发范围及方法	
16	高速铁路列车卫生管理	单元 5-1 列车给水工作	给水工作的管理规定； 给水工作的意义； 列车给水电报	**教学方法：** 讲授法 案例教学法 图片展示法 角色扮演法 情景讨论法 **教学手段：** 多媒体教学 教学做一体	**重点：** 列车给水电报 **难点：** 列车给水电报 **考核点：** 列车给水电报	6
17		项目 5-2 列车厕所卫生工作	列车厕所卫生标准； 厕所发生特殊情况的处理； 列车吸污电报	**教学方法：** 讲授法 案例教学法 图片展示法 角色扮演法 情景讨论法 **教学手段：** 多媒体教学 教学做一体	**重点：** 列车厕所卫生标准 **难点：** 列车吸污电报 **考核点：** 列车吸污电报	
		合计				48

3.2.3.3 课程考核

本课程的成绩评价以对学习过程的考核为主，结合最后的考试共同进行评判。考试采用闭卷形式，题型可采用综合处理分析题等，考试内容应以学生对突发情况的应急处理为主，加上对安全管理的理解能否应用于实际行动中。

学生总评成绩由三部分组成：平时成绩（占总成绩的 30%）+期中考核成绩（占总成绩的 20%）+期末考试成绩（占总成绩的 50%）。

其中平时成绩组成如表 3-18 所示。

表 3-18 平时成绩组成

出勤情况	上课提问	课堂实训	完成作业	老师评定	合计
20%	10%	30%	30%	10%	100%

3.2.3.4 实施要求

1. 授课教师基本要求

此部分主要对担任本课程教学任务的教师的学历、职称、工作经历、职业资格水平、基本素质等提出要求。

2. 实践教学条件要求

"高速铁路客运乘务"课程为理实一体课程,需要使用校内高铁客运乘务综合实训室进行教学。

表 3-19 高铁客运乘务综合实训室

实训室名称	高铁客运乘务综合实训室	面积要求	414 m²
序号	核心设备	数量要求	备注
1	CRH380A 车厢模型	1 套	
2	动车组列车安全设备	1 套	
3	动车组列车应急设备	1 套	

3. 教学方法和策略

(1)教学方法。

本课程为理论教学与实践教学相交融的课程,强调理论教学与实践教学并重,重视在实践教学中培养学生的实践能力和创新能力,并采用讲授法、案例教学法、情景演练、课堂讨论、角色扮演等多种教学方法实施教学。

(2)教学手段。

将传统的教学手段和现代教育技术协调应用,使用多媒体教学和网络教学两种手段,充分发挥多媒体在动画、语音、颜色等方面的特色,调动学生学习的积极性,提高课堂效率;发挥网络教学在学生主动性方面不可替代的作用,充分利用网络学堂,促进学生自主学习、拓展知识面。配合理论教学,增强实践性教学环节,增强综合性设计训练环节,培养学生的工程设计能力和创新能力。

4. 教材和数字化资源的选用

表 3-20 "高速铁路客运乘务实务"课程教材选用表

序号	教材名称	出版社	作者、编者	出版时间
1	《高速铁路客运乘务实务》	中国铁道出版社	雷莲桂、赵岚	2020.06
2	《铁路客运组织》	中国铁道出版社	彭进	2015.08

表 3-21 "高速铁路客运乘务实务"课程参考教材选用表

序号	参考书名称	出版社	作者、编者	出版时间
1	《列车员 列车值班员》	中国铁道出版社	铁路职工岗位培训教材编审委员会	2013
2	《动车组列车员(长)》	中国铁道出版社	铁路职工岗位培训教材编审委员会	2010

3.2.4 "高速铁路行车技术管理"课程标准

3.2.4.1 课程性质

"高速铁路行车技术管理"是高速铁路客运乘务专业的专业核心课程。该课程主要介绍高速铁路运输组织的基本理论和方法，包括：高速铁路运输组织模式、高速铁路旅客列车开行方案、高速铁路列车运行图和通过能力、高速铁路综合维修天窗设置与维修计划编制管理、高速铁路动车组与乘务运用计划、高速铁路调度指挥系统和高速铁路车站工作组织等。为相关企业培养高速铁路运输组织和运营管理人才开设，培养学生良好的沟通能力和团队协作精神；培养学生"安全高于一切、责任重于泰山、服从统一指挥"的职业素质。

3.2.4.2 课程功能定位

表 3-22 课程功能定位分析

对接的工作岗位	对接培养的职业岗位能力
车站值班员	1. 掌握高铁行车设备特点和技术原理
	2. 会办理 CTC 车站接发列车作业
	3. 具备常见设备故障应急处置能力
	4. 正确认识行车作业安全的重要性，提高对工作的责任心和安全责任意识
	5. 具有运用行车规章分析解决行车工作实际问题的能力

3.2.4.3 课程目标与内容

1. 课程总目标

本课程是一门专业基本素质课，比较全面、系统地介绍了我国高速铁路行车组织的基本知识和基本原理。本课程主要培养学生车站值班员、信号员、行车调度员等行车岗位接发行车作业的专业技能以及使学生拥有运用规章分析和解决实际问题的职业能力；培养学生良好的沟通能力和团队协作精神；培养学生"安全高于一切、责任重于泰山、服从统一指挥"的职业素质。

2. 课程具体目标

具体表述课程的内容及学生应达到的知识目标、技能目标、素质目标，在进行目标表述时应以学生作为行为主体来表述。

表 3-23 课程教学目标与内容

序号	毕业要求指标点	知识目标	技能目标	素质目标	教学内容
1	了解世界高速铁路及中国高速铁路的发展，知道高速铁路的优势	了解世界高速铁路及中国高速铁路的发展，知道高速铁路的优势	能够简述我国高速铁路的发展历程，说出高速铁路的优势	培养学生适应新环境的能力，拥有专业学习的热情	世界高速铁路及其建设发展情况；我国高速铁路建设与发展；高速铁路的优势

续表

序号	毕业要求指标点	知识目标	技能目标	素质目标	教学内容
2	说出高速铁路的主要行车设备,明确各主要行车设备的工作原理和作用	熟悉动车组; 了解牵引供电设备的组成; 掌握普铁与高铁线路对比	根据动车组自身特点阐述动车组的优点,明确高速铁路牵引供电的方式	团队合作、创新精神; 重视行车安全、沉着应对突发情况	动车组的定义、分类、优点; 牵引供电设备的组成; 线路要求差异
3		了解高铁信号; 掌握控制系统的功能; 掌握防灾安全监控系统组成	针对单一情境,说出防灾安全系统的工作原理	提高行车安全意识	高速铁路信号与控制组成与功能; 高速铁路防灾安全监控系统构成与功能
4		了解CTCS系统的构成与功能; 掌握CTCS系统的应用等级; 理解机车信号、LKJ的主要功能; 掌握ATP分类中优缺点	说出CTCS的应用等级及各部分的功能	培养学生工作中的安全意识	CTCS系统的构成、应用等级、功能; 机车信号和LKJ的作用; ATP功能与分类
5	掌握高速铁路列车运行控制系统的原理和作用	掌握CTCS-2级列控系统的结构及功能; 理解CTCS-2级列控系统的工作原理; 熟悉CTCS-2级车载ATP	掌握CTCS-2工作原理,辨析各部分功能	培养学生认真细致、精益求精的职业精神	CTCS-2级系统定义、组成、各部分功能、工作原理; CTCS-2级车载ATP工作模式; 级间转换
6		掌握CTCS-3级列控系统的结构及功能; 理解CTCS-3级列控系统的工作原理; 熟悉CTCS-3级车载ATP的工作模式	掌握CTCS-3工作原理,辨析各部分功能	培养自主学习能力和追求卓越的职业素养	CTCS-3级系统定义、组成、各部分功能、工作原理; CTCS-3级车载ATP工作模式; 与CTCS-2级比较
7	明确不同车站的作用,能够完成接发列车工作和调车工作	掌握车站的作用; 理解车站的分类; 掌握高速铁路车站的分类; 理解越行站作业与设备; 理解中间站作业与设备; 掌握始发(终到)站作业与设备	结合专业知识,充分利用车站设备服务旅客; 明确不同车站的作用	尊重他人职业,做到爱岗敬业	高速铁路车站作业、设备; 高速铁路车站定义、分类
8		掌握接发列车的作业内容;掌握调车作业的一般要求;掌握调车作业时速度及安全距离的要求	能够完成接发列车工作	规范操作意识,细心和耐心	高速铁路车站接发列车作业; 高速铁路调车作业
9	能够编制高速铁路旅客列车开行方案和动车组运用计划	了解高速铁路运输组织模式; 理解高速铁路旅客列车开行方案的编制步骤	能够编制高速铁路旅客列车开行方案	规范操作意识,细心和耐心	高速铁路运输组织模式; 高速铁路旅客列车开行方案
10		理解高铁列车运行图的种类; 掌握高铁列车运行图的特点; 理解综合维修天窗对通过能力的影响; 掌握动车组运用计划的含义; 理解动车组运用计划的组成; 掌握动车组周转计划图	能够编制动车组运用计划	规范操作意识,细心和耐心	高速铁路列车运行图; 动车组的运用计划

续表

序号	毕业要求指标点	知识目标	技能目标	素质目标	教学内容
11	掌握铁路局调度指挥系统的作用，明确各岗位的岗位职责	理解高速铁路调度指挥系统的作用； 掌握铁路局高铁主要调度工种职责； 理解铁路局高铁调度日计划	能够编制高速调度日计划	认识新知识的能力，归纳总结	高速铁路调车组织机构与职责范围； 铁路局高铁调度日计划
12		理解高铁动车组列车的调整； 理解施工与维修计划的下达； 掌握施工与维修计划作业的相关要求； 熟练操作CTC系统； 按照规定的程序和用语； 熟练地掌握列车调度命令的下达； 初步具备列车调度员、助理调度员工作的应急处理能力	能够熟练操作CTC系统，根据需要下达调度命令	学习新知识的能力，环境认知、熟悉和整理能力，团队合作能力，统筹安排能力	高速铁路动车组列车运行调整； 高速铁路的调度命令； 高速铁路调度应急处置案例； 高铁调度员素质与技能培训
13	能够在不同灾害天气条件下组织列车安全有序运行	理解灾害天气的种类； 掌握天气恶劣难以辨认信号时行车的能力； 掌握大风天气限速规定； 理解风速监测子系统报警处理； 理解雨量监测子系统报警处置； 掌握冰雪天气限速要求； 理解雪深监测子系统报警处理； 理解雪深监测子系统故障处理； 理解异物侵限子系统灾害报警信息处理	能够在不同灾害天气条件下组织列车安全有序运行	学习新知识的能力，环境认知、熟悉和整理能力，团队合作能力，统筹安排能力	灾害天气与难以辨认信号行车； 大风天气行车； 雨天行车； 冰雪天气行车； 异物侵限监测报警
14		掌握列控系统的作用； 理解列控车载系统故障导致列车停车时的处理； 掌握运行中的列车车载设备故障时的处理； 掌握在车站出发时列控车载设备故障的处理	能够在列控系统故障的情况下组织列车运行	安全工作意识	列控车载设备不能正常使用
15	能够在设备故障情况下组织列车安全有序运行	理解机车信号或LKJ故障时的处理； 掌握列车车次号丢失； 理解CTC不能下达列车运行计划； 理解CTC不能自动触发进路； 理解进站信号机故障； 理解出站信号机故障； 掌握轨道电路分路不良	能够在机车信号、CTC等故障下组织列车运行	安全工作意识	LKJ、GYK、机车信号故障； CTC故障； 信号设备故障
16		理解GSM-R故障的危害及处理办法； 理解接触网停电及弓网故障的危害及处理办法； 掌握动车组在运行途中空调失效列车乘务员应如何处理； 了解动车组以外的旅客列车运行图中发生车辆故障时的应急处理	能够在接触网故障情况下组织列车运行	安全工作意识	列车无线调度通信设备故障； 接触网停电及弓网故障； 动车组列车运行途中空调失效、车辆故障

续表

序号	毕业要求指标点	知识目标	技能目标	素质目标	教学内容
17	能够在非正常情况下组织列车安全运行	掌握什么是反向行车；掌握反向行车的条件；理解反向行车的办法；掌握被迫停车的定义；理解被迫停车的应急处置规定；掌握列车在区间被迫停车后的防护办法；理解列车在区间退行、返回	能够在非正常情况下组织列车安全运行	安全工作意识	双线方向行车；列车被迫停车、退回和返回
18		掌握列车运行晃车时的处置方法；理解列车停在分相无电区的处置方法；理解列车碰撞异物时的处置方法；掌握列车发生火灾和爆炸时的处置过程；掌握列车冒进信号的定义；理解冒进信号机的处置过程	能够在非正常情况下组织列车安全运行	安全工作意识	列车运行晃车、停在分相无电区、碰撞异物；列车发生火灾、爆炸；列车冒进信号
19	明确不同等级事故救援的组织单位和流程	掌握事故救援组织；理解救援设备；了解使用接车、救援列车救援动车组列车；理解使用动车组救援	明确不同等级事故救援的组织单位和流程	安全工作意识	事故救援组织与救援设备；使用机车、救援列车救援动车组列车；使用动车组救援

表 3-24 课程教学目标与内容

序号	项目（模块）	任务（单元）	教学内容	重点、难点、考核点	学时
1	项目1 概述	1.1 世界高速铁路及其建设发展情况 1.2 我国高速铁路建设与发展 1.3 高速铁路的优势	世界高速铁路及其建设发展情况；我国高速铁路建设与发展；高速铁路的优势	**重点**：中国高速铁路发展历程 **难点**：世界高速铁路发展历程 **考核点**：高速铁路发展历程	2
2	项目2 高速铁路主要行车设备	2.1 高速铁路动车组 2.2 高速铁路的牵引供电设备 2.3 高速铁路的线路	动车组的定义、分类、优点；牵引供电设备组成和线路要求	**重点**：动车组列车的种类 **难点**：高铁与普铁线路要求的不同之处 **考核点**：动车组的定义、分类和优点，牵引供电组成，线路差异	2
3		2.4 高速铁路信号与控制 2.5 高速铁路防灾安全监控系统	高速铁路信号与控制组成与功能；高速铁路防灾安全监控系统构成与功能	**重点**：CTC调度系统定义、基本功能、基本特点、控制模式、基本组成，防灾安全监控系统的组成 **难点**：高速铁路防灾安全监控系统工作原理 **考核点**：CTC系统的概述	2

续表

序号	项目（模块）	任务（单元）	教学内容	重点、难点、考核点	学时
4	项目 3 高速铁路列车运行控制系统	3.1 中国列车运行控制系统概述	CTCS 系统的构成、应用等级、功能；机车信号和 LKJ 的作用；ATP 功能与分类	**重点**：CTCS 构成和功能、应用等级 **难点**：机车信号的作用、LKJ 的主要功能，ATP 的分类中优缺点 **考核点**：CTCS 概述，机车信号、LKJ、ATP 的主要功能	2
5		3.2 CTCS-2 级列控系统	CTCS-2 级系统定义、组成、各部分功能、工作原理；CTCS-2 级车载 ATP 工作模式；级间转换	**重点**：CTCS-2 级列控系统的组成及其功能，CTCS-2 级车载 ATP 的工作模式 **难点**：CTCS-2 级列控系统的工作原理 **考核点**：CTCS-2 级定义、部分功能、工作原理，CTCS-2 级车载 ATP	2
6		3.3 CTCS-3 级列控系统	CTCS-3 级系统定义、组成、各部分功能、工作原理；CTCS-3 级车载 ATP 工作模式；与 CTCS-2 级比较	**重点**：CTCS-3 级列控系统的组成及其功能，CTCS-3 级车载 ATP 的工作模式 **难点**：CTCS-3 级列控系统与 CTCS-2 级列控系统在各个方面的比较 **考核点**：CTCS-2 级与 CTCS-3 级列控系统的工作原理以及功能	2
7	项目 4 高速铁路车站作业组织	4.1 高速铁路车站作业与设备	车站的作用；车站的分类；高速铁路车站的设计原则；越行站、中间站、始发终到站的作业与设备	**重点**：车站的作用，越行站、中间站、始发终到站的作业与设备 **难点**：车站的分类 **考核点**：车站的分类，越行站、中间站、始发终到站的作业与设备	2
8		4.2 高速铁路车站接发列车作业	掌握接发列车的作业内容	**重点**：接发列车作业流程 **难点**：接发列车作业操作 **考核点**：接发列车作业流程	4
9		4.3 高速铁路调车作业	掌握调车作业的一般要求；掌握调车作业的作业项目（转线作业、进出段作业）；掌握调车作业时速度及安全距离的要求	**重点**：调车作业的作业项目 **难点**：调车作业的作业项目 **考核点**：调车作业的作业项目	2
10		课内实训：办理接发列车作业	掌握接车、发车作业程序，明确设备操作方法；掌握作业标准用语	**重点**：接车、发车作业程序 **难点**：作业标准用语 **考核点**：接车、发车作业程序	4

续表

序号	项目（模块）	任务（单元）	教学内容	重点、难点、考核点	学时
11		5.1 高速铁路运输组织模式 5.2 高速铁路旅客列车开行方案	了解高速铁路运输组织模式； 理解高速铁路旅客列车开行方案的编制步骤	**重点**：高速铁路旅客列车开行方案的编制步骤 **难点**：高速铁路旅客列车开行方案的编制步骤 **考核点**：高速铁路旅客列车开行方案的编制步骤	2
12	项目5 高速铁路旅客列车开行方案与列车运行图	5.3 高速铁路列车运行图	理解高铁列车运行图的种类； 掌握高铁列车运行图的特点	**重点**：高铁列车运行图的特点 **难点**：综合维修天窗对通过能力的影响 **考核点**：高铁列车运行图的特点	2
13		5.4 动车组运用计划	理解综合维修天窗对通过能力的影响；掌握动车组运用计划的含义； 理解动车组运用计划的组成； 掌握动车组周转计划图	**重点**：动车组周转计划 **难点**：动车组周转计划 **考核点**：动车组周转计划	2
14	期中考试	期中考试	考核前五章内容	**重点**：前五章重点 **难点**：前五章难点 **考核点**：前五章考核点	2
15		6.1 高速铁路调车组织机构与职责范围 6.2 铁路局高铁调度日计划	理解高速铁路调度指挥系统的作用； 掌握铁路局高铁主要调度工种职责； 理解铁路局高铁调度日计划	**重点**：铁路局高铁主要调度工种职责 **难点**：铁路局高铁主要调度工种职责 **考核点**：铁路局高铁主要调度工种职责	2
16	项目6 高速铁路调度指挥	6.3 高速铁路动车组列车运行调整	理解高铁动车组列车的调整； 理解施工与维修计划的下达； 掌握施工与维修计划作业的相关要求	**重点**：施工与维修计划作业的相关要求 **难点**：高铁动车组列车的调整 **考核点**：施工与维修计划作业的相关要求	2
17		6.4 高速铁路的调度命令 6.5 高速铁路调度应急处置案例 6.6 高铁调度员素质与技能培训	熟练操作CTC系统；按照规定的程序和用语； 熟练掌握列车调度命令的下达； 初步具备列车调度员、助理调度员工作的应急处理能力	**重点**：能够操作CTC系统，能够下达列车列车调度命令 **难点**：能够操作CTC系统，能够下达列车列车调度命令 **考核点**：能够操作CTC系统，能够下达列车列车调度命令	2
18	项目7 灾害天气行车	7.1 灾害天气与难以辨认信号行车	理解灾害天气的种类； 掌握天气恶劣难以辨认信号行车	**重点**：天气恶劣难以辨认信号行车 **难点**：天气恶劣难以辨认信号行车 **考核点**：天气恶劣难以辨认信号行车	2

续表

序号	项目（模块）	任务（单元）	教学内容	重点、难点、考核点	学时
19	项目7 灾害天气行车	7.2 大风天气行车 7.3 雨天行车	掌握大风天气限速规定； 理解风速监测子系统报警处理； 理解雨量监测子系统报警处置	**重点**：雨量监测子系统和风速监测子系统报警的处理方法 **难点**：雨量监测子系统和风速监测子系统报警的处理方法 **考核点**：雨量监测子系统和风速监测子系统报警的处理方法	2
20		7.4 冰雪天气行车 7.5 异物侵限监测报警	掌握冰雪天气限速要求； 理解雪深监测子系统报警处理； 理解雪深监测子系统故障处理； 理解异物侵限子系统灾害报警信息处理	**重点**：雪深监测子系统和异物侵限系统报警的处理方法 **难点**：雪深监测子系统和异物侵限系统报警的处理方法 **考核点**：雪深监测子系统和异物侵限系统报警的处理方法	2
21	项目8 设备故障情况下的行车组织	8.1 列控车载设备不能正常使用	掌握列控系统的作用； 理解列控车载系统故障导致列车停车的处理； 掌握运行中的列车车载设备故障时的处理；掌握在车站出发时列控车载设备故障的处理	**重点**：运行中列车车载设备故障时的处理方法 **难点**：运行中列车车载设备故障时的处理流程 **考核点**：运行中列车车载设备故障时的处理方法	2
22		8.2 LKJ、GYK、机车信号故障	理解机车信号或LKJ故障时的处理；掌握列车车次号丢失	**重点**：机车信号或LKJ故障的处理方法 **难点**：机车信号或LKJ故障的处理流程 **考核点**：机车信号或LKJ故障的处理方法	2
23		8.3 CTC故障 8.4 信号设备故障	理解CTC不能下达列车运行计划； 理解CTC不能自动触发进路； 理解进站信号机故障； 理解出站信号机故障； 掌握轨道电路分路不良	**重点**：列车车次号丢失处理方法 **难点**：CTC不能自动触发进路的处理方法 **考核点**：列车车次号丢失处理方法、CTC不能自动触发进路的处理方法	2
27		8.5 列车无线调度通信设备故障 8.6 接触网停电及弓网故障	理解GSM-R故障的危害及处理办法；理解接触网停电及弓网故障的危害及处理办法	**重点**：区间列车丢失的危害及处理方法 **难点**：站内股道列车占用丢失的危害及处理方法 **考核点**：区间列车丢失的危害及处理方法、站内股道列车占用丢失的危害及处理方法	2

续表

序号	项目（模块）	任务（单元）	教学内容	重点、难点、考核点	学时
25	项目 8 设备故障情况下的行车组织	8.7 动车组列车运行途中空调失效、车辆故障	掌握动车组在运行途中空调失效列车乘务员应如何处理；了解动车组以外的旅客列车运行图中发生车辆故障时的应急处理	**重点**：动车组在运行途中空调失效列车乘务员应如何处理 **难点**：动车组在运行途中空调失效列车乘务员应如何处理 **考核点**：动车组在运行途中空调失效列车乘务员应如何处理	2
26	项目 9 非正常行车	9.1 双线方向行车	掌握什么是反向行车；掌握反向行车的条件；理解反向行车的办法	**重点**：反向行车的办法 **难点**：反向行车的条件 **考核点**：反向行车的办法、反向行车的条件	2
27		9.2 列车被迫停车、退回和返回	掌握被迫停车的定义；理解被迫停车的应急处置规定；掌握列车在区间被迫停车后的防护办法；理解列车在区间退行、返回	**重点**：列车在区间被迫停车后的防护办法 **难点**：被迫停车的应急处置规定 **考核点**：列车在区间被迫停车后的防护办法、被迫停车的应急处置规定	2
28		9.3 列车运行晃车、停在分相无电区、碰撞异物	掌握列车运行晃车时的处置方法；理解列车停在分相无电区的处置方法；理解列车碰撞异物时的处置方法	**重点**：列车运行晃车时的处置方法 **难点**：列车运行晃车时的处置方法 **考核点**：列车运行晃车时的处置方法	2
29		9.4 列车发生火灾、爆炸 9.5 列车冒进信号	掌握列车发生火灾和爆炸时的处置过程；掌握列车冒进信号的定义；理解冒进进站信号机的处置过程；理解冒进出站信号机的处置过程	**重点**：列车发生火灾和爆炸时的处置过程 **难点**：列车发生火灾和爆炸时的处置过程 **考核点**：列车发生火灾和爆炸时的处置过程	2
30	项目 10 高速铁路事故救援	10.1 事故救援组织与救援设备 10.2 使用机车、救援列车救援动车组列车 10.3 使用动车组救援	掌握事故救援组织；理解救援设备；了解使用接车、救援列车救援动车组列车；理解使用动车组救援	**重点**：使用动车组救援 **难点**：使用动车组救援 **考核点**：使用动车组救援	2
31	期末总复习	期末总复习	复习本课程重难点内容	**重点**：本课程重点内容 **难点**：本课程难点内容 **考核点**：本课程难点内容	2

3.2.4.4　课程考核

（1）课程考核分为终结性评价和过程评价，关注学生个体差异。

（2）终结性评价采用标准化试题的闭卷考核，占比60%。

（3）过程性考核着重考核学生平时成绩（包括学习态度、课堂考勤、课堂表现、平时作业），占比40%。

3.2.4.5　实施要求

1．授课教师基本要求

本课程的授课教师具备铁路通信与信号设备基本操作技能，授课前有车站值班员技能的专业训练或有车站接发列车的实践经历，具有高等学校教师资格。

2．实践教学条件要求

（1）校内实训室。

表3-25　轨道交通运营管理与信号实训室

实训室名称	铁道交通运营管理与信号实训中心	面积要求	100 m²
序号	核心设备	数量要求	备注
1	沙盘模型	1套	
2	计算机联锁设备	10套	
3	6502联锁设备	7套	
4	列车运行控制系统	1套	
5	调度指挥中心	1个	

3．教学方法和策略

（1）教学方法。

主要采用讲授法、演示法、讨论法、读书指导法、举例法等教学方法。

坚持以够用的原则选择教学内容，依据从易到难，先基础知识后操作技能的原则安排教学顺序。教学时运用讨论法、读书指导法让学生能自主学习、善于思考，运用举例法分析相关的原理与知识。

（2）教学策略。

为了提高教学的效果，可以采用观看视频法、案例讲解法、文稿演示法等混合教学，引进行业、企业专家参与教学。

4．教材和数字化资源的选用

表3-26　"高速铁路行车组织"课程教材选用表

序号	教材名称	教材	出版社	主编	出版时间
1	《高速铁路行车组织方法》	公开出版	中国铁道出版社	连义平	2016

表3-27　"高速铁路行车组织"课程参考教材选用表

序号	教材名称	出版社	主编	出版时间
1	《铁路技术管理规程》	中国铁道出版社	中国国家铁路集团有限公司	2014
2	《铁路运输调度规则》	中国铁道出版社	中国国家铁路集团有限公司	2017

表3-28　"高速铁路行车组织"课程数字化资源选用表

序号	数字化资源名称	类型	数量	是否原创	备注
1	多媒体课件	PPT	1	是	

3.2.5 "高铁安全管理与应急处置"课程标准

3.2.5.1 课程性质

1. 课程性质

"高铁安全管理与应急处置"主要面向高职三年制高速铁路客运乘务专业学生开设,属专业核心课。本课程主要学习高铁安全管理及应急处置的基本知识和基本技能。通过本课程的学习和训练,使学生会正确操作高铁有关设备设施,具备作业安全、设备安全管理以及应急处理的基本能力,具有危险识别、事故预防的基本知识,能够正确处理各种突发事件。

课程内容共分为四部分:高速铁路运输安全管理、高速铁路交通事故处理、高速铁路动车乘务应急处理和红十字应急抢救。通过课程学习,学生应掌握铁路安全风险管理的相关知识、铁路应急管理体系及相应急响应,对安全相关法规、铁路事故调查处理、客运作业安全等有明确的了解。学会使用消防设备以及动车应急设备的操作,懂得进行发生乘务异常的应急处置,会基本的急救常识。

2. 课程功能定位

表 3-29 课程功能定位分析

对接的工作岗位	对接培养的职业岗位能力	对应岗位的知识点
动车组列车员岗位	1. 安全意识和安全预判能力	1. 高速铁路运输安全管理
		2. 高速铁路运输安全保障体系
	2. 应急设备操作能力及设备异常处理能力	1. 动车组列车安全设备操作
		2. 动车组列车设备异常的应急处理
	3. 消防设备操作能力	动车组列车火灾爆炸事故应急处理
	4. 动车列车乘务异常的处理能力	1. 动车组列车乘务异常的应急处理
		2. 旅客异常的应急处理
	5. 急救处理能力	1. 铁路红十字药箱
		2. 心肺复苏
		3. 现场创伤救护技术
动车组列车长岗位	1. 安全分析与评价能力	1. 高速铁路运输安全管理
		2. 高速铁路运输安全保障体系
	2. 应急设备操作能力及设备异常处理能力	1. 动车组列车安全设备操作
		2. 动车组列车设备异常的应急处理
	3. 消防设备操作能力	动车组列车火灾爆炸事故应急处理
	4. 动车列车乘务异常的处理能力	1. 动车组列车乘务异常的应急处理
		2. 旅客异常的应急处理
	5. 急救处理能力	1. 铁路红十字药箱
		2. 心肺复苏
		3. 现场创伤救护技术

3.2.5.2 课程目标与内容

1. 课程总目标

通过讲授、演示等教学环节,学完本课程后培养的能力主要侧重在:

能够运营安全风险管理的相关知识,正确认识铁路旅客运输安全的重要性,提高对工作的责任心和安全责任意识;了解铁路旅客运输安全相关法规,懂得运用所学,处理铁路交通事故;会进行消防设备与各种应急设备的操作;懂得基本的急救常识,会使用红十字药箱,并掌握常见的急救技能。

2. 课程具体目标

具体表现在以下几个方面:

(1) 知识目标。

① 了解高速铁路安全管理相关知识。

② 理解铁路交通事故的处理法律法规及处理流程。

③ 掌握应急设备的使用方法和应急处理技能。

④ 掌握旅客运输乘务异常时的应急处理技能。

⑤ 会使用铁路红十字药箱并懂得基本的急救常识。

(2) 能力目标。

① 具备高速铁路安全管理的专业认知能力。

② 熟悉城市轨道交通企业安全管理的基本方法。

③ 熟悉铁路旅客运输安全管理相关的法律法规。

④ 掌握制定事故应急预案的基本方法。

⑤ 掌握一定防火灭火基本技能。

⑥ 具备高速铁路旅客运输应急设备的操作技能。

⑦ 掌握基本的急救技能。

(3) 素质目标。

① 具备基本的安全常识及专业安全意识。

② 有较强的接受新知识、新方法的能力。

③ 具有良好的社会适应性和交流沟通能力、团队协作意识。

④ 培养严谨、敏锐,判断准确、反应敏捷,认真细致、不厌其烦的职业素质。

⑤ 具备人民铁路为人民的职业情操。

表 3-30 课程教学目标与内容

序号	毕业要求指标点	知识目标	技能目标	素质目标	教学内容	教学资源
1	牢固树立运输安全管理意识,掌握人身安全作业措施,具有运输安全的大局观	了解安全管理的概念、目的、意义和方针;掌握铁路安全的影响因素	能够按照有关规定,在作业过程中防止机车车辆造成人身伤害	培养学生铁路安全管理意识	安全管理概述及安全风险管理	PPT 图片 教学视频 文档资源
2		熟悉铁路劳动安全措施;了解铁路安全风险管理的概念、意义及实施过程	能够保证在电气化区段作业安全;能够保证客运人身作业安全	培养学生遵章守纪的职业操守,具备基本的安全常识及安全意识	铁路客运人身作业安全措施	PPT 图片 教学视频 文档资源

续表

序号	毕业要求指标点	知识目标	技能目标	素质目标	教学内容	教学资源
3	牢固树立运输安全管理意识，掌握人身安全作业措施，具有运输安全的大局观	了解与铁路运输安全生产有关的法规、规程、规则与管理制度；了解高速铁路运输安全技术保障体系的构成	能够满足高速铁路运输安全的保障要求	培养学生的大局意识，同时具有良好的团队协作能力	高速铁路运输安全保障体系	PPT 图片 教学视频 文档资源
4		了解主要安全保障技术和安全保障系统；了解高速铁路安全的心理保障要求	掌握安全习惯的养成，具备较好的心理调节能力	培养学生良好的心理素质	运输安全心理保障	PPT 图片 教学视频 文档资源
5		掌握铁路交通事故等级划分	能够判断铁路交通事故等级；能够认识高速铁路交通事故的危害	牢固树立以人为本、安全发展的理念	铁路交通事故概述	PPT 图片 教学视频 文档资源
6	① 判断事故的等级，并进行事故的报告，责任认定及损失认定；② 进行规范的事故救援	了解铁路交通事故报告和调查相关规定；了解事故责任判定和损失认定规定，以及事故统计分析等相关知识	能够按规定进行铁路交通事故的报告、调查、责任判定和损失认定、事故统计和分析；能理解高铁运营中安全管理的重要性	培养学生遇事不乱的心理素质和严谨的做事风格	铁路交通事故调查责任判定和损失认定	PPT 图片 教学视频 文档资源
7		了解高速铁路交通事故救援的基本原则、组织机构；掌握事故救援的基本任务和要求；了解交通事故救援设备及其作用；掌握动车组脱轨事故的处理方法	能够按照有关规定，模拟动车组事故并开展高速铁路救援，处理动车组脱轨事故	培养学生遵章守纪的职业操守，团队协作意识和能力	高速铁路交通事故救援	PPT 图片 教学视频 文档资源
8		了解铁路总公司应急机构的组成，理解应急预案的启动流程，掌握应急预案的等级及启动要求	发生突发事件时，能够按规定启动高速铁路突发事件应急响应	培养学生的敏捷、迅速的处事能力	高速铁路突发事件应急预案	PPT 图片 教学视频 文档资源
9	① 树立火灾预防意识，运用灭火器灭火② 实施动车组列车运行中突发情况的处理流程，并启动应急预案	了解动车组列车安全管理的相关规定；熟悉动车组列车安全设备的种类、配置情况和使用要求；掌握动车组列车的安全管理规定	能够迅速判断不同型号动车组列车上各种安全设备的位置；能够正确使用各种安全设备	培养学生学习能力	动车安全管理及安全设备操作	PPT 图片 教学视频 文档资源

120

续表

序号	毕业要求指标点	知识目标	技能目标	素质目标	教学内容	教学资源
10		掌握铁路消防安全管理的相关要求；掌握火灾预防的基本要求和防火措施；明确火灾爆炸事故的处置原则、救援分工、初期火情处理和应急处理程序	能够按规定进行消防安全管理，落实火灾预防措施，对火灾爆炸事故进行应急处理	培养居安思危的意识，遇事不乱的心理素质	消防安全管理及火灾预防	PPT 图片 教学视频 文档资源
11	① 树立火灾预防意识，运用灭火器灭火 ② 实施动车组列车运行中突发情况的处理流程，并启动应急预案	了解动车组列车异常情况的应急处理原则；掌握烟雾报警、空调失效、车厢停电、车门故障以及因动车组故障需要启动热备动车组等异常情况的应急处理要求与方法	能够落实烟雾报警、空调失效、车厢停电、车门故障以及因动车组故障需要启动热备动车组等异常情况的应急处理	培养学生良好的沟通能力，有条不紊的处事能力及团队协作能力	动车组设备异常应急处理	PPT 图片 教学视频 文档资源
12		了解乘务组织异常情况的应急处理原则；掌握动车组列车晚点、旅客集体拒绝下车、恶劣天气情况下的客运组织、旅客漏乘误乘等异常情况的应急处理要求与方法	能够落实动车组列车晚点、旅客集体拒绝下车、恶劣天气下的客运组织、旅客漏乘误乘等异常情况的应急处理	培养学生爱岗敬业的职业修养，良好的沟通能力	动车列车乘务异常的应急处理	PPT 图片 教学视频 文档资源
13	① 熟悉铁路红十字药箱的药品，具有基本的急救常识 ② 能进行心肺复苏基本的急救操作	掌握铁路红十字药箱的药品配置情况；掌握红十字药箱的使用原则及相关规定；了解铁路红十字药箱管理的相关内容；了解现代救护的概念及有关知识	能够检查铁路红十字药箱内药品是否齐全，并正确使用红十字药箱	培养学生敏锐的洞察力及接收新知识的学习能力	铁路红十字药箱的认知	PPT 图片 教学视频 文档资源

续表

序号	毕业要求指标点	知识目标	技能目标	素质目标	教学内容	教学资源
14	① 熟悉铁路红十字药箱的药品，具有基本的急救常识 ② 能进行心肺复苏基本的急救操作	掌握心肺复苏的概念及重要性，了解心肺复苏的操作顺序、动作要点和注意事项，以及心肺复苏有效指征和复苏体位等相关知识；了解现场创伤救护的目的和原则；掌握现场检查要点和救护程序；了解现场创伤的主要类型；掌握现场创伤救护所需的止血、包扎、固定、搬运四项基本技术等相关知识	能够判断实施心肺复苏条件及复原要求；能够按照规定进行心肺复苏操作，明确心肺复苏终止条件；能够进行现场创伤检查，判断创伤情况，掌握现场创伤救护所需的止血、包扎、固定、搬运四项基本技术	培养学生的团队协作意识、良好的沟通能力、良好的心理素质	心肺复苏的认知	PPT 图片 教学视频 文档资源
15		掌握主要身体部位的手语表示方法，以及常用动作的手语表示方式	能够用手语表示身体部位，以及进行基本的动作表达	培养学生爱岗敬业的职业操守，敏锐的观察力和学习新知识新方法的能力	应急抢救手语	PPT 图片 教学视频 文档资源

表 3-31　课程教学目标与内容

序号	项目（模块）	任务（单元）	教学内容	教学方法和手段	重点、难点、考核点	学时
1	高速铁路运输安全管理	单元 1-1 安全管理概述及安全风险管理	安全管理的概念、目的；安全风险管理的概念、意义和实施过程；安全的影响因素；	**教学方法：** 讲授法 案例教学法 图片展示法 讨论法 情景讨论法 **教学手段：** 多媒体教学 教学做一体	**重点：**安全的影响因素 **难点：**安全的影响因素，安全风险管理的实施过程 **考核点：**安全的影响因素	10
2		单元 1-2 铁路客运人身作业安全措施	铁路劳动安全措施；客运人身安全措施	**教学方法：** 讲授法 案例教学法 图片展示法 角色扮演法 情景讨论法 **教学手段：** 多媒体教学 教学做一体	**重点：**客运人身安全措施 **难点：**如何保证客运人身安全 **考核点：**劳动安全措施（含客运安全措施）	

续表

序号	项目（模块）	任务（单元）	教学内容	教学方法和手段	重点、难点、考核点	学时
3	高速铁路运输安全管理	单元 1-3 高速铁路运输全保障体系	安全生产有关的法规规程、规则与管理制度；运输安全技术保障	**教学方法：**讲授法 案例教学法 图片展示法 角色扮演法 情景讨论法 **教学手段：**多媒体教学 教学做一体	**重点**：运输安全技术保障 **难点**：安全保障体系 **考核点**：安全生产管理制度，运输安全技术保障	10
4		单元 1-4 运输安全心理保障	高速铁路安全的心理保障要求	**教学方法：**讲授法 案例教学法 图片展示法 角色扮演法 情景讨论法 **教学手段：**多媒体教学 教学做一体	**重点**：心理安全 **难点**：心理安全的保障要求 **考核点**：心理安全的保障要求	
5	高速铁路交通事故处理	单元 2-1 铁路交通事故分类和等级	铁路交通事故报告相关规定；事故等级划分	**教学方法：**讲授法 案例教学法 图片展示法 角色扮演法 情景讨论法 **教学手段：**多媒体教学 教学做一体	**重点**：事故等级划分 **难点**：事故等级划分标准 **考核点**：事故等级划分	10
6		单元 2-2 铁路交通事故调查及责任判定和损失认定	调查相关规定；事故责任认定；损失认定规定；事故统计	**教学方法：**讲授法 案例教学法 图片展示法 角色扮演法 情景讨论法 **教学手段：**多媒体教学 教学做一体	**重点**：应急响应的等级 **难点**：应急响应的启动 **考核点**：应急机构组成，应急响应的等级与启动	
7		单元 2-3 高速铁路交通事故救援	事故救援的基本原则、组织机构；事故救援的基本任务和要求；救援设备及其作用；动车组脱轨事故的处理方法	**教学方法：**讲授法 案例教学法 图片展示法 角色扮演法 情景讨论法 **教学手段：**多媒体教学 教学做一体	**重点**：事故救援的基本任务及要求 **难点**：动车组脱轨事故的处理方法 **考核点**：事故救援的原则，基本任务及要求	

续表

序号	项目（模块）	任务（单元）	教学内容	教学方法和手段	重点、难点、考核点	学时
8	高速铁路交通事故处理	单元 2-4 高速铁路突发事件应急预案	高速铁路应急机构及其职责；应急响应相关行动	**教学方法：**讲授法 案例教学法 图片展示法 角色扮演法 情景讨论法 **教学手段：**多媒体教学 教学做一体	**重点：**应急响应的等级 **难点：**应急响应的启动 **考核点：**应急机构组成，应急响应的等级与启动	
9	高速铁路动车乘务应急处理	单元 3-1 动车安全管理及安全设备操作	动车组列车安全管理的相关规定；动车组列车安全设备的种类、配置情况和使用要求；动车组列车的安全管理规定	**教学方法：**讲授法 案例教学法 图片展示法 角色扮演法 情景讨论法 **教学手段：**多媒体教学 教学做一体	**重点：**安全设备种类、配置及使用要求 **难点：**各种安全设备的使用要求 **考核点：**动车组列车安全设备的种类、配置情况和使用要求	18
10		单元 3-2 消防安全管理及火灾预防	火灾的等级划分；扑灭火灾的原理；不同灭火器的性能及使用方法；火灾预防的要求和防火措施	**教学方法：**讲授法 案例教学法 图片展示法 角色扮演法 情景讨论法 **教学手段：**多媒体教学 教学做一体	**重点：**不同灭火器的性能及使用方法及火灾预防的要求和防火措施 **难点：**灭火器的原理 **考核点：**火灾的等级，灭火器的性能及使用方法	
11		单元 3-3 动车组设备异常应急处理	设备异常的应急处理原则；烟雾报警的应急处理要求与方法；空调失效的应急处理要求与方法；车厢停电的应急处理要求与方法；车门故障的应急处理要求与方法；动车组故障的应急处理要求与方法	**教学方法：**讲授法 案例教学法 图片展示法 角色扮演法 情景讨论法 **教学手段：**多媒体教学 教学做一体	**重点：**动车组列车各种安全设备发生故障时的应急处理要求、流程与方法 **难点：**各种安全设备的操作，应急处理流程 **考核点：**动车组列车各种安全设备突发情况应急处理	
12		单元 3-4 动车列车乘务异常的应急处理	动车组列车晚点应急处理；动车组列车发生大客流的应急处理；发生旅客异常时的应急处理；发生人身伤害的应急处理	**教学方法：**讲授法 案例教学法 图片展示法 角色扮演法 情景讨论法 **教学手段：**多媒体教学 教学做一体	**重点：**发生乘务异常时应急处理的流程和方法 **难点：**乘务异常应急处理的具体操作 **考核点：**发生乘务异常时应急处理的流程和方法	

续表

序号	项目（模块）	任务（单元）	教学内容	教学方法和手段	重点、难点、考核点	学时
13		单元 4-1 铁路红十字药箱的认知	铁路红十字药箱管理的相关内容；铁路红十字药箱的药品的配置情况、使用原则及相关规定	**教学方法：** 讲授法 案例教学法 图片展示法 角色扮演法 情景讨论法 **教学手段：** 多媒体教学 教学做一体	**重点**：铁路红十字药箱的药品的配置情况、使用原则及相关规定 **难点**：铁路红十字药箱的药品配置 **考核点**：铁路红十字药箱的药品的配置情况、使用原则及相关规定	
14	红十字应急抢救	单元 4-2 心肺复苏的认知	心肺复苏的操作程序、动作要点和注意事项；心肺复苏的有效指征和复原归位等相关知识	**教学方法：** 讲授法 案例教学法 图片展示法 角色扮演法 情景讨论法 **教学手段：** 多媒体教学 教学做一体	**重点**：心肺复苏的有效指征和复原归位技能 **难点**：心肺复苏的有效指征，心肺复苏的操作 **考核点**：心肺复苏的操作程序、动作要点和注意事项	12
15		单元 4-3 应急抢救手语	应急抢救手语的意义；表示身体部位手语的表示方法及方式	**教学方法：** 讲授法 案例教学法 图片展示法 角色扮演法 情景讨论法 **教学手段：** 多媒体教学 教学做一体	**重点**：应急手语的表示方法及方式 **难点**：应急手语的表示方法及方式 **考核点**：应急手语的表示方法及方式	
			合计			60

3.2.5.3 课程考核

本课程成绩的评价以学习过程的考核为主并结合最后的考试。最后的考试采用闭卷形式，题型可采用综合处理分析题等形式，考试内容应以学生对突发情况的应急处理能力为主，加上对安全管理的理解能否应用于实际行动中的相关考核内容。

学生总评成绩由三部分组成：平时成绩（占 40%）+期中考核成绩（占 20%）+期末考试成绩（占 40%）。其中平时成绩组成如表 3-32 所示。

表 3-32 平时成绩组成表

出勤情况	上课提问	课堂实训	完成作业	老师评定	合计
20%	10%	30%	30%	10%	100%

3.2.5.4 实施要求

1. 授课教师基本要求

此部分主要对担任本课程教学任务的教师的学历、职称、工作经历、职业资格水平、基本素质等提出要求。

2. 实践教学条件要求

"高铁安全管理与应急处置"课程为理实一体课程，需要使用校内高铁客运乘务综合实训室进行教学。

表 3-33 高铁客运乘务综合实训室

实训室名称	高铁客运乘务综合实训室	面积要求	414 m²
序号	核心设备	数量要求	备注
1	CRH380A 车厢模型	1 套	
2	动车组列车安全设备	1 套	
3	动车组列车应急设备	1 套	

3. 教学方法和策略

（1）教学方法。

本课程为理论教学与实践教学相交融的课程，强调理论教学与实践教学并重，重视在实践教学中培养学生的实践能力和创新能力，并通过讲授法、案例教学法、情景演练、课堂讨论、角色扮演等多种教学方法实施教学。

（2）教学手段。

将传统的教学手段和现代教育技术协调应用，使用多媒体教学和网络教学两种手段，充分发挥多媒体在动画、语音、画面等方面的特色，调动学生学习的积极性，提高课堂效率。发挥网络教学在提升学生主动性方面不可替代的作用，充分利用网络学堂，促进学生自主学习、拓展知识面。配合理论教学，增强实践性教学环节，增强综合性设计训练环节，培养学生的工程设计能力和创新能力。

4. 教材和数字化资源的选用

表 3-34 "高铁安全管理与应急处置"课程教材选用表

序号	教材名称	出版社	主编	出版时间
1	《高铁乘务安全管理与应急处置》	西南交通大学出版社	王慧	2019.06

表 3-35 "高铁安全管理与应急处置"课程参考教材选用表

序号	教材名称	教材	出版社	主编	出版时间
1	《列车员 列车值班员》	公开出版	中国铁道出版社	铁路职工岗位培训教材编审委员会	2011

3.2.6 "高速铁路客运服务管理"课程标准

3.2.6.1 课程性质

1. 课程性质

本课程是高速铁路客运乘务专业必修的一门专业核心课,是学生在学习了"铁路客运组织"和"列车乘务工作"两门课程后,掌握旅客运输规章理论知识及具备了高速铁路客运乘务工作组织的基本技能的基础上,为其开设的一门理实一体化课程,其功能是对接高速铁路客运乘务专业人才培养目标,面向铁路客运员、列车员工作岗位,使学生理解服务沟通的要求、服务技巧的原则和处理问题的流程,掌握铁路客运工作人员标准化服务语言的组织和个性化服务技巧,培养学生较好的服务沟通、应变和综合运用的能力,树立正确的服务意识和良好的团队合作精神,并为后续的"高速铁路客运乘务专业综合实践""顶岗实习"等课程学习奠定良好的基础。

2. 课程功能定位

表 3-36 课程功能定位分析

对接的工作岗位	对接培养的职业岗位能力
列车员岗位	1. 具备正确的铁路服务理念和良好的职业素养
	2. 熟练使用列车员岗位相关的服务设备设施
	3. 能按标准化完成列车上乘降服务、卫生服务、安全服务
	4. 在旅客问询、沟通时会使用规范化服务用语,处理旅客违章时能综合运用个性化服务技巧
	5. 灵活运用对待重点旅客的服务要求和方法
客运员岗位	1. 具备正确的铁路服务理念和良好的职业素养
	2. 熟练使用客运员岗位相关的服务设备设施
	3. 能标准化完成铁路车站乘降服务、候车服务、售票服务
	4. 在旅客问询、沟通时会使用规范化服务用语,处理旅客违章时能综合运用个性化服务技巧
	5. 灵活运用对待重点旅客的服务要求和方法

3.2.6.2 课程目标与内容

1. 课程总目标

本课程主要任务是结合高速铁路运输现状,结合典型案例,理论联系实际,并通过大量的实训,使学生全面了解旅客运输服务的标准、服务质量的管理等理论,掌握服务工作技巧与策略、动车列车的服务技巧等,学会运用所学知识处理实际问题,达到提升学生专业综合素质的目的。掌握铁路旅客运输服务的工作要求和树立"以人为本,旅客至上"的服务理念,为今后的铁路工作奠定专业技能基础。

2. 课程具体目标

表 3-37 课程教学目标与内容

序号	考核指标点	知识目标	技能目标	素质目标	教学内容	教学资源
1	1. 客运服务理念 2. 客运服务职业道德 3. 服务工作的职业素养要求	说出职业道德的涵义； 明白客运服务理念的具体要求； 熟悉职业素养要求和服务中遵循的工作原则； 掌握高铁客运人员的职业道德要求	能按高铁客运人员的要求进行仪容仪表的修饰； 能主动用铁路行业的职业道德进行自我约束	树立责任意识，及主动、正确的服务意识	服务认知	教案 教学课件 教学视频 服务案例 服务图片 作业习题
2	1. 服务语言的要求、构成和组织 2. 有效沟通含义；有效沟通的方法；积极倾听技巧 3. 交谈、问话与答话、说服、赞美和批评的语言技巧 4. 服务语言的语气、语速、音量、音调技巧 5. 交谈、问答、赞美和肯定类服务语言的书面组织与表述 6. 违章处理、处理冲撞类服务语言的书面组织与表述	说出服务语言的特点，有效沟通的含义； 明白有效沟通方法，熟悉交谈、问话与答话、赞美、批评、违章处理、处理冲撞、投诉、旅客间矛盾的语言技巧； 掌握规范、标准服务语言的组织、积极倾听的技巧和说服人的语言技巧	能正确组织出各类的铁路客运规范化服务语言； 通过情景设定，分小组完成违章处理、处理冲撞类服务语言的书面组织与口头训练，进一步掌握服务语言技巧的运用	增强沟通、协作的职业素养，加强应变素质	语言沟通	教案 教学课件 教学视频 服务案例 服务图片 作业习题
3	1. 规范性职业微笑与服务语言的结合运用 2. 职业微笑的要求、时长、运用场合 3. 主动、关爱、发现服务的方法 4. 主动、关爱、发现、延伸服务的流程组织和技巧运用 5. 旅客投诉的心理需求、掌握旅客投诉的目的 6. 处理投诉时的原则与步骤、准确处理旅客投诉业务的技巧 7. 面对 VIP 旅客和重要旅客时的服务技能 8. 一般重点和特殊重点旅客的服务组织和技巧	说出职业微笑的标准，明白主动、关爱、发现、延伸四类服务的要求； 正确认识投诉，理解旅客投诉的心理需求类型，明白处理投诉时的原则与步骤； 了解重要旅客的涵义，明白 VIP 旅客和重要旅客的服务要求、原则；明确一般重点旅客、特殊重点旅客和重要旅客的服务标准和技巧	能在服务中灵活运用标准的职业微笑； 能按要求完成主动、关爱、发现、延伸服务的流程组织； 通过案例分析，学会快速掌握旅客投诉的目的，学会准确处理旅客投诉业务的技巧； 对一般重点旅客、特殊重点旅客和重要旅客能按要求完成服务及灵活运用服务技巧； 掌握具体的服务方法与技能	树立责任意识，增强共情、理解他人、沟通、协作的职业素养，加强应变能力	服务技巧	教案 教学课件 教学视频 服务案例 服务图片 作业习题 教学微课

续表

序号	考核指标点	知识目标	技能目标	素质目标	教学内容	教学资源
4	1. 车站售票、候车服务技巧的运用 2. 车站检票、换乘、出站服务技巧的运用 3. 处理旅客咨询、问询服务的流程组织与服务技巧的运用 4. 列车开车后、到站前的途中作业服务的流程组织及相应情景服务处理 5. 列车到站前、折返、终到的乘务员作业的服务流程组织及相应的情景服务处理	熟悉客运员工作岗位中售票、咨询、候车、检票、换乘、出站的流程组织及服务要求，熟悉列车员工作岗位中始发前、始发环节、开车后、途中、到站前、终到、折返等作业的流程组织和情景服务要求	能按要求完成售票、咨询、候车、检票、换乘、出站、始发、终到、折返、餐饮、卫生整洁等环节的标准化作业和服务语言组织；通过情景设定，分小组完成车站检票、换乘、出站服务，处理旅客咨询、列车员工作岗位中始发前、始发环节、开车后、途中、到站前、终到、折返等作业的情景服务处理	树立责任意识，增强共情、理解他人、沟通、协作的职业素养，加强应变能力	情境服务	教案 教学课件 教学视频 服务案例 服务图片 作业习题 教学微课

表 3-38 课程教学目标与内容

序号	项目（模块）	任务（单元）	教学内容	重点、难点、考核点	教学方法和手段	学时
1	模块一 服务认知	服务意识	了解高乘客运服务的含义、高铁客运服务的基本理论，明白服务中遵循的工作原则，掌握高铁客运服务理念的树立	**重点**：客运服务工作原则 **难点**：树立正确的客运服务理念	**教学方法**：项目化教学、案例教学法 **教学手段**：职教云线上平台、专业实训室设施及多媒体设备	2
2		职业道德与素养	了解职业道德的涵义，熟悉职业素养要求，掌握高铁客运人员的职业道德要求	**重点**：高铁客运人员职业素养 **难点**：高铁客运人员职业道德	**教学方法**：项目化教学、案例教学法 **教学手段**：职教云线上平台、专业实训室设施及多媒体设备	2
3		职业素养情境实训	通过创设客运工作场景和分组训练，树立高铁客运人员的职业素养	**重点**：职业素养训练 **难点**：职业素养训练	**教学方法**：情景教学、探究式教学法 **教学手段**：职教云线上平台、专业实训室设施及多媒体设备	2
4	模块二 语言沟通	服务语言基本要求	了解服务语言的特点、构成，掌握规范、标准服务语言的组织	**重点**：规范化服务语言的构成 **难点**：规范化服务语言的组织	**教学方法**：情景教学、探究式教学法 **教学手段**：职教云线上平台、专业实训室设施及多媒体设备	2
5		有效沟通	了解有效沟通的概念，明白有效沟通方法，掌握积极倾听的技巧	**重点**：积极倾听的技巧 **难点**：有效沟通的方法	**教学方法**：情景教学、案例教学法 **教学手段**：职教云线上平台、专业实训室设施及多媒体设备	2

续表

序号	项目（模块）	任务（单元）	教学内容	重点、难点、考核点	教学方法和手段	学时
6	模块二 语言沟通	服务语言技巧	明白交谈、问话与答话、赞美和批评的语言技巧，掌握说服人的语言技巧	**重点**：交谈、问话与答话的语言技巧 **难点**：说服人的语言技巧	**教学方法**：情景教学、探究式教学法、案例教学法 **教学手段**：职教云线上平台、专业实训室设施及多媒体设备	4
7		服务语言案例分析实训	通过分析服务语言案例，掌握服务语言的原则、组织及应急运用	**重点**：服务语言的表述 **难点**：服务语言的表述	**教学方法**：情景教学、探究式教学法、项目化教学 **教学手段**：职教云线上平台、专业实训室设施及多媒体设备	2
8		规范化服务语言实训	通过情景设定，分小组完成标准化服务语言的书面组织与口头训练，并进一步掌握标准化服务语言的运用	**重点**：规范化服务语言的组织 **难点**：规范化服务语言的表述	**教学方法**：情景教学法、项目化教学法 **教学手段**：职教云线上平台、专业实训室设施及多媒体设备	2
9		非冲突型服务语言技巧实训	通过情景设定，分小组完成交谈、问答、赞美和肯定类服务语言的书面组织与口头训练，初步掌握服务语言技巧的运用	**重点**：与旅客交谈、问答、赞美和肯定类服务语言的组织 **难点**：与旅客交谈、问答、赞美和肯定类服务语言的表述	**教学方法**：情景教学法、项目化教学法 **教学手段**：职教云线上平台、专业实训室设施及多媒体设备	2
10		冲突型服务语言技巧实训	通过情景设定，分小组完成违章处理、处理冲撞类服务语言的书面组织与口头训练，进一步掌握服务语言技巧的运用	**重点**：违章处理、处理冲撞类服务语言的书面组织 **难点**：违章处理、处理冲撞类服务语言的表述	**教学方法**：情景教学法、项目化教学法 **教学手段**：职教云线上平台、专业实训室设施及多媒体设备	2
11	模块三 服务技巧	微笑服务	了解微笑的作用，明白在服务中微笑的要求和技巧	**重点**：职业微笑的要求 **难点**：职业微笑的灵活运用	**教学方法**：情景教学法、案例教学法 **教学手段**：职教云线上平台、专业实训室设施及多媒体设备	2
12		微笑服务实训	通过服务语言的结合训练，掌握规范的微笑服务技能。	**重点**：规范性职业微笑的训练 **难点**：规范性职业微笑与服务语言的结合运用	**教学方法**：翻转课堂教学法、工作过程导向教学法 **教学手段**：职教云线上平台、专业实训室设施及多媒体设备	2
13		主动服务、关爱服务、发现服务	明白主动服务、关爱服务、发现服务的重要性，掌握主动服务、发现服务的方法	**重点**：主动、关爱、发现服务的要求 **难点**：主动、关爱、发现服务的方法	**教学方法**：项目化教学法、案例教学法 **教学手段**：职教云线上平台、专业实训室设施及多媒体设备	2

续表

序号	项目（模块）	任务（单元）	教学内容	重点、难点、考核点	教学方法和手段	学时
14	模块三 服务技巧	主动、关爱、发现、延伸服务案例分析实训	通过服务案例分析，进一步掌握主动、关爱、发现、延伸四类服务的要求和技巧	**重点**：主动、关爱、发现、延伸四类服务的技巧 **难点**：主动、关爱、发现、延伸四类服务的技巧	**教学方法**：项目化教学法、探究式教学法、案例教学法 **教学手段**：职教云线上平台、专业实训室设施及多媒体设备	2
15	模块三 服务技巧	主动、关爱、发现、延伸服务实训	通过情景设定，分组完成主动、关爱、发现、延伸服务的流程组织和口头训练，进一步掌握这四类服务技巧的综合运用。	**重点**：发现、延伸服务的流程组织 **难点**：延伸服务的技巧运用	**教学方法**：项目化教学法、工作过程导向教学法 **教学手段**：职教云线上平台、专业实训室设施及多媒体设备	2
16		旅客投诉的目的与需求分析	正确认识投诉，理解旅客投诉的心理需求类型，通过案例分析，学会快速掌握旅客投诉的目的	**重点**：旅客投诉的心理需求 **难点**：掌握旅客投诉的目的	**教学方法**：项目化教学法、案例教学法 **教学手段**：职教云线上平台、专业实训室设施及多媒体设备	2
17		知识检测	期中检测	检测上一阶段知识的掌握情况。	**教学手段**：多媒体设备	2
18		旅客投诉的处理实训	明白处理投诉时的原则与步骤，理解旅客投诉分析，学会准确处理旅客投诉业务的技巧	**重点**：处理投诉时的原则与步骤 **难点**：准确处理旅客投诉业务的技巧	**教学方法**：项目化教学法、工作过程导向教学法 **教学手段**：职教云线上平台、专业实训室设施及多媒体设备	2
19	模块三 服务技巧	重要旅客服务	了解重要旅客的涵义，明白VIP旅客和重要旅客的服务要求、原则，掌握具体的服务方法与技能	**重点**：VIP旅客的服务要求 **难点**：重要旅客的服务要求	**教学方法**：项目化教学法、案例教学法 **教学手段**：职教云线上平台、专业实训室设施及多媒体设备	2
20		一般重点、特殊重点旅客服务	了解一般重点、特殊重点旅客的心理，掌握服务的原则、技巧和方法	**重点**：一般重点旅客的服务要求 **难点**：特殊旅客的服务要求	**教学方法**：项目化教学法、案例教学法 **教学手段**：职教云线上平台、专业实训室设施及多媒体设备	2
21		特殊重点旅客服务实训	通过情景设定，分小组完成特殊重点旅客的服务流程组织和情景训练，进一步掌握服务技巧的运用	**重点**：特殊重点旅客的服务技巧运用 **难点**：特殊重点旅客服务流程的组织	**教学方法**：探究教学法、工作过程导向教学法 **教学手段**：职教云线上平台、专业实训室设施及多媒体设备	2

续表

序号	项目（模块）	任务（单元）	教学内容	重点、难点、考核点	教学方法和手段	学时
22	模块四 情景服务	车站——售票、候车服务实训	通过情景设定，分小组完成车站售票、咨询、候车服务的流程处理和情景训练，进一步掌握服务方法的灵活运用	**重点**：车站售票、候车服务的流程组织 **难点**：车站售票、候车服务技巧的运用	**教学方法**：翻转课堂教学法、工作过程导向教学法 **教学手段**：职教云线上平台、专业实训室设施及多媒体设备	2
23		车站——检票、换乘、出站服务实训	通过情景设定，分小组完成车站检票、换乘、出站服务的流程处理和情景训练，进一步掌握服务方法的灵活运用	**重点**：车站检票、换乘、出站服务的流程组织 **难点**：车站检票、换乘、出站服务技巧的运用	**教学方法**：翻转课堂教学法、工作过程导向教学法 **教学手段**：职教云线上平台、专业实训室设施及多媒体设备	2
24		旅客咨询、问询处理实训	通过情景设定，分小组完成旅客咨询、问询的流程处理和情景训练，进一步掌握服务方法的灵活运用	**重点**：处理旅客咨询、问询服务的流程组织 **难点**：处理旅客咨询、问询服务技巧的运用	**教学方法**：翻转课堂教学法、工作过程导向教学法 **教学手段**：职教云线上平台、专业实训室设施及多媒体设备	2
25		列车——始发、开车后作业实训	通过情景设定，分小组完成列车始发、开车后作业的流程处理和情景训练，进一步掌握服务方法的灵活运用	**重点**：列车始发前、始发开车后作业的流程组织 难点;列车始发前、始发开车后作业的情景处理	**教学方法**：翻转课堂教学法、工作过程导向教学法 **教学手段**：职教云线上平台、专业实训室设施及多媒体设备	2
26		列车——途中作业服务实训	通过情景设定，分小组完成列车开车后、到站前的途中作业服务的流程处理和情景训练，进一步掌握服务方法的灵活运用	**重点**：列车开车后、到站前的途中作业服务的流程组织 **难点**：列车开车后、到站前的途中作业情景服务处理	**教学方法**：翻转课堂教学法、工作过程导向教学法 **教学手段**：职教云线上平台、专业实训室设施及多媒体设备	2
27		列车——到站前作业实训	通过情景设定，分小组完成列车到站前作业的流程处理和情景训练，进一步掌握服务方法的灵活运用	**重点**：列车到站前的乘务员作业的服务流程组织 **难点**：列车到站前的乘务员作业的情景服务处理	**教学方法**：翻转课堂教学法、工作过程导向教学法 **教学手段**：职教云线上平台、专业实训室设施及多媒体设备	2
28		列车——折返、终到作业实训	通过情景设定，分小组完成列车折返、终到作业的流程处理和情景训练，进一步掌握服务方法的灵活运用	**重点**：列车终到、折返服务的流程组织 **难点**：列车终到、折返服务技巧的运用	**教学方法**：翻转课堂教学法、工作过程导向教学法 **教学手段**：职教云线上平台、专业实训室设施及多媒体设备	2
29	复习	复习	复习本学期课程内容			2

3.2.6.3 课程考核

课程考核采取过程性考核和终结性考核相互结合的方式。原则上过程性考核成绩占总成绩60%，终结性考核成绩占总成绩40%，注重对学生个性差异的关注。

（1）过程性考核针对课程学习中的各个环节。以技能检测为主，知识检测为辅，兼顾技能、素质方面的考核，以案例分析、情境考核、小组合作等形式对重要的知识点及知识点运用进行多样化的考核，考核形式包括课堂考勤、课堂表现、作业、实训案例报告、小组情境考核等。

（2）终结性考核为课程试题的闭卷考试。按照教学目标，设置适合的试题，通过试题检测学生对课程理论知识的掌握程度。

3.2.6.4 实施要求

1．授课教师基本要求

本课程授课教师应具备高校教师资格证，拥有交通运输相关专业本科以上学历，口头语言组织能力较好，普通话标准，每年至少到铁路企业客运岗位挂职1个月，与铁路行业联系较为紧密，并有一定的沟通交流技巧和组织协调的能力。

2．实践教学条件要求

校内实训室相关规格见表3-39。

表3-39 实训室

实训室名称	高速铁路客运乘务实训室	面积要求	414 m²
序号	核心设备	数量要求	备注
1	CRH380A型仿真车厢	1节	
2	多媒体投影设备	2套	
3	电子白板	2块	
4	计算机	1台	

3．教学方法和策略

（1）教学方法。

本课程主要采用案例教学法、情景教学法、工作过程导向教学法、探究式教学法等教学方法。

基于本课程实践教学较多，学生语言组织能力较弱、知识转化实践运用能力欠佳的情况，选取铁路客运岗位中的日常工作流程，通过创设铁路工作情境，利用大量的案例，引导学生自主探究学习，通过高密度的服务语言、服务技巧训练和小组协作达到理论知识运用于实践的目的，形成"做中学，学中做"。

（2）教学策略。

本课程教学适宜采用混合式教学策略、情境教学策略。

在教学过程中，利用网络教学平台和现场教学相结合的方式，通过铁路客运员情境创设，充分激发学生学习的内在动机，调动学生学习的主动性、积极性，促进学生积极思维，提倡学生自己主动分析、探究以获取知识，加强学生当堂消化吸收、巩固、内化的能力和培养学生解决实际问题的能力。

4．教材和数字化资源的选用

表3-40 "高速铁路客运服务管理"课程教材选用表

序号	教材名称	教材	出版社	主编	出版时间
1	《高速铁路客运服务与礼仪》	公开出版	西南交通大学出版社	潘自影	2019.03

4 铁路物流管理专业

4.1 铁路物流管理专业课程设置及学时分配

铁路物流管理专业课程设置及学时分配见表 4-1。

表 4-1 课程设置及学时学分分配表
铁路物流管理专业（三年制）

课程类型	序号	课程名称	学分	考核方式	教学总学时	其中实践学时	开课时数	开课学期					
								1	2	3	4	5	6
								14/16	14/19	15/19	14/19	19	16
专业基本素质课	1	思想道德修养与法律基础	3.0	课内考试	38+6	6	4/10	4					
	2	毛泽东思想和中国特色社会主义理论体系概论	4.0	课内考试	40+16	16	4/10		4				
	3	形势与政策	1.0	考查	16		讲座	讲座					
	4	创业基础与就业指导	2.0	考查	20+12	12	讲座				讲座		
	5	安全教育	0.5	考查	10		讲座	讲座					
	6	心理健康	0.5	考查	8		讲座	讲座					
	7	体育与健康	2.0	考查	24	22	2/12	2					
	8	体育专项选修	2.0	考查	28	26	2/14		2				
	9	公共英语	4.0	统一考试	52	14	4/13	4					
	10	物流专业英语	3.0	统一考试	36	4	3/12				3		
	11	计算机文化基础	3.0	考证	48	24	2/12		2				
	12	应用经济数学	3.0	统一考试	48	0	4/12	4					
	13	写作与沟通	2.5	课内考试	40	0	3/14			3			
	14	普通话	2.0	考查	28	0	2/14	2					
	15	军事训练	2.0	考查	56	56	28/2	2w					
	16	公共选修课（见公共选修课手册）	4.0	考查	60	0	2/15+2/15			2	2		
	17	公益劳动	1.0	考查	28	28	28/1		1w				
	18	铁路货运规章	3.0	考查									
	19	轨道交通服务礼仪	1.5	考查	24	0	2/12				2		
	20	轨道交通车辆	2.0	课内考试	32	4	3/11	3					
	21	轨道交通场站设备及运用	3.0	统一考试	52	4	4/13	4					
	22	轨道交通通信与信号设备	3.0	课内考试	48	12	4/12		4				
	23	货物学基础	3.0	统一考试	48	8	4/12	4					
		专业基本素质课合计	55.0		784	236		23	16	7	5		

续表

课程类型	序号	课程名称	学分	考核方式	教学总学时	其中实践学时	开课时数	开课学期 1 14/16	2 14/19	3 15/19	4 14/19	5 19	6 16
专业核心课	1	仓储配送实务	3.0	统一考试	48	10	4/12		4				
	2	铁路物流运输业务	4.5	统一考试	72	20	5/15			5			
	3	集装箱与多式联运	4.0	统一考试	68	8	5/14			5			
	4	铁路物流市场营销	4.0	统一考试	64	20	5/13				5		
	5	铁路特种货物运输组织	4.5	统一考试	70	16	6/12				6		
		专业核心课合计	20.0		322	74		0	4	10	11		
专业主干课	1	经济法与物流保险实务	3.5	统一考试	56	8	4/14		4				
	2	电子商务与高铁快递	2.5	课内考试	42	0	3/14		3				
	3	仓储配送操作实训	3.0	考查	48	48	24/2		2w				
	4	铁路物流运输组织实训	3.0	考查	48	48	24/2				2w		
	5	铁路行车组织	3.5	统一考试	60	6	4/15			4			
	6	铁路物流客户服务	3.5	课内考试	56	20	4/14				4		
	7	铁路物流装运方案设计	3.0	考查	48	48	24/2				2w		
	8	铁路物流营销方案设计	1.5	考查	28	28	28/1				1w		
	9	铁路物流信息系统操作实训	3.0	考查	56	56	28/2					2w	
	10	技能考证培训	6.0	考查	112	112	28/4					4w	
	11	跟岗实习	4.0	考查	112	112	28/4					4w	
	12	铁路物流综合实践	9.0	考查	144	144	24/6					6w	
	13	实习（跟岗、顶岗）	16.0	考查	448	448	28/16						16w
		专业主干课合计	**61.5**		1258	1078		0	7	4	4		
专业拓展课	1	轨道交通班组管理	2.0	课内考试	30	4	2/15				2		
	2	办公软件高级应用	2.0	课内考试	30	20	2/15				2		
	3	财务基础	2.0	课内考试	30	4	2/15			2			
	4	旅游经济地理	2.0	课内考试	30	4	2/15			2			
	5	轨道交通运输法规	2.0	课内考试	30	4	2/15				2		
	6	轨道交通企业运营管理	2.0	课内考试	30	4	2/15			2			
		专业群拓展课选择4门课程											
		专业拓展课合计	**8.0**		120	40		0	0	4	4		
		总合计	145		2484	1428	学期总课时	352	456	407	397	424	448
							周总课时	23	27	25	24		
		说明		每学期有一周机动和一周考试（前四学期），第五学期有一周机动。铁路类专业需开设《铁路货运规章》课程，不单独安排课内学时，在2、3、4学期组织学生进行考查，学生通过考查即可获得相应学分。				毕业方式 铁路物流综合实践					

4.2 铁路物流管理专业核心课程标准

4.2.1 "仓储配送实务"课程标准

4.2.1.1 课程性质

（1）《仓储配送实务》是物流管理专业的一门专业核心课程和专业必修课程。其功能是通过课堂讲授与实践操作的方式，以学生从事仓储与配送工作流程为主线，以普通商品为载体，着重培养学生仓储配送业务操作能力与仓储配送实务的管理能力。为社会输送懂物流仓储配送技术、会经营、善管理的应用型技能人才和管理人才。

（2）课程功能定位。

表 4-2 课程功能定位分析

对接的工作岗位	对接培养的职业岗位能力
仓储管理岗位群	入库作业、保管保养作业、盘点和检查作业、出库作业
装卸搬运岗位群	分类装运、托盘搬运车的使用、其他搬运设备的作用、移垛，并垛、装卸流程
配送管理岗位群	订单处理、备货、储存、拣货、配货、送货
物流信息管理岗位群	物流信息管理系统、仓储管理系统、运输配送系统
铁路货运岗位群	审核货物运单、接收货物、选用车辆、集装箱、装车前准备、组织装车、卸车前准备、卸车作业、货物交付、站车交接、路企交接、安全防护、事故处理

4.2.1.2 课程目标与内容

1. 课程总目标

通过工学结合，校企合作的任务驱动型项目活动培养学生使其具有良好的职业道德、专业的技能水平，使学生掌握仓储和配送作业管理的基本知识与技能，初步形成一定的学习能力和实践能力，并培养学生诚实、守信、善于沟通和合作的团队意识，并使其具有环保、节能和安全意识，提高学生的职业能力，并通过理论与实践相结合的教学方式，边讲边学，边学边做，把学生培养成具有良好职业道德的，拥有仓储、配送操作和管理理论与实践能力相结合的，具有可持续发展能力的高素质技能型物流专门人才，以适应市场对物流人才的需求。

2. 课程具体目标

表 4-3 课程教学目标与内容

序号	毕业要求指标点	知识目标	技能目标	素质目标	教学内容
1	对仓储与配送的认知了解	能够对仓储的作用有一个全面的认识，能够从生产与消费之间的关系上认识仓储	能够根据具体的储存要求设计仓储系统的主要组成部分，并对仓储管理与仓储作业的关系有清晰的认识；能够熟练根据仓储企业的类型绘制仓储流程图	培养对仓储工作的热情	任务 1 仓储企业认知

136

续表

序号	毕业要求指标点	知识目标	技能目标	素质目标	教学内容
2	对仓储与配送的认知了解	了解仓库分类及不同仓库的特点，掌握仓库设计的基本思路，建立对仓库设施设备的初步认识，对托盘、货架、叉车等仓库常用设备建立一定的感性认识，了解自动化仓库的特点	对自动化仓库的发展前景有一定认识，能根据仓库业务规模的大小、经营的商品性质、特点、要求，对仓库的平面进行合理的安排和布置；能根据仓库业务规模的大小、经营的商品性质、特点、要求，对仓库的平面进行合理的安排和布置	培养对仓储工作的热情	任务2 仓储设备认知
3		熟悉仓储企业的组织架构，掌握不同岗位角色的工作职责	掌握在实际作业中不同岗位是如何分工合作的	培养对仓储工作的热情	任务3 岗位职责认知
4		了解和掌握仓储业务过程中的入库流程，熟悉入库的准备工作，掌握影响入库作业的因素，货物接运的重要性，掌握货物接收、卸货流程及方法，货物接运的主要方式和相关要求，货物验收的概念和作用，货物验收的主要方式，货物验收的作用和要求，货物验收的三个作业环节	能独立绘制入库流程图并进行入库操作；了解货物检查的内容、方法和问题处理方法，货物验收中发现问题的处理并掌握货物验收的操作；掌握库位分配及入库确认的操作；货物验收库位分配与预入库清单打印；入库台账与单据打印，能对入库费用核算单进行总结，知道如何降低入库成本	培养学生严谨的工作态度	任务4 入库管理流程操作
5	仓储岗位技能的掌握	1. 了解安全管理的重要性；商品保管的意义，商品养护的目的与任务 2. 掌握库存商品变化及其影响因素，库存商品的养护方法，掌握治安保卫、防火、防水、防虫鼠害的管理和方法 3. 理解仓库安全管理的重要性，树立安全意识，了解操作安全的管理方法 4. 知道仓储质量的重要性并掌握质量管理的原则和方法 5. 掌握盘点概念 6. 掌握盘点作业流程 7. 货物清点统计方法、库存量报表分析方法、盈亏检查要点 8. 了解库存的涵义和分类，掌握什么是安全库存 9. 掌握不同种类物品的库存管理手段 10. 库存的功能及库存合理化的内容，掌握库存控制的方法 11. 了解包装的含义及方式 12. 掌握包装合理化的方法	能根据仓储管理的相关知识有效地对仓库进行管理，掌握仓库的盘点方法，能独立制作盘点方案，正确缮制仓库盘点单和账存实存对比表，能用ABC库存管理法有效地进行库存管理，熟悉包装设备的使用，熟悉各类包装标志	培养学生严谨的工作态度	任务5 在库管理操作流程

续表

序号	毕业要求指标点	知识目标	技能目标	素质目标	教学内容
6	仓储岗位技能的掌握	1. 了解和掌握仓储业务过程中的出库流程 2. 熟悉出库的准备工作 3. 掌握影响出库作业的因素 4. 掌握出库的原则及方法，货位清理原则和方法 5. 了解出库货物验收内容	缮制出库单，签发出库单或提单，能熟练操作出库流程	培养学生严谨的工作态度	任务6 出库管理流程操作
7	配送岗位技能的掌握	掌握配送的概念、特点及配送的意义； 熟悉配送的基本流程及配送过程中的各种要求； 了解配送的基本作业环节和基本工艺流程； 掌握配送路线设计的方法； 了解配送服务的意义以及配送服务与配送成本的关系； 掌握汽车运输的调度；熟悉车辆装运技术； 掌握不当运输的表现形式及避免措施； 车辆调度的方法特别是表上作业法	能独立制定配送计划，能根据实际情况设计出最优配送路线，掌握车辆积载的计算方法	培养学生严谨的工作态度	任务7 配送管理操作
8	对仓储配送的成本管理能力	了解仓储与配送过程中成本的构成及相应的控制手段，了解仓储配送绩效的构成和评定手段	能够有针对性地提出仓储配送成本控制方案，能够提出可操作性强的绩效指标和评定方案	培养学生严谨的工作态度	任务8 成本与绩效

表4-4 课程教学目标与内容

序号	项目（模块）	任务（单元）	教学内容	重点、难点、考核点	学时
1	认识仓储	了解仓储的含义、仓储活动的意义和任务； 学会设计仓库的布局； 合理地配置仓库的主要设备	仓储企业认知、仓储设施设备认知、仓储业务认知	**教学重点**：仓储的概念、分类、基本功能、仓储设施设备及业务流程 **教学难点**：仓储业务	6
2	认识配送	了解配送的主要功能；能正确选择配送模式；能进行配送中心选址分析；能进行配送中心结构设计	配送和配送中心的相关知识，配送中心的布局	**教学重点**：配送模式、配送中心选址 **教学难点**：配送中心选址	2
3	入库作业	了解入库的基本作业程序； 能够做好货物接运工作； 能够做好货物验收工作； 能够办理各种入库手续和凭证； 能够正确处理入库过程中发现的问题	入库准备、货物的接运、货物验收及入库信息处理	**教学重点**：入库作业流程及入库作业各影响因素 **教学难点**：入库准备	6
4	在库作业	能根据货物的数量及性质确定堆码及苫垫方式； 能依据商品保管要求制定商品保管、保养方案； 能选择适当的盘点方法进行货物的盘点	商品分区分类和货位编码、货物堆存、装卸搬运、流通加工、盘点作业、库存控制	**教学重点**：商品分区分类、货位编码、货物堆存、盘点作业、库存控制 **教学难点**：盘点作业和库存控制	10

续表

序号	项目（模块）	任务（单元）	教学内容	重点、难点、考核点	学时
5	出库作业	掌握出库的主要原则；具备订单处理的能力；具有简单的配送加工技能；完成出库作业的具体操作	出库准备、分拣作业、备货、出库作业	**教学重点**：仓库出库业务流程及作业内容 **教学难点**：拣货作业	10
6	库存管理技术	运用订货点技术实现库存控制；运用ABC分类法实现库存控制；运用MRP订货技术控制库存	订货点技术、ABC分类法、MRP订货技术	**教学重点**：订货点技术，ABC分类法 **教学难点**：订货点技术	6
7	配送运输作业设计	运用节约里程法进行配送线路的设计；运用表上作业法、图上作业法进行车辆的调度安排；根据车辆积载原则进行合理的配载	配送路线优化，配送的积载车辆的调度和积载	**教学重点**：配送线路的优化 **教学难点**：配送线路的优化	8

注：每个任务（单元）的学习时间最多不超过12学时。

4.2.1.3　课程考核

具体阐述课程考核方案。

撰写原则：课程考核采用形成性考核（即过程考核）和终结性考核相结合的方式。原则上形成性考核成绩占总成绩50%，终结性考核成绩占总成绩50%。形成性考核可包括但不仅限于课堂考勤、课堂表现、作业、期中测验、单元测验。终结性考核一般指期末考试。具体评分方法：平时（占20%）+操作考核（占30%）+期末试卷（占50%）。

4.2.1.4　实施要求

1．授课教师基本要求

本课程授课教师需满足具备物流职业技能操作的要求，拥有物流企业实际操作的经验或授课前经过专门的基本操作技能训练，具有高等学校教师资格。

2．实践教学条件要求

（1）校内实训室。

表4-5　仓储配送实训室

实训室名称	仓储配送实训室	面积要求	1 000 m²
序号	核心设备	数量要求	备注
1	重型货架	8组	
2	轻型货架	8组	
3	立库	1组	
4	电子标签	4组	
5	阁楼式货架	4组	
6	拣选台车	3台	
7	自动传送带	1组	

续表

实训室名称	仓储配送实训室	面积要求	1 000 m²
序号	核心设备	数量要求	备注
8	自动打包机	4 台	
9	托盘	若干个	
10	叉车	2 台	
11	自动堆高机	4 台	
12	液压托盘车	12 台	
13	智能穿戴设备	若干套	
14	模拟货物	若干个	
15	教学场所	1 个	
16	教学设备	12 个	

（2）校外实训基地。

物流企业仓库、站埠、运输站、货运中心、商贸配送中心、各类连锁零售企业。

3．教学方法和策略

该部分描述本课程主要使用的教学方法和策略。可参考如下要点来撰写：

（1）教学方法：根据学情分析和教学内容特征，选择项目化教学、翻转课堂教学法、案例教学法、情景教学法、工作过程导向教学法、探究式教学法等教学方法。

（2）教学策略：本课程内容划分为七个教学模块，每个教学模块又包含若干个工作任务。每个工作任务的教学过程又包含两部分的内容，一是教师进行"任务完成过程"的行动示范，二是学生"接受任务、反复训练"。通过这种教学过程的实施让学生全面加深经验积累和完善他们的知识体系架构。

4．教材和数字化资源的选用

表 4-6 "仓储配送实务"课程教材选用表

序号	教材名称	出版社	主编	出版时间
1	《仓储与配送实务》	南京大学出版社	刘小玲	2016.10

表 4-7 "仓储配送实务"课程参考教材选用表

序号	教材名称	出版社	主编	出版时间
1	《仓储与配送》	机械工业出版社	李志英	2015.7
2	《配送管理实务》	人民交通出版社	于宗水、赵继兴	2017.11
3	《仓储运作与管理》	重庆大学出版社	孙慧	2018.1
4	《仓储管理实务》	人民交通出版社	刘艳良	2018.8

4.2.1.5 其 他

《仓储配送实务》课程标准是一套仓储管理教学标准体系，它在重点培养学生操作能力的大前提下，还可以充分植入任务驱动的教学方法并结合国内最先进的3D虚拟实训技术来配合教学开展，同时通过与企业的结合也使得整套课程标准可行性更强，教学效果更突出。

4.2.2 "铁路物流运输业务"课程标准

4.2.2.1 课程性质

(1) 课程类型、课程功能。

本课程是铁路物流管理专业必修的一门核心课程,是学生在学习了"轨道交通场站设备及运用""轨道交通车辆"课程、具备了认知铁路运输设备能力的基础上,为其开设的一门理论+实践课,其功能是对接铁路物流管理专业人才培养目标,面向货运员、货运检查员、货运核算员、货运安全员等铁路货运工作岗位,培养学生正确办理铁路货运发送、途中、到达作业及货物损失处理的能力,并为后续《铁路特种货物运输组织》课程的学习奠定基础。

(2) 课程功能定位。

表 4-8 课程功能定位分析

对接的工作岗位	对接培养的职业岗位能力
所有货运岗位	1. 选择货物运输种类
	2. 一批办理审查
	3. 计算货物运到期限
货运员	1. 进货验收
	2. 仓储保管
	3. 装卸车作业
	4. 外交付作业
货运计划员	1. 填制货物运单
	2. 货运受理
货运检查员	1. 货物(车)途中交接检查
	2. 拍发货运交接检查电报
	3. 货运交接检查发现问题时的处理
货运核算员	1. 计算货物运杂费
	2. 货运制票
货运安全员	1. 填制货运记录、普通记录
	2. 拍发货物损失速报
	3. 货物损失调查处理
	4. 理赔

4.2.2.2 课程目标与内容

(1) 课程总目标。

课程总目标是培养学生组织铁路货物运输作业流程的能力和正确办理铁路货物运输业务的职业素质。

(2) 课程具体目标。

表 4-9 课程教学目标与内容

序号	毕业要求指标点	知识目标	技能目标	素质目标	教学内容
1	1. 审查货物运输条件	理解货物运输种类及办理条件	正确选择运输种类	培养按章作业、尊客爱货理念	运输种类
2		掌握一批办理规定	正确确定货物批数	培养按章作业、尊客爱货理念	"一批"
3		理解车站营业办理限制符号含义	正确选择货物发到站	培养按章作业、尊客爱货理念	营业办理限制
4		理解货物运到期限的含义、组成	计算货物运到期限和运到逾期	培养按章作业、尊客爱货理念	货物运到期限
5	2. 组织货物发送作业	掌握运单填写要求	正确填写运单	培养认真、细致，按章作业理念	托运
6		掌握受理内容及要求	受理运单	培养按章作业、尊客爱货理念	受理
7		掌握进货验收内容及保管要求	办理进货验收，组织货物保管	培养按章作业、尊客爱货理念	进货验收、保管
8		理解装卸车组织分工规定，掌握装车检查内容	组织货物装车作业	培养按章作业、安全第一理念	装车作业
9	3. 组织货物途中作业	理解货物交接检查内容和交接检查电报内容，掌握交接检查发现问题处理规定	办理途中货物（车）途中交接检查，拍发货运交接检查电报	培养按章作业、安全第一理念	货物交接检查
10		理解运输变更条件规定，掌握运输变更办理流程及作业内容	正确办理运输变更	培养按章作业理念	货物运输变更
11	4. 组织货运核算作业	理解运杂费的组成，掌握计费条件和计费方法	正确计算运杂费和制票	培养严谨的工作理念	货物运输费用
12	5. 货物损失处理	掌握货物损失种类、等级分类	判断货物损失种类和等级	培养实事求是、按章作业理念	货物损失种类、等级
13		掌握记录种类和记录填制要求	正确填写货运记录、普通记录	培养认真、细致，按章作业理念	记录
14		掌握货物损失调查处理和赔偿程序及内容	组织货物损失处理工作，正确拍发货物损失速报	培养实事求是、按章作业理念	货物损失调查处理
15		掌握货物损失赔偿程序及内容	组织理赔工作	培养按章作业、服务理念	货物损失赔偿

表 4-10 课程教学安排

序号	项目（模块）	任务（单元）	教学内容	重点、难点、考核点	学时
1	1. 货物运输基本条件	（1）货运工作的基本任务及法规依据	货运工作的基本任务及法规依据	**重点**：铁路货运法规	1
2		（2）货物运输的基本条件	货物运输的种类、"一批"、营业办理限制、货物运到期限	**重点**：运输种类、"一批" **难点**：营业办理限制、运到期限	11
3	2. 货物运输过程	（1）货物托运、受理、进货验收、保管	托运、受理、进货验收、保管	**重点**：托运、受理 **难点**：填制货物运单	6
4		（2）装车、承运	装车作业、承运	**重点**：装车作业、承运 **难点**：装车作业、货车容许装载量计算	6

续表

序号	项目（模块）	任务（单元）	教学内容	重点、难点、考核点	学时
5	2. 货物运输过程	（3）货物的途中作业	货运交接检查的内容及处理、换装整理的办理要求及货运检查电报的拍发、运输变更办理	**重点**：货运交接检查的内容及处理托运、换装整理的办理要求、运输变更办理 **难点**：拍发货运检查电报、换装整理	6
6		（4）货物的到达作业	卸车作业、到货通知、交付作业	**重点**：卸车作业、交付作业 **难点**：卸车作业、货物仓储费的核收	6
7	3. 货物运价	（1）货物运价概述、运费计算因素	货物运价的构成、运费计算因素	**重点**：运费计算因素	2
8		（2）整车货物运费	整车货物计费重量及运费计算	**重点**：整车货物计费重量及运费计算 **难点**：整车货物运费计算	6
9		（3）零担、集装箱货物运费	零担、集装箱货物计费重量及运费计算	**重点**：零担、集装箱货物计费重量及运费计算 **难点**：零担、集装箱货物运费计算	8
10		（4）运输变更及运输阻碍运费	运输变更、阻碍运费的计算方法	**重点**：运输变更、阻碍运费的计算方法 **难点**：运输变更、阻碍运费里程的确定	2
11		（5）货运其他费用	京九分流费、铁路建基金、电气化附加费及杂费计算	**重点**：京九分流费、铁路建基金、电气化附加费计算 **难点**：杂费计算	6
12	4. 货物损失处理	（1）货物损失的等级和种类	货物损失的定义、种类及等级	**重点**：货物损失的种类及等级	2
13		（2）记录的种类及编制	记录的种类，货运记录、普通记录编制要求及处理	**重点**：货运记录、普通记录编制要求及处理 **难点**：货运记录、普通记录编制	4
14		（3）货物损失的处理	货物损失调查处理、划责、赔偿	**重点**：货物损失调查处理、划责、赔偿 **难点**：拍发货物损失速报、货物损失划责	4
15	复习		巩固已学知识、技能		2

注：每个任务（单元）最多不超过12学时。

4.2.2.3 课程考核

课程考核采用形成性考核（即过程考核）和终结性考核相结合的方式，按期评成绩=平时成绩×10%+段考成绩×20%+期末考试成绩×70%的方式进行成绩评定。

4.2.2.4 实施要求

1. 授课教师基本要求

担任本课程教学任务的教师应具有高校教师资格，拥有本科以上学历、中级以上职称，有现场工作或挂职经历，思想品德好、经过专业技能训练学习。

2．实践教学条件要求

（1）校内实训室。

表4-11 运输信息实训室

实训室名称	运输实训室	面积要求	120 m²
序号	核心设备	数量要求	备注
1	铁路货运核算制票软件	1套	
2	服务器	1台	
3	电脑终端	60台	

（2）校外实训基地。

表4-12 校外实训基地

序号	校外实训基地名称	合作企业名称	可开展的实训项目	备注
1	柳州南货运营业部	柳州货运中心	认识实习、顶岗实习	
2	湛江货运营业部	湛江货运中心	认识实习、顶岗实习	

3．教学方法和策略

（1）教学方法：根据学情分析和教学内容特征，选择项目化教学、案例教学法、情景教学法、工作过程导向教学法、探究式教学法、"理实一体化"教学等教学方法。

（2）教学策略：可选择采用课件进行课堂多媒体教学，课堂教学与实训穿插教学，校外专家讲座教学、现场参观认知教学等。

4．教材和数字化资源的选用

表4-13 "铁路普通货物运输"课程教材选用表

序号	教材名称	教材类型	出版社	主编	出版时间
1	铁路货运组织	国家规划教材	中国铁道出版社	戴实	2015.07
……					

表4-14 "铁路普通货物运输"课程参考教材选用表

序号	教材名称	教材类型	出版社	主编	出版时间
1	铁路货运系列规章	行业规章	中国铁道出版社	铁路总公司	不定期，最新版
……					

表4-15 "铁路普通货物运输"课程数字化资源选用表

序号	数字化资源名称	类型	数量	是否原创	备注
1	95306网站	网站	1	否	

4.2.2.5 其 他

无。

4.2.3 "集装箱与多式联运"课程标准

4.2.3.1 课程性质

(1)《集装箱与多式联运》是高等职业技术学院铁路物流管理专业的一门重要的专业课程,其任务是使学生具备从事集装箱与多式联运工作的高素质劳动者和中高级铁路物流人才所必需的集装箱与多式联运基本知识、基础理论和基本技能,并为学生学习后续课程打下基础。

本课程设置的特点是面向高等职业教育系统的实际情况,按需施教,讲究实效,既保持理论体系的系统性和方法的科学性,也注重教材的实用性和针对性,强调以实例为引导、以实训为手段、以实际技能为目的,通过本课程的学习,能培养出基层和业务第一线的技术应用型人才。

(2)课程功能定位。

表 4-16 课程功能定位分析

对接的工作岗位	对接培养的职业岗位能力
集装运输业务岗位群	1. 能了解铁路货运市场、集装运输的规章制度等知识,熟知集装运输工作业务要求及流程
	2. 能与承运人和托运人进行磋商,进行预定和销售服务
集装运输操作岗位群	3. 能根据要求安排集装捆扎等货运作业;办理铁路集装箱货物的发送、途中、到达等货运作业;办理公路、水路、航空集装箱货物的运输组织等业务
	4. 掌握各种相关费用的计算方法,及时安排应收款项的回收,并适时安排与承运人的结算
	5. 能对代理货物进行有效跟踪,强化风险意识,掌握规避风险的常规方法
	6. 能对客户提供咨询服务,处理客户投诉与纠纷
集装运输单证岗位群	1. 熟知铁路、公路、水路、航空集装运输的单证流转,并能正确缮制相关单证

4.2.3.2 课程目标与内容

1. 课程总目标

本门课程融学习过程于工作过程的职业情境中,重点培养学生发现问题、分析问题和解决问题的能力。学生能够掌握集装运输工作的流程和技巧,并能够基本胜任集装运输公司中外勤操作、单证操作、业务操作等相关岗位的工作。

2. 课程具体目标

表 4-17 课程教学目标与内容

序号	毕业要求指标点	知识目标	技能目标	素质目标	教学内容
1	掌握集装化运输基本操作及相关要求	了解集装化运输的基本概念,集装化运输的优越性;集装器具的功能与分类,集装器具标准化;理解集装器具应用材料;捆扎技术与捆扎材料;集装化运输组织	掌握集装器具类型;集装器具材料选用原则;集装件常用捆扎技术;采用集装器具的基本条件;集装化运输经济效果计算	培养专业学习热情、树立职业道德观	集装化运输

续表

序号	毕业要求指标点	知识目标	技能目标	素质目标	教学内容
2	掌握集装箱运输基本操作及相关要求	了解集装箱运输的优越性；集装箱装卸、搬运机械类型与配置；理解集装箱技术参数；集装箱运载工具；铁路集装箱办理站与集装场；公路、水路、航空集装箱运输组织与管理	掌握集装箱类型；集装箱术语和标记；集装箱标准化；铁路集装箱运输组织；铁路集装箱运输管理	规范操作意识；细心和耐心	集装箱运输
3	掌握集装箱国际多式联运基本操作及相关要求	了解集装箱国际铁路联运基本知识；集装箱国际公路联运基础设施；理解国际铁路联运的有关协定和法规；集装箱国际公路联运法规	掌握集装箱国际铁路联运管理；国境站工作组织；集装箱国际公路、海洋、航空、大陆桥进出口运输组织与管理	培养沟通能力及团队协作精神	集装箱国际多式联运

表 4-18 课程教学安排

序号	模块（模块）	任务（单元）	教学内容	重点、难点、考核点	学时
1	集装化运输	集装化运输概述	1. 集装化运输的基本概念 2. 货流构成分类、优越性和发展途径	**重点**：货流构成分类 **难点**：集装化运输的优越性	2
2		货物运输集装器具	1. 集装器具的功能与分类 2. 集装器具标准化 3. 常见集装器具类型	**重点**：集装器具基本类型 **难点**：集装器具标准化	2
3		集装器具材料性能与强度	1. 集装器具应用材料 2. 各种应用材料的性能与强度 3. 集装器具材料选用原则	**重点**：钢结构、木结构、合成纤维、塑料结构、竹胶合板和菱镁混凝土集装器具的性能与强度 **难点**：集装器具材料选用原则	2
4		集装件捆扎技术	1. 捆扎技术与捆扎材料 2. 集装件常用捆扎技术	**重点**：集装件常用捆扎技术 **难点**：热收缩捆扎技术，拉伸捆扎技术	4
5		集装化运输组织管理与经济效果	1. 集装化运输组织的条件、管理 2. 采用集装器具的基本条件，集装器具的标记 3. 集装化运输经济效果分析	**重点**：采用集装器具的基本条件 **难点**：集装化运输经济效果计算	4
6	集装箱运输	集装箱类型与技术参数	1. 集装箱运输的优越性 2. 集装箱技术参数 3. 集装箱类型、术语、标记、标准化	**重点**：集装箱类型 **难点**：集装箱术语和标记	8
7		集装箱装卸、搬运机械	集装箱装卸、搬运机械类型与配置	**重点**：集装箱装卸、搬运机械类型 **难点**：集装箱装卸、搬运机械配置	2

续表

序号	模块（模块）	任务（单元）	教学内容	重点、难点、考核点	学时
8		集装箱运载工具	1. 铁路集装箱专用车 2. 集装箱拖挂车 3. 集装箱船	**重点**：铁路集装箱专用车 **难点**：铁路集装箱专用车技术参数	6
9		铁路集装箱及箱内货物装载加固	铁路集装箱装载与加固	**重点**：铁路集装箱装载 **难点**：铁路集装箱加固	2
10	集装箱运输	铁路集装箱运输组织与管理	1. 铁路集装箱办理站与集装箱场 2. 铁路集装箱运输条件和发运组织 3. 铁路集装箱卸车、交接作业	**重点**：铁路集装箱运输组织 **难点**：铁路集装箱运输管理	10
11		公路、水路、航空集装箱运输组织与管理	1. 公路集装箱运输组织与管理 2. 水路集装箱运输组织与管理 3. 航空集装箱运输组织与管理	**重点**：水路集装箱运输组织与管理 **难点**：集装箱船舶配载	8
12		集装箱国际铁路联运	1. 集装箱国际铁路联运的相关知识、有关协定、法规及基本条件 2. 国际铁路联运进出口运输组织 3. 国境站工作组织	**重点**：国际铁路联运进出口运输组织、集装箱国际铁路联运管理 **难点**：国境站工作组织	8
13	集装箱国际多式联运	集装箱国际公路、海洋、航空联运	1. 集装箱国际海洋联运基础设施、组织者、公约与法规、保险、事故处理和计算机技术应用 2. 集装箱国际公路、海洋、航空联运运输组织与管理方法	**重点**：集装箱国际公路进出口运输组织与管理 **难点**：国际海洋联运运输组织与管理方法	6
14		大陆桥集装箱运输	1. 集装箱国际多式联运 2. 大陆桥运输的产生与发展 3. 亚欧大陆桥集装箱运输组织	**重点**：集装箱国际多式联运 **难点**：亚欧大陆桥集装箱运输组织	4

注：每个任务（单元）最多不超过12学时。

4.2.3.3 课程考核

闭卷，以集装运输工作的实操能力作为考核点，将学习过程纳入课程考核的范围，以实际操作作为考核的主要方式。具体考核成绩构成如下：

（1）过程参与（占40%，其中考勤及课堂表现占比为10%，作业及实训占比为30%）。

（2）期中测试（占10%）。

（3）期末考试（占50%）。

4.2.3.4 实施要求

1. 授课教师基本要求

担任本课程教学任务的教师应为本科以上学历,拥有助教以上职称,有一定的工作或企业挂职调研经历,具有高等学校教师资格,具有一定的外贸英语水平,爱岗敬业、勤于钻研。

2. 实践教学条件要求

校内实训室规格见表 4-19。

表 4-19 物流信息实训室

实训室名称	物流信息实训室	面积要求	150 m²
序号	核心设备	数量要求	备注
1	计算机	45 台	
2	Office 软件	45 套	2010 版以上

3. 教学方法和策略

(1)教学方法:主要采用模块化教学、案例教学法、角色扮演法、工作过程导向教学法、演示法、练习法等教学方法。

(2)教学策略:本课程在教学中按需施教,讲究实效,既保持理论体系的系统性和方法的科学性,更注重教材的实用性和针对性,强调以实例为引导、以实训为手段、以实际技能为目的。

4. 教材和数字化资源的选用

表 4-20 "集装箱与多式联运"课程教材选用表

序号	教材名称	教材类型	出版社	主编	出版时间
1	《集装运输》	公开出版	中国铁道出版社	索占鸿	2011.08

表 4-21 "集装箱与多式联运"课程参考教材选用表

序号	教材名称	教材类型	出版社	主编	出版时间
1	《铁路集装箱运输与多式联运》	公开出版	北京交通大学出版社	王慧	2017.09
2	《多式集装联运》	公开出版	北京交通大学出版社	杨菊花	2017.07

4.2.3.5 其他

无。

4.2.4 "铁路物流市场营销"课程标准

4.2.4.1 课程性质

1. 课程性质

"铁路物流市场营销"课程是普通高职院校铁路物流管理专业的一门专业核心课。通过本课程的学习，使学生理解铁路物流市场营销员从业的基本知识与基本技能，掌握铁路物流市场营销的基本知识、从业的职业素养及铁路物流市场营销的基本技能。本课程的教学目的是通过课堂教学、案例分析，使学生通过该课程的学习能够正确地理解铁路物流市场营销理念，使学生全面掌握铁路物流市场营销管理的基本概念和理论，并能够进行铁路物流市场营销实际运作及操作，成为铁路物流市场营销管理的应用型人才。

2. 课程功能定位

表 4-22 课程功能定位分析

对接的工作岗位	对接培养的职业岗位能力
铁路物流市场营销员	铁路物流市场营销

4.2.4.2 课程目标与内容

1. 课程总目标

学生学完本门课程后要能胜任铁路物流市场营销岗位工作。

2. 课程具体目标

表 4-23 教学目标、素质及思政目标与内容、教学安排

教学项目	知识目标	学习内容	思政教学内容	学时	教学建议与说明	素质及思政目标
1. 铁路市场营销信息与营销环境	正确分析铁路物流市场营销信息与营销环境信息	（1）认知铁路物流市场营销 （2）认知物流市场营销信息 （3）认知物流市场营销环境	1. 职业素养 2. 铁路物流历史 3. 爱国主义/民族主义	4~6	讲授时应重点将铁路物流市场营销信息与营销环境信息基本概念讲清楚，可以安排实训作业，增强感性认识	1. 思想政治素质：具有正确的政治方向，热爱祖国，树立正确的世界观和人生观，有较强的责任心、事业心、法制观念及良好的道德品质
2. 铁路物流市场营销战略	正确选择铁路物流企业市场营销战略规划的内容、方法和类型	认知物流市场营销战略	1. 职业素养 2. 爱国主义/民族主义 3. 创新意识	4	讲授时重点应将铁路物流市场营销信息与营销环境信息基本概念讲清楚，可以安排实训作业，增强学生的感性认识	

续表

教学项目	知识目标	学习内容	思政教学内容	学时	教学建议与说明	素质及思政目标
3. 铁路物流市场调研	正确开展铁路物流市场调研的问卷设计和结果统计，进行铁路物流市场调研汇总分析及调研报告的撰写	（1）铁路物流市场调研的问卷设计 （2）铁路物流市场调研结果统计 （3）铁路物流市场调研汇总分析 （4）调研报告的撰写	1. 职业素养 2. 爱国主义/民族主义 3. 科学精神 4. 工匠精神	10~14	讲授时重点应将铁路物流市场营销信息与营销环境信息基本概念讲清楚，可以安排实训作业，增强学生的感性认识	2. 人文科学素质：具备一定的科学知识和科学精神，拥有科学的逻辑思维方式和创新意识； 具有一定的文学艺术修养； 了解中国文化传承发展脉络和民族文化素养； 具有审美修养、审美能力、艺术情趣； 具有团队意识、热爱生活、朴素自然、待人真诚、处事平和大方 3. 身心素质：具备体育卫生与心理健康基本知识，具有科学锻炼身体的基本技能，养成良好的体育锻炼和卫生习惯，具有健康的身体和心理 4. 职业素质：具有较扎实的专业知识和较强的从事铁路物流市场营销岗位群工作的职业能力； 具有爱岗敬业及良好的职业道德； 较强的劳动纪律性和严谨的工作作风； 较强的安全意识和责任意识； 较强的服务意识和良好的团队合作精神； 较强的沟通、协作和组织协调能力； 具有艰苦创业精神和创新思维与能力
4. 铁路物流市场细分、目标市场选择及市场定位	正确细分铁路物流市场、选择目标市场，选择正确的策略进行铁路物流企业市场定位	（1）细分铁路物流市场 （2）选择铁路物流营销目标市场 （3）铁路物流企业市场定位	1. 职业素养 2. 爱国主义/民族主义 3. 道德观，价值准则	8	讲授时重点应将铁路物流市场营销信息与营销环境信息基本概念讲清楚，可以安排实训作业，增强学生的感性认识	
5. 铁路物流市场营销组合策略	正确实施 4Ps、4Cs 主导下的不同营销策略	4Ps、4Cs 主导下的不同营销策略	1. 职业素养 2. 爱国主义/民族主义 3. 道德观，价值准则	4~6	讲授时重点应将铁路物流市场营销信息与营销环境信息基本概念讲清楚，可以安排实训作业，增强学生的感性认识	
6. 铁路物流市场营销的产品策略	正确制定铁路物流产品的各种策略	（1）物流产品 （2）铁路物流产品的各种策略	1. 职业素养 2. 爱国主义/民族主义 3. 道德观、价值准则	6	讲授时重点应将铁路物流市场营销信息与营销环境信息基本概念讲清楚，可以安排实训作业，增强学生的感性认识	
7. 铁路物流市场营销的价格策略	正确制定铁路物流市场营销的价格策略	（1）物流产品定价方法 （2）铁路物流市场营销的价格策略	1. 职业素养 2. 爱国主义/民族主义 3. 道德观，价值准则	4~8	讲授时重点应将铁路物流市场营销信息与营销环境信息基本概念讲清楚，可以安排实训作业，增强学生的感性认识	
8. 铁路物流市场营销的渠道策略	正确制定物流市场营销的渠道策略	（1）铁路物流市场营销的渠道 （2）铁路物流市场营销的渠道策略	1. 职业素养 2. 爱国主义/民族主义 3. 道德观，价值准则	4~6	讲授时重点应将铁路物流市场营销信息与营销环境信息基本概念讲清楚，可以安排实训作业，增强学生的感性认识	
9. 铁路物流市场营销的促销策略	正确制定铁路物流市场营销的促销策略	（1）铁路物流市场营销的促销策略 （2）铁路物流市场营销的服务策略	1. 职业素养 2. 爱国主义/民族主义 3. 道德观，价值准则	6~8	讲授时重点应将铁路物流市场营销信息与营销环境信息基本概念讲清楚，可以安排实训作业，增强学生的感性认识	

4.2.4.3　课程考核

开卷，统一考试。

以铁路物流市场营销的基本技术能力作为考核点，将学习过程纳入课程考核的范围，将过程参与与期末考核相结合作为考核的主要方式。具体考核成绩构成如下：

（1）过程参与（占60%）。

（2）期末考试（占40%）。

4.2.4.4　实施要求

1．授课教师基本要求

担任本课程教学任务的教师应有本科以上学历，对铁路物流市场营销组织工作过程较熟悉，拥有高校教师资格证。

2．教学方法和策略

本课程主要使用的教学方法和策略。

（1）教学方法：根据学情分析和教学内容特征，选择项目化教学、翻转课堂教学法、案例教学法、情景教学法、工作过程导向教学法、探究式教学法等教学方法。

（2）教学策略：主要是通过职教云+QQ直播进行线上教学，在多媒体教学室进行教学做一体化教学。

3．教材的选用

表 4-24　课程教材选用表

序号	教材名称	教材类型	出版社	作者	出版时间
1	《物流市场营销》	公开出版	电子工业出版社	曲建科	2019

表 4-25　课程参考教材选用表

序号	参考教材名称	教材类型	出版社	作者	出版时间
1	《物流市场调研与开发》	公开出版	对外经济贸易大学出版社	章建新 郭琳	2018
2	《物流服务营销》	公开出版	对外经济贸易大学出版社	孙春华	2018

4.2.4.5　其　他

无。

4.2.5 "铁路特种货物运输组织"课程标准

4.2.5.1 课程性质

（1）本课程是铁路物流管理专业必修的一门主干课，是学生在学习了铁道概论、铁路物流运输业务等课程、具备了铁路设施设备基本认知能力以及掌握铁路普通货物运输办理业务的基础上，为其开设的一门理论+实践课，其功能是对接铁路物流管理专业人才培养目标，面向货运工作岗位，培养学生组织铁路特种货物运输作业流程的能力和正确办理铁路特种货物运输业务的职业素质，并为后续考证培训及顶岗实习课程的学习奠定基础。

（2）课程功能定位。

表 4-26 课程功能定位分析

对接的工作岗位	对接培养的职业岗位能力
货运员岗位	1. 具有在铁路车站从事特种货物运输承运、保管、装车、卸车、交付作业的能力
	2. 有获取、领会和理解外界信息以及对事物进行分析和判断的能力；有较好的语言（普通话）、文字表达和计算能力；有较强的事物反应能力
货运检查员	1. 具有铁路运输过程中的特种货物（车）进行交接检查的能力
	2. 有获取、领会和理解外界信息以及对事物进行分析和判断的能力；有较好的语言（普通话）、文字表达和计算能力；有较强的事物反应和组织协调能力
货运值班员	1. 能对铁路车站特种货物运输受理、承运、保管、装车、卸车、交付和事故处理等作业的组织指挥的能力
	2. 有获取、领会和理解外界信息以及对事物进行分析和判断的能力；有较好的语言（普通话）、文字表达和计算能力；有较强的事物反应和组织协调能力
货运安全员	1. 能处理铁路特种货物事故的能力
	2. 有获取、领会和理解外界信息以及对事物进行分析和判断的能力；有较好的语言（普通话）、文字表达和计算能力；有较强的事物反应和组织指挥能力

4.2.5.2 课程目标与内容

1. 课程总目标

学生学完本课程后应达到以下要求：

（1）科学设计特殊条件货物的装运方案并组织实施，确保运输安全。

（2）按章正确办理特殊条件货物运输作业，合理组织整车、集装箱货物运输。

（3）具有较强的专业技术应用能力、业务办理能力和学习能力以及适应岗位、职业变化的能力。

2. 课程具体目标

表 4-27 课程教学目标与内容

序号	毕业要求指标点	知识目标	技能目标	素质目标	教学内容
1	能掌握鲜活货物运输的各项业务	了解铁路鲜活货物运输概况，掌握冷藏运输设备的运用，掌握易腐货物运输组织，掌握活动物运输组织	易腐货物运输条件检查、运单填制	具有爱岗敬业及良好的职业道德；较强的劳动纪律性和严谨的工作作风；较强的安全意识和责任意识；较强的服务意识和良好的团队合作精神；较强的沟通、协作和组织协调能力；具有艰苦创业精神和创新思维与能力	（1）鲜活货物定义及分类 （2）鲜活货物运输的意义、特点 （3）易腐货物腐败原因及防腐措施 （4）冷藏车、冷藏集装箱的种类 （5）冷藏车、冷藏集装箱的使用要求 （6）易腐货物的承运 （7）车辆的选择和准备 （8）加冰加盐 （9）装车作业 （10）车辆的清扫与洗刷除污 （11）活动物的承运 （12）活动物的装车 （13）途中服务
2	能掌握危险货物运输的各项业务	了解危险货物的分类；掌握各类危险货物的性质；理解影响危险货物安全运输的主要因素；掌握危险货物的托运和承运要求；理解危险货物的装卸安全；理解危险货物罐车运输安全；危险货物车辆的编组和挂运要求；危险货物车辆的洗刷除污	危险货物运单填制、运输条件检查	具有爱岗敬业及良好的职业道德；较强的劳动纪律性和严谨的工作作风；较强的安全意识和责任意识；较强的服务意识和良好的团队合作精神；较强的沟通、协作和组织协调能力；具有艰苦创业精神和创新思维与能力	（1）危险货物定义、分类 （2）判定危险货物的方法 （3）爆炸品的性质 （4）气体的性质 （5）易燃液体的性质 （6）易燃固体、易于自燃的物质、遇水放出易燃气体的物质 （7）氧化性物质和有机过氧化物 （8）毒性物质和感染性物质 （9）放射性物质 （10）腐蚀性物质 （11）杂项危险物质和物品 （12）温度和明火的影响 （13）水和潮湿的影响 （14）机械作用的影响 （15）不同性质的货物接触时造成的影响 （16）危险货物的配放表 （17）危险货物的包装条件 （18）危险货物的托运和承运要求 （19）装运危险货物的车辆使用条件

续表

序号	毕业要求指标点	知识目标	技能目标	素质目标	教学内容
2	能掌握危险货物运输的各项业务	了解危险货物的分类；掌握各类危险货物的性质；理解影响危险货物安全运输的主要因素；掌握危险货物的托运和承运要求；理解危险货物的装卸安全；理解危险货物罐车运输安全；危险货物车辆的编组和挂运要求；危险货物车辆的洗刷除污	危险货物运单填制、运输条件检查	具有爱岗敬业及良好的职业道德；较强的劳动纪律性和严谨的工作作风；较强的安全意识和责任意识；较强的服务意识和良好的团队合作精神；较强的沟通、协作和组织协调能力；具有艰苦创业精神和创新思维与能力	（20）危险货物装卸的安全注意事项（21）危险货物罐车运输的受理和承运（22）罐车危险货物的装卸安全要求和装载量（23）罐装危险货物常发事故的防范（24）危险货物车辆的溜放限制（25）危险货物车辆的编组隔离限制（26）危险货物车辆的挂运要求（27）危险货物对车辆的污染途径（28）车辆洗刷、除污的范围（29）货车洗刷除污的方法、要求及检验
3	能掌握货物装载的基本技术条件	了解装运阔大货物的车辆；掌握货物装载的基本技术条件；货物重心水平位置的确定；重车重心高的确定	货物重心最大容许偏移量计算、货物重心横向位置调整与配重方法、重车重心高计算与运行条件确定	具有爱岗敬业及良好的职业道德；较强的劳动纪律性和严谨的工作作风；较强的安全意识和责任意识；较强的服务意识和良好的团队合作精神；较强的沟通、协作和组织协调能力；具有艰苦创业精神和创新思维与能力	（1）了解普通平车（N）（2）了解特殊平车（D）（3）最大外部尺寸：长、宽、高（4）最大容许装载量（5）计算纵向水平位置（6）计算横向水平位置（7）计算一车负重（8）计算两车负重
4	能掌握超长货物与货物避免集重的装载	理解超长货物的概念；掌握超长货物的装载技术条件；理解集重货物的概念；掌握集重货物的装载技术条件	横垫木高度的计算、避免货物集重装载的方法	具有爱岗敬业及良好的职业道德；较强的劳动纪律性和严谨的工作作风；较强的安全意识和责任意识；较强的服务意识和良好的团队合作精神；较强的沟通、协作和组织协调能力；具有艰苦创业精神和创新思维与能力	（1）理解超长货物的概念（2）一车负重时装载的技术条件（使用游车）（3）两车负重时装载的技术条件（跨装）（4）横垫木、支座高度的计算（5）理解集重货物的概念（6）平车避免集重的技术条件（7）敞车避免集重的技术条件

续表

序号	毕业要求指标点	知识目标	技能目标	素质目标	教学内容
5	能掌握超限超重货物运输业务	了解铁路限界与超限货物运输及超重货物运输；掌握超限货物的测量；掌握超限等级的确定；超限、超重货物运输组织	计算点的确定，偏差量计算，超限等级的确定	具有爱岗敬业及良好的职业道德；较强的劳动纪律性和严谨的工作作风；较强的安全意识和责任意识；较强的服务意识和良好的团队合作精神；较强的沟通、协作和组织协调能力；具有艰苦创业精神和创新思维与能力	（1）铁路限界 （2）超货物的定义、等级 （3）超重货物定义、等级 （4）测量的基本要求 （5）装车前测量 （6）装车后测量 （7）影响货物计算宽度的主要因素 （8）确定计算宽度的计算公式 （9）超限等级的确定 （10）托运和承运 （11）超限货物的装车工作 （12）超限车的运行组织 （13）超限车的检查 （14）超重货物运输
6	能掌握货物加固的基本方法	理解和掌握运行中作用于货物上的力的作用和力值计算；掌握货物稳定性的计算；掌握加固方法及加固材料的选用；掌握货物装载加固的方法	货物的力值和稳定性计算，加固强度计算，加固方案的制定	具有爱岗敬业及良好的职业道德；较强的劳动纪律性和严谨的工作作风；较强的安全意识和责任意识；较强的服务意识和良好的团队合作精神；较强的沟通、协作和组织协调能力；具有艰苦创业精神和创新思维与能力	（1）纵向惯性力 （2）横向惯性力 （3）垂直惯性力 （4）风力 （5）摩擦力 （6）倾覆方面的稳定性 （7）滚动方面的稳定性 （8）水平移动方面的稳定性 （9）加固材料的种类和用途 （10）货物免于倾覆、滚动、水平移动所需的加固力值计算（S拉） （11）加固材料的强度、规格、数量确定 （12）箱型货物的加固 （13）圆柱形货物的加固

表4-28 课程教学目标与内容

序号	项目（模块）	任务（单元）	教学内容	重点、难点、考核点	学时
1	课题一 鲜活货物运输	1.铁路鲜活货物运输概况	（1）鲜活货物定义及分类 （2）鲜活货物运输的意义、特点 （3）易腐货物腐败原因及防腐措施	**教学重点**：易腐货物运输组织 **教学难点**：应注重结合南方易腐货物运输较多的特点，以现场易腐货物运输的实例进行教学，使学生会运用《铁路鲜活货物运输规则》确定鲜活货物的运输条件，正确办理鲜活货物运输	6
2		2.冷藏运输设备的运用	（1）冷藏车、冷藏集装箱的种类 （2）冷藏车、冷藏集装箱的使用要求		
3		3.易腐货物运输组织	（1）易腐货物的承运 （2）车辆的选择和准备 （3）加冰加盐 （4）装车作业 （5）车辆的清扫与洗刷除污		

续表

序号	项目（模块）	任务（单元）	教学内容	重点、难点、考核点	学时
4	课题一 鲜活货物运输	4. 活动物运输组织	（1）活动物的承运 （2）活动物的装车 （3）途中服务		
5		5. 技能训练	（1）内容：易腐货物运输条件检查、运单填制 （2）方式：实训课		
6	课题二 危险货物运输	1. 危险货物的分类	（1）危险货物定义、分类 （2）判定危险货物的方法		8
7		2. 各类危险货物的性质	（1）爆炸品的性质 （2）气体的性质 （3）易燃液体的性质 （4）易燃固体、易于自燃的物质、遇水放出易燃气体的物质 （5）氧化性物质和有机过氧化物 （6）毒性物质和感染性物质 （7）放射性物质 （8）腐蚀性物质 （9）杂项危险物质和物品	**教学重点**：各类危险货物的性质，危险货物的托运和承运要求，危险货物车辆的编组和挂运要求 **教学难点**：教学中有条件时，可利用化学实验来演示和验证各类危险货物的性质，使学生能直观和感性地掌握各类危险货物的性质，应注重运用现场危险货物事故案例进行教学，强化学生安全生产的观念，吸取经验教训，严格按《铁路危险货物运输管理规则》的规定办理危险货物运输，学会运用《铁路危险货物运输管理规则》和《危险货物品名表》确定危险货物的运输条件和编挂限制	
8		3. 影响危险货物安全运输的主要因素	（1）温度和明火的影响 （2）水和潮湿的影响 （3）机械作用的影响 （4）不同性质的货物接触时造成的影响		
9		4. 危险货物的托运和承运要求	（1）危险货物的配放表 （2）危险货物的包装条件 （3）危险货物的托运和承运要求		
10		5. 危险货物的装卸安全	（1）装运危险货物的车辆使用条件 （2）危险货物装卸的安全注意事项		
11		6. 危险货物罐车运输安全	（1）危险货物罐车运输的受理和承运 （2）罐车危险货物的装卸安全要求和装载量 （3）罐装危险货物常发事故的防范		
12		7. 危险货物车辆的编组和挂运要求	（1）危险货物车辆的溜放限制 （2）危险货物车辆的编组隔离限制 （3）危险货物车辆的挂运要求		
13		8. 危险货物车辆的洗刷除污	（1）危险货物对车辆的污染途径 （2）车辆洗刷、除污的范围 （3）货车洗刷除污的方法、要求及检验。		
14		9. 技能训练	（1）内容：危险货物运单填制、运输条件检查 （2）方式：实训课		
15	课题三 货物装载的基本技术条件	1. 装运阔大货物的车辆	（1）普通平车（N） （2）特殊平车（D）	**教学重点**：货物重心最大容许偏移量计算 **教学难点**：货物重心最大容许偏移量计算	10
16		2. 货物装载的基本技术条件	（1）最大外部尺寸：长、宽、高 （2）最大容许装载量		

续表

序号	项目（模块）	任务（单元）	教学内容	重点、难点、考核点	学时
17	课题三 货物装载的基本技术条件	3. 货物重心水平位置的确定	（1）计算纵向水平位置 （2）计算横向水平位置	教学法建议：因教学内容中计算较多，可引导学生运用已学的物理和力学知识来理解教材内容，通过讲练结合的教学方法，使学生能深入、具体地理解、分析阔大货物的装载技术条件，并掌握计算方法，使学生会运用《铁路货物装载加固规则》的有关规定制定货物的合理装载方案	
18		4. 重车重心高的确定	（1）计算一车负重 （2）计算两车负重		
19		5. 技能训练	（1）内容：货物重心最大容许偏移量计算、货物重心横向位置调整与配重方法、重车重心高计算与运行条件确定 （2）方式：实训课		
20	课题四 超长货物与货物避免集重的装载	1. 超长货物的概念	理解超长货物的概念	**教学重点**：一车负重时装载的技术条件，横垫木高度的计算 **教学难点**：平车避免集重的技术条件 教学法建议：因教学内容中计算较多，可引导学生运用已学的物理和力学知识来理解教材内容，通过讲练结合的教学方法，使学生能深入、具体地理解、分析阔大货物的装载技术条件，并掌握计算方法，使学生会运用《铁路货物装载加固规则》的有关规定制定货物的合理装载方案	10
21		2. 超长货物的装载技术条件	（1）一车负重时装载的技术条件（使用游车） （2）两车负重时装载的技术条件（跨装） （3）横垫木、支座高度的计算		
22		3. 集重货物的概念	理解集重货物的概念		
23		4. 集重货物的装载技术条件	（1）平车避免集重的技术条件 （2）敞车避免集重的技术条件		
24		5. 技能训练	（1）内容：横垫木高度的计算、避免货物集重装载的方法 （2）方式：实训课		
25	课题五 超限超重货物运输	1. 铁路限界与超限货物运输及超重货物运输	（1）铁路限界 （2）超限货物的定义、等级 （3）超重货物定义、等级	**教学重点**：超限货物的定义、等级，计算点的确定，超限、超重等级的确定 **教学难点**：货物偏差量计算 教学建议：教学中可利用模型或赴现场进行超限货物的测量和计算，并运用《铁路超限超重货物运输规则》正确地确定货物的超限等级	14
26		2. 超限货物的测量	（1）测量的基本要求 （2）装车前测量 （3）装车后测量		
27		3. 超限等级的确定	（1）影响货物计算宽度的主要因素 （2）确定计算宽度的计算公式 （3）超限等级的确定		
28		4. 超限、超重货物运输组织	（1）托运和承运 （2）超限货物的装车工作 （3）超限车的运行组织 （4）超限车的检查 （5）超重货物运输		
29		5. 技能训练	（1）内容：计算点的确定，偏差量计算，超限等级的确定 （2）方式：实训课		

续表

序号	项目（模块）	任务（单元）	教学内容	重点、难点、考核点	学时
30	课题六 货物加固	1. 运行中作用于货物上的力的作用和力值计算	（1）纵向惯性力 （2）横向惯性力 （3）垂直惯性力 （4）风力 （5）摩擦力	**教学重点**：货物的力值和稳定性计算、加固强度计算、加固方案的制定、整车货物轻重配装 **教学难点**：加固强度计算 教学建议：教学中可利用模型或选择现场典型实例进行教学分析，使学生能运用《铁路货物装载加固规则》正确地计算货物的力值和稳定性，合理选定加固方法和加固材料，科学制定货物的加固方案	14
31		2. 货物稳定性的计算	（1）倾覆方面的稳定性 （2）滚动方面的稳定性 （3）水平移动方面的稳定性		
32		3. 加固方法及加固材料的选用	（1）加固材料的种类和用途 （2）货物免于倾覆、滚动、水平移动所需的加固力值计算（S拉） （3）加固材料的强度、规格、数量的确定		
33		4. 货物装载加固的方法	（1）箱型货物的加固 （2）圆柱形货物的加固		
34		5. 技能训练	（1）内容：货物的力值和稳定性计算，加固强度计算，加固方案的制定 （2）方式：实训课		

注：每个任务（单元）最多不超过16学时。

4.2.5.3 课程考核

本部分内容具体阐述课程考核方案。

课程考核采用形成性考核和终结性考核相结合的方式。原则上形成性考核占30%，终结性考核占70%。形成性考核包括课堂考勤（占10%）、课堂表现（占10%）、作业（占10%）。终结性考核为期末统一考试，考试采用闭卷、笔试的形式。考试内容应注重学生对铁路特种货物运输组织知识的理解与掌握，侧重于对运用能力的考核。题型可采用填空、判断、选择、计算、问答、综合分析题等形式，适当增加理解、分析、应用型考题。

4.2.5.4 实施要求

1. 授课教师基本要求

本课程授课教师具备铁路物流及铁路货运相关知识，有铁路物流企业实际操作的经验或授课前经过专门的基本操作技能训练，具有高等学校教师资格，具备本科以上学历和中级以上职称。

2. 实践教学条件要求

（1）校内实训室。

表4-29 装载加固实训室

实训室名称	装载加固实训室	面积要求	120 m²
序号	核心设备	数量要求	备注
1	铁路平车模型	1辆	至少1∶8比例
2	铁路敞车模型	1辆	至少1∶8比例
3	铁路棚车模型	1辆	至少1∶8比例

（2）校外实训基地。

表 4-30　校外实训室

序号	校外实训基地名称	合作企业名称	可开展的实训项目	备注
1	中铁快运校企合作基地	中铁快运	特种货物运输单证相关实训	
2	货运中心实训基地	柳州货运中心	特种货物运输业务相关实训	

3．教学方法和策略

（1）教学方法：根据学情分析和教学内容特征，选择项目化教学、翻转课堂教学法、案例教学法、情景教学法、工作过程导向教学法、探究式教学法等教学方法来进行授课。

（2）教学策略：采用网络教学平台实现混合式教学，引进行业、企业专家参与教学等。

4．教材和数字化资源的选用

表 4-31　"铁路特种货物运输组织"课程教材选用表

序号	教材名称	教材	出版社	主编	出版时间
1	《铁路货运组织（第3版）》	铁路货运组织	中国铁道出版社出版	戴实	2016.07

表 4-32　"铁路特种货物运输组织"课程参考教材选用表

序号	教材名称	教材	出版社	主编	出版时间
1	《铁路特殊条件货物运输》	铁路特殊条件货物运输	中国铁道出版社	戴实	2012.07
2	《铁路货运规章》	铁路货运规章	中国铁道出版社	铁路总公司	不定期

4.2.5.5　其　他

无。

5 城市轨道车辆应用技术专业

5.1 城市轨道车辆应用技术专业课程设置及学时分配

城市轨道车辆应用技术专业课程设置及学时分配见表 5-1。

表 5-1 课程设置及学时学分分配表
城市轨道车辆应用技术专业（三年制）

课程类型	序号	课程编码	课程名称	学分	考核方式	教学总学时	其中实践学时	开课时数	开课学期 1 13/19	2 18/20	3 10/20	4 11/20	5 20	6 18
公共基础课 必修课	1	001001060	思想道德修养与法律基础	3.0	课内考试	48	12	4/10	4					
	2	001003080	毛泽东思想和中国特色社会主义理论体系概论	4.0	课内考试	64	8+8	4/14		4				
	3	001002020	形势与政策	1.0	考查	16		讲座	讲座					
	4	008011020	创新创业基础	1.0	考查	16	4	8+8	讲座					
	5	008013020	大学生职业发展与就业指导	1.0	考查	16	4	8+8				讲座		
	6	009001010	安全教育	0.5	考查	8		讲座	讲座					
	7	010003040	大学生心理成长	2.0	考查	32		2/8+2/8	2					
	8	005001040	体育与健康	2.0	考查	24	22	2/12	2					
	9	005005040	体育专项1	2.0	考查	28	26	2/14		2				
	10	005006040	体育专项2	2.0	考查	28	26	2/14			2			
	11	005007040	体育专项3	2.0	考查	28	26	2/14				2		
	12	003007080	公共英语	4.0	统一考试	52	14	4/13		4				
	13	003003040	轨道交通英语	2.0	课内考试	36		3/12				3		
	14	502001060	计算机文化基础	1.5	考证	28		2/15		2				
	15	002001060	高等数学	3.0	统一考试	48		4/12	4					
	16	004004040	写作与沟通	2.0	课内考试	32		3/11				3		
	17	004001030	普通话	1.5	考证			考证三甲以上，即可认定学分						
	18	011001040	军事理论	2.0	考查	36		2/11+2/7	2					
	19	011002040	军事训练	2.0	考查	112	112	暑假	3w					
	20	014002020	劳动专题教育	1.0	考查	16		4+4+4+4			讲座			
	21	007005020	劳动实践	3.0	考查	72	72	24+24+24				1w	1w	1w
	22	014001060	班会主题教育	3.0	考查	48		8+8+8+8+8			讲座			
选修课	23	007003080	公共选修课（见公共选修课手册）	4.0	考查	60		2/15+2/15						
	24	012002040	美育选修课（见公共选修课手册）	2.0	考查	30		2/15						
			公共基础课合计	51.5		878	334		14	12	2	8	0	0

续表

课程类型	序号	课程编码	课程名称	学分	考核方式	教学总学时	其中实践学时	开课时数	开课学期 1 13/19	2 18/20	3 10/20	4 11/20	5 20	6 18
专业基础课	1	203140060	轨道交通规章	3.0	考查							第4学期录成绩		
	2	203101030	公关礼仪	1.5	考查	24	0	2/12	2					
	3	203004060	机械基础	3.0	统一考试	48	4	3/16		3				
	4	203015060	机械制图	3.0	统一考试	52	4	4/13	4					
	5	203054060	电力电子技术	3.0	课内考试	48	2	3/16		3				
	6	203003090	电工电子基础	4.5	统一考试	70	8	5/14	5					
	7	203002070	城市轨道交通概论	3.5	课内考试	58	10	3/16	3					
			专业基础课合计	21.5		300	28		11	9	0	0	0	0
专业核心课	1	203122060	城轨车辆机械构造	3.0	统一考试	50		6/9			6			
	2	203120060	城轨车辆电器与电机	3.0	统一考试	50		6/9			6			
	3	203132050	城轨车辆制动系统	2.5	统一考试	40		4/10				4		
	4	203128070	城轨车辆网络控制系统	3.5	课内考试	56		4/10				4		
	5	203129060	城轨车辆行车规章与操纵	3.0	统一考试	50		6/9			6			
	6	203119060	城轨车辆电气控制	3.0	统一考试	50		5/10				5		
			专业核心课合计	18.0		296	0		0	0	18	13	0	0
专业（技能）课 专业主干课	1	203126050	城轨车辆空调装置	2.5	课内考试	40	0	4/10				4		
	2	203124050	城轨车辆机械检修	2.5	课内考试	40	0	4/10				4		
	3	203123060	城轨车辆机械构造实训	3.0	考查	48	48	24/2w			2W			
	4	203121060	城轨车辆电器与电机实训	3.0	考查	48	48	24/2w			2W			
	5	203133060	城轨车辆制动系统实训	3.0	考查	48	48	24/2w				2W		
	6	203130060	城轨车辆行车规章与操纵实训	3.0	考查	48	48	24/2w				2W		
	7	203118060	城轨车辆电气检修实训	3.0	考查	48	48	24/2w				2W		
	8	203127060	城轨车辆空调装置实训	3.0	考查	48	48	24/2w				2W		
	9	203125060	城轨车辆机械检修实训	3.0	考查	48	48	24/2w				2W		
	10	203131090	城轨车辆整备作业实训	4.5	考查	72	72	24/3w					3w	
	11	203134060	城轨交通乘务技能考证培训	3.0	考查	48	48	24/2w					2W	
	12	203137090	电工作业考证实训	4.5	考查	72	72	24/3w					3w	
	13	203141060	钳工技能考证实训	3.0	考查	48	48	24/2w					2w	
	14	203087150	城轨车辆综合实践	7.5	考查	120	120	24/5w					5w	
	15	203139360	实习(跟岗)	18.0	考查	432	432	24/18w						18w
			专业主干课合计	66.5		1208	1128		0	0	4	4	0	0
专业限选课	1	203092040	城轨交通运营组织与通信信号技术	2.0	课内考试	30	2	3/10			3			
	2	203136040	城市轨道交通接触网技术	2.0	课内考试	34	2	2/17		2				
	3	203117030	CAD制图	1.5	考查	24	24	24/1w					1w	
	4	203086060	职业素质与安全	3.0	课内考试	48		4/12		4				
	5	203108020	人工智能概论	1.0	考查	16							讲座	
	6	203135060	城辆创新创业实践	3.0	考查	48	48	24/2w					2w	
			专业限选课合计	12.5		200	76		0	6	3	0	0	0
			总合计	170.0		2882	1566	学期总课时	547	437	460	534	440	464
								周总课时	25	27	27	25	0	0
			说明	每学期有一周机动和一周考试（前四学期），第五学期有一周机动。 铁道类专业需开设《××规章》课程，不单独安排课内学时，在2、3、4学期组织学生进行考查，学生通过考查即可获得相应学分。第2学期的劳动实践课程在课余时间完成，第6学期的劳动实践课程在实习周完成，均不计入学期教学周学时。									毕业方式 城轨车辆综合实践或毕业设计		

5.2 城市轨道车辆应用技术专业核心课程标准

5.2.1 "城轨车辆机械构造"课程标准

5.2.1.1 课程性质

1. 课程性质

本课程适用于高等职业学校城市轨道交通车辆专业,属于专业核心课,主要讲授城市轨道交通车辆基本结构及作用原理。是在学生学习了机械基础和机械制图的基础上所开设的一门理论课。其功能是:使学生具备本专业高素质劳动者和中初级专门人才所必需的城市轨道交通车辆的知识,提高学生的全面素质,为适应城市轨道车辆应用技术现代化,提高学生的综合素质及职业能力打下基础。

2. 课程功能定位

表 5-2 课程功能定位分析

对接的工作岗位	对接培养的职业岗位能力
轨道列车检修工	1. 能掌握轨道列车的基本知识
	2. 能掌握车辆的车体、设备布置、转向架、车门和车钩缓冲装置的结构与工作原理
	3. 能掌握车辆的车体、设备布置、转向架、车门和车钩缓冲装置常见的故障与处理方法
	4. 能掌握车辆静态调试与动态调试的方法
	5. 具有现场操作的安全意识
轨道列车司机	能够掌握车辆的车体、设备布置、转向架、车门和车钩缓冲装置的结构与工作原理,按照轨道列车司机一次标准化作业进行出乘前准备工作和出乘前列车的全面检查

5.2.1.2 课程目标与内容

1. 课程总目标

本课程的教学目标是:使学生具有高素质劳动者和中高级专门人才所必需的城市轨道交通车辆的基本知识;掌握城市轨道交通车辆的基本结构及作用原理,为学生适应今后的工作打下良好的基础。

2. 课程具体目标

具体表述课程的内容及学生应达到的知识目标、技能目标、素质目标,在进行目标表述时应以学生作为行为主体来表述。

表 5-3　课程教学目标与内容

序号	毕业要求指标点	知识目标	技能目标	素质目标	教学内容
1	了解城轨车辆基本常识	掌握城市轨道交通车辆的类型、编组及标识，城市轨道车辆应用技术参数	能判断识别车辆的各类标识；识读技术参数	具备安全意识	城市轨道交通车辆的基本知识
2	能了解车体的材料以及所具有的特性	掌握车体的结构特点；车体试验及材料的试验方法及技术要求	识别不同材料的车体，判断车体所能引发的故障	举一反三的能力；自学能力；分析比较的能力	城市轨道交通车辆车体
3	识别车辆的车顶、车底与车内的设备布置	掌握车辆车顶、车底与车内的设备布置；掌握设备的名称、作用与功用	识别车辆的车顶、车底与车内的设备布置	安全意识；创新意识；语言表达能力	城市轨道交通车辆设备及其布置
4	识别转向架各部件	掌握转向架的组成及构架的结构特点，轮对轴箱装置的组成，减振装置的作用原理及结构；掌握转向架力的传递	识别转向架各部件的名称、结构；认识转向架各部件之间的相互位置关系	安全意识；创新意识；语言表达能力	城市轨道交通车辆转向架
5	掌握车门的结构与原理；了解车门的各种功用；正确操作车门的开启与关闭	掌握车门的结构与作用原理，车门故障的检测及处理方法	正确操作车门的开启与关闭	安全意识；创新意识；语言表达能力	城市轨道交通车辆车门
6	掌握车钩缓冲装置的结构与原理；正确使用车钩进行车体的连挂与解体	掌握车钩缓冲装置结构与作用原理，车钩故障的处理方法	正确使用车钩进行车体的连挂与解体	安全意识；创新意识；语言表达能力	城市轨道交通车辆连接装置

表 5-4　课程教学目标与内容

序号	项目（模块）	任务（单元）	教学内容	重点、难点、考核点	学时
1	课题1 城市轨道交通车辆基础知识	1.1 城轨交通概述	国际与国内城轨交通发展	无	2
2		1.2 城轨车辆的类型及组成	三种类型与9个组成部分	**重点**：类型 **难点**：9大组成	2
3		1.3 城轨车辆的编组与标识	编组与标识	**重点**：标识 **难点**：无	2
4		1.4 技术参数与限界	技术参数与限界	**重点**：技术参数 **难点**：限界	2
5	课题2 城市轨道交通车辆车体	2.1 车体	车体的组成部件	**重点**：识别 **难点**：车体的内部结构	2
6		2.2 铝合金车体	铝合金车体的特征与应用	**重点**：特征 **难点**：无	2
7		2.3 不锈钢车体	不锈钢车体的特征与应用	**重点**：特征 **难点**：无	2
8	课题3 城市轨道交通车辆设备布置	3.1 车顶设备	受电弓与空调的布置；结构	**重点**：布置 **难点**：工作原理	2
9		3.2 车底设备	车底设备的布置；设备的名称、作用与位置；示意图的绘制	**重点**：位置 **难点**：功用	6
10		3.3 车内设备	车内设备的布置；设备的名称、作用	**重点**：识别 **难点**：无	2

续表

序号	项目（模块）	任务（单元）	教学内容	重点、难点、考核点	学时
11	课题4 城市轨道交通车辆转向架	4.1 转向架综述	转向架的功用；力的传递；各部件的组成	**重点**：力的传递 **难点**：部件的组成	4
12		4.2 构架	构架的结构与工作原理	**重点**：结构 **难点**：原理	2
13		4.3 轮对轴箱装置	轴箱的结构与工作原理	**重点**：结构 **难点**：原理	2
14		4.4 弹簧装置概述	弹簧的种类；弹簧的比较	**重点**：结构 **难点**：原理	2
15		4.5 空气弹簧	空气弹簧的结构与工作原理	**重点**：结构 **难点**：原理	2
16		4.6 油压减振器	油压减振器的结构与工作原理	**重点**：结构 **难点**：原理	2
17		4.7 牵引装置与驱动装置	牵引装置与驱动装置结构与工作原理	**重点**：结构 **难点**：原理	2
19	课题5 城市轨道交通车辆车门	5.1 车门概述	车门的类型	**重点**：类型 **难点**：无	4
20		5.2 电控电动门结构原理	电控电动车门的结构与原理	**重点**：结构 **难点**：原理	8
21	课题6 城市轨道交通车辆连接装置	6.1 机械钩头结构与原理	机械钩头的结构与原理	**重点**：结构 **难点**：原理	4
22		6.2 缓冲装置	缓冲装置的结构与原理	**重点**：结构 **难点**：原理	2
23		6.3 车钩附属装置	附属装置的结构与原理	**重点**：结构 **难点**：原理	2
24		6.4 贯通道	贯通道的结构与原理	**重点**：结构 **难点**：原理	2

注：每个任务（单元）最多不超过12学时。

5.2.1.3 课程考核

（1）课程考核分终结性评价和过程性评价。
（2）终结性考核为期末考试，采取笔试的形式。
（3）过程性评价包括考勤、课堂表现、作业、课程总结和单元测试。
考核评价可参考表 5-5。

表 5-5 课程总评表

项目	评价内容	得分	权重	总比例	总评
终结性评价	期末考试		50%	60%	
	网上成绩		30		100%
	作业		5%		
	单元测验		10%		
	课程总结		5%		

5.2.1.4 实施要求

1. 授课教师基本要求

本课程授课老师具备现场地铁车辆段实际工作经验或有现场挂职经验，拥有高等学校教师资格。

2. 实践教学条件要求

校内实训室相关规格见表5-6。

表5-6 城轨车辆机械实训室

实训室名称	城轨车辆机械实训室	面积要求	120 m²
序号	核心设备	数量要求	备注
1	车钩缓冲装置	2套	
2	电动塞拉门	2套	
3	转向架	2套	
4	车体	1个	

3. 教学方法和策略

（1）教学方法。

根据学情分析和教学内容特征，选择项目化教学、翻转课堂教学法、案例教学法、情景教学法、探究式教学法等教学方法。

（2）教学策略。

在教学过程中，利用实训室设备，采用现场教学。引入现场案例，加入"地铁车辆日检"实际工作内容，与现场实际工作贴合。对工艺流程内容，可采取学中做、做中学的方式。利用"课前小考"环节，督促学生的课后复习。

4. 教材和数字化资源的选用

表5-7 "城市轨道交通列车机械构造"课程教材选用表

序号	教材名称	教材	出版社	主编	出版时间
1	《城市轨道交通车辆机械构造》	特色专业系列教材	西南交大出版社	王杰华	2020.07
2	《城市轨道交通车辆构造》	"十二五"规划教材	人民交通出版社	邱志华	2015.10

表5-8 "城市轨道交通列车机械构造"课程参考教材选用表

序号	教材名称	教材	出版社	主编	出版时间
1	《城市轨道交通车辆构造》	"十二五"规划教材	人民交通出版社	邱志华	2015.10
2	《城市轨道交通车辆构造》	"十三五"规划教材	机械工业出版社	李伟	2018

5.2.1.5 其他

略。

5.2.2 "城轨车辆电器与电机"课程标准

5.2.2.1 课程性质

1. 课程性质

本课程是城市轨道车辆应用技术专业必修的一门核心课,是学生在学习了"电力电子技术"课程,具备了辨识电器基础知识及识读城市轨道交通车辆电路图能力的基础上,为其开设的一门理论课,其功能是对接城市轨道车辆应用技术专业人才培养目标,面向列车检修员工作岗位,培养和加深学生对电器结构原理及作用的认知,并为后续"城市轨道交通列车电气控制"课程的学习奠定基础。

2. 课程功能定位

表 5-9 课程功能定位分析

对接的工作岗位	对接培养的职业岗位能力
城轨车辆检修员	1. 熟悉列车电器设备结构功能及其布置
	2. 能对列车典型电器设备进行基本的检修维护
	3. 能使用仪表对列车常用低压电器设备进行参数测量

5.2.2.2 课程目标与内容

1. 课程总目标

使学生熟悉城市轨道交通车辆电器的基础知识,具备基本的车辆电器认知能力。学生通过学习,能认知城市轨道交通车辆常用低压电器与典型电器的结构原理;根据电器本身特性,熟悉电器通用知识,常用低压电器结构原理,典型电器结构原理,培养学生解决城市轨道交通车辆电器运行维护等实际问题的能力,具备一名合格列车检修员应有的基本知识和技能。

2. 课程具体目标

该部分具体表述课程的内容及学生应达到的知识目标、技能目标、素质目标,在进行目标表述时应以学生作为行为主体来表述。

表 5-10 课程教学目标与内容

序号	毕业要求指标点	知识目标	技能目标	素质目标	教学内容
1	能熟悉电器基本通用知识	了解电器的含义; 熟悉电器的发热与稳定性问题; 掌握触头振动和磨损情况; 熟悉电弧产生和熄灭的物理过程; 掌握灭弧的方法与装置; 掌握电磁传动装置与电空传动装置的工作原理	能够对电器的触头、电弧及电磁与电空传动装置的结构原理进行全面分析	具备安全作业意识; 岗位服务意识	电器基础知识

续表

序号	毕业要求指标点	知识目标	技能目标	素质目标	教学内容
2	能熟悉城轨车辆常用低压电器的结构、工作原理及应用	能了解常用低压电器的组成、结构及技术参数；能够掌握常用低压电器的工作原理；能掌握常用低压电器的基础维护	能认识常用低压电器的结构及作用；能熟悉常用低压电器的构成、特点及工作要求；能够对常用低压电器进行操作、检查与故障分析	培养职业生涯中岗位服务意识；安全作业意识；严谨的工作作风意识	城轨车辆常用低压电器
3	能熟悉城轨车辆典型电器的结构、工作原理及应用	能了解典型电器的基本结构、作用原理及应用；能够掌握典型电器的工作原理；能掌握典型电器的基础维护	能认识典型电器的结构及作用；能熟悉典型电器的构成、特点及工作要求；能够对典型电器进行操作、检查与故障分析	培养学习新知识的能力；解决问题的能力	城轨车辆典型电器
4	能熟悉城轨车辆其他电器的结构、工作原理及应用	能了解其他电器的基本结构、作用原理及应用；能够掌握典其他电器的工作原理；能掌握其他电器的基础维护	能认识其他电器的结构及作用；能熟悉其他电器的构成、特点及工作要求；能够对其他电器进行操作、检查与故障分析	培养职业生涯中岗位服务意识；团结合作的意识；解决问题的能力	城轨车辆其他电器

表 5-11 课程教学目标与内容

序号	项目（模块）	任务（单元）	教学内容	重点、难点、考核点	学时
1	项目1 电器基础	任务1 车辆电气系统概述	电器概述；电器的发热与稳定性；电器的触头	**重点**：电器的定义，电器热稳定性的含义 **难点**：触头振动和磨损	6
2		任务2 电器的传动装置	电磁传动装置；电空传动装置	**重点**：电磁传动装置与电空传动装置的组成、分类以及吸力特性 **难点**：电磁传动装置与压缩空气驱动装置的工作原理	4
3		任务3 电弧及灭弧装置	电弧的产生与熄灭；灭弧的方法与装置	**重点**：电弧产生和熄灭的物理过程 **难点**：灭弧的方法与装置	4
4	项目2 城轨车辆常用低压电器	任务1 继电器与接触器	继电器的结构原理；接触器的结构原理	**重点**：结构原理 **难点**：应用特点	8
5		任务2 低压断路器与主令电器	低压断路器的结构原理；主令电器的结构原理	**重点**：结构原理 **难点**：应用特点	4
6		任务3 熔断器与传感器	熔断器的结构原理；传感器的结构原理	**重点**：结构原理 **难点**：应用特点	4
7	项目3 城轨车辆典型电器	任务1 主电路典型电器	受流器；高速断路器；牵引逆变器；牵引电机；接地装置；制动电阻；避雷器	**重点**：组成结构及技术参数 **难点**：工作原理	20
8		任务2 辅助电路典型电器	辅助逆变器；蓄电池；司机控制器	**重点**：组成结构及技术参数 **难点**：工作原理	8

续表

序号	项目（模块）	任务（单元）	教学内容	重点、难点、考核点	学时
9	现场教学	现场教学一 常用低压电器认知	低压电器的基本结构； 低压电器的作用原理	**重点**：低压电器的结构原理 **难点**：低压电器的应用	2
10		现场教学二 典型电器认知	典型电器的基本结构； 典型电器的作用原理	**重点**：典型电器的作用原理 **难点**：典型电器的应用	2
11		现场教学三 其他典型电器认知	其他典型电器的基本结构； 其他典型电器的作用原理	**重点**：其他典型电器的作用原理 **难点**：其他典型电器的应用	2
12		现场教学三 其他典型电器认知	列车电器系统的布置、类型及用途； 列车电器系统的功能原理	**重点**：电器系统的布置 **难点**：电器系统的功能	2

5.2.2.3 课程考核

（1）本门课程的考核由过程考核和终结性考核两个部分组成。

（2）过程考核由平时课堂考勤、课堂表现、作业、测验等成绩综合评定。终结性考核为期末通过卷面理论考试的方式进行评定。

（3）课程成绩的评定方法为终结性考核考试成绩（占总成绩的 70%）+过程考核成绩（占总成绩的 30%）。

表 5-12 课程总评表

项目	评价内容	得分	权重	总比例	总评
终结性考核	知识考核		100%	60%	100%
过程考核	测验		10%	40%	
	作业		10%		
	课堂考勤		5%		
	课堂表现		5%		

5.2.2.4 实施要求

1. 授课教师基本要求

本课程授课老师要具备分析电气原理图的能力、能够对电气故障发生原因进行判断、分析及解决的能力，在授课前经过专门的电工技能培训并取得培训证书，或者取得电工证，同时拥有高等学校教师资格。

2. 实践教学条件要求

校内实训室相关规格见表 5-13。

表 5-13 城轨车辆电器实训室

实训室名称	城轨车辆电器实训室	面积要求	280 m²
序号	核心设备	数量要求	备注
1	城轨列车电气实训系统	1 套	
2	继电器	55 个	1 个/人
3	接触器	55 个	1 个/人
4	高速断路器	8 台	1 台/7 人
5	轴端接地装置	8 台	1 台/7 人

3．教学方法和策略

（1）教学方法。

主要采用讲授法、启发式教学法、情景教学法、探究式教学法等 4 种教学方法交叉应用的方式。

根据职业岗位技能和学生特点，选取了贴近生产实际的 4 个典型项目作为教学内容，结合现场作业实施教学安排，以项目教学的形式，将列车电器等现场知识融入相关的项目教学中，切实提高学生的职业能力。

（2）教学策略。

教学过程中秉承"以学生为主体，教师为引导"这一理念，对课程实施"教、学、做"一体化教学。

在教学过程中，充分利用现有的硬件资源，结合列车电器元件实物、图书馆丰富的教材习题册以及实训室的设备器材来加深学生对知识的理解。

将传统教学手段——板书、PPT、视频、图片、动画、实训台，与现代教学手段——CAD 绘图软件、电路模拟软件相结合，以提高课堂教学效果。

4．教材和数字化资源的选用

表 5-14 "城市轨道交通列车电气故障处理"课程教材选用表

序号	教材名称	教材	出版社	主编	出版时间
1	《城市轨道交通车辆电气设备检修》	公开出版	人民交通出版社	刘敏	2019.6

表 5-15 "城市轨道交通列车电气故障处理"课程参考教材选用表

序号	教材名称	教材	出版社	主编	出版时间
1	《城市轨道交通车辆电器》	公开出版	西南交通大学出版社	陈廷凤	2010.6

5.2.2.5 其 他

无。

5.2.3 "城轨车辆制动系统"课程标准

5.2.3.1 课程性质

1. 课程的性质

本课程适用于高等职业学校城市轨道交通车辆专业,属于专业核心课,是本专业支撑课程之一。主要讲授城市轨道交通车辆制动系统结构、功能、工作原理。本课程的学习任务是使学生具备本专业高素质专业人才所必需的城市轨道交通车辆制动系统相关的知识,提高学生的全面素质,为适应城市轨道车辆应用技术现代化,为城市轨道交通车辆的运用与检修打下理论基础。

2. 课程功能定位

表 5-16 课程功能定位分析

对接的工作岗位	对接培养的职业岗位能力	对应岗位的知识点
轨道列车检修工	1. 熟悉城市轨道交通列车制动系统理论知识	1. 制动基础知识
		2. 城轨车辆制动系统组成
		3. 城轨车辆的制动模式和制动方式
	2. 能够对制动系统主要零部件进行故障分析与日常检修	1. 供风系统结构及常见故障
		2. 基础制动结构及常见故障
		3. 控制装置的结构
		4. 空气管路附件结构
	3. 熟悉典型制动系统的操作	1. KBGM 制动系统结构及作用原理
		2. EP2002 制动系统结构及作用原理
		3. EP09 制动系统结构及作用原理
	4. 识读制动系统气路图	车辆气路原理图
	5. 工匠精神、团队协作、安全意识	供风系统、基础制动装置故障处理
轨道列车司机	1. 熟悉城市轨道交通列车制动系统理论知识	1. 制动基础知识
		2. 城轨车辆制动系统组成
		3. 城轨车辆的制动模式和制动方式
	2. 能够按照要求在空气制动故障时进行切除	1. 空气管路附件结构
		2. 供风系统结构及常见故障
		3. 基础制动结构及常见故障
	3. 熟悉典型制动系统的操作	1. KBGM 制动系统结构及作用原理
		2. EP2002 制动系统结构及作用原理
		3. EP09 制动系统结构及作用原理
	4. 识读制动系统气路图	车辆气路原理图
	5. 培养责任意识、安全意识,团队协作能力	B05 结构原理及切除处理

5.2.3.2 课程目标与内容

1. 课程总目标

熟悉城市轨道交通车辆制动系统结构及各部分的作用原理,了解制动系统的先进技术,掌握制动系统基础知识,熟悉典型制动系统结构,能对制动系统主要零部件进行故障分析与日常检修作业,具备较强的读图能力,学会分析制动系统气路图。培养学生热爱专业,热爱本职工作的精神;培养学生的责任意识、安全意识和提高其团队协作能力。本课程的考核合格率不低于95%。

2. 课程具体目标

表5-17 课程教学目标与内容

序号	考核指标点	知识目标	技能目标	素质目标	教学内容	教学资源
1	认知城轨车辆制动的基础知识	能够区分制动相关概念	区分制动相关概念	培养学生专业学习热情	制动的基本概念及城市轨道交通及车辆制动的特点和重要性	教学PPT、习题库、微课、视频
		能够区分不同的制动模式和制动方式	区分5种制动模式	责任意识、独立思考规范意识	车辆的制动模式;城市轨道车辆制动机的种类	教学PPT、习题库、微课、视频
2	1. 识别风源系统及整体布置 2. 判断风源系统常见故障	能够掌握空压机的结构及原理;掌握空压机常见故障	能够掌握空压机的结构及原理;掌握空压机常见故障	归纳总结能力;具有工作责任心	空气压缩机组及附件	教学PPT、习题库、微课、动画视频
		能够掌握空气干燥器结构及原理;掌握空气干燥器常见故障	能够掌握空气干燥器结构及原理;掌握空气干燥器常见故障	认识新知识能力;安全意识	空气干燥器	教学PPT、习题库、动画视频
		识别空气管路附件	识别空气管路附件	细心和耐心能力;团队合作能力	空气管路附件	教学PPT、习题库、动画视频
3	1. 熟悉基础制动装置结构及原理 2. 基础制动装置常见故障处理	熟悉踏面制动单元结构及原理;踏面制动单元常见故障处理	熟悉踏面制动单元结构及原理	归纳总结能力;分析能力	踏面制动单元	教学PPT、踏面制动单元实物、习题库、动画视频
		熟悉盘型制动单元结构及原理;盘型制动单元常见故障处理	熟悉盘型制动单元结构及原理	安全操作意识	盘型制动单元结构及原理	教学PPT、习题库、盘型制动单元实物、动画视频
4	1. 能够掌握制动控制系统结构及原理 2. 区分电制动和空气制动	能够掌握制动控制系统结构原理;理解防滑控制原理	能够掌握制动控制系统结构及原理;区分电制动和空气制动	具备独立学习意识和归纳总结能力	城市轨道交通车辆电系统;制动控制系统的组成	教学PPT、习题库、微课
5	1. 能够区分典型制动系统 2. 读懂不同制动系统的气路图 3. 制动系统日常检修及常见故障处理	能够区分典型制动系统;读懂不同制动系统的气路图	能够区分典型制动系统;读懂不同制动系统的气路图	具备识图分析的能力;具备分析判断的能力	KBGM型制动系统;EP2002型制动系统;EP09型制动系统	教学PPT、虚拟软件、习题库、动画
		制动系统日常检修及常见故障处理	制动系统日常检修及常见故障处理	安全意识、责任意识;独立思考能力	制动系统日常检修及常见故障处理	教学PPT、习题库、虚拟软件

注:考核指标点,既能证明对应的岗位知识点是否已经掌握,也能证明是否达到知识、技能、素质目标。

表 5-18　课程教学安排

序号	项目	任务（单元）	教学内容	重点、难点	教学方法和手段	学时
1	课题一 城市轨道车辆制动系统基础知识	1.1 制动的基本概念及城市轨道交通及车辆制动的特点和重要性	1. 了解城市轨道交通及车辆制动的特点 2. 理解制动的基本概念 3. 掌握制动系统的重要作用	**重点**：制动系统的重要作用，城市轨道交通及车辆制动的特点 **难点**：理解制动的基本概念	讲授法、对比法、习题、视频演示、多媒体	2
2		1.2 制动系统应具备的条件及车辆的制动模式	1. 掌握制动系统应具备的条件 2. 车辆制动系统的制动模式	**重点**：制动系统应具备的条件，车辆制动系统的制动模式 **难点**：车辆制动系统的制动模式	讲授法、对比法、习题、多媒体	2
3		1.3 城市轨道车辆制动机的种类	1. 掌握城市轨道交通车辆制动机的种类	**重点**：城市轨道交通车辆制动机的种类 **难点**：城市轨道交通车辆制动机的种类	讲授法、对比法、习题、多媒体	2
4	课题二 风源系统	2.1 空气压缩机组	1. 掌握活塞式空气压缩机组的作用、组成和工作原理 2. 掌握螺杆式空气压缩机组的作用、组成和工作原理 3. 掌握空气压缩机组的控制 4. 空压机常见故障	**重点**：活塞式空气压缩机组的作用、组成和工作原理；螺杆式空气压缩机组的作用、组成和工作原理；空气压缩机组的控制 **难点**：活塞式空气压缩机组的作用、组成和工作原理；螺杆式空气压缩机组的作用、组成和工作原理；空压机常见故障	讲授法、对比法、习题、动画演示、多媒体	2
5		2.2 空气压缩机的主要附件及二次冷却器	1. 了解二次冷却器的类型和功能 2. 掌握空气压缩机附件组成及工作原理	**重点**：二次冷却器的类型和功能；空气压缩机附件组成及工作原理 **难点**：空气压缩机附件组成及工作原理	讲授法、对比法、习题、动画演示、多媒体	2
6		2.3 空气干燥器	掌握空气干燥器的作用、组成和工作原理	**重点**：空气干燥器的作用、组成和工作原理 **难点**：空气干燥器的工作原理	讲授法、对比法、习题、动画演示、多媒体	2
7		2.4 空气管路附件	掌握制动管路附件组成及作用	**重点**：制动管路附件组成及作用 **难点**：制动管路附件组成及作用	讲授法、对比法、习题、动画演示、多媒体	2
8		2.5 供风系统结构及安装（现场教学）	供风系统结构及安装	**重点**：供风系统结构 **难点**：供风系统结构	风源系统模型、实物现场教学	2

续表

序号	项目	任务（单元）	教学内容	重点、难点	教学方法和手段	学时
9	课题三 基础制动装置	3.1 踏面制动单元（1）	1. 了解闸瓦的类型和材料 2. 掌握PC7Y型及C7YF型踏面单元制动器结构及工作原理	**重点**：PC7Y型及PC7YF型踏面单元制动器结构及工作原理 **难点**：PC7Y型及PC7YF型踏面单元制动器结构及工作原理	讲授法、对比法、习题、动画演示、多媒体	2
10		3.2 闸瓦及踏面制动单元（2） 3.3 盘形基础制动装置	1. 掌握PEC7型及PEC7F型踏面单元制动器结构及工作原理 2. 了解盘形基础制动装置的组成 3. 掌握制动盘及闸片的材料及结构 4. 掌握WZK型盘形制动单元结构及工作原理	**重点**：闸瓦结构、PEC7型及PEC7F型踏面单元制动器结构及工作原理；WZK型盘形制动单元结构及工作原理 **难点**：PEC7型及PEC7F型踏面单元制动器结构及工作原理；WZK型盘形制动单元结构及工作原理	讲授法、对比法、习题、动画演示、多媒体	2
11		3.4 基础制动装置的结构与安装（现场教学）	通过现场教学，掌握两个类型的制动单元结构及安装	**重点**：两个类型的制动单元结构及安装 **难点**：两个类型的制动单元结构及安装	实物现场教学、对比	2
12	课题四 制动控制系统	4.1 城市轨道交通车辆电系统 4.2 制动控制系统的组成	1. 掌握电制动的基本原理及混合制动分配的原则 2. 掌握制动控制系统的组成及原理	**重点**：电制动的基本原理及混合制动分配的原则；制动控制系统的组成及原理 **难点**：制动控制系统的组成及原理	讲授法、对比法、习题、微课、多媒体	2
13		4.3 防滑原理和防滑控制	1. 了解防滑控制的必要性及基本条件 2. 掌握影响黏着系数的主要原因 3. 掌握防滑标准及防滑系统结构及原理	**重点**：防滑控制的必要性及基本条件；掌握影响黏着系数的主要原因；防滑标准及防滑系统结构及原理 **难点**：防滑标准及防滑系统结构及原理	讲授法、对比法、习题、微课、多媒体	2
14	课题五 典型制动系统	5.1 KBGM型制动系统的组成（1）	KBGM型制动系统的组成	**重点**：KBGM型制动系统空气控制单元的组成 **难点**：KBGM型制动系统空气控制单元的组成	讲授法、对比法、习题、动画演示、多媒体	2
15		5.1 KBGM型制动系统的组成（2）	KBGM型制动系统空气控制单元作用原理；KBGM气路原理	**重点**：制动控制单元主要阀件结构及原理 **难点**：制动控制单元主要阀件结构及原理	讲授法、对比法、习题、动画演示、多媒体	2

续表

序号	项目	任务（单元）	教学内容	重点、难点	教学方法和手段	学时
16	课题五 典型制动系统	5.2 空气制动系统控制过程及作用原理（1）	KBGM型制动系统空气控制单元作用原理	**重点**：KBGM型制动系统空气控制单元作用原理 **难点**：KBGM型制动系统空气控制单元作用原理	讲授法、对比法、习题、动画演示、多媒体	2
17		5.2 空气制动系统控制过程及作用原理（2）	KBGM型制动系统空气控制单元作用原理；KBGM气路原理	**重点**：KBGM气路原理 **难点**：KBGM气路原理	讲授法、对比法、习题、动画演示虚拟软件	2
18		5.3 EP2002型制动系统的结构（1）	1. 了解EP2002型制动系统的特点 2. 掌握EP2002型制动系统的组成 3. 掌握EP2002型制动阀的结构及功能 4. 了解EP2002型制动系统的主要优缺点	**重点**：EP2002型制动系统的组成；EP2002型制动阀的结构及功能；EP2002型制动阀的结构及功能	讲授法、对比法、习题、动画演示、多媒体	2
19		5.4 EP2002制动系统的控制过程和作用原理	1. 掌握EP2002型制动系统的网络结构 2. 掌握EP2002型制动系统的控制过程和作用原理	**重点**：EP2002型制动系统的网络结构；EP2002型制动系统的控制过程和作用原理 **难点**：EP2002型制动系统的控制过程和作用原理	讲授法、对比法、习题、动画演示、虚拟软件	2
20		5.5 EP2002制动系统气路原理（1）	1. 掌握车辆空气管路的组成 2. 掌握EP2002型制动系统风源系统、控制系统、气路原理	**重点**：车辆空气管路的组成 **难点**：风源系统、控制系统气路原理	讲授法、对比法、习题、动画演示虚拟软件	2
21		5.5 EP2002制动系统气路原理（2）	1. 掌握EP2002辅助制动控制装置、基础制动装置气路原理 2. 掌握悬挂装置供气气管路L组、升弓装置、车钩操作装置、防滑装置G组、轮缘润滑装置气路原理	**重点**：辅助制动控制装置、基础制动装置气路原理 **难点**：悬挂装置供气气管路L组、升弓装置、车钩操作装置、防滑装置G组	讲授法、对比法、习题、动画演示虚拟软件	2
22		5.6 EP09型制动系统组成	1. 了解EP09型制动系统特点 2. 掌握EP09型制动系统结构组成及各部的基本原理	**重点**：EP09型制动系统结构组成 **难点**：EP09型制动系统基本原理	讲授法、对比法、习题、多媒体	2
23		5.7 EP09型制动系统气动部件及制动系统功能	1. 掌握EP09型制动系统气动部件及工作原理 2. 掌握EP09型制动系统的主要功能	**重点**：EP09型制动系统气动部件及工作原理 **难点**：EP09型制动系统气动部件及工作原理	讲授法、对比法、习题、多媒体	2

序号	项目	任务（单元）	教学内容	重点、难点	教学方法和手段	学时
24		5.8 EP09制动系统气路原理	掌握EP09制动系统气路原理	**重点**：M、MP、TC车气路原理 **难点**：M、MP、TC车气路原理	讲授法、对比法、习题、多媒体	2
25	课题五 典型制动系统	5.9 制动系统日常检修及常见故障处理	1．掌握制动系统日常检修内容。 2．掌握制动系统常见故障处理	**重点**：制动系统日常检修内容 **难点**：制动系统常见故障处理	讲授法、虚拟检修、习题、多媒体	2
26		课程汇报	以小组为单位进行课程汇报	**重点**：检测学生的学习效果 **难点**：培养学生归纳总结能力及制作PPT能力	讲授法、翻转课堂、对比法、多媒体	2

注：每个任务（单元）最多不超过12学时。

5.2.3.3 课程考核

（1）考核方式：闭卷。

（2）评价方式：课程考核采用形成性考核（即过程考核）和终结性考核相结合的方式。成绩评定采用百分制，原则上形成性考核占60%，终结性考核占40%。形成性考核包括但不仅限于课堂考勤、课堂表现、作业；课堂表现包括但不仅限于课堂纪律和课堂问答。其中课堂考勤占10%，课堂表现占50%，作业占10%，单元测试占30%，终结性考核采用标准化试题的闭卷考试（期末考试），主要考查学生对本课程基础知识的掌握情况和运用本课程知识分析问题、解决问题的能力。

5.2.3.4 实施要求

1．授课教师基本要求

本课程教学任务的教师须具备本科学历，具备高等学校教师资格证。具备城市轨道交通列车机械构造、城市轨道交通列车制动系统理论知识，现场学习制动系统的总体及学习制动系统日常检修基本技能。

2．实践教学条件要求

校内实训室相关规格如表5-19所示。

表5-19 城轨车辆制动实训室

实训室名称	城轨车辆实训室	面积要求	120 m²
序号	核心设备	数量要求	备注
1	EP2002制动系统	1个	
2	踏面制动单元	6套	
3	风源系统模型	1套	
4	KBGM制动系统气路原理	1套	
5	EP2002制动系统气路原理	1套	

3．教学方法和策略

（1）教学方法。

本课程主要采用现场教学法、案例教学法、动画演示法、讲授法、讨论法、启发式教学法等教学方法。

（2）教学策略。

在教学过程中，根据课程知识点的特点，对于理论知识部分的讲授主要以多媒体教学为主，课堂上通过现场的视频、案例、动画演示、虚拟检修等方式引入教学，使教学资源更丰富，激发学生的学习兴趣，鼓励学生自主学习，自主探究，使其成为学习真正的主人；结合个别知识点的情况，可以利用校内实训室的设备进行现场学习，与现场实际相结合。

4．教材和数字化资源的选用

表 5-20　"城轨车辆制动系统"课程教材选用表

序号	教材名称	教材	出版社	主编	出版时间
1	《城市轨道交通车辆制动系统》	公开出版	人民交通出版社	刘柱军，佟关林	2020.01

表 5-21　"城轨车辆制动系统"课程参考教材选用表

序号	教材名称	教材	出版社	主编	出版时间
1	《城市轨道交通车辆制动系统》	公开出版	中国铁道出版社	杨鲁会，卢桂云	2012.06
2	《城市轨道交通车辆制动系统》	公开出版	西南交大出版社	应云飞，秦娟兰	2011.06

表 5-22　"城轨车辆制动系统"课程数字化资源选用表

序号	数字化资源名称	类型	数量	是否原创	备注
1	教学课件	PPT	26个	是	
2	微课	MP4	5堂	是	
3	动画	MP4	10段	是	
4	气路虚拟软件		1个	是	
5	制动系统虚拟检修软件		1个	是	

5.2.4 "城轨车辆网络控制系统"课程标准

5.2.4.1 课程性质

1. 课程性质

本课程是城市轨道车辆应用技术专业必修的一门专业核心课,是学生在学习了"电工及电子技术基础""城市轨道交通列车电气"等课程,具备了城市轨道交通列车电气与控制的基础上,为其开设的一门理论课,其功能是对接城市轨道车辆应用技术专业人才培养目标,面向城市轨道交通车辆检修岗或司机岗等工作岗位,培养学生应对城市列车网络控制系统的理解及解决列车网络控制故障问题的能力,并为后续"城市轨道交通列车驾驶"的教学中列车故障的解决奠定理论基础。

2. 课程功能定位

表 5-23 课程功能定位分析

对接的工作岗位	对接培养的职业岗位能力
轨道列车检修工	1. 具备列车网络化控制的理论知识
	2. 能够识别列车网络控制系统的各个模块及接口
	3. 能够根据列车网络控制系统的拓扑结构查找替换故障模块
轨道列车司机	1. 具备列车网络化控制的理论知识
	2. 能够识别列车网络控制系统的各个模块及接口
	3. 能够根据列车网络控制系统的拓扑结构解决紧急故障

5.2.4.2 课程目标与内容

1. 课程总目标

本课程教学的目的是使学生具备中、初级城市轨道交通车辆专业人才所必需的"城市轨道交通网络控制系统"基本知识及基本技能,初步形成解决实际问题的能力,为学习专业知识和职业技能,提高继续学习的能力,增强适应职业变化的能力打下一定基础。在教学中注意渗透思想教育,逐步培养学生的辨证思维,加强学生遵守职业道德规范的自觉性。本课程的考核合格率不应低于90%。

2. 课程具体目标

表 5-24 课程教学目标与内容

序号	考核指标点	知识目标	技能目标	素质目标	教学内容	教学资源
1	能区分闭环和开环控制系统	掌握控制与网络化控制系统的结构	现场能辨别控制系统的各个部件	分析问题、解决问题能力	1.1 控制系统概述 1.2 网络化控制系统概述 1.3 列车网络控制系统概述	PPT、动画、题库
2	能辨识通信系统的组成部分	掌握网络与通信基础的结构与原理	能根据通信系统的原理组建通信网络	理论应用于实践的能力	2.1 网络通信基础 2.2 网络拓扑结构 2.3 网络传输硬件设备 2.4 介质访问控制方式与网络互联参考模型 2.5 串行通信接口	PPT、动画、题库

续表

序号	考核指标点	知识目标	技能目标	素质目标	教学内容	教学资源
3	理清列车通信网络工作原理	掌握列车通信网络的拓扑结构	能够列举列车通信网络各个节点的工作原理	列举分析能力	3.1 列车通信网络概述 3.2 列车通信网络 3.3 CAN 总线 3.4 工业以太网	PPT、动画、题库
4	列车网络控制系统	掌握列车网络控制系统功能	能够根据列车运行图读取列车行车信息	具备识图分析的能力	4.1 列车网络控制系统与列车通信网络 4.2 列车微机控制系统 4.3 列车网络控制管理系统 4.4 DTECS 系统概述 4.5 DTECS 系统基本原理 4.6 DTECS 系统的主要功能 4.7 基于 DTECS 系统的车门控制	PPT、动画、题库

注：考核指标点，既是证明学生对应的岗位知识点是否已经掌握，也是证明学生是否达到知识、技能、素质目标。

表 5-25 课程教学目标与内容

序号	项目（模块）	任务（单元）	教学内容	重点、难点	教学方法和手段	学时
1	课题一 控制与网络化控制概述	1.1 控制与控制系统概述	1. 控制系统的发展概述 2. 开环控制系统 3. 闭环控制系统	**重点**：控制系统的定义及应用 **难点**：开环控制系统与闭环控制系统	**教学方法**：讲授法、讨论法和练习法 **教学手段**：教学PPT 及动画	2
2		现场教学 1 闭环控制系统	1. 结合理论，现场了解牵引电机速度控制在列车上的应用	**重点**：闭环控制原理。 **难点**：闭环控制系统在列车上应用	**教学方法**：演示法、讨论法 **教学手段**：教学PPT 及演示操作	2
3		1.2 网络化控制系统概述	1. 网络控制系统概念 2. 几种网络控制系统	**重点**：网络控制系统概念 **难点**：几种网络控制系统	**教学方法**：讲授法、讨论法和比较法 **教学手段**：教学PPT 及讨论	2
4		1.3 列车网络控制系统概述	1. 列车网络控制系统的结构和功能 2. 列车网络控制技术的发展	**重点**：列车网络控制系统的结构和功能 **难点**：列车网络控制技术的发展	**教学方法**：讲授法、讨论法和练习法 **教学手段**：教学PPT	2
5	课题二 数据通信与网络基础	2.1 网络通信基础（1）	1. 通信的基本概念 2. 通信系统的组成和性能指标	**重点**：通信的 6 个基本概念；通信系统的组成 **难点**：通信系统的性能指标；模拟信号数字化	**教学方法**：讲授法、讨论法和练习法 **教学手段**：教学PPT	2
6		2.1 网络通信基础（2）	1. 数据传输的方式 2. 数据传输的基本形式	**重点**：数据传输方式 **难点**：数据传输的基本形式	**教学方法**：讲授法、讨论法和练习法 **教学手段**：教学PPT 及讨论	2

续表

序号	项目（模块）	任务（单元）	教学内容	重点、难点	教学方法和手段	学时
7	课题二 数据通信与网络基础	2.2 网络拓扑结构	1. 拓扑结构的概念 2. 几种常见的拓扑结构	**重点：** 拓扑结构的组成及分类 **难点：** 几种常见的拓扑结构	**教学方法：** 讲授法、分析法和练习法 **教学手段：** 教学PPT	2
8		2.3 网络传输硬件设备	1. 网络传输介质 2. 网络连接设备的作用	**重点：** 网络传输介质的分类 **难点：** 网络连接设备的种类	**教学方法：** 讲授法、比较法和练习法 **教学手段：** 教学PPT及讨论	2
9		2.4 介质访问控制方式与网络互联参考模型	1. 介质访问控制方式 2. 网络体系结构的基本概念 3. 系统互联参考模型	**重点：** 介质访问控制方式 **难点：** 系统互联参考模型	**教学方法：** 讲授法、比较法和练习法 **教学手段：** 教学PPT及讨论	2
10		2.5 串行通信接口	1. 串行通信接口RS232的三种特性	**重点：** 串行通信接口RS232的机械特性、电气特性 **难点：** 串行通信接口RS232的信号特点	**教学方法：** 讲授法、分析和练习法 **教学手段：** 教学PPT及讨论	2
11	课题三 列车通信网络技术	3.1 列车通信网络概述	1. 列车通信网络的概念、任务和特点 2. 常见的列车通信网络	**重点：** 列车通信网络的任务 **难点：** 常见的列车通信网络	**教学方法：** 讲授法、讨论法和练习法 **教学手段：** 教学PPT及讨论	2
12		3.2 TCN标准概述	1. TCN的标准化进程 2. TCN的网络拓扑结构及体系结构	**重点：** 列车通信网络的网络拓扑结构 **难点：** 列车通信网络的网络体系结构	**教学方法：** 讲授法、讨论法和比较法 **教学手段：** 教学PPT及讨论	2
13		3.3 MVB总线	多功能车辆总线	**重点：** 多功能车辆总线的物理特性 **难点：** 多功能车辆总线的电气特性	**教学方法：** 讲授法、讨论法和练习法 **教学手段：** 教学PPT及讨论	2
14		3.4 WTB总线	绞线式列车总线	**重点：** 绞线式列车总线的物理特性 **难点：** 绞线式列车总线的电气特性	**教学方法：** 讲授法、讨论法和练习法 **教学手段：** 教学PPT及讨论	2
15		3.5 CAN总线	1. CAN通信总线的三大特性 2. CAN通信总线组网方式	**重点：** CAN通信总线的三大特性 **难点：** CAN通信总线组网方式	**教学方法：** 讲授法、分析法和练习法 **教学手段：** 教学PPT及讨论	2
16		3.6 工业以太网	工业以太网在列车通信网络上的应用	**重点：** 工业以太网的三大特性 **难点：** 工业以太网在列车上的应用	**教学方法：** 讲授法、分析法和练习法 **教学手段：** 教学PPT及讨论	2

179

续表

序号	项目（模块）	任务（单元）	教学内容	重点、难点	教学方法和手段	学时
17	课题四 列车网络控制系统	4.1 列车网络控制系统的应用	1. 网络控制的意义 2. 列车网络控制系统的功能	**重点**：网络控制的意义 **难点**：列车网络控制系统的功能	**教学方法**：讲授法、讨论法和练习法 **教学手段**：教学PPT及讨论	2
18		4.2 基于TCN的列车网络控制系统	常见的列车微机控制系统	**重点、难点**：几种典型的列车微机控制系统	**教学方法**：讲授法、讨论法和比较法 **教学手段**：教学PPT及讨论	2
19		4.3 DTECS系统概述	1. 列车网络控制管理系统的应用 2. 列车网络控制管理系统的功能	**重点**：列车网络控制管理系统的应用 **难点**：列车网络控制管理系统的功能	**教学方法**：讲授法、讨论法和练习法 **教学手段**：教学PPT及讨论	2
20		4.4 DTECS系统硬件设备	1. DTECS系统拓扑结构 2. DTECS系统接口特点	**重点**：DTECS系统拓扑结构 **难点**：DTECS系统拓扑结构	**教学方法**：讲授法、列举法和练习法 **教学手段**：教学PPT及讨论	2
21		4.5 DTECS系统基本原理	DTECS系统的基本原理	**重点、难点**：DTECS系统的基本原理	**教学方法**：讲授法、讨论法和练习法 **教学手段**：教学PPT及讨论	2
22		4.6 DTECS系统的主要功能	1. DTECS系统的控制功能 2. DTECS系统的监视功能 3. DTECS系统的故障诊断功能	**重点**：DTECS系统的控制功能 **难点**：DTECS系统的故障诊断功能	**教学方法**：讲授法、分析法和练习法 **教学手段**：教学PPT及讨论	2
23		4.7 基于DTECS系统的车门控制	1. 基于DTECS系统的车门控制网络的拓扑结构 2. DTECS系统控制车门的开关原理	**重点**：基于DTECS系统的车门控制网络的拓扑结构 **难点**：DTECS系统控制车门的开关原理	**教学方法**：讲授法、分析法和练习法 **教学手段**：教学PPT及讨论	2
24		现场教学2 地铁车门控制系统	结合理论，现场了解地铁车门控制系统的结构和原理	**重点**：地铁车门控制系统的结构 **难点**：地铁车门控制系统的控制原理及障碍物检测原理	**教学方法**：演示法、分析法和讨论法 **教学手段**：教学PPT及讨论	2
25	课题五 网络化列车故障诊断系统	5.1 检测与诊断技术 5.2 地铁列车故障诊断系统	了解地铁列车上应用的检测与诊断技术；了解地铁列车故障诊断系统	**重点**：铁列车上应用的检测与诊断技术 **难点**：地铁列车故障诊断系统	**教学方法**：讲授法、讨论法和练习法 **教学手段**：教学PPT及讨论	2
26			课内考试			2

注：每个任务（单元）最多不超过12学时。

5.2.4.3 课程考核

1. 考核方式

课程考核采用形成性考核（即过程考核）和终结性考核相结合的方式，形成性考核占 50%，终结性考核占 50%。

2. 评价方式

形成性考核包括课堂考勤、课堂表现、作业、单元测验。终结性考核为标准化试题的课内闭卷考试。

表 5-26 课程评价总表

项目	评价内容	得分	权重	总比例	总评
终结性考核	期末考试		50%	50%	100%
过程性考核	考勤		10%	50%	
	课堂表现		10%		
	作业		30%		

5.2.4.4 实施要求

1. 授课教师基本要求

本课程授课教师具备城市轨道交通列车网络控制技术的理论知识，现场跟岗掌握列车网络控制系统控制设备、连接设备、节点设备的识别、分析能力，或授课前经过学习掌握列车网络控制技术的理论知识。授课教师要求具有高等学校教师资格。

2. 实践教学条件要求

表 5-27 城市车辆机械实训室

实训室名称	高铁信号实训室	面积要求	240 m²
序号	核心设备	数量要求	备注
1	城市轨道交通列车驾驶控制台	2 套	
2	地铁车门仿真设备	2 套	

3. 教学方法和策略

（1）教学方法：主要采用项目化教学法、案例教学法、情景教学法、探究式教学法、现场教学法等教学方法。

根据城市轨道交通列车网络控制技术相关知识的特点，依据"即学即用"的原则安排教学顺序，以项目教学为形式，设计具有代表性的项目，对知识点进行整理，作为实践与技能的背景知识安排在相关的项目任务中，让各种知识尽可能在"做中学"。

（2）教学策略：在教学过程中，根据课程知识点的特点，对于理论知识部分的讲授主要以多媒体教学为主，结合个别知识点的特殊情况，根据学校现有实训室的条件，采用现场教学的形式开展。城市轨道交通列车网络拓扑结构模块知识的讲授是要结合现场网络控制设备以图片展示及视频演示的形式开展教学；城市轨道交通网络控制系统模块知识的讲授则根据车门控制以现场演练的形式开展，则能够获得较好的教学效果。

4. 教材和数字化资源的选用

表 5-28 "城轨车辆网络控制系统"课程教材选用表

序号	教材名称	教材	出版社	主编	出版时间
1	《动车组网络技术》	公开出版	北京交通大学出版社	史红梅	2013.01

表 5-29 "城轨车辆网络控制系统"课程参考教材选用表

序号	教材名称	教材	出版社	主编	出版时间
1	《列车网络控制技术原理与应用》	公开出版	中国电力出版社	陶艳	2016.07
2	《高速列车网络控制系统原理与应用》	公开出版	中国铁道出版社	常振臣	2016.07

5.2.5 "城轨车辆行车规章与操纵"课程标准

5.2.5.1 课程性质

1. 课程性质

本课程适用于高等职业学校城市轨道交通车辆专业，属于专业核心课，主要讲授城市轨道交通列车运用驾驶与操作规章。是学生学习了"城市轨道交通概论""城市轨道交通列车电气""城市轨道交通车辆总体"等课程的基础上为其开设的一门理论课。其功能是：使学生具备本专业高素质劳动者和初、中级专门人才所必需的城市轨道交通列车运用驾驶与操作规章的知识，提高学生的全面素质，为适应城市轨道车辆应用技术现代化，提高自身的综合素质及职业能力打下基础。

2. 课程功能定位

表 5-30 课程功能定位分析

对接的工作岗位	对接培养的职业岗位能力
轨道列车检修工	1. 具备根据信号、交路计划、列车运行图辨别行车条件的能力
	2. 掌握轨道列车司机一次出乘作业的基本知识
轨道列车司机	1. 具备根据信号、交路计划、列车运行图辨别行车条件的能力
	2. 具备轨道列车司机独立完成一次出乘作业的能力
	3. 能够完成列车在非正常情况下的驾驶操作
	4. 能够在列车故障情况下完成操作与处理
	5. 行车中突发应急事故的预防与处理

5.2.5.2 课程目标与内容

1. 课程总目标

本课程的教学目标是：使学生具有高素质劳动者和初、中级专门人才所必需的城市轨道交通列车驾驶运用于操作规章的基本知识，培养学生应对城市轨道交通列车的运用与操作的基本能力及解决列车运用故障问题的潜在能力，为学生适应今后的工作打下良好的基础。

2. 课程具体目标

具体表述课程的内容及学生应达到的知识目标、技能目标、素质目标，在进行目标表述时应以学生作为行为主体来表述。

表 5-31 课程教学目标与内容

序号	毕业要求指标点	知识目标	技能目标	素质目标	教学内容
1	能根据信号、交路计划、列车运行图行车	列车运行基础知识	现场能根据信号、交路计划、列车运行图辨别行车条件	学以致用的能力	1.1 城市轨道交通行车组织概述 1.2 行车信号系统 1.3 行车闭塞法 1.4 列车运行图

续表

序号	毕业要求指标点	知识目标	技能目标	素质目标	教学内容
2	按作业流程完成一次出乘作业	轨道列车司机作业标准	能完成一次出乘作业	理论应用于实践的能力	2.1 司机的职责与要求 2.2 出勤、退勤及交接班 2.3 列车整备作业 2.4 车厂作业 2.5 正线运行及站台作业 2.6 折返作业 2.7 调车作业
3	非正常情况下的行车组织	非正常情况下的操作与处理	能够完成非正常情况下的操作与处理	突发事件应急能力	3.1 特殊情况下的操作与处理 3.2 清客作业 3.3 突发事件应急处理
4	掌握不同故障的处理与操作	故障情况下的操作与处理	能够判别故障、处理故障	行车中故障处理的能力	4.1 车辆故障排除基本知识 4.2 车门、屏蔽门故障 4.3 信号设备故障 4.4 轨道电路故障 4.5 道岔故障 4.6 牵引类故障 4.7 制动类故障 4.8 列车救援
5	判断事故发生的警觉性	行车事故的预防与处理	能够按章程正确处理事故	突发事故处理能力	5.1 行车事故的定义及分类 5.2 应急预案及事故预防 5.3 行车事故的分析与处理 5.4 行车事故案例分析

表 5-32 课程教学目标与内容

序号	项目（模块）	任务（单元）	教学内容	重点、难点、考核点	学时
1	课题一 列车运行基础知识	1.1 城市轨道交通行车组织概述	1. 理解城市轨道交通限界 2. 掌握城市轨道交通线路、车站、车辆、车辆段 3. 理解行车组织基础知识	**重点**：城市轨道交通线路、车站 **难点**：城市轨道交通车辆、车辆段	2
2	课题一 列车运行基础知识	1.2 行车信号系统	城市轨道交通行车信号系统	**重点**：城市轨道交通行车信号系统 **难点**：信号机的类型	2
3		1.3 行车闭塞法	各种行车闭塞方法	**重点**：信号闭塞系统 **难点**：移动闭塞	2
4		1.4 列车运行图	列车运行图	**重点**：列车运行图的格式 **难点**：列车运行图的分类	2
5	课题二 轨道列车司机作业标准	2.1 司机的职责与要求	1. 电客车司机及相关概念 2. 电客车司机的岗位职责 3. 对电客车司机的要求 4. 电客车司机的安全作业守则 5. 电客车司机的心理状态与疏导方法	**重点**：电客车司机的岗位职责与要求 **难点**：电客车司机的安全作业守则	2

续表

序号	项目（模块）	任务（单元）	教学内容	重点、难点、考核点	学时
6	课题二 轨道列车司机作业标准	2.2 出勤、退勤及交接班	车辆段派班室或正线出勤、退勤及办理交接班手续	**重点**：出勤、退勤程序；**难点**：交接班	2
7		2.3 列车整备作业	列车检查与试验程序	**重点**：整备作业程序 **难点**：检查内容与标准	2
8		2.4 车厂作业	1. 列车驾驶模式选用与转换 2. 使用行车联控用语，正确执行手指口呼制度 3. 进出车辆段程序	**重点**：列车驾驶模式 **难点**：出、入厂作业	2
9		2.5 正线运行及站台作业	1. 正线驾驶电动列车 2. 列车广播使用 3. 站台作业程序	**重点**：正线运行注意事项及要求 **难点**：站台作业程序	2
10		2.6 折返作业	站前折返作业、站后自动折返作业	**重点**：终点站无人自动折返模式 **难点**：ATO或SM模式站前折返	2
11		2.7 调车作业	1. 列车调试内容和调试方法 2. 列车司机作业过程的安全注意事项	**重点**：调车作业计划 **难点**：车厂内调车作业程序	2
12	课题三 非正常情况下的操作与处理	3.1 特殊情况下的操作与处理	1. 列车反方向运行、推进运行和列车退行条件与操作 2. 恶劣天气下安全驾驶电动列车	**重点**：反方向运行、推进运行 **难点**：列车退行条件与操作	2
14		3.2 清客作业	列车清客办法	**重点**：清客情况 **难点**：清客操作	2
14		3.4 突发事件应急处理（1）	1. 列车挤岔、脱轨、分离的处理办法 2. 列车撞人的事件处理办法 3. 车门、屏蔽门夹人夹物的处理办法 4. 乘客、站台突发事件处理办法	**重点**：车门、屏蔽门夹人夹物的处理办法 **难点**：乘客、站台突发事件处理	2
15		3.4 突发事件应急处理（2）	5. 区间疏散乘客程序 6. 突发大客流时操纵电动列车 7. 正确处理列车火灾 8. 客室事件及其他简单事件处理	**重点**：区间疏散乘客程序 **难点**：正确处理列车火灾	2
16	课题四 故障情况下的操作与处理	4.1 车辆故障排除基本知识 4.2 车门、屏蔽门故障	1. 列车故障处理思路、一般处理原则、处理方法和处理程序 2. 正确快速处理车门故障 3. 正确快速处理屏蔽门故障	**重点**：列车处理思路、一般处理原则、处理方法和处理程序 **难点**：正确快速处理车门故障	2

185

续表

序号	项目（模块）	任务（单元）	教学内容	重点、难点、考核点	学时
17	课题四 故障情况下的操作与处理	4.3 信号设备故障 4.4 轨道电路故障	1. 信号设备故障的处理办法 2. 正确处理轨道电路故障	**重点、难点**：信号设备故障的处理办法	2
18		4.5 道岔故障	按章处理道岔故障	**重点**：中间站道岔故障 **难点**：人工转换道岔的作业程序	2
19		4.6 牵引类故障	按章处理牵引类故障	**重点**：牵引电机故障 **难点**：闭合指示灯不亮（按灯测试确认指示灯正常）处理办法	2
20		4.7 制动类故障	按章处理制动类故障	**重点**：URM模式下紧急制动处理办法 **难点**：车辆屏显示两个受电弓降下，产生紧急制动处理办法	2
21		4.8 列车救援	列车救援程序	**重点**：故障车司机作业程序 **难点**：救援车司机作业程序	2
22	课题五 行车事故的预防与处理	5.1 行车事故的定义及分类 5.2 应急预案及事故预防	1. 行车事故的定义及分类方式 2. 事故处理应急预案及应急设备	**重点**：行车事故的定义及分类方式 **难点**：事故处理应急预案及应急设备	2
23		5.3 行车事故的分析与处理	1. 影响城市轨道交通系统行车的安全因素分析 2. 认识判断行车事故	**重点**：影响城市轨道交通系统行车安全因素分析 **难点**：认识判断行车事故	2
24		5.4 行车事故案例分析（1）	1. 典型的行车事故案例选编以及事故分析	**重点、难点**：人为原因引起的地铁事故	2
25		5.4 行车事故案例分析（2）	2. 典型的行车事故案例选编以及事故分析	**重点**：设备原因引起的地铁事故 **难点**：社会灾害引起的地铁事故	2
26	全课程	期末考试	课程学习考核	全课程	2

注：每个任务（单元）最多不超过12学时。

5.2.5.3 课程考核

课程考核采用即过程考核和终结性考核相结合的方式。过程考核占40%，终结性考核占60%。过程考核可包括课堂考勤、课堂表现、作业。终结性考核为标准化试题的课内闭卷考试。

表 5-33 课程评价总表

项目	评价内容	得分	权重	总比例	总评
终结性考核	期末考试		60%	60%	100%
过程性考核	考勤		10%	40%	
	课堂表现		10%		
	作业		20%		

5.2.5.4 实施要求

1. 授课教师基本要求

本课程授课教师具备城市轨道交通列车运用于规章的理论知识,现场跟岗掌握轨道列车司机一次出乘作业标准、行车故障处理、行车应急处理等知识,或授课前经过学习掌握城市轨道交通列车运用与规章的理论知识。授课教师要求具有高等学校教师资格。

2. 实践教学条件要求

表 5-34 轨道列车司机职业技能鉴定中心

实训室名称	高铁信号实训室	面积要求	240 m²
序号	核心设备	数量要求	备注
1	轨道列车仿真驾驶控制台	4 套	
2	多媒体液晶教学屏	1 台	

3. 教学方法和策略

(1) 教学方法:主要采用项目化教学法、案例教学法、情景教学法、探究式教学法、现场教学法等教学法。

根据城市轨道交通列车运用于规章相关知识的特点,依据"即学即用"的原则安排教学顺序,以项目教学为形式,设计具有代表性的项目,对知识点进行整理,作为实践与技能的背景知识安排在相关的项目任务中,让各种知识尽可能在"做中学"。

(2) 教学策略:在教学过程中,根据课程知识点的特点,对于理论知识部分的讲授主要以多媒体教学为主,结合个别知识点的特殊情况,根据学校现有实训室的条件,采用现场教学的形式开展。

4. 教材和数字化资源的选用

表 5-35 "城市轨道交通列车网络控制系统"课程教材选用表

序号	教材名称	教材	出版社	主编	出版时间
1	《城市轨道交通电动列车驾驶》	公开出版	人民交通出版社	王丽红	2018.08

表 5-36 "城市轨道交通列车网络控制系统"课程参考教材选用表

序号	教材名称	教材	出版社	主编	出版时间
1	《城市轨道交通电动列车驾驶》	公开出版	人民交通出版社	蔡海云	2018.02

5.2.6 "城轨车辆电气控制"课程标准

5.2.6.1 课程性质

1. 课程性质

本课程是城市轨道车辆应用技术专业必修的核心课程,是学生在学习了"电工电子技术""电力电子技术"课程后,具备了基本的电路认知、识图能力的基础上,开设的一门理论课,其功能是对接城市轨道车辆应用技术专业人才培养目标,面向列车检修员与列车驾驶员工作岗位,培养学生认识城轨车辆电气系统的构成,理解城轨车辆电气控制的基本原理;学会识读城轨车辆电气电路图,掌握电路图的编制规则,熟识各个功能电路的组成及作用,电路的各个部分之间的逻辑关系以及电路中器件的接线关系、符号和标注的意义,理解电路工作原理,初步具备分析电路的基本能力,为后续城轨车辆电气检修、车辆电气故障检查等课程的学习奠定基础。

2. 课程功能定位

表 5-37 课程功能定位分析

对接的工作岗位	对接培养的职业岗位能力	对应岗位的知识点
城轨列车检修工	1. 掌握列车电气系统的构成、作用、布置及安装接线方式 2. 掌握列车电路图的绘制方法及接线表的编制方法	1. 城轨车辆电气系统的构成及基本控制原理 2. 列车电气原理图的编制规则及识读方法 3. 接线表的编制方法
	1. 掌握列车牵引及辅助主电路的构成、作用,布置及安装接线方式 2. 掌握列车牵引/制动控制各个功能电路的构成、作用,布置及安装接线方式 3. 掌握列车电气系统的工作原理及电路分析检查方法	1. 列车各个功能电路的组成,器件的符号、分布和接线方法 2. 列车各个功能电路工作原理 3. 列车各个功能电路的控制关系及电路分析
轨道列车司机	1. 掌握列车电气系统构成及布置 2. 掌握列车电气系统构工作原理 3. 掌握列车电气系统功能检查方法	1. 城轨车辆电气系统构成及工作原理 2. 城轨车辆电气系统电路图识读及分析 3. 电气系统各个功能电路的作用、控制关系及布置接线

5.2.6.2 课程目标与内容

1. 课程总目标

熟悉各种电气设备的图形符号和实物,认识城轨车辆电气系统的构成,理解城轨车辆电气控制的基本原理。能够识读列车电路图,熟悉电路图的编制规则,能够认识电路中器件的符号、接线方法,同时理解电路的工作原理,初步具备分析电路的基本能力。课程的考核合格率不低于95%。

2. 课程具体目标

具体表述课程的教学内容及教学资源,学生应达到的知识目标、技能目标、素质目标,在进行目标表述时应以学生作为行为主体来表述。

表 5-38 课程教学目标与内容

序号	考核指标点	知识目标	技能目标	素质目标	教学内容	教学资源
1	1. 城轨车辆电气系统组成及工作原理 2. 电路图的绘制及接线表编制	1. 熟悉列车电气系统的构成 2. 理解列车的控制原理 3. 熟悉列车电路图编制规则	1. 熟悉列车电气系统的组成总体布置 2. 能够按照城轨车辆电路图的编制规则绘制电路	培养职业生涯中岗位服务意识、团结合作的意识、解决问题的能力	列车电气系统组成及控制原理；列车电路图的编制规则及标注意义	PPT课件、电路图册、电气系统、电气系统虚拟仿真电路
2	1. 牵引电机转速及转矩控制原理 2. 牵引主电路组成及工作原理 3. 牵引主电路在列车上的布置及接线	了解牵引电机基本知识及其转速及转矩的控制方法；熟悉列车牵引主电路的组成及工作原理	1. 主电路电器分布及布置 2. 主电路接线检查	培养学习探究能力、细致的观察能力、思考能力	牵引电机类型，牵引电机转速及转矩控制，牵引主电路组成及工作原理	PPT课件、电路图册、电气系统、电气系统虚拟仿真电路
3	1. 辅助供电系统的组成及电路工作原理 2. 辅助供电系统中、低压供电电路的构成及在列车上的布置及接线	1. 了解城轨车辆辅助供电系统的基本类型 2. 掌握辅助供电主电路的组成及工作原理 3. 掌握辅助供电系统中、低压供电电路的构成	1. 熟悉辅助供电系统中、低压供电电路的分布及接线方式 2. 能按根据电路图查找电路的各个节点	分析问题的能力、团队协作能力	辅助供电系统类型、辅助供电系统组成及工作原理、中低压供电电路的构成及布置	PPT课件、电路图册、电气系统、电气系统虚拟仿真电路
4	1. 牵引制动控制各个功能电路的组成及作用 2. 牵引制动控制各个功能电路的工作原理 3. 能熟悉车门控制电路的组成及作用，掌握电路的工作原理，掌握电路的分析方法	1. 牵引与制动控制各个功能电路的组成、作用及工作原理 2. 牵引与制动控制各个功能电路的工作原理，熟悉电路的各个部分之间的逻辑关系以及电路中器件的接线关系、符号、标注等	1. 熟悉牵引与制动控制各个功能电路的分布及接线方式 2. 能分析电路的工作原理，熟悉电路的控制逻辑 3. 能按根据电路图查找电路的各个节点	培养学习新知识的能力、逻辑思维能力、学习过程中的类比思维、严谨细致的工作作风	列车激活控制、初始条件设置控制、牵引与制动控制等电路的组成及工作原理	PPT课件、电路图册、电气系统、电气系统虚拟仿真电路
5	1. 熟悉车门控制各个功能电路的组成、作用及工作原理 2. 熟悉电路的各个部分之间的逻辑关系以及电路中器件的接线关系、符号、标注	1. 熟悉车门控制各个功能电路的组成、作用及工作原理 2. 熟悉电路的各个部分之间的逻辑关系以及电路中器件的接线关系、符号、标注等	1. 熟悉车门控制各个功能电路的分布及接线方式 2. 能分析电路的工作原理，熟悉电路的控制逻辑 3. 能按根据电路图查找电路的各个节点	培养学生学习新知识的能力、解决问题的能力	城轨车辆车门控制的基本逻辑，车门指令电路组成及原理，列车单个车门及全车车门控制策略	PPT课件、电路图册、电气系统、电气系统虚拟仿真电路

续表

序号	考核指标点	知识目标	技能目标	素质目标	教学内容	教学资源
6	能熟悉列车照明电路的组成及作用,掌握电路的工作原理,掌握电路的分析方法	1. 熟悉列车照明组成、作用及工作原理 2. 熟悉电路的各个部分之间的逻辑关系以及电路中器件的接线关系、符号、标注等	1. 熟悉车门控制各个功能电路的分布及接线方式 2. 能分析电路的工作原理,熟悉电路的控制逻辑 3. 能根据电路图查找电路的各个节点	培养学习新知识的能力、解决问题的能力	列车照明系统分类,外部照明系统控制及原理,内部照明系统控制及原理	PPT课件、电路图册、电气系统、电气系统虚拟仿真电路

表 5-39 课程教学安排

序号	项目(模块)	任务(单元)	教学内容	重点、难点、考核点	教学方法和手段	学时
1	模块1 城轨车辆电气系统概述	绪论 1.1 城轨车辆电气系统的构成 1.2 城轨车辆电路图识读	1. 城轨列车电气系统的构成 2. 电气系统的控制原理 3. 电路图的编制规则符号、标注的表示意义	**重点**:电气系统的构成、城轨车辆电路图符号规定 **难点**:车辆电路图编制规定及读图方法	讲授法、启发式教学法、探究式教学法、练习法等,多媒体演示、虚拟仿真模拟等	6
2	模块2 城轨车辆牵引系统	2.1 牵引电机转速控制 2.2 城轨车辆牵引主电路	1. 异步牵引电机的转速及转矩方法 2. 牵引系统主电路构成及各个组成部分作用 3. 主电路的工作原理	**重点**:列车牵引主电路组成 **难点**:牵引主电路工作原理	讲授法、启发式教学法、探究式教学法、练习法等,多媒体演示、虚拟仿真模拟等	6
2	模块3 城轨车辆辅助供电系统	3.1 城轨车辆辅助供电系统及供电电路 3.2 直流110 V供电电路	1. 辅助供电系统的基本类型 2. 辅助供电主电路的组成及各个功能部分作用 3. 直流110 V供电电路的组成及布置 4. 辅助供电电路器件的符号、接线及电路的工作原理	**重点**:辅助供电主电路及直流110 V供电电路的构成 **难点**:电路各部分间的逻辑关系及工作原理	讲授法、启发式教学法、探究式教学法、练习法等,多媒体演示、虚拟仿真模拟等	4
3	模块4 城轨车辆牵引/制动控制电路	4.1 列车激活控制 4.2 列车司机台的解锁 4.3 受电弓的控制与监视 4.4 高速断路器的控制与监视 4.5 列车方向控制 4.6 列车牵引、制动指令和警惕控制 4.7 列车快速制动和紧急制动指令 4.8 列车零速监控及参考值信号 4.9 列车停放制动控制及监视 4.10 列车所有制动缓解施加监视	1. 各个功能电路的组成及作用 2. 各个功能电路的各个部分之间的逻辑关系 3. 电路中器件的接线关系、符号和标注的意义 4. 电路的工作原理	**重点**:各个功能电路的组成及作用,器件的接线关系、符号和标注的意义 **难点**:电路的控制逻辑及工作原理	讲授法、启发式教学法、探究式教学法、练习法等,多媒体演示、虚拟仿真模拟等	24

续表

序号	项目（模块）	任务（单元）	教学内容	重点、难点、考核点	教学方法和手段	学时
4	模块5 城轨车辆车门控制系统	5.1 列车车门控制单元EDCU控制电路 5.2 列车车门指令电路 5.3 列车车门指示灯控制及车门状态监视	1. 列车车门控制电路的组成及作用 2. 列车车门控制电路的各个部分之间的逻辑关系 3. 列车车门控制电路中器件的接线关系、符号和标注的意义 4. 列车车门控制电路的工作原理	重点：车门电路的组成及作用，器件的接线关系、符号和标注的意义 难点：车门电路的控制逻辑及工作原理	讲授法、启发式教学法、探究式教学法、练习法等，多媒体演示、虚拟仿真模拟等	6
5	模块6 城轨车辆照明系统	6.1 列车内部照明控制 6.2 列车外部照明控制	1. 列车照明控制电路的组成及作用 2. 列车照明控制电路的各个部分之间的逻辑关系 3. 列车照明控制电路中器件的接线关系、符号和标注的意义 4. 列车照明控制电路的工作原理	重点：照明控制电路的组成及作用，器件的接线关系、符号和标注的意义 难点：电路的控制逻辑及工作原理	讲授法、启发式教学法、探究式教学法、练习法等，多媒体演示、虚拟仿真模拟等	4
8	现场教学	现场教学一 城轨车辆电气系统总体构成及布置认识 现场教学二 城轨车辆电路图编制规则及器件接线方式认识 现场教学三 城轨车辆主电路的认识及其电路图识读 现场教学四 城轨车辆牵引制动控制电路的认识及其电路图识读	1. 城轨车辆电气系统的总体构成及电气柜、电气柜内设备的分布布置有现场认知 2. 车辆电路图编制规则、器件的接线方式，线束布置、线号处理现场认知 3. 列车主电路的组成、作用、接线方式、设备的安装结构现场认知 4. 列车牵引和制动控制各个电路的组成、接线方式、器件的安装结构现场认知	重点：电气系统的总体分布 难点：电路的组成、接线方式、设备的安装结构		8

5.2.6.3 课程考核

1. 考核方式

本门课程的考核由形成性考核（即过程考核）和终结性考核两个方面组成；形成性考核成绩由平时课堂考勤、课堂表现、作业、测验等部分综合评定（线下/线上）而成。终结性考核成绩为期末线下通过卷面理论闭卷考试方法评定。

2. 评价方式

课程考核采用形成性考核（即过程考核）和终结性考核相结合的方式，形成性考核占60%，终结性考核占40%。

5.2.6.4 实施要求

1. 授课教师基本要求

本课程授课老师要具备分析电气原理图的能力，能够对电气故障原因进行判断、分析及解决，在授课前经过专门的电工技能培训并取得培训证书，或者取得电工证，同时具有高等学校教师资格。

2. 实践教学条件要求

为了提高教学效果，增强学生联系实际的能力；有条件的应当配备相应的实训室，并尽可能结合实训室实际电气系统配合教学。

校内实训室相关规格如下。

表 5-40 城轨车辆电气实训室

实训室名称	城轨车辆电气实训室	面积要求	280 m²
序号	核心设备	数量要求	备注
1	城轨列车电气系统	1套	
2	城轨列车车顶电气设备	2套	
3	城轨列车车内电气柜	2套	
4	城轨列车车底电气设备	2套	
5	高速断路器	6台	

表 5-41 城轨车辆整备实训室

实训室名称	城轨车辆整备实训室	面积要求	280 m²
序号	核心设备	数量要求	备注
1	城轨列车电气系统	1套	
2	仿真车体及车内电气设备	1套	
3	车顶电气设备	1套	
4	车底电气设备	1套	
5	动力转向架	1台	

3. 教学方法和策略

（1）教学方法。

主要将讲授法、启发式教学法、探究式教学法、练习法等教学方法交叉应用。

根据职业岗位技能要求和学生特点，选取了贴近列车实际的关联最密切的6个典型模块作为教学内容，结合现场教学实施教学安排，以模块化教学的形式，将列车控制的基础知识、电气系统基础知识、列车虚拟控制系统与列车实际电气控制系统融入相关的模块教学中，切实提高学生的职业能力。

（2）教学策略。

教学过程中秉承"以学生为主体，教师为引导"这一理念，对课程实施"教、学、做"一体化教学；并利用职教云等网络教学平台实现线上线下混合式教学，课余时间学生可以通过网络教学平台进行学习，消化和巩固所学知识，拓展知识面，提高综合能力。

充分利用现有的硬件资源，结合列车电气元件实物、教材、电路图册以及实训室的设备器材来加深学生对知识的理解。

将传统教学手段——板书、PPT、视频、图片、动画、实训台，与现代教学手段——CAD 绘图软件、虚拟电路模拟软件相结合，以提高课堂教学效果。

4. 教材和数字化资源的选用

表 5-42 "城轨车辆电气控制"课程教材选用表

序号	教材名称	教材	出版社	主编	出版时间
1	《城市轨道交通车辆电气控制》	公开出版	机械工业出版社	华平，唐春林	2021.01
2	《城市轨道交通车辆控制》	公开出版	西南交大出版社	刘海梅，蔡海云	2016.09

表 5-43 "城轨车辆电气控制"课程参考教材选用表

序号	教材名称	教材	出版社	主编	出版时间
1	《城市轨道交通车辆电气故障分析与处理》	公开出版	中国铁道出版社	李瑞荣，童巧新	2017.07
2	《城市轨道交通车辆电路分析与电气故障处理》	公开出版	机械工业出版社	张立常	2012.10
3	《城市轨道交电动列车驾驶》	公开出版	中国铁道出版社	上海申通地铁集团有限公司	2010.03

6 城市轨道交通机电技术专业

6.1 城市轨道交通机电专业课程设置及学时分配

城市轨道交通机电专业课程设置及学时分配见表6-1。

表6-1 课程设置及学时学分分配表
城市轨道交通机电技术专业（三年制）

		序号	课程编码	课程名称	学分	考核方式	教学总学时	其中实践学时	开课时数	开课学期 1 14/19	2 18/20	3 12/20	4 13/20	5 1/20	6 18
公共基础课	必修课	1	001001060	思想道德修养与法律基础	3.0	课内考试	48	12	4/10	4					
		2	001003080	毛泽东思想和中国特色社会主义理论体系概论	4.0	课内考试	64	8+8	4/14		4				
		3	001002020	形势与政策	1.0	考查	16		讲座	讲座					
		4	008011020	创新创业基础	1.0	考查	16	4	8+8	讲座					
		5	008013020	大学生职业发展与就业指导	1.0	考查	16	4	8+8				讲座		
		6	009001010	安全教育	0.5	考查	8		讲座	讲座					
		7	010003040	大学生心理成长	2.0	考查	32		2/8+2/8		2				
		8	005001040	体育与健康	2.0	考查	24	22	2/12	2					
		9	005009040	体育专项1	2.0	考查	28	26	2/14		2				
		10	005010040	体育专项2	2.0	考查	28	26	2/14			2			
		11	005011040	体育专项3	2.0	考查	28	26	2/14				2		
		12	003007080	公共英语	4.0	统一考试	52	14	4/13	4					
		13	106105060	城轨机电专业英语	3.0	课内考试	36	待订	3/12				3		
		14	502001030	计算机文化基础	1.5	考证	28		2/14	2					
		15	002001060	高等数学	3.0	统一考试	48		4/12		4				
		16	004004040	写作与沟通	2.0	课内考试	32		3/11				3		
		17	004001030	普通话	1.5	课内考试	24		2/12		2				
		18	014004040	军事训练	2.0	考查	112		2w	2w					
		19	011001040	军事理论	2.0	考查	36		2/11+2/7	2					
		20	100001020	劳动专题教育	1.0	考查	16		4+4+4+4	讲座					
		21	018001060	劳动实践	3.0	考查	72		24+24+24		1w		1w		1w
		22	106101060	班级主题教育	3.0	考查	48		8+8+8+8+8	讲座					
	选修课	23	007003080	公共选修课（见公共选修课手册）	4.0	考查	60		2/15+2/15						
		24	012002040	美育选修课（见公共选修课手册）	2.0	考查	30		2/15						
				公共基础课合计	52.5		902	150		14	14	2	8	0	0
专业（技能）课	专业基础课	1	106112030	公关礼仪	1.5	考查	24		2/12	2					
		2	106006060	城轨安全规章	3.0	考查	0			第4学期录成绩					
		3	106110090	电工基础	4.5	统一考试	72	12	6/12	6					
		4	106046100	电子技术基础	5.0	统一考试	84	16	6/14		6				
		5	106032030	城轨概论	1.5	课内考试	26	2	2/13	2					

续表

	序号	课程编码	课程名称	学分	考核方式	教学总学时	其中实践学时	开课时数	开课学期					
									1	2	3	4	5	6
									14/19	18/20	12/20	13/20	1/20	18
专业基础课	6	106113060	轨道交通机电识图与制图实训	3.0	考查	48	48	24/2					2w	
	7	106034030	电路认知与焊接实训	1.5	考查	24	24	24/1	1w					
	8	106012060	电工操作技能实训	3.0	课内考试	48	48	24/2			2w			
	9	106068060	单片机与传感器应用技术	3.0	课内考试	48	48	24/2					2w	
	10	106035070	机械基础	3.5	课内考试	56	8	4/14		4				
			专业基础课合计	29.5		430	206		10	10	0	0		
专业核心课	1	106094060	城轨通风空调与给排水系统	3.0	统一考试	48	10	4/12				4		
	2	106016090	电气控制与PLC技术	4.5	统一考试	74	34	4/13+24/1			4+1w			
	3	106106080	城轨综合监控系统及BAS/FAS维护	4.0	统一考试	68	32	4/11+24/1				4+1w		
	4	106061060	城轨AFC系统维护	3.0	统一考试	48	4	4/12				4		
	5	106064090	城轨站台门与电扶梯设备维护	4.5	统一考试	72	28	4/12+24/1				4+1w		
	6	106093080	城轨低压配电及照明系统	4.0	课内考试	68	24	4/11+24/1			4+1w			
			专业核心课合计	23		378	132		0	0	16	8	0	0
专业(技能)课 专业主干课	1	106075060	计算机网络通信技术	3.0	统一考试	48	12	4/12		4				
	2	106014070	电力电子技术	3.5	课内考试	56	16	4/14			4			
	3	106092030	城轨安全管理	1.5	课内考试	24	4	2/12				2		
	4	106103060	城轨AFC系统维护实训	3.0	课内考试	48	48	24/2				2w		
	5	106115030	钳工技能实训	1.5	考查	24	24	24/1		1w				
	6	106044030	电机与拖动	1.5	考查	24	24	24/1					1w	
	7	106058090	组态与变频调速技术	4.5	课内考试	72	72	24/3					3w	
	8	106078090	专业综合技能实训	4.5	课内考试	72	72	24/3					3w	
	9	106102150	毕业综合实践	7.5	考查	120	120	24/5					5w	
	10	106076360	实习	18.0	考查	432	432	24/18						18w
			专业主干课合计	48.5		920	824		0	4	4	2	0	0
专业限选课	1	106117020	人工智能概论	1.0	考查	16		2/8	讲座					
	2	106109060	大学生创新创业教育	3.0	考查	48	48	24/2					2w	
	3	106095030	城轨专用通信设备维护	1.5	课内考试	24	8	2/12				2		
	4	106107030	城市轨道交通行车组织基础	1.5	课内考试	24	4	2/12			2			
	5	106104040	城轨车辆电气控制	2.0	课内考试	36	6	3/12				3		
	6	106108030	大数据概论	1.5	考查	24		2/12			2			
	7	106118030	物联网基础应用	1.5	考查	24	24	24/1				1w		
	8	106116030	嵌入式系统及应用	1.5	考查	24	24	24/1					1w	
			专业限选课合计	13.5		220	114		0	0	4	5	0	0
总合计				167		2 850	1 426	学期总课时	554	470	486	460	416	464
								周总课时	24	28	26	23	0	0
说明					每学期有一周机动和一周考试(前四学期),第五学期有一周机动。专业需开设《城轨安全规章》课程,不单独安排课内学时,在2、3、4学期组织学生进行考查,学生通过考查即可获得相应学分。				毕业方式					
									毕业综合实践					

考核方式有三种:统一考试、课内考试、考查。考试科目使用百分制,考查科目分五个等级(优秀、良好、中等、及格、不及格)。在课时分配表中应明确

备注:1. 铁道类专业需开设《××规章》课程(由各专业确定具体的课程名称)。作为必修课,在2、3、4学期开设,每学期1学分,共3学分。这门课程不单独安排课内学时,课程内容融入相关的专业课程中,在2、3、4学期组织学生进行考查,学生通过考查即可获得相应学分。

2.《普通话》作为必修课,开设2学分,24学时。运输、建筑、汽车学院第1学期开设,信息、电子、动力学院第2学期开设。各专业若需开课,则须按照以上安排开设。学生获得普通话相应等级证书,就可认定《普通话》课程的成绩。根据教育厅相关文件要求,除旅游管理、高速铁路客运乘务专业要求学生的普通话达到二级乙等以上,其他专业学生应达到三级甲等以上。

6.2 城市轨道交通机电专业核心课程标准

6.2.1 "城轨通风空调与给排水系统"课程标准

6.2.1.1 课程性质、课程功能定位

1. 课程性质

本课程是城市轨道交通机电技术专业的专业核心课,50课时,3学分。本课程是学生在学习了"城轨概论""电路分析基础"课程,具备了城轨认知及基础电路分析能力的基础上,为其开设的一门理论课,其功能是对接城市轨道交通机电技术专业人才培养目标,面向机电维修工作岗位,培养通风空调与给排水系统的基础知识和设备维护能力,并为后续《城轨综合监控系统及BAS维护》课程的学习奠定基础。

2. 课程功能定位

表6-2 课程功能定位分析

对接的工作岗位	对接培养的职业岗位能力
机电维修岗位	1. 了解城轨通风空调、给排水系统的设计原则及技术标准
	2. 掌握城轨通风空调、给排水系统的组成、功能及工作原理、控制策略
	3. 具备通风空调设备电路识图和给排水管网识图能力
	4. 具备通风空调和给排水设备的安装、调试、操作、检修及简单故障处理的能力

6.2.1.2 课程目标与内容

1. 课程总目标

了解城轨通风空调系统采用的技术基础,掌握城轨通风空调系统、给排水系统的构成、结构、原理、功能及设备操作维护知识等内容,具备通风空调设备电路识图和给排水管网识图能力,对接机电检修岗位需求,培养学生对通风空调和给排水设备进行安装、调试、操作、检修及简单故障处理的基本职业能力,培养学生良好的职业素养。

2. 课程具体目标

表6-3 课程教学目标与内容

序号	毕业要求指标点	知识目标	技能目标	素质目标	教学内容
1	掌握城轨通风空调系统、给排水系统的构成、结构、原理、功能及设备运行管理等内容	了解车站通风空调系统的设计原则和技术标准;掌握车站通风空调系统的组成、运行原理、控制方式;掌握车站通风空调系统空调、风机、冷水机组、空气处理机组、风阀、冷却塔、空调水泵水阀、多联机及分体空调等设备的组成、功能、原理等知识	能识别车站通风空调系统各种常见设备;能够完成正常状态下通风空调系统的控制;能够完成事故状态下通风空调系统的控制	培养学生的职业素质,强化学生专业技术能力	城市轨道交通通风空调系统

196

续表

序号	毕业要求指标点	知识目标	技能目标	素质目标	教学内容
2		掌握生产、生活和消防给水排水系统组成及工作原理； 了解给排水系统的配置及常用的管理控制模式； 掌握管道、阀门、水泵、电伴热等设备的原理、功能等知识	能识别给排水系统各种常见设备； 能完成给排水系统的管理控制	培养学生吃苦耐劳的精神	城市轨道交通给排水系统
3	具备通风空调设备电路识图和给排水管网识图能力	掌握空调与通风系统施工图的识图方法	能根据施工图分析环控系统的控制策略	培养学生分析问题、解决问题的能力	典型车站空调与通风系统施工图识读
4	培养学生对通风空调和给排水设备进行安装、调试、操作、检修及简单故障处理的基本职业能力，培养学生良好的职业素养	了解车站通风空调系统空调、风机、冷水机组、空气处理机组、风阀、冷却塔、空调水泵水阀、多联机及分体空调等设备的安装调试、操作维护知识	能够对设备进行简单的安装调试； 能够对设备进行常见故障分析处理	培养学生分析问题、解决问题的能力	城轨通风空调系统运行管理及检修
		了解设备维护保障管理的任务与原则；掌握管道、阀门、水泵、电伴热等设备的安装调试、操作维护知识	能够对设备进行简单的安装调试； 能够对设备进行常见故障分析处理	培养良好的工作素养和应急处理能力	城轨给排水系统运行管理及检修

表 6-4 课程教学安排

序号	项目（模块）	任务（单元）	教学内容	重点、难点、考核点	学时
1	项目1 认识城轨通风空调系统	任务1 认识城轨通风空调系统	城轨通风空调系统的背景、定义、作用、发展		2
2		任务2 城轨通风空调系统的组成及功能	1. 城轨通风空调系统的设计原则和技术标准 2. 城轨通风空调系统的组成及各组成部分的具体工作情况	**重点**：了解车站通风空调系统的设计原则和技术标准，掌握车站通风空调系统的组成、运行原理、控制方式 **难点**：掌握车站通风空调系统的组成、运行原理、控制方式	2
3		任务3 空调冷冻水系统	1. 冷冻水系统的组成、分类 2. 冷冻水系统的工作原理		2
4		任务4 空调冷却水系统	1. 空调冷却水系统的组成及功能 2. 冷却塔的工作原理		2
5		任务5 空调大系统	1. 空调大系统的组成及功能 2. 空调大系统的工作原理及制式		2

续表

序号	项目（模块）	任务（单元）	教学内容	重点、难点、考核点	学时
6	项目1 认识城轨通风空调系统	任务6 空调小系统	1. 空调小系统的组成及功能 2. 空调小系统的工作原理及制式		2
7		任务7 隧道通风系统	1. 隧道通风系统的组成及功能 2. 隧道通风系统的工作原理及制式		2
8	项目2 城轨通风空调系统设备维护	任务1 冷水机组	1. 冷水机组作用 2. 冷水机组的组成及工作原理 3. 制冷剂、载冷剂和冷冻润滑油	**重点**：掌握车站通风空调系统空调、风机、冷水机组、空气处理机组、风阀、冷却塔、空调水泵水阀、多联机及分体空调等设备的组成、功能、原理等知识 **难点**：掌握车站通风空调系统空调、风机、冷水机组、空气处理机组、风阀、冷却塔、空调水泵水阀、多联机及分体空调等设备的组成、功能、原理等知识，具备通风空调设备电路识图能力	2
9		任务2 空气处理机组	1. 空气处理机组的功能 2. 空气处理机组的组成及工作原理		2
10		任务3 风机和风阀	1. 车站各类风机风阀工作原理 2. 空气调节的气流组织		4
11		任务4 空调水泵水阀	1. 空调水泵的机构及工作原理 2. 空调水管路、阀门及其附件的机构及工作原理		2
12		任务5 多联机及分体空调	1. VRV及分体空调系统组成及工作原理 2. VRV及分体空调系统常见故障		2
13		任务6 典型车站空调与通风系统施工图识读	1. 空调与通风系统施工图的识图方法 2. 典型地铁空调与通风系统施工图识读		2
14	项目3 城轨通风空调系统的运行与维护	任务1 城轨通风空调系统的运行管理	1. 城轨通风空调系统运行管理制度 2. 城轨通风空调系统操作规程	**重点**：了解车站通风空调系统空调、风机、冷水机组、空气处理机组、风阀、冷却塔、空调水泵水阀、多联机及分体空调等设备的安装调试、操作维护知识 **难点**：城轨通风空调系统设备维护知识	4
15		任务2 城轨通风空调系统的设备维护	1. 城轨通风空调系统检修管理 2. 城轨通风空调系统设备维护		2
16	项目4 城轨给排水系统的组成及工作原理	任务1 车站给排水系统组成（一）	1. 车站给水系统的构成 2. 车站排水系统的构成	**重点**：掌握生产、生活和消防给水排水系统组成及工作原理，了解给排水系统的配置及常用的管理控制模式，掌握管道、阀门、水泵、电伴热等设备的原理、功能等知识 **难点**：了解给排水系统的配置及常用的管理控制模式，掌握管道、阀门、水泵、电伴热等设备的原理、功能等知识	4
17		任务2 车站给排水系统组成（二）	1. 消防水管道上的电动阀，平衡阀，安全阀的作用 2. 超声波液位传感器工作原理 3. 压力传感器型液位传感器工作原理		4

续表

序号	项目（模块）	任务（单元）	教学内容	重点、难点、考核点	学时
18	项目4 城轨给排水系统的组成及工作原理	任务3 水泵阀门	1. 水泵的工作原理及作用 2. 水泵的分类 3. 水泵的组成及工作原理 4. 水泵常见故障 5. 各类阀门在管路中的作用 6. 常用阀门的组成及结构 7. 阀门的控制方式		4
19		任务4 管道/电伴热	1. 给排水系统管道用途、结构 2. 保温的用途结构 3. 给排水系统管道附件用途、结构 4. 电伴热的作用 5. 电伴热的原理 6. 电伴热的构成 7. 电伴热常见故障		4
20	项目5 城轨给排水系统的运行与维护	任务1 城轨给排水系统的运行与维护	1. 城轨给排水系统运行管理制度 2. 城轨给排水系统操作规程 3. 城轨给排水系统的检修规程	**重点**：掌握管道、阀门、水泵、电伴热等设备的安装调试、操作维护知识 **难点**：城轨给排水设备的日常维护	4

说明：本课程标准适用于学时范围为 44～52 的"城轨通风空调与给排水系统"课程教学，表中的学时为建议和参考学时，实际教学内容和课时可结合课程标准，根据教学的专业和课时进行选择和调整。

6.2.1.3 课程考核

课程考核采用形成性考核（即过程考核）和终结性考核相结合的方式，主要考核学生的学习态度和专业知识运用的能力。本课程为统一考试，考试形式为闭卷笔试。期评成绩构成为：综合成绩=平时成绩（占30%：课件学习5%+课堂活动15%+作业10%）+考试（占50%）+实验成绩（占20%）。

6.2.1.4 实施要求

1. 授课教师基本要求

（1）具备城市轨道交通机电技术专业或相关专业岗位工作经历，拥有大学本科及以上学历，拥有高等学校教师资格证书。

（2）具备相应技术职称或本专业三级及以上职业资格证书。

（3）具有"双师型"教师证书。

（4）具备开发职业课程、组织与实施教学的能力。

（5）专业教师每两年到现场实践锻炼的时间应不少于两个月。

2. 教学方法和策略

（1）教学方法。

根据学情分析和教学内容特征，选择项目化教学、翻转课堂教学法、案例教学法、情景教学法、工作过程导向教学法、探究式教学法等教学方法。

（2）教学策略。

可选择采用网络教学平台实现混合式教学，引进行业、企业专家参与教学等。

6.2.2 "城轨综合监控系统及 BAS 维护"课程标准

6.2.2.1 课程性质、课程功能定位

1. 课程性质

本课程是城市轨道交通机电技术专业必修的一门核心课,是在学生学习了"城轨车站机电设备""城市轨道交通风水电检修技术""城轨站台门与电扶梯设备维护""城轨低压电器控制技术""计算机网络通信基础""组态技术""变频调速技术"等课程后,具备了基本专业知识、基本网络故障处理能力、PLC 控制系统和组态监控的设计与装调能力、变频器的维护和参数设置能力的基础上,为其开设的一门理论+实践课,其功能是对接专业人才培养目标,面向城轨机电自动化检修工工作岗位,培养学生对地铁综合监控系统、机电设备监控系统(简称 BAS)、火灾报警系统(简称 FAS)、气体灭火系统、电力监控系统等自动监控系统设备进行巡检、保养、操作、安装、检修、功能测试及故障处理的能力,为今后学生能胜任轨道交通机电设备运行维护工作打好基础。

2. 课程功能定位

表 6-5 课程功能定位分析

对接的工作岗位	对接培养的职业岗位能力
综合监控检修工	1. 能对综合监控系统设备(如服务器、交换机、工控机、FEP、UPS、IBP 盘)进行基本的检查、操作、配置,查找和排除简单故障
	2. 能对综合监控系统进行接线、编程、安装、调试,完成简单的设备自动化和过程自动化控制
	3. 能对综合监控系统进行组态监控的设计与调试
	4. 能对综合监控系统与相关专业接口进行性能测试
自动化检修工	1. 具备消防、环控基础知识
	2. 能对 BAS 系统设备进行日常运行管理和操作控制
	3. 能对气体灭火系统、FAS 系统设备进行日常运行管理和操作控制
	4. 能对 BAS 系统、FAS 系统、气体灭火系统进行接线、编程、安装、调试,完成简单的设备自动化和过程自动化控制
	5. 能对 BAS 系统进行变频器的选用、接线和参数设置,实现简单的变频调速控制

6.2.2.2 课程目标与内容

1. 课程总目标

了解地铁综合监控系统采用的一些主要技术(如 PLC 应用技术、通信网络技术、现场总线技术、数据库技术等),掌握地铁综合监控系统的整体架构、主要功能、设备组成、各子系统的通信接口和监控内容,掌握 BAS 系统、FAS 系统、气体灭火系统、电力监控系统的结构功能,熟悉常见网络设备的基本配置方法和简单网络故障排除方法,具备对综合监控系统、BAS 系统、FAS 系统、气体灭火系统等进行安装接线、编程组态、调试运用及变频设置的基本能力,对接综合监控检修工和自动化检修工岗位需求,培养学生日常检修、操作、功能测试以及故障处理等职业能力。了解城轨机电设备检修工的职责要求,具有良好的工作素养和应急处理能力,具备城轨机电设备检修工所需的基本知识和技能。本课程的考核合格率不应低于 95%。

2. 课程具体目标

表 6-6 课程教学目标与内容

序号	考核指标点	知识目标	技能目标	素质目标	教学内容
1	城轨综合监控系统的整体架构、主要功能、设备组成、与各子系统的接口通信协议和控制方式	掌握综合监控系统的通用功能、综合监控系统的基本技术、综合监控系统设备组成	能梳理综合监控系统的层次结构；能分析综合监控系统的数据流；能对各层次综合监控系统进行简易网络拓扑结构设计	培养城轨机电设备检修工所需的专业基本知识，提升学生的专业素养	1. 综合监控系统功能 2. 综合监控系统技术基础 3. 综合监控系统设备组成
2	设备相关的各个综合监控子系统的常规监视内容和出现故障时的基本操作	熟悉各设备相关综合监控子系统的系统构成、工作过程和操作方法，掌握各监控子系统常规监视内容和出现故障的基本操作	能够利用各监控子系统判断其监督的设备环境常见故障现象和发生原因，能够进行监控子系统设备的巡查和维修。	树立安全质量意识，提升监督业务素质，训练团队组织协调、语言表达和沟通能力	1. 火灾自动报警系统监视与操作 2. 站台门监控子系统的运用 3. 电力监控子系统 4. 环境与设备监控子系统 5. 列车自动监控子系统
3	客运相关的各个综合监控子系统的基本操作和应急处置	掌握各监控子系统的基本功能、基本操作和应急处置	能够进行各个客运相关监控子系统的操作使用和应急处置	树立安全第一、预防为主的理念，养成在工作中尊重生命、尊重规章制度的习惯	1. 乘客信息监控子系统 2. 公共广播子系统 3. 视频监控子系统 4. 自动售检票监控子系统
4	综合后备盘的基本操作，综合监控系统的维护要求和故障处理方法	熟悉综合后备盘的基本功能和操作过程，掌握综合监控系统的常见故障和运行维护机制	能熟练使用、操作综合监控系统；能根据现象正确判断和处理综合监控系统常见故障	明确城轨机电设备检修工的职责要求，培养良好的工作素养和应急处理能力	1. 综合后备盘的运用与操作 2. 综合监控系统运行维护和故障处理
5	城轨综合监控系统的一些主要技术基础——可编程控制器和变频器的应用，具备对自动化系统进行PLC编程控制、组态设计及变频调速设置的基本能力	掌握S7-200 PLC之间的 Modbus RTU 通信、MCGS与S7-200PLC的串口通信、PLC控制变频器实现工业自动化系统的监控	根据控制要求进行PLC接线、编程、安装、调试，实现简单的设备自动化和过程自动化控制；能进行组态监控的设计与调试；能正确选用变频器，并完成接线和参数设置，实现简单的变频调速控制	树立学生的工程意识、安全意识、质量意识，强化学生专业技术能力，沟通协调能力和再学习能力	1. PLC之间的Modbus RTU协议通信系统的构建方法 2. 使用MCGS组态软件进行系统的硬件组态与通信设置 3. 利用MCGS搭建自动化监控系统

注：考核指标点，既是证明对应的岗位知识点是否已经掌握，也是证明是否达到知识、技能、素质目标。

表 6-7　课程教学安排

序号	项目（模块）	任务（单元）	教学内容	重点、难点	学时
1	项目1 认识综合监控系统	任务1 综合监控系统功能	综合监控系统的概念、构成、发展和功能	**重点**：综合监控系统的构成、功能 **难点**：综合监控系统的功能	2
		任务2 综合监控系统技术基础	1. 传感器技术 2. 通信与网络技术 3. 可编程逻辑控制技术 4. 分散控制系统	**重点**：传感器技术、通信与网络技术 **难点**：通信与网络技术	4
		任务3 综合监控系统设备组成	1. 综合监控系统的硬件组成 2. 综合监控系统的软件组成 3. 综合监控系统的接入方式 4. 综合监控系统的集成方案	**重点**：综合监控系统的硬件组成和集成方案 **难点**：综合监控系统集成方案	4
		实验1 Cisco 交换机的基本配置命令	1. Cisco 交换机的基本配置命令	**重点**：Cisco 交换机的基本配置命令 **难点**：Cisco 交换机的基本配置命令	2
		实验2 Cisco 交换机 VLAN 配置仿真实验	1. Cisco 交换机 VLAN 配置方法	**重点**：Cisco 交换机 VLAN 配置方法 **难点**：Cisco 交换机 VLAN 配置方法	2
		实验3 网络协议分析工具 Ethereal 安装与使用	1. 网络协议分析工具 Ethereal 安装与使用	**重点**：网络协议分析工具 Ethereal 安装与使用 **难点**：网络协议分析工具 Ethereal 安装与使用	2
		实验4 用 Ethereal 捕获并分析 Ethernet 帧	1. 用 Ethereal 捕获并分析 Ethernet 帧	**重点**：用 Ethereal 捕获并分析 Ethernet 帧 **难点**：用 Ethereal 捕获并分析 Ethernet 帧	2
2	项目2 设备相关的综合监控子系统	任务1 火灾自动报警系统监视与操作	1. 火灾自动报警系统的组成和功能 2. FAS 与 ISCS 的接口关系及接口功能	**重点**：FAS 与 ISCS 的接口关系及接口功能 **难点**：FAS 与 ISCS 的接口关系及接口功能	2
		任务2 站台门监控子系统的运用	1. 站台门控制系统组成及功能 2. 站台门系统运行管理及故障监控	**重点**：站台门系统运行管理及故障监控 **难点**：站台门系统运行管理及故障监控	2
		任务3 电力监控子系统	1. 电力监控系统的组成与结构 2. SCADA 控制及操作	**重点**：SCADA 控制及操作 **难点**：SCADA 控制及操作	2
		任务4 环境与设备监控子系统	1. BAS 的监控对象、基本功能、系统结构和控制方式 2. BAS 对通风、空调和供暖系统、给排水系统照明系统、电扶梯系统和站台门系统的监控 3. BAS 的异常处理方法	**重点**：BAS 对通风、空调和供暖系统、给排水系统照明系统、电扶梯系统和站台门系统的监控 **难点**：BAS 对通风、空调和供暖系统、给排水系统照明系统的监控	4
		任务5 列车自动监控子系统	1. ATS 系统的基本组成和功能 2. ISCS 与 ATS 子系统之间的关系	**重点**：ISCS 与 ATS 子系统之间的关系 **难点**：ISCS 与 ATS 子系统之间的关系	2

续表

序号	项目（模块）	任务（单元）	教学内容	重点、难点	学时
3	项目3 客运的综合监控子系统	任务1 乘客信息监控子系统	1. 乘客信息监控子系统的构成与功能	**重点**：乘客信息监控子系统的构成与功能 **难点**：乘客信息监控子系统的功能	2
		任务2 公共广播子系统	1. 公共广播监控系统与综合监控系统的关系 2. ISCS的PA监视功能和广播系统的操作	**重点**：ISCS的PA监视功能和广播系统的操作 **难点**：ISCS的PA监视功能和广播系统的操作	2
		任务3 视频监控子系统	1. CCTV的组成和分类 2. CCTV的功能和基本操作	**重点**：CCTV的功能和基本操作 **难点**：CCTV的功能和基本操作	2
		任务4 自动售检票监控子系统	1. AFC设备监控子系统的分类与功能 2. 车站AFC设备监控子系统的主要功能和数据管理	**重点**：车站AFC设备监控子系统的主要功能和数据管理 **难点**：车站AFC设备监控子系统的主要功能和数据管理	2
4	项目4 城轨综合监控系统运行维护和故障处理	任务1 综合后备盘的运用与操作	1. 综合后备盘的基本功能 2. 综合后备盘的操作过程	**重点**：综合后备盘的操作过程 **难点**：综合后备盘的操作过程	2
		任务2 综合监控系统运行维护和故障处理	1. 综合监控系统的运行维护要求 2. 掌握综合监控系统的故障处理方法	**重点**：综合监控系统的运行维护要求和故障处理方法 **难点**：综合监控系统的故障处理方法	2
		任务3 复习	1. 总结本课程重难点内容，巩固所学知识	本课程的重难点内容	2
5	项目5 城轨综合监控系统及BAS维护实训	任务1 实现S7-200 PLC之间的Modbus RTU通信。 任务2 实现MCGS与S7-200PLC的串口通信。 任务3 PLC控制变频器实现工业自动化系统的监控	1. PLC之间的Modbus RTU协议通信系统的构建方法 2. 使用MCGS组态软件进行系统的硬件组态与通信设置 3. 利用MCGS搭建自动化监控系统	**重点**：S7-200 PLC之间的Modbus RTU通信、MCGS与S7-200PLC的串口通信、PLC控制变频器实现工业自动化系统的监控 **难点**：PLC控制变频器实现工业自动化系统的监控	24

注：每个任务（单元）最多不超过12学时。

6.2.2.3 课程考核

1. 考核方式

闭卷、线下、统一考试。

2. 评价方式

课程考核采用形成性考核（即过程考核）和终结性考核相结合的方式，主要考核学生的学习态度和专业知识运用的能力。期评成绩构成为：期评成绩=平时成绩（占20%：课堂表现10%+作业10%）+ 实训成绩（占30%）+期末考试（占50%）。

6.2.2.4 实施要求

1. 授课教师基本要求

本课程授课教师需具备较好的专业知识水平和基础技能，具有一定的计算机网络通信基础，熟练基本的网络配置和简易网络故障处理方法，具备安装接线、编程控制、组态设计及变频调速设置的基本能力，在机电控制系统的安装、编程、组态、调试等方面由有企业实践经验的老师或"双师型"教师优先担任本课程教学任务。

2. 教学方法和策略

（1）教学方法。

在教学过程中，应立足于加强学生实际操作能力的训练，采用线上线下混合教学法、项目教学法、工作过程导向教学法、探究式教学法，以工作任务引领提高学生兴趣，激发学生的成就动机。

（2）教学策略。

采用职教云平台开展混合式教学，坚持"够用为度"的原则选择相关的知识，依据"即学即用"的原则安排教学顺序，以项目教学为形式，以工作任务为载体，在课堂教学中设置若干个工作任务活动的工作场景，将实践与技能的背景知识安排在相关的项目任务中，在实训过程中，教师示范和学生分组操作训练互动，学生提问和教师解答、指导有机结合，让学生在教、学、做的过程中，真正理解和掌握基本的知识与技能。在教学过程中，要重视本专业技术发展的要求和趋势，贴近工作现场，努力培养学生职业能力，积极引导学生提升职业素养，提高职业道德。

6.2.3 "城轨站台门与电扶梯设备维护"课程标准

6.2.3.1 课程性质、课程功能定位

1. 课程性质

本课程是城市轨道交通机电技术专业必修的一门核心课,是学生在学习了电气控制与PLC技术和电力电子技术等课程,具备了常见低压电器控制系统的设计与安装,以及常见电力变换电路的原理分析等能力的基础上,为其开设的一门理论+实践课,其功能是对接城市轨道交通机电技术专业人才培养目标,面向站台门检修和电扶梯检修工作岗位,培养学生具备从事站台门与电扶梯系统的安装调试、运行管理、操作维护、常见故障处理等工作的能力,并为学生后续综合技能实训和毕业设计等课程的学习奠定基础。

2. 课程功能定位

表 6-8 课程功能定位分析

对接的工作岗位	对接培养的职业岗位能力
站台门检修岗位	1. 对城市轨道交通站台门设备进行日常维护、检修、保养,以及设备缺陷整改、整治的能力
	2. 站台门设备的故障处理、设备抢修能力
电扶梯检修岗位	1. 对城市轨道交通电扶梯设备进行日常维护、检修、保养,以及设备缺陷整改、整治的能力
	2. 电扶梯设备的故障处理、设备抢修能力

6.2.3.2 课程目标与内容

1. 课程总目标

本课程主要学习城轨站台门与电扶梯系统的设备构造、工作原理、设备维护、设备操作、故障分析与处理等内容。使学生掌握城轨站台门系统的门体设备、门机设备、控制设备、供电设备的基本原理,以及城轨电扶梯系统的电梯设备、自动扶梯设备的基本原理,具备从事站台门与电扶梯系统的安装调试、运行管理、操作维护、常见故障处理等工作技能。

2. 课程具体目标

表 6-9 课程教学目标与内容

序号	毕业要求指标点	知识目标	技能目标	素质目标	思政目标	教学内容
1	1. 掌握站台门设备的结构组成、功能	掌握站台门系统的功能和设计原则;掌握地铁车站电扶梯设备的主要设计要求	能认识站台门系统和电扶梯设备的基本构成和功能	培养专业学习热情,加强职业道德修养	新型冠状病毒疫情防范	1. 城市轨道交通站台门系统概述 2. 城市轨道交通电扶梯设备概述
2	2. 掌握站台门门机系统、控制系统和电源系统的工作原理	掌握站台门的门体设备、门机设备、控制设备及供电设备等四大设备的结构组成及工作原理;熟悉站台门的安全防护装置及接口关系	能识别站台门门体机械结构图、设备结构图;会分析站台门设备的工作原理	培养系统原理框图分析能力、电路分析能力和独立思考的能力	培养学生科学精神、工匠精神和职业核心素养	1. 门体设备 2. 门机设备 3. 控制设备 4. 供电设备 5. 安全防护装置 6. 站台门系统与其他设备的接口关系

续表

序号	毕业要求指标点	知识目标	技能目标	素质目标	思政目标	教学内容
3	1. 具备站台门系统的安装调试、设备操作、检修维护及故障处理能力	掌握站台门日常检修内容、流程、操作方法、常见故障和典型故障的原因分析及处理	能按要求对站台门进行维护，按规范操作站台门设备，能判断站台门常见故障及处理故障	培养良好的职业素养，以及爱岗敬业、勇于创新和乐于奉献的高尚品质	培养学生新时代工匠精神，爱岗敬业的职业精神、精益求精的品质等	1. 站台门设备维护 2. 站台门设备操作 3. 站台门设备故障分析与处理
4	1. 掌握电扶梯设备的结构组成、功能 2. 掌握电扶梯设备的控制原理	掌握电扶梯设备结构及其功能；掌握电扶梯设备的控制原理	能识别电扶梯设备结构图；会分析电扶梯设备的工作原理	培养学习新知识的能力和举一反三的能力	社会主义核心价值观，不忘初心，牢记使命	1. 垂直电梯设备结构 2. 垂直电梯控制原理 3. 自动扶梯设备结构 4. 自动扶梯控制原理
5	1. 具备电扶梯设备的运行维护管理和故障处理能力	掌握电扶梯设备的维护方法、常见故障和典型故障的处理方法	能按要求对电扶梯设备进行维护，能判断电扶梯设备常见故障及处理故障	培养良好的沟通能力、组织能力及团队协作精神	培养学生团结一致、互帮互助的中国传统精神	1. 电扶梯设备维护 2. 电扶梯设备故障处理
6	1. 具备根据站台门系统和电扶梯设备工作原理进行相关设计、仿真和验证的能力	掌握站台门 PSL 控制回路、IBP 操作回路、站台门供电电路及电梯供电电路、电梯控制系统的工作原理	能根据原理设计站台门相关控制电路、供电电路以及电梯供电电路、简易电梯控制系统	培养认真细致的工作作风，加强安全工作意识	培养学生创新的价值理念，以国家的未来发展为己任的爱国精神	1. 站台门 PSL 控制回路、IBP 操作回路、门机控制电路和供电电路的设计与仿真 2. 简易电梯控制系统和电梯供电电路的设计与仿真

表 6-9 课程教学目标与内容

序号	项目（模块）	任务（单元）	教学内容	重点、难点、考核点	学时
1	项目 1 城市轨道交通站台门系统和电扶梯设备概述	任务 1 城市轨道交通站台门系统概述 任务 2 城市轨道交通电扶梯设备概述	1. 城市轨道交通站台门系统概述 2. 城市轨道交通电扶梯设备概述	**重点**：站台门系统的功能、种类和主要设计要求，地铁车站电扶梯设备的主要设计要求 **难点**：站台门系统的主要设计要求，地铁车站电扶梯设备的主要设计要求 **考核点**：站台门系统相关缩略语，站台门系统的功能、种类和主要设计要求，地铁车站电扶梯设备的主要设计要求	4
2	项目 2 城市轨道交通站台门系统设备	任务 1 门体设备 任务 2 门机设备 任务 3 控制设备 任务 4 供电设备 任务 5 安全防护装置 任务 6 站台门系统与其他设备的接口关系	1. 门体设备 2. 门机设备 3. 控制设备 4. 供电设备 5. 安全防护装置 6. 站台门系统与其他设备的接口关系	**重点**：站台门门体设备、门机设备、控制设备、供电设备的基本组成和工作原理 **难点**：站台门控制设备的基本组成、工作原理 **考核点**：站台门门体设备、门机设备、控制设备、供电设备的基本组成和工作原理，站台门系统的安全防护装置及接口关系	12

续表

序号	项目（模块）	任务（单元）	教学内容	重点、难点、考核点	学时
3	项目3 城市轨道交通站台门设备维护、操作及故障处理	任务1 站台门设备维护 任务2 站台门设备操作 任务3 站台门设备故障分析与处理	1. 站台门设备维护 2. 站台门设备操作 3. 站台门设备故障分析与处理	**重点**：站台门日常检修内容、流程、操作方法、常见故障和典型故障的原因分析及处理 **难点**：站台门系统常见故障和典型故障的原因分析及处理 **考核点**：站台门日常检修内容、流程、操作方法、常见故障和典型故障的原因分析及处理	6
4	项目4 城市轨道交通电扶梯设备结构和控制原理	任务1 垂直电梯设备结构 任务2 垂直电梯控制原理 任务3 自动扶梯设备结构 任务4 自动扶梯控制原理	1. 垂直电梯设备结构 2. 垂直电梯控制原理 3. 自动扶梯设备结构 4. 自动扶梯控制原理	**重点**：垂直电梯的设备组成、控制原理，自动扶梯的设备组成、控制原理 **难点**：垂直电梯的控制原理、自动扶梯的控制原理 **考核点**：垂直电梯的设备组成、控制原理，自动扶梯的设备组成、控制原理	12
5	项目5 城市轨道交通电扶梯设备维护与故障处理	任务1 电扶梯设备维护 任务2 电扶梯设备故障处理	1. 电扶梯设备维护 2. 电扶梯设备故障处理	**重点**：电扶梯设备的维护方法，常见故障和典型故障的处理方法 **难点**：电扶梯常见故障和典型故障的处理方法 **考核点**：电扶梯设备的维护方法，常见故障和典型故障的处理方法	2
6	项目6 城轨站台门与电扶梯设备维护实训	任务1 站台门PSL控制回路与IBP操作回路的设计与仿真。 任务2 站台门门机控制电路的设计与仿真。 任务3 站台门供电电路的设计与仿真。 任务4 简易电梯控制系统的设计与仿真。 任务5 电梯供电电路的设计与仿真	1. 站台门PSL控制回路、IBP操作回路、门机控制电路和供电电路的设计与仿真 2. 简易电梯控制系统和电梯供电电路的设计与仿真	**重点**：站台门PSL控制回路、IBP操作回路、门机控制电路、电源供电电路及电梯供电电路、电梯控制系统的工作原理 **难点**：站台门PSL控制回路、站台门供电电路、电梯供电电路的工作原理 **考核点**：站台门PSL控制回路、IBP操作回路、门机控制电路、电源供电电路及电梯供电电路、电梯控制系统的工作原理	24

注：每个任务（单元）最多不超过12学时。

6.2.3.3 课程考核

课程考核采用形成性考核（即过程考核）和终结性考核相结合的方式，主要考核学生的学习态度和专业知识运用的能力。本课程为统一考试，考试形式为闭卷笔试。期评成绩构成：综合成绩=平时成绩（占40%：课件学习10%+课堂活动20%+作业10%）+考试（占40%）+实训成绩（占20%）。

6.2.3.4 实施要求

1. 授课教师基本要求

担任本课程的教师要具有丰富的城市轨道交通机电技术专业理论和教学经验，能正确安装和熟悉使用 Multisim、CADeSIMU 等软件，具备高等学校教师资格证等。

2. 教学方法和策略

（1）教学方法：根据学情分析和教学内容特征，选择项目化教学、翻转课堂教学法、案例教学法、情景教学法、工作过程导向教学法、探究式教学法等教学方法。以项目教学为形式，设计若干个具有代表性的项目，将知识点重新整理，以学生为中心，尽可能在"做中学"各种知识。

（2）教学策略：在教学过程中视、听、做、用并举，广泛收集国内外相关素材，采用多媒体手段，激发学生学习的兴趣；以技能竞赛开展学生的第二课堂，增强学生的动手能力。

6.2.4 "城轨 AFC 系统维护"课程标准

6.2.4.1 课程性质、课程功能定位

1. 课程性质

"城轨 AFC 系统维护"课程是城市轨道交通机电技术专业的专业核心课程,是城市轨道交通机电技术专业的核心教学知识。是在学生学习了计算机网络基础、机电设备基础等相关知识点课程的基础上,为了让他们进一步地掌握专业核心知识而为其开设的理论+实践课类型课程。

通过学习,使学生对自动售检票系统 AFC 的原理、组成、设置、故障检修有基本的认知和掌握,能独立完成自动售检票系统 AFC 的设置和基本故障排除。

其功能是对接城市轨道交通机电技术专业人才培养目标,面向城轨机电设备与维护管理的安装、调试、维护和管理相关岗位,从事 AFC 系统的检修维护等机电维修岗位。培养对 AFC 系统等机电设备的安装调试,运行维护、故障检测与保养维修、应急处理的能力,并为学生的正式上岗奠定坚实的理论和实际操作动手能力基础。

2. 课程功能定位

表 6-10 课程功能定位分析

对接的工作岗位	对接培养的职业岗位能力
城轨机电设备维护管理的安装、调试、维护和管理岗位	1. 掌握计算机系统的基本原理
	2. 掌握自动售检票系统的操作、维护基本技能
自动化系统设备(综合监控系统、BAS 系统、FAS 系统)、通风空调系统、给排水系统、站台门、电扶梯、AFC 系统的检修维护维修岗位	1. 掌握计算机系统的基本原理
	2. 掌握自动售检票系统的相关接口要求
	3. 掌握自动售检票系统的操作、维护基本技能

6.2.4.2 课程目标与内容

1. 课程总目标

使学生掌握轨道交通系统中自动售检票系统 AFC 的组成、功能、故障原因,包括各级计算机系统、终端设备、票卡的工作原理,售票系统、检票系统以及内部各模块的基本故障排除等;同时使学生对轨道交通系统 AFC 相关岗位技术能力进一步得到强化和锻炼,对接城市轨道交通机电技术专业人才培养目标,面向城轨机电设备与维护管理的安装、调试、维护和管理相关岗位,使学生拥有从事 AFC 系统的检修维护等机电维修和机电设备故障检测与保养维修、应急处理所必需的能力。

2. 课程具体目标

通过学习和训练,使学生熟悉自动售检票系统 AFC 的组成、功能、故障原因,掌握自动售检票系统 AFC 的基本故障排除、模块设定,并能独立完成自动售检票系统 AFC 的设置和基本故障排除。

表 6-11 课程教学目标与内容

序号	毕业要求指标点	知识目标	技能目标	素质目标	思政目标	教学内容
1	城轨机电设备的管理、维护岗位	自动售检票系统架构原理	掌握AFC系统架构	归纳总结AFC及相关机电系统基础知识能力	当前新冠病毒疫情下的自我防护意识；轨道交通行业安全意识	AFC系统定义；AFC系统功能；AFC系统发展；AFC系统层次；AFC系统设备组成
2		自动售检票系统业务管理	理解AFC系统业务管理	AFC业务知识认知素质	轨道交通行业的服务意义	AFC系统业务内容；AFC计算机系统功能及组成
3		自动售检票系统操作	掌握AFC计算机系统操作；熟悉票卡常识；掌握TVM、BOM、AGM操作	AFC基本操作动手素质能力	轨道交通行业岗位与社会职业道德的联系	AFC计算机系统操作；票卡分类及特点；TVM系统及操作、BOM系统及操作、AGM系统及操作
4		自动售检票系统维护	掌握AFC计算机系统维护；掌握票卡维护；掌握TVM、BOM、AGM维护	AFC系统常规状态保养维护素质	基本设备维护的社会价值观与个人人生发展的意义	AFC计算机系统维护；票卡维护管理；TVM系统维护、BOM系统维护、AGM系统维护
5	自动化系统设备、AFC系统及相关机电系统的安装、检修岗位	自动售检票系统组装	掌握AFC各模块系统组装	AFC系统、相关机电系统对接能力；实践动手能力	轨道交通行业工作与社会公德的联系	AFC计算机系统模块组装；TVM系统模块组装、BOM系统模块组装、AGM系统模块组装
6		自动售检票系统故障处理	掌握AFC计算机系统故障分析；掌握TVM、BOM、AGM故障处理	故障处理能力；紧急情况应变素质	工匠精神与岗位职业核心素养的联系	AFC计算机系统故障分析；TVM系统故障处理、BOM系统故障处理、AGM系统故障处理

表 6-12 课程教学目标与内容

序号	项目（模块）	任务（单元）	教学内容	重点、难点、考核点	学时
1	自动售检票系统概述	1. AFC系统概述 2. AFC系统架构 3. AFC系统业务管理	AFC系统定义；AFC系统功能；AFC系统发展；AFC系统层次；AFC系统业务内容	**重点**：AFC系统架构 **考核点**：AFC功能	8
2	计算机系统	1. 中央计算机系统 2. 车站计算机系统 3. 车站计算机操作	AFC系统设备组成；AFC计算机系统功能及组成；AFC计算机系统操作	**重点**：计算机系统组成 **考核点**：车站计算机操作	6
3	轨道交通票卡	票卡常识	票卡分类及特点；票卡维护管理	**重点**：票卡分类 **考核点**：认识票卡	8
4	半自动售票机	1. BOM设备系统架构 2. BOM设备的使用与维护	BOM系统及操作、BOM系统维护	**重点**：BOM设备系统架构 **考核点**：BOM设备的使用与维护	6
5	自动售票系统	1. TVM架构 2. TVM购票操作 3. TVM操作 4. TVM维护	TVM系统及操作、TVM系统维护	**重点**：TVM架构 **考核点**：TVM操作维护	10

续表

序号	项目（模块）	任务（单元）	教学内容	重点、难点、考核点	学时
6	自动检票机	1. AGM 架构 2. AGM 操作 3. AGM 维护	AGM 系统及操作、AGM 系统维护	**重点**：AGM 架构 **考核点**：AGM 操作维护	10
7	自动售检票系统实训	1. AFC 系统架构搭建 2. AFC 系统故障分析 3. 车站计算机系统操作与故障处理 4. TVM 系统操作与故障处理 5. BOM 操作与故障处理 6. AGM 系统操作与故障处理	AFC 计算机系统维护；AFC 计算机系统模块组装；TVM 系统模块组装、BOM 系统模块组装、AGM 系统模块组装；AFC 计算机系统故障分析；TVM 系统故障处理、BOM 系统故障处理、AGM 系统故障处理	**重点**：AFC 系统架构搭建、AFC 系统故障分析、AFC 系统操作 **考核点**：AFC 系统故障处理、AFC 系统模块设置	24

注：每个任务（单元）最多不超过 12 学时。

6.2.4.3 课程考核

（1）课程考核分为终结性考核和形成性考核，关注学生个体差异，最终以终结性考核和形成性考核相结合的方式完成。

（2）形成性考核由专项实训考核、平时作业、课堂表现、上课考勤组成；考虑到课时数及课程性质，取消期中考试；专项实训考核占总成绩的 40%，其他形成性考核占总成绩的 20%。

（3）终结性考核由期末笔试考试组成，占 40%。

6.2.4.4 实施要求

1. 授课教师基本要求

本课程授课教师应具备 AFC 整体架构知识和 AFC 的基本操作技能，有相关企业 AFC 的操作经验或授课前经过专门的基本操作技能训练，具有高等学校教师资格。

2. 教学方法和策略

（1）教学方法。

主要采用项目化教学法、情景教学法、现场教学法和工作过程导向教学法。

坚持"够用为度"的原则选择相关的知识，依据"即学即用"的原则安排教学顺序，以项目教学形式，设计若干个具有代表性的项目，作为实践与技能背景知识安排在相关的项目任务中。

（2）教学策略。

教学过程中可以采用网络教学平台实现混合式教学、引进行业、企业专家参与教学。

6.2.5 "城轨低压配电及照明系统维护"课程标准

6.2.5.1 课程性质、课程功能定位

1. 课程性质

"城轨低压配电及照明系统"是城市轨道交通机电技术的重要专业主干课程,对培养学生的专业技能、提升其就业能力都有着非常重要的作用。是学生在学习了"电子技术""电路分析""电力电子技术"等课程、具备了分析电路、一定识图能力与计算能力的基础上,为其开设的一门理论与实践相结合的课程,其功能是对接城轨机电专业人才培养目标,面向供配电工程师、供配电系统技术员、设备维护与管理等工作岗位,培养学生掌握企业供配电系统的结构及其运行原理,学会供配电系统基本参数的计算,初步掌握变配电运行及管理、电气设备的操作与维护、供配电系统及设备的故障分析及排除等专业技能,并为后续毕业设计、电工考证等课程的实习奠定基础。

2. 课程功能定位

电能是国民经济和社会生活中的主要能源和动力,是现代文明的物质技术基础。没有电力就没有整个国民经济的现代化。现代社会的信息化和网络化,也是建立在电气化的基础之上的。本课程主要是城市轨道交通电能供应和分配问题,怎样能为生产和生活提供安全、可靠、优质、经济的电能。本课程是高职高专的城轨机电技术专业主干课,在该课程中引入了行业领域技术标准,这为今后学生考取电力系统相关岗位资格证奠定基础,同时该课程与其他课程一起,用于提升学生在供用电专业岗位应具备的专业知识和技能,为培养高端技术技能型人才提供保障。

表 6-13 课程功能定位分析

对接的工作岗位	对接培养的职业岗位能力
供配电系统技术员	1. 能对供配电、照明、仪表及其附属设备进行维护,有计划、有组织对供配电、照明进行检修调测,保证设备质量良好
	2. 及时掌握和分析研究供配电、照明障碍,迅速排除设备故障,认真解决设备质量问题并及时向上级请示报告
	3. 维修时要严格操作过程,应做好原始及日常维护和变更记录
供配电工程师	1. 熟悉配电产品的各类相关标准及相关电力系统设计规程规范
	2. 具备设备选型、系统原理图及深化图纸的设计能力,熟悉各种低压配电设备器件及配电产品常用器件,可独立完成配电产品的设计和全程跟踪

6.2.5.2 课程目标与内容

1. 课程总目标

供配电工作是一个危险性极高的职业,因此对工作人员责任心的要求很高。本课程总体目标是在学生掌握供配电的基本理论知识和实际生产操作技能的基础上,培养学生对工作认真负责的态度、独立解决工作中出现问题的能力、积极参与的意识及协作沟通能力,使教学过程更有目的性和针对性。课程教学的总目标如下:

(1)教学内容上,将本文课程分为五大模块,即:城市轨道交通供电的基本知识,供配电系统一次设备,供配电系统二次回路,供配电系统保护系统,安全节约用电和现代化供配电技术,而每个模块中又包含多个任务单元。

（2）以高职学生理论知识够用为出发点，删除了课程中繁琐、理论性很强的内容，如：短路计算、电器选择校验、工厂配电系统设计、继电保护整定计算。

（3）增加了实用的技能训练，如：变电所实际工作情况进行送配电停电及日常值班巡查等技能训练、工厂供电道闸操作的流程、电气图识图的技能训练、工厂供电倒闸操作训练、智能供配电系统实训。

（4）把实习环节拆分穿插在各项模块单元中，以学生为主体，以内容为设计，以任务为驱动，以实训为手段，使学生在学习基本理论知识、进行实习操作的同时，更加明确企业对岗位的需求，有目的、有选择地进行学习。

2. 课程具体目标

表6-14　课程教学目标与内容

序号	毕业要求指标点	知识目标	技能目标	素质目标	教学内容
1		1. 了解电力系统的基本知识，掌握工厂供配电系统的基本知识 2. 掌握我国电力系统中性点的运行方式及不同运行方式下的特点，掌握电力系统电压的概念及我国三相交流电网和电力设备的额定电压的标准	1. 能正确分析工厂供配电系统图 2. 能正确选择各类设备的额定电压	培养学生善于思考，具有独立分析问题、解决问题的能力	1. 供配电工作的意义、要求及课程任务 2. 供配电系统及发电厂和电力系统的基本知识
2	供配电技术基本理论知识的掌握	1. 了解工厂变配电所的类型及高低压一次设备 2. 工厂变电所的主接线图	掌握电压互感器和电流互感器的结构、原理及其应用； 理解电力变压器选择应用； 了解变电所任务、类型及其相关概念	具有与人合作的精神和创新精神	1. 电力变压器结构原理 2. 互感器结构原理 3. 电力变压器、互感器使用 4. 电弧 5. 高压隔离开关、负荷开关 6. 高压断路器高压熔断器避雷器
3		1. 熟悉工厂计算负荷的概念和工厂计算负荷的确定方法以及尖峰电流的计算	掌握单相用电设备组计算负荷的计算读方法； 理解按二项法确定三相用电设备计算负荷的计算方法； 了解相关概念	培养学生与他人沟通的能力	1. 工厂用电设备的工作制及负荷曲线有关概念 2. 三相用电设备组计算负荷的确定 3. 单相用电设备组计算负荷的确定 4. 负荷中心及尖峰电流的计算
4		1. 掌握电力系统三相短路时的物理过程及特点；理解短路的原理及其危害； 2. 会用欧姆法、标幺值法计算三相短路电流的方法	掌握短路电流欧姆法和标幺值法的计算	培养学生有爱岗敬业、踏实肯干、谦虚好学和勤于思考的精神	1. 三相短路电流的计算以及变配电所电气设备的选择和校验方法

续表

序号	毕业要求指标点	知识目标	技能目标	素质目标	教学内容
5		1. 掌握工厂电力线路类型、结构型式及其应用； 2. 理解高压线路和低压线路的接线形式； 3. 了解有关电力线路的概念	通过对变配电所总体布置方案的分析，使学生掌握对主接线的分析，能读懂主电路图	培养学生有爱岗敬业、踏实肯干、谦虚好学和勤于思考的精神	1. 电力线路的结构、敷设以及接线方法
6	供配电技术理论知识的应用	1. 掌握低压断路器的基本结构及其保护原理； 2. 掌握电磁式继电器的基本结构、原理及其应用； 3. 理解感应式继电器的基本结构、功能及其特点； 4. 了解保护继电器的相关概念	掌握常用保护继电器的工作原理，维护方法和如何使用；工厂供电道闸操作的流程	培养学生具有团队精神和协调工作能力、管理能力和全局观念	1. 熔断器、低压断路器以及常见的几种继电保护
7		1. 掌握高压断路器的控制和信号回路的电路结构及其原理； 2. 了解电测量仪表与绝缘监视装置的结构与原理； 3. 了解二次回路及其设备的相关概念	会利用二次回路接线图处理二次系统简单故障	培养学生规范操作的职业精神	1. 二次回路的安装及接线
8	供配电技术安全知识的掌握	1. 掌握电气装置与建筑物防雷的基本方法及其低压配电系统的接地规范； 2. 理解主要防雷设备的结构原理及电气装置接地的有关规范； 3. 了解过电压形式及其形成原因	能正确地计算避雷针的保护范围，对触电实施急救处理	培养学生安全用电的意识	1. 过电压与防雷、电气装置接地、等电位连接以及电气安全与触电急救相关知识
9		1. 掌握并联电容器接线与装设方法及功率因数关系； 2. 理解并联电容器控制、保护要求及电力变压器经济运行条件； 3. 了解节约用电措施	知道安全用电的规则	培养学生节约资源的精神	1. 掌握并联电容器的接线与装设的方法及与功率因数的关系； 2. 理解并联电容器的控制、保护要求及电力变压器的经济运行条件； 3. 了解节约用电的基本措施
10		1. 照明技术的有关概念，节约及安全用电	能看懂电气照明平面布线图	培养学生具有创新、创业、开拓发展的精神	1. 照明技术的相关概念及电气安装图
11	供配电技术知识实训的应用	1. 学会利用Multisim软件设计线端（车间）变电所电气主接线图，掌握电压、电流、有功功率及功率因数的仿真测量方法，并能利用补偿电容器组进行功率因数的补偿； 2. 掌握电流互感器的结构、一般的接线形式及其测量原理，学会利用电流互感器测量大电流的接线原理及方法	1. 掌握基于Multisim"变电所电气主接线图的设计"和"功率因数测试与无功补偿电路实验"等内容的仿真实验； 2. 掌握电流互感器及其常用接线方案的实验电路的连接与测试； 3. 能根据小型建筑供配电系统的设计方案完成模拟安装与调试	培养学生团结合作、勇于创新的精神	实验1：基于Multisim变电所电气主接线图的设计 实验2：基于Multisim功率因数测试与无功补偿电路设计及仿真 实验3：电流互感器三相星形接线实验 实验4：变（配）电所的参观与电气绘图 课内实训项目：小型建筑供配电系统的设计

表 6-15 课程教学目标与内容

序号	项目	任务（单元）	教学内容	重点、难点、考核点	学时
1	项目 城轨低压配电及照明系统	任务 1 概述了城市轨道交通发展历程、电力系统与城市轨道交通供电系统	什么是电力系统；电力系统电压等级；电网结构与接线方式；电能质量基本要求；城轨供电系统构成；供电系统功能；城轨供电技术发展	**重点**：电力系统中性点的运行方式 **难点**：电压的分类负荷的分类，不同负荷选择的电压	4
2		任务 2 外部电源	外部电源供电方式；电压等级及要求，无功与节能及成本的关系；基本电费与运营成本；功率因数补偿	**重点**：对无功功率补偿的理解 **难点**：无功功率补偿的计算	4
3		任务 3 主变电所	变电所址选择；中压环网	**重点**：变电所如何选址 **难点**：变电所中的中压环网的应用	2
4		任务 4 中压网络	中压网络功能；中压网络电压等级；中压网络构成形式；电源变电所运行方式；双环网中压网络运行方式；电力电缆类型选择；直流电缆选择；电缆敷设	**重点**：中压网络构成形式 **难点**：电力电缆类型选择	6
5		任务 5 牵引供电系统	牵引变电所布置；中压主接线及运行方式；直流主接线及运行方式；直流保护概述；联跳保护；框架保护；di/dt 与 ΔI 保护	**重点**：中压主接线及运行方式 **难点**：中压主接线及运行方式	4
6		任务 6 动力照明系统	降压变电所的设置；中压主接线与运行方；低压主接线与运行方式；负荷等级与供电电源；车站动力与照明配电；区间动力与照明配电；主变电所自用电系统；牵引变电所自用电系统；区间动力与照明配电；应急照明电源	**重点**：负荷等级与供电电源 **难点**：负荷等级与供电电源	6
7		任务 7 电力监控与数据采集系统	SCADA 系统概述；系统功能及应用；自动化系统集成简介	**重点**：SCADA 系统概述 **难点**：SCADA 系统概述	2
8		任务 8 综合接地系统与过电压保护	综合接地系统概述；交流供电系统接地；直流供电系统接地；过电压分类；过电压防护要求；轨电位限制装置	**重点**：综合接地系统 **难点**：综合接地系统	4

续表

序号	项目	任务（单元）	教学内容	重点、难点、考核点	学时
9	项目 城轨低压配电及照明系统	任务9 短路计算	短路类型与产生原因； 短路的危害； 短路计算的目的； 短路计算的假设条件与一般程序； 标幺值及其应用； 供电系统元件的阻抗及其标幺值； 网络变换与化简； 无限大容量系统特点及应用； 三相对称短路计算方法； 实例计算	**重点**：标幺值的应用 **难点**：标幺值的应用	6
10		任务10 城轨供电系统运行与管理	运行管理的任务与内容； 变电所管理规程与制度； 接触网管理规程与制度； 安全管理基本知识； 事故抢修管理	**重点**：安全管理基本知识 **难点**：安全管理基本知识	4
11		任务11 实验和实训	实验1：基于Multisim变电所电气主接线图的设计 实验2：基于Multisim功率因数测试与无功补偿电路设计及仿真 实验3：电流互感器三相星形接线实验 实验4：继电器动作及返回参数的测试 实验5：变（配）电所的参观与电气绘图 课内实训项目：小型建筑供配电系统的设计	**重点**：仿真原理的验证 **难点**：小型建筑供配电系统的设计	24

注：每个任务（单元）最多不超过12学时。

6.2.5.3 课程考核

课程考核采用过程考核和期末统一考试相结合的方式。其中，过程考核占比40%（实训考核占比20%，课堂考勤占比10%，课堂表现和作业情况占比10%）；期末统一考试占60%。

6.2.5.4 实施要求

1. 授课教师基本要求

担任本课程教学任务的教师应是具备电气类专业知识，尤其是具备电气工程制图、电工电子技术应用、供配电系统运行与管理综合知识的能力。能采用较先进的教学方法，具有比较强的驾驭课堂的能力，具有高校教师资格证。

2. 教学方法和策略

（1）教学方法：根据学情分析和教学内容特征，选择翻转课堂教学法、案例教学法、情景教学法、工作过程导向教学法、探究式教学法等教学方法。以项目教学为形式，设计若干个具有代表性的项目，将知识点重新整理，以学生为中心，让各种知识尽可能在"做中学，学中做"。

（2）教学策略：在教学过程中"视、听、做"，广泛收集国内外相关素材，采用多媒体手段，激发学生学习的兴趣；以技能竞赛开展学生的第二课堂，增强学生的动手能力。

6.2.6 "电气控制与PLC技术"课程标准

6.2.6.1 课程性质、课程功能定位

1. 课程性质

本课程是城市轨道交通机电技术专业必修的一门重要的专业核心课,是学生在学习了"电路分析基础""计算机文化基础"等课程的相关知识、具备了相应的计算机操作、数值转换、电工基础操作等能力的基础上,开设的一门理论+实践课,其功能是对接专业人才培养目标,面向电气控制相关的工作岗位,培养学生使其熟悉常用低压电气设备、系统以及PLC的结构和工作原理,掌握基本电气控制系统设计、安装与调试的能力,并为后续的专业课程学习以及毕业设计奠定基础。

2. 课程功能定位

表6-16 课程功能定位分析

对接的工作岗位	对接培养的职业岗位能力
电气设备安装与操作岗位	1. 能够按工艺要求操作设备
	2. 能识别电气图纸,能按照电气图纸、工艺文件进行电气控制线路安装与调试
电气设备检修与维护岗位	1. 掌握电气设备的日常维护和保养的方法
	2. 掌握电气设备的日常检修、故障排除的基本方法

6.2.6.2 课程目标与内容

1. 课程总目标

本课程以真实的基本电气控制系统与PLC基本应用系统为载体展开相关知识点的教学,使学生初步学习电气控制系统与可编程逻辑控制器(PLC)的基本知识,熟悉常用低压电气设备、系统以及PLC的结构和工作原理,掌握基本电气控制系统设计、安装与调试的方法,掌握PLC的编程原理和方法,开阔学生的逻辑思维能力,增强学生的动手能力和分析能力,使学生达到关于电气控制与PLC系统懂原理、会分析、能维护、会简单设计的学习目标,为完成具体的系统设计奠定坚实的基础。

2. 课程具体目标

表6-17 课程教学目标与内容

序号	毕业要求指标点	知识目标	技能目标	素质目标	思政目标	教学内容
1	电气控制与PLC技术基本理论知识的掌握	常用低压电器的用途、结构、工作原理、技术参数、选用原则及运行检修	能正确辨识电气控制线路中的低压电器,会按照电气元件说明书查找型号、技术指标、接线方式	使学生建立从器件到系统的认识思路	结合疫情探讨,培养学生的爱国精神、奉献精神	1. 理解常用低压电器的定义和分类; 2. 掌握接触器、继电器、常用开关电器、熔断器、主令电器的用途、基本结构、基本工作原理、主要技术参数、选用原则、运行维护及故障检修

续表

序号	毕业要求指标点	知识目标	技能目标	素质目标	思政目标	教学内容
2		三相异步电动机的运行与维护；三相异步电动机电气控制线路设计、安装及检查试车	能正确识读电气控制线路的原理图、布置图和安装接线图，掌握监控和维护三相异步电动机的方法	培养学生高度的责任感和严谨、细致的工作作风	向疫情下的工作者学习，培养学生的职业核心素养和工作时不断钻研的工匠精神	1. 巩固三相异步电动机的基本知识；掌握三相异步电动机运行前检查及试车步骤； 2. 掌握三相异步电动机运行中的监控与维护方法； 3. 了解制作电动机控制线路的步骤，掌握电气原理图、电器元件布置图和接线图的读图方法； 4. 掌握三相异步电动机全压启动控制电路、三相异步电动机减压启动控制电路以及三相异步电动机电动机电器制动控制电路等典型电路的识读、设计与装调
3	电气控制与PLC技术基本理论知识的掌握	可编程控制器S7-200PLC概述、STEP7 V4.0编程软件的使用介绍	PLC的基本编程语言的使用以及S7-200PLC的编程软件的使用及编程规则	培养学生学习新知识新技能的能力	培养学生创新的价值理念和以国家的未来发展为己任的爱国精神	1. 了解可编程序控制器的定义、基本组成、工作原理及主要技术指标； 2. 掌握S7-200系列CPU224的结构、功能扩展模块、内部元器件的使用； 3. 了解STEP7-Micro/WIN V4.0 SP9编程软件的通信设置及窗口组件； 4. 掌握其主要编程功能及程序调试与监控方法
4		S7-200系列PLC基本指令及应用	会使用定时器指令、计数器指令、比较指令等常见的基本编程指令	培养学生良好的职业素养、合作共事以及随机应变的工作能力	培养学生团结一致、互帮互助的中国传统精神	1. 了解梯形图、语句表、顺序功能流程图和功能块图等常用PLC设计语言的结构形式； 2. 掌握基本位操作指令、定时器指令、计数器指令、比较指令、程序控制类指令的结构及使用方法； 3. 掌握使用编程软件进行小系统设计与调试的基本方法
5		S7-200系列PLC常用功能指令及应用；PLC应用系统设计的基本方法	会采用顺序系统进行设计	培养学生应用PLC进行集成设计和工程测试的能力与方法，使之能够解决一些基本的实际问题	培养学生脚踏实地的精神、科学严谨的态度	1. 理解PLC应用系统设计的步骤和设计方法； 2. 理解顺序控制设计法的基本思想，掌握顺序功能图的基本要素； 3. 掌握单流程、选择及分支、并行分支、循环-跳转等流程及编程方法
6		PLC应用系统设计方法、设计步骤、系统装配、检测与维护	会使用数据处理指令、算术运算指令以及逻辑指令进行编程	培养学生团结合作、专业技术交流表达能力	树立学生正确的文化观念、培养学生科学的文化精神	1. 掌握数据传送、移位、比较、顺序控制类指令的结构及使用方法； 2. 掌握算术运算、递增/递减指令的指令结构及使用方法； 3. 了解几种特殊功能指令

续表

序号	毕业要求指标点	知识目标	技能目标	素质目标	思政目标	教学内容
7	电气控制与PLC技术知识的实际应用	简易地铁自动门控制系统的设计与实现	PLC项目的实际应用	培养学生实践创新的能力	"少年强则中国强",培养学生的民族责任感和自豪感	1. 设计电气原理图,绘制电气布置图,列写元器件清单; 2. 根据电气原理图进行安装接线; 3. 使用仪器仪表进行电路调试,并验收; 4. 使用PLC进行电气功能的技术改造,并验收
8		多种液体自动混合系统的设计与实现	掌握常用电气控制线路的安装及故障检测	培养学生发现问题,解决问题的能力	培养学生科学的探索精神,以职业的核心素养时刻要求自己	1. 设计电气原理图,绘制电气布置图,列写元器件清单; 2. 根据电气原理图进行安装接线; 3. 使用仪器仪表进行电路调试,并验收; 4. 使用PLC进行电气功能的技术改造,并验收

表6-18 课程教学目标与内容

序号	项目(模块)	任务(单元)	教学内容	重点、难点、考核点	学时
1	项目1 认识常用低压电器	1.1 概述 1.2 接触器	了解常用低压电器的定义与分类,掌握接触器的用途、结构、工作原理、技术参数、选用原则、维护及检修方法	**重点**:掌握接触器的用途、结构、工作原理 **难点**:接触器的维护及检修方法	2
2		1.3 继电器	了解继电器的种类、结构与工作原理,掌握其主要技术参数、选用原则、维护及检修方法	**重点**:继电器的种类、结构 **难点**:继电器的维护及检修方法	2
3		1.4 常用的开关电器 1.5 熔断器 1.6 主令电器 1.7 执行电器	了解常用主令电器、执行电器种类、用途,掌握熔断器主要技术参数、选用原则、故障检修方法	**重点**:了解常用的开关电器的分类方式、用途 **难点**:熔断器的故障检修方法	2
4	项目2 三相异步电机电气控制线路	2.1 点动控制线路及检查试车、全压启动连续运转控制线路	掌握点动、自锁电气原理,初步训练电气线路设计、接线及检查试车的能力	**重点**:点动、自锁的电气原理 **难点**:电气线路设计与接线	2
5		2.2 顺序控制线路及检查试车	理解三相异步电动机顺序控制线路的工作原理,掌握多种顺序控制线路的接线及检查试车方法	**重点**:三相异步电动机的顺序控制线路的工作原理 **难点**:掌握检查试车方法	2
6		2.3 正反转控制线路及检查试车	掌握点动、自锁电气原理,初步训练电气线路设计、接线及检查试车能力	**重点**:点动、自锁电气原理 **难点**:正反转控制线路的设计、接线	2
7		2.4 星-三角减压控制电路及检查试车	理解三相异步电动机减压启动的原因,掌握实现减压启动的方法	**重点**:三相异步电动机减压启动的原因 **难点**:掌握减压启动的方法	2
8		2.5 反接制动控制线路	了解三相异步电动机电气制动的方法,掌握反接制动的原理与应用	**重点**:三相异步电动机电气制动的方法 **难点**:反接制动的原理与应用	2

续表

序号	项目（模块）	任务（单元）	教学内容	重点、难点、考核点	学时
9	项目2 三相异步电机电气控制线路	2.6 能耗制动控制线路	掌握能耗制动的原理与方法，掌握三相异步电动机的能耗制动电气线路的安装与调试	**重点**：能耗制动的原理与方法 **难点**：三相异步电动机的能耗制动电气线路的安装与调试	2
10	项目3 认识PLC	3.1 PLC的基本概念 3.2 PLC硬件结构与工作原理	了解PLC的基本概念、特点及应用，熟悉PLC的硬件结构，理解PLC的工作原理	**重点**：PLC的基础知识的掌握 **难点**：PLC的硬件结构	2
11		3.3 PLC的编程语言 3.4 PLC的内部元器件 3.5 PLC的编程软件及与编程设备连接	了解PLC的编程语言；理解S7-200 PLC的数据区结构；熟悉S7-200系列PLC的编程软件的使用及梯形图编程规则	**重点**：PLC的基本编程语言 **难点**：S7-200PLC的编程软件的使用及编程规则	2
12	项目4 PLC基本指令应用	4.1 基本逻辑指令原理及应用（一）	掌握位逻辑指令的工作原理与应用	**重点**：位逻辑指令的工作原理 **难点**：位逻辑指令的应用	2
13		4.1 基本逻辑指令原理及应用（二）	掌握简单的位逻辑指令程序的编写及调试方法	**重点**：位逻辑指令程序的编写 **难点**：位逻辑指令程序的调试方法	2
14		4.2 定时器指令（一）	掌握通电延时定时器指令的工作原理与应用	**重点**：通电延时定时器指令的工作原理 **难点**：通电延时定时器指令的应用	2
15		4.2 定时器指令（二）	掌握断电延时、有记忆接通延时定时器指令的工作原理与应用	**重点**：断电延时、有记忆接通延时定时器指令的工作原理 **难点**：断电延时、有记忆接通延时定时器指令的应用	2
16		4.3 计数器指令（一）	掌握加计数器指令的工作原理与应用	**重点**：加计数器指令的工作原理 **难点**：加计数器指令的应用	2
17		4.3 计数器指令（二）	掌握减计数器、加减计数器指令的工作原理与应用	**重点**：减计数器、加减计数器指令的工作原理 **难点**：减计数器、加减计数器指令的应用	2
18		4.4 比较指令 4.5 顺序控制类指令（跳转指令、步进顺序控制指令）	掌握数据传送、数据比较指令的格式和使用方法，掌握顺序控制类指令（跳转指令、步进顺序控制指令）的格式与使用方法	**重点**：比较指令、跳转指令、步进指令等具体格式 **难点**：比较指令、跳转指令、步进指令等使用方法	2
19	项目5 PLC应用系统设计方法	5.1 经验设计法	理解经验设计法的基本思想；掌握经验设计法设计梯形图实现简单的启保停电路、电机正反转控制电路等控制要求	**重点**：经验设计法的基本思想，能实现简单的启保停电路 **难点**：经验设计法的应用	2

续表

序号	项目（模块）	任务（单元）	教学内容	重点、难点、考核点	学时
20	项目 5 PLC 应用系统设计方法	5.2 顺序控制设计法：单流程及编程方法、选择分支及编程方法	理解顺序控制设计法的基本思想，掌握顺序功能图的基本要素，掌握单流程编程方法，掌握以转换为中心顺序设计法的选择分支及编程方法	**重点**：单流程的编程方法 **难点**：单流程编程方法的应用	2
21		5.3 顺序控制设计法：并行分支及编程方法、循环、跳转流程及编程方法	理解顺序控制设计法的基本思想，掌握以转换为中心顺序设计法的并行分支及编程方法，掌握循环、跳转流程及编程方法	**重点**：转换为中心顺序设计法的并行分支及编程方法 **难点**：循环、跳转流程及编程方法	2
22	项目 6 PLC 功能指令	6.1 数据处理指令：数据传送、移位指令	掌握数据传送指令、移位指令的格式与使用方法	**重点**：数据传送指令、移位指令的格式 **难点**：数据传送指令、移位指令的使用方法	2
23		6.2 算术运算指令	掌握算术运算指令的格式与使用方法	**重点**：算术运算指令的格式 **难点**：算术运算指令的使用方法	2
24		6.3 逻辑指令	掌握逻辑指令的格式与使用方法	**重点**：逻辑指令格式 **难点**：逻辑指令使用方法	2
25	项目 7 课内实训	7.1 布置任务	布置实训任务，提出实训要求，明确考核方法，强调实训纪律	**重点**：布置实训任务 **难点**：实训考核方法、纪律要求的强调	2
26		7.2 实训项目一 硬件设计（绘图、安装）、系统调试与验收	设计电气原理图、绘制电气布置图、列写元器件清单，根据电气原理图进行安装接线，使用仪器仪表进行电路调试，并验收	**重点**：简易地铁自动门控制系统的设计与实现 **难点**：简易地铁自动门控制系统的电路调试	6
27		7.3 实训项目一 技术改造与验收	使用 PLC 进行电气功能的技术改造，并验收	**重点**：PLC 的利用 **难点**：利用 PLC 进行合理的技术改造	4
28		7.4 实训项目二 硬件设计（绘图、安装）、系统调试与验收	设计和绘制电气原理图，列写元器件清单，根据电气原理图进行安装接线，使用仪器仪表进行电路调试，并验收	**重点**：多种液体自动混合系统的设计与实现 **难点**：多种液体自动混合系统的电路调试	4
29		7.5 实训项目二 技术改造与验收	使用 PLC 进行电气功能的技术改造，并验收	**重点**：PLC 的利用 **难点**：利用 PLC 进行合理的技术改造	4
30		7.6 实训考核	根据系统的控制要求完成硬件电路的设计并进行接线；根据系统的控制要求编写 PLC 程序实现控制功能；具有良好的职业素养并独立完成	**重点**：完成对应的硬件要求设计 **难点**：根据系统的控制要求编写 PLC 程序以实现控制功能	4

注：每个任务（单元）最多不超过 12 学时。

6.2.6.3 课程考核

1. 本学期采取线上和线下的学习方式，关注学生个体差异、所以考核具体分布如下表所示。

表 6-19 考核方式

考核项目	分值	评价方法	备注
课件学习	10	从学生观看课件的进度情况评分	线上学习
课堂活动	20	从考勤、参与度、课堂表现、测验等方面评分	线上+线下教学
课后作业	10	从作业的规范、答题正确性、是否按时上交来评分	线上作业
实训	20	从接线正确、整齐美观；系统运行是否可靠、实训报告提交是否及时来评分	过程考核及实操考核
考试	40	检查学生的学习质量	课内考试
合计		100	

6.2.6.4 实施要求

1. 授课教师基本要求

担任本课程的教师要能正确安装和熟悉使用 PLC 软件，熟练掌握 PLC 编程方法，具有电工操作证、高等学校教师资格证等。

2. 教学方法和策略

（1）教学方法：根据学情分析和教学内容特征，选择项目化教学、翻转课堂教学法、案例教学法、情景教学法、工作过程导向教学法、探究式教学法等教学方法。以项目教学为形式，设计若干个具有代表性的项目，将知识点重新整理，以学生为中心，让各种知识尽可能在"做中学"。

（2）教学策略：在教学过程中视、听、做、用并举，广泛收集国内外相关素材，采用多媒体手段，激发学生学习的兴趣以技能竞赛开展学生的第二课堂，增强学生的动手能力。

7 现代通信技术专业

7.1 现代通信技术专业课程设置及学时分配

现代通信技术专业课程设置及学时分配见表 7-1。

表 7-1 课程设置及学时学分分配表
现代通信技术专业（三年制）

		序号	课程编码	课程名称	学分	考核方式	教学总学时	其中实践学时	开课时数	开课学期					
										1	2	3	4	5	6
										14/19	17/20	16/20	15/20	20	18
公共基础课	必修课	1	001001060	思想道德修养与法律基础	3.0	课内考试	48	12	4/10	4					
		2	001003080	毛泽东思想和中国特色社会主义理论体系概论	4.0	课内考试	64	8+8	4/14		4				
		3	001002020	形势与政策	1.0	考查	16		讲座	讲座					
		4	008011020	创新创业基础	1.0	考查	16	4	8+8	讲座					
		5	008013020	大学生职业发展与就业指导	1.0	考查	16	4	8+8					讲座	
		6	009001010	安全教育	0.5	考查	8		讲座	讲座					
		7	010003040	大学生心理成长	2	考查	32		2/8+2/8	2					
		8	005001040	体育与健康	2.0	考查	24	22	2/12	2					
		9	005005040	体育专项1	2.0	考查	28	26	2/14		2				
		10	005006040	体育专项2	2.0	考查	28	26	2/14				2		
		11	005007040	体育专项3	2.0	考查	28	26	2/14					2	
		12	003007080	公共英语	4.0	统一考试	52	14	4/13	4					
		13	502001030	计算机文化基础	1.5	考证	28		2/14	2					
		14	002002060	高等数学1	3.0	统一考试	48		4/12	4					
		15	002004060	高等数学2	3.0	课内考试	48		4/12		4				
		16	004004040	写作与沟通	2.0	课内考试	32		3/11				3		
		17	004001030	普通话	1.5	课内考试	24		2/12		2				
		18	011002040	军事训练	2.0	考查	112		3w						
		19	011001040	军事理论	2.0	考查	36		2/11+2/7	2					
		20	500001020	劳动专题教育	1.0	考查	16		4+4+4+4	讲座					
		21	018001060	劳动实践	3.0	考查	72		24+24+24		1w	1w			1w
		22	014003060	班级主题教育	3.0	考查	48		8+8+8+8+8	讲座					
	选修课	23	007003080	公共选修课（见公共选修课手册）	4.0	考查	60		2/15+2/15						
		24	012002040	美育选修课（见公共选修课手册）	2.0	考查	30		2/15						
				公共基础课合计	52.5		914	150		18	14	2	5	0	0

续表

	序号	课程编码	课程名称	学分	考核方式	教学总学时	其中实践学时	开课时数	开课学期 1 14/19	2 17/20	3 16/20	4 15/20	5 20	6 18
专业基础课	1	504105090	电路与电子技术	4.5	课内考试	70	20	5/14	5					
	2	504061050	计算机网络技术	2.5	课内考试	44	10	4/11	4					
	3	504008070	通信原理	3.5	统一考试	60	10	4/15		4				
	4	504111030	职业素养导向训练	1.5	考查	24		2/12			2			
	5	003006060	通信专业英语	3.0	课内考试	36		3/12				3		
			专业基础课合计	15.0		234	40		9	4	2	3	0	0
专业核心课	1	504019070	移动通信技术	3.5	课内考试	60	6	4/15				4		
	2	504013080	数据通信	4.0	统一考试	68	34	4/17		4				
	3	504003070	通信线路	3.5	统一考试	60	28	4/15			4			
	4	504047070	传输系统	3.5	统一考试	60	30	4/15			4			
	5	504036070	通信工程施工与管理	3.5	统一考试	60	30	4/15				4		
	6	504040070	无线网络规划与优化	3.5	课内考试	60	30	4/15				4		
	7	504035070	通信工程勘察与设计	3.5	统一考试	60	30	4/15			4			
			专业核心课合计	25.0		428	188		0	4	12	12	0	0
专业（技能）课 专业主干课	1	504016060	通信电源系统	3.0	课内考试	48	8	3/16			3			
	2	504055050	宽带移动通信系统	2.5	课内考试	44	10	4/11				4		
	3	504012060	交换设备运行与维护	3.0	课内考试	48	8	3/16			3			
	4	504004030	电路认知与焊接实训	1.5	考查	24	24	24/1	1w					
	5	504071090	数据通信实训	4.5	考查	72	72	24/3			3w			
	6	504009060	电工考证培训	3.0	考查	48	48	24/2				2w		
	7	504068060	接入技术与设备实训	3.0	考查	48	48	24/2				2w		
	8	504022030	通信终端组装与维修实训	1.5	考查	24	24	24/1				1w		
	9	504085090	通信 1+X 考证培训	4.5	考查	72	72	24/3				3w		
	10	504076060	通信工程勘察与设计实训	3.0	考查	48	48	24/2				2w		
	11	504069060	宽带移动通信系统实训	3.0	考查	48	48	24/2				2w		
	12	504046180	毕业设计	9.0	考查	144	144	24/6					6w	
	13	504070360	实习	18.0	考查	432	432	24/18						18w
			专业主干课合计	59.5		1100	986		0	0	6	4	0	0
专业限选课	1	504104080	创新创业设计与实践	4.0	考查	64	64	32/2				2w		
	2	504062070	Python 程序设计	3.5	课内考试	60	30	4/15		4				
	3	504107060	人工智能基础	3.0	考查	48	24	4/12			4			
	4	504001030	铁道概论（四选一）	1.5	考查	24		2/12		2				
		504108030	信息安全技术应用（四选一）	1.5	考查	24		2/12		2				
		504102030	VR 全景图像制作（四选一）	1.5	考查	24		2/12		2				
		504078030	物联网概论（四选一）	1.5	考查	24		2/12		2				
	5	504099030	3D 制图与 BIM（五选一）	1.5	考查	24		2/12			2			
		504106030	工程建设管理（五选一）	1.5	考查	24		2/12			2			
		504110030	云计算技术（五选一）	1.5	考查	24		2/12			2			
		504101030	photoshop 图像处理技术（五选一）	1.5	考查	24		2/12			2			
		504103030	城轨专用通信设备维护（五选一）	1.5	考查	24		2/12			2			
			专业限选课合计	13.5		220	118		0	4	6	2	0	0
			总合计	165.5		2896	1482	学期总课时	520	558	443	455	456	464
								周总课时	27	26	28	26		
			说明			每学期有一周机动和一周考试（前四学期），第五学期有一周机动。第 2 学期的劳动实践课程在课余时间完成，第 6 学期的劳动实践课程在实习周完成，均不计入学期教学周学时。							毕业方式 毕业设计		

7.2 现代通信技术专业核心课程标准

7.2.1 "移动通信技术"课程标准

7.2.1.1 课程性质

1. 课程性质

本课程是高职学院现代通信技术和铁道通信与信息化的专业核心课程,也可作为通信类其他相关专业的选修课。本课程主要是让学生获得移动通信的基本理论和基本知识,掌握移动通信设备的基本原理和操作技能,了解有关设备施工过程和日常维护的基本知识,培养学生较强的学习能力、适应能力,并在课程实践中培养学生的职业素养和良好的工作习惯。

2. 课程功能定位

表7-2 课程功能定位分析

对接的工作岗位	对接培养的职业岗位能力
无线网络优化岗位	1. 无线网络规划设计
	2. 无线测试
	3. 无线网络优化调整
移动通信维护岗位	1. 负责公司网络/网站的安全监控和日常管理
	2. 保证公司网络安全、稳定网络中出现的问题,提出解决方案并组织实施
	3. 学习网络新技术,优化和扩展网络功能

7.2.1.2 课程目标与内容

1. 课程总目标

通过本课程学习,学生应理解和掌握移动通信网络的网络架构、系统原理、关键技术及发展趋势等理论知识,掌握移动通信设备开通、调试、故障处理及网络优化的技能。通过系统的学习,使学生具备移动通信网络规划、建设、维护及优化的初级能力。

2. 课程具体目标

表7-3 课程教学目标与内容

序号	毕业要求指标点	知识目标	技能目标	素质目标	教学内容
1	熟悉移动通信的基本理论和操作技能,并了解移动通信领域发展的前沿知识	掌握移动通信系统的工作方式、多址方式、组网技术;理解中心激励与顶点激励、小区的分裂;了解多信道共用、空闲信道的选取	使学生加深对移动通信理论知识的理解,具备较扎实的移动通信理论知识	培养学生独立学习的能力	移动系统简介

续表

序号	毕业要求指标点	知识目标	技能目标	素质目标	教学内容
2	熟悉移动通信的基本理论和操作技能,并了解移动通信领域发展的前沿知识	掌握互调干扰、邻道干扰及同频干扰的概念、产生及减小的方法;理解移动通信的电波传播特性;了解移动信道的特征	使学生加深对移动通信理论知识的理解,具备较扎实的移动通信理论知识	培养学生积极向上的态度	移动通信的传输信道
3	熟悉移动通信的基本理论和操作技能,并了解移动通信领域发展的前沿知识	掌握GSM网络接口及信道类型,GSM系统的控制与管理;理解数字移动通信中的语音处理技术,GSM系统的编号方式;了解GSM系统的呼叫接续及接续流程	使学生加深对移动通信理论知识的理解,具备较扎实的移动通信理论知识	培养学生认证严谨的作风	GSM移动通信系统
4	熟悉移动通信的基本理论和操作技能,并了解移动通信领域发展的前沿知识	掌握CDMA系统的基本原理和主要特点,CDMA系统构成及无线信道;理解CDMA系统的关键技术;了解CDMA系统的功能结构	加深学生对移动通信理论知识的理解,具备较扎实的移动通信理论知识	培养学生善于钻研的精神	CDMA移动通信系统
5	熟悉移动通信的基本理论和操作技能,并了解移动通信领域发展的前沿知识	掌握3G涉及的无线接入技术、关键技术;理解CDMA2000、WCDMA及TD-SCDMA的演进历程和主要技术特点;了解3G的发展和标准化过程、目标和要求	使学生加深对移动通信理论知识的理解,具备较扎实的移动通信理论知识	培养学生善于钻研的精神	第三代移动通信

表7-4 课程教学目标与内容

序号	项目(模块)	任务(单元)	教学内容	重点、难点、考核点	学时
1	项目1 移动系统简介	1-1 移动通信特点、分类及工作方式	掌握移动通信的概念、特点、分类及工作方式	**重点**:移动通信的特点 **难点**:移动通信系统不同工作方式的优劣	2
		1-2 移动通信系统的组成	掌握移动通信系统的组成	**重点**:移动通信系统的组成 **难点**:对比2G与3G、4G网络架构的区别	2
		1-3 移动通信的多址方式	掌握多址方式的特点及应用	**重点**:三类多址方式 **难点**:多址方式在移动通信系统中的应用	2
		1-4 组网技术	掌握频率管理与有效利用技术、区域覆盖	**重点**:小区制的概念及特点 **难点**:小区制的特点	2
		1-5 蜂窝网的应用	掌握同信道小区的距离、中心激励与顶点激励等应用	**重点**:同信道小区的距离 **难点**:区群的组成	2
		1-6 多信道共用	掌握分区分组配置法、等频距配置法、多信道共用及空闲信道的选取	**重点**:多信道共用 **难点**:空闲信道的选取	2

续表

序号	项目（模块）	任务（单元）	教学内容	重点、难点、考核点	学时
2	项目 2 移动通信的传输信道	2-1 移动通信的电波传播特性	掌握表征衰落特性的数字特征及任意地形地物信号中值的预测	**重点**：自由空间的传播衰耗 **难点**：任意地形地物信号中值的预测	2
		2-2 移动信道的特征	掌握无线电波的传输特征和移动通信的信道特征	**重点**：无线电波的传输特征 **难点**：移动通信的信道特征	2
		2-3 分集接收技术	掌握3种分集方式和3种合并方式	**重点**：3种分集方式 **难点**：3种合并方式	2
		2-4 移动通信中的噪声及其消除办法	掌握移动通信中的噪声及其消除办法	**重点**：噪声的产生机制及处理方法 **难点**：噪声系数的计算	2
		2-5 干扰和噪声	理解三种主要干扰的概念、产生及减小的方法	**重点**：邻道干扰和同频干扰 **难点**：互调干扰	2
3	项目 3 GSM 移动通信系统	3-1 GSM 系统组成及网络结构	掌握 GSM 系统组成和网络结构	**重点**：GSM 的技术指标 **难点**：技术指标与网络结构的联系	2
		3-2 GSM 网络接口及信道类型	熟悉 GSM 的网络接口及各类型信道	**重点**：GSM 信道类型及作用 **难点**：GSM 的网络接口	2
		3-3 GSM 系统的控制与管理	理解移动通信中的位置登记和鉴权加密技术	**重点**：位置登记的过程 **难点**：鉴权与加密的过程	2
		3-4 移动通信中的越区切换	理解移动通信中越区切换控制技术	**重点**：切换的概念 **难点**：切换的具体过程	2
		3-5 呼叫接续与接续流程	掌握呼叫接续与接续流程	**重点**：移动用户主呼和被呼的过程 **难点**：4种主要接续流程	2
		3-6 编号方式	掌握移动通信系统的编号方式	**重点**：编号方式 **难点**：各类型编号在通信过程中的作	2
		3-7 话音处理技术	掌握话音处理技术	**重点**：语音信号的模数转换、信道编码、交织编码过程 **难点**：语音编码、数字调制	4
4	项目 4 CDMA 移动通信系统	4-1 CDMA 系统概述	掌握 CDMA 系统的基本原理和主要优点	**重点**：CDMA 系统的基本原理 **难点**：CDMA 系统的基本原理	2
		4-2 扩频通信系统	掌握扩频通信基本原理、特点和种类	**重点**：扩频通信基本原理 **难点**：扩频通信基本原理	2
		4-3 CDMA 系统构成	掌握 CDMA 系统构成	**重点**：CDMA 系统的网络架构和接口标准 **难点**：CDMA 系统的主要性能指标	2
		4-4 CDMA 系统的无线信道	掌握 CDMA 系统的无线信道	**重点**：CDMA 系统的无线信道 **难点**：CDMA 系统的空中接口协议层	2
		4-5 CDMA 系统的关键技术	掌握 CDMA 系统的关键技术	**重点**：功率控制和软切换 **难点**：可变速率声码器	2

续表

序号	项目（模块）	任务（单元）	教学内容	重点、难点、考核点	学时
5	项目5 第三代移动通信	5-1 WCDMA的关键技术	掌握WCDMA的网络架构、远近效应和软切换	**重点**：远近效应和软切换 **难点**：对比GSM和WCDMA中的远近效应的区别和联系	2
		5-2 TD-SCDMA的关键技术	掌握TD-SCDMA智能天线技术、联合检测、接力切换等	**重点**：智能天线技术、接力切换 **难点**：联合检测	2
6	项目6 实训一	场强仪的使用和场强的测量	了解场强仪的使用和用场强仪测量场强	**重点**：用场强仪测量场强 **难点**：用场强仪测量场强	2
7	项目7 实训二	电台发射功率的测试	了解正向和反向功率及天线的驻波比的计算方法	**重点**：天线驻波比的计算方法 **难点**：天线驻波比的计算方法	2
8	项目8 实训三	驻波比测试仪的使用	了解驻波比测试仪及其使用方法	**重点**：使用驻波比测试仪测量驻波比 **难点**：使用驻波比测试仪测量驻波比	2

7.2.1.3 课程考核

本课程的考核形式为闭卷笔试为课内考试，主要目的是考核学生是否掌握移动通信的基本理论，是否拥有运用所学理论分析问题的能力。

本课程的期评分数分配是平时成绩10%，实训成绩20%，期末考试成绩70%。

7.2.1.4 实施要求

1. 授课教师基本要求

本课程教师具备移动通信技术的理论与实践技能，具有高等学校教师资格。

2. 实践教学条件要求

表7-5 移动通信技术实训室

实训室名称	移动通信技术实训室	面积要求	200 m²
序号	核心设备	数量要求	备注
1	场强仪	50台	1台/人
2	直流电源、450 Mhz无线列调电台、通过式功率计、450 Mhz天线	50套	1套/人
3	驻波比测试仪	50台	1台/人

3. 教学方法和策略

（1）教学方法。

主要采用项目化教学、案例教学法、情景教学法、工作过程导向教学法、探究式教学法等教学方法。

（2）教学策略。

采用网络教学平台实现混合式教学，引进行业、企业专家参与教学。

7.2.2 "数据通信"课程标准

7.2.2.1 课程性质

1. 课程性质

本课程是高职现代通信技术专业、铁道通信与信息化技术专业的一门专业核心课程。学生在学习了"计算机网络技术"课程、具备了计算机网络基础应用能力的基础上，开设的一门理实一体化课程，其主要任务是培养学生网络技术的职业能力和岗位技能，是使学生掌握企业网络规划、设计、部署、调试与管理的基础知识，具备对交换机、路由器、无线控制器、无线接入点等网络设备进行基本操作的技能，对接信息安全与管理专业人才培养目标，面向网络工程师工作岗位，培养学生具备独立完成中小型网络设计、部署、管理和运维能力。

2. 课程功能定位

表 7-6 课程功能定位分析

对接的工作岗位	对接培养的职业岗位能力	对应岗位的知识点
综合管理岗位	1. 了解互联网的结构、设备、接口类型及传输介质	TCP/IP 基础
	2. 掌握计算机网络的基础知识	网络设备与接口知识
	3. 会画互联网结构图，并根据实际需要，规划和设计简单的网络	1. 交换机技术 2. 路由器技术 3. 企业网络项目实践
	4. 掌握网络设备的硬件结构及基本配置操作方法	交换机与路由配置
网络工程师岗位	1. 能识别并设计中小企业网络拓扑	交换技术
	2. 能实现中小企业网络的组建，完成网络设备的部署	路由技术及广域网技术
	3. 能对网络故障进行分析，完成网络故障的处理	网络的可靠性和安全性

7.2.2.2 课程目标与内容

1. 课程总目标

本课程的教学目标是使学生掌握网络技术的基本知识和基本技能，了解常用的网络设备及数据通信的基本原理，具有组建、维护和管理网络的应用能力，提高学生在组建网络的过程中的分析问题和解决问题的实际动手能力，使学生的理论知识和实践技能同步发展，具备网络工程师岗位的能力，可以参加网络系统建设与运维 1+X 认证考试以及 HCIA 和 HCIP 考证，为将来他们走向工作岗位奠定基础。

依据课程所归属的考核指标点来阐述学生学完本门课程要达到的目标。课程的考核合格率不低于 85%。

2. 课程具体目标

具体表述课程的教学内容及教学资源，学生应达到的知识目标、技能目标、素质目标，在进行目标表述时应以学生作为行为主体来表述。

表 7-7 课程教学目标与内容

序号	考核指标点	知识目标	技能目标	素质目标	教学内容	教学资源
1	能够使用华为模拟仿真平台 eNSP 的基本操作	熟练掌握 eNSP 的操作环境和设备的基本配置	能熟练使用 eNSP 平台对交换机和路由器进行基本配置	培养学生的逻辑思维和编程配置思想	网络的组成要素与拓扑结构，OSI 参考模型与 TCP/IP 模型	ENSP 仿真平台
2	1. 利用交换机组建局域网 2. 能够在交换机上划分 VLAN 进行配置	理解交换机的构成与特性，掌握交换机的初始配置	能使用 eNSP 软件对网络进行仿真，能完成交换机初始配置并查看、保存配置	培养学生的动手实践的能力及严谨的工作态度	交换机的硬件构成、特性，交换机的工作原理，交换机的初始配置	课件、题库、任务指导书
3		理解 VLAN 技术特点，掌握交换机 VLAN 配置	能完成交换机 VLAN 配置，能使用 Trunk 技术实现跨交换机的 VLAN 通信	培养学生的动手实践的能力及严谨的工作态度	VLAN 技术、Trunk 技术	
4	1. 能够实施链路聚合的规划 2. 能够进行 STP 的规划，理解 STP 工作原理	理解链路聚合的作用，理解 STP 协议在交换网络中的作用	能描述链路聚合的作用，完成其配置，能描述 STP 协议的工作过程，识别交换机 STP 协议输出信息	培养学生的动手实践的能力及严谨的工作态度	链路聚合，生成树协议	课件、题库、任务指导书
5	实现三层交换机的路由配置	理解三层交换机的路由功能	能实现使用三层交换机实现 VLAN 间的通信	培养学生的动手实践的能力及严谨的工作态度	三层交换机实现 VLAN 间通信功能	课件、任务指导书
6	1. 理解路由器的作用及工作原理 2. 掌握静态路由的配置 3. 浮动路由的配置 4. 利用 OSPF 协议实现不同网络的互连 5. 理解链路状态路由协议与距离矢量路由协议的区别 6. 理解静态路由与动态路由协议的区别 7. 掌握 FTP 配置	理解路由器的构成与工作原理	能完成路由器初始配置及接口 IP 地址配置，能描述路由表各项信息	培养学生的动手实践的能力及严谨的工作态度	路由器的硬件构成；路由器的工作原理；路由表与路由选择	课件、题库、任务指导书
7		理解网络互连；掌握静态路由与默认路由	能完成使用静态路由实现不同网络的互连	培养学生的动手实践的能力及严谨的工作态度	静态路由、默认路由、路由总结	课件、题库、任务指导书、微课视频
8		理解浮动路由的作用	能够实现用静态路由的配置	培养学生的动手实践的能力	浮动路由	课件、题库、任务指导书
9		理解动态路由协议	能描述静态路由与动态路由协议的优缺点	培养学生的动手实践的能力及编程思想	动态路由协议分类	课件、题库、任务指导书
10		掌握链路状态路由协议 OSPF	能配置 OSPF 路由协议实现不同网络互连，能描述 OSPF 路由条目各项信息，能区分链路状态路由协议与距离矢量路由协议的差别	培养学生的动手实践的能力及严谨的工作态度	链路状态路由协议 OSPF	课件、题库、任务指导书
11		掌握单域 OSPF 与多域 OSPF 的实际使用情景	能够熟练配置单域和多域 OSPF，理解 OSPF 的原理	培养学生实践能力和逻辑思维	多域 OSPF	课件、题库、任务指导书

续表

序号	考核指标点	知识目标	技能目标	素质目标	教学内容	教学资源
12		掌握路由的引入	能够熟练使用OSPF协议实现不同路由协议之间的通信	培养学生实践能力和逻辑思维	路由引入	课件、题库、任务指导书
13		掌握FTP的配置	能够实现将文件从路由迁移到其他设备内	培养学生实践能力和编程配置思维	FTP技术	课件、任务指导书
14		掌握ACL应用和校验方法	实现网络AC流量控制	网络数据分析能力	ACL技术	课件、题库
15		掌握VRRP工作原理及工作过程	能够配置VRRP提供网络可靠性	培养学生实践能力和加深其对应用的理解	网络可靠性技术	课件、题库、任务指导书
16	初步理解和掌握数据网络安全的基本概念和相应安全措施，掌握广域网的连接及安全措施的应用设置	掌握DHCP技术动态分配IP地址	实现用DHCP技术动态给主机分配IP地址	培养学生实践动手能力和逻辑思维	DHCP技术	课件、题库、任务指导书
17		掌握地址转换的配置与应用方法	内外IP地址之间的转换	培养学生的逻辑分析能力和故障排除方法	地址转换的概念和应用	课件、题库
18		掌握广域网PPP协议	能配置PPP的不同安全认证协议	培养学生的逻辑分析能力和故障排除方法	PPP封装	课件、题库、任务指导书
19		掌握PPPoE协议的应用	能够熟练使用PPPoE协议进行互联网的计费认证	培养学生的逻辑分析能力和学会故障排除方法	PPPoE协议	课件、任务指导书
20	1.掌握IPv6的原理 2.使用IPv6地址进行路由协议的配置	IPv6技术	能够理解IPv6技术的原理，同时能够正确使用IPv6地址在设备上配置	培养学生的逻辑分析能力和故障排除方法	IPv6技术	课件、题库
21		IPv6进行路由配置	能够使用IPv6地址进行路由配置	培养学生对新技术的使用	IPv6路由配置	任务书

注：考核指标点，既是证明对应的岗位知识点是否已经掌握，也是证明是否达到知识、技能、素质目标。

表7-8 课程教学安排

序号	项目（模块）	任务（单元）	教学内容	重点、难点	教学方法和手段	学时
1	虚拟平台VRP基础知识	VRP基础	1. VRP平台介绍 2. VRP平台的操作环境和基本操作	**重点**：VRP虚拟平台的认识 **难点**：VRP平台对路由器交换机的配置操作	实践法；教学做一体	2
2	以太网交换技术	以太网原理	1. 交换机的硬件构成、特性 2. 交换机的工作原理 3. 以太网的帧格式及其类别	**重点**：以太网的帧格式及交换机的工作原理 **难点**：以太网的帧格式和交换式以太网	讲授法；线上线下混合式教学	2
3		VLAN技术	1. VLAN技术 2. VLAN的配置	**重点**：VLAN技术原理 **难点**：VLAN的配置		4
4		生成树协议	1. STP的原理 2. RSTP的原理	**重点**：STP的基本原理 **难点**：RSTP的收敛配置	教学做一体，先讲授，后实践	4
5		以太网端口技术	以太网链路聚合	**重点与难点**：链路聚合及其配置		4

续表

序号	项目（模块）	任务（单元）	教学内容	重点、难点	教学方法和手段	学时
6	路由器配置与管理	三层交换技术	三层交换机的路由功能	**重点与难点**：三层交换机的路由功能	实践法；先演示后实作	2
7		路由基础	1. 路由器的工作原理 2. 路由表与路由选择 3. 路由优先级和度量	**重点**：路由器工作原理 **难点**：路由的优先级、度量值和VLAN间通信	讲授法；线上线下混合式教学	2
8		静态路由实现网络互连	1. 静态路由 2. 默认路由	**重点与难点**：静态路由		4
9		浮动路由配置	浮动路由的原理和配置	**重点与难点**：浮动路由的配置		2
10		单臂路由	单臂路由实现VLAN间通信	**重点**：单臂路由实现VLAN间通信	教学做一体，先讲授，后实践	2
11		OSPF协议	链路状态路由协议OSPF	**重点**：链路状态路由协议工作特点 **难点**：OSPF协议配置		8
12		路由引入	不同路由协议的引入	**重点与难点**：不同路由协议之间的引入		2
13	网络安全	FTP技术	FTP技术原理	**重点与难点**：FTP技术		2
14		ACL技术	1. ACL的工作原理 2. ACL的匹配顺序个规则	**重点**：ACL原理 **难点**：ACL的配置	讲授法；线上线下混合式教学	2
15		ACL配置	1. 基本ACL配置； 2. 高级ACL的配置	**重点与难点**：基本ACL和高级ACL的配置	教学做一体，先讲授，后实践	4
16		VRRP技术	1. VRRP工作原理 2. VRRP的应用	**重点与难点**：VRRP的工作原理	讲授法；线上线下混合式教学	2
17		VRRP配置	VRRP的配置过程	**重点与难点**：VRRP的配置	教学做一体，先讲授，后实践	2
18	广域网互联技术	NAT技术	1. NAT原理 2. 基本地址转换 3. 端口地址转换	**重点**：NAT转换原理 **难点**：基本地址转换和端口地址转换	讲授法、实践法、案例分析法；线上线下混合式教学	4
19		Easy IP技术	Easy IP技术实现地址转换	**重点与难点**：Easy IP的地址转换		2
20		HDLC协议和PPP协议	1. HDLC协议 2. PPP协议工作原理和认证	**重点与难点**：PPP协议的PAP和CHAP认证		4
21		PPPoE协议	PPPoE的工作原理和使用	**重点与难点**：PPPoE的原理		2
22		IPv6技术	1. IPv6技术的原理 2. IPv6组网配置	**重点与难点**：IPv6组网配置		4

7.2.2.3 课程考核

1. 考核方式

平时考核包括实作考核和线上作业，期中考试为机试（开卷），期末考试为线下理论考试（闭卷）。

2. 评价方式

课程考核采用形成性考核（即过程考核）和终结性考核相结合的方式，强调过程考核的重要性。

过程考核占总成绩40%，期中测验占总成绩10%，期末考试占总成绩50%。其中实验过程考核包括课堂考勤、工作态度、小组工作能力、作业完成情况、任务完成情况等，其中每个项目根据其所起的作用不同而具有不同的分值，实验内容的考核有考核标准及方案；期中测验期末考核以专业能力、知识掌握、技能训练目标为依据，主要通过闭卷笔试的办法进行考核。

表 7-9 课程考核总评表

项目	评价内容	权重	总权重	备注	总评
过程考核	作业	30%	40%	过程考核成绩： 迟到－2分/次 早退－2分/次 旷课－5分/次	100%
	任务	70%			
	课堂考勤	0%			
	期中考核	100%	10%	机试、开卷	
终结性考核	课程知识考核	100%	50%	笔试、闭卷	

如果学生在该学期获得数据通信方向的 HCIA 证书，期评成绩认定不低于 90 分；如果学生在该学期获得数据通信方向的 HCIP 证书，或者通过网络系统建设与运维 1+X 认证考试（中级），期评成绩认定不低于 95 分。

7.2.2.4 实施要求

1．授课教师基本要求

担任本课程教学任务的教师的学历：大学本科以上；职称：助理讲师以上；工作经历：担以过计算机网络技术或数据通信等课程教学；职业资格水平：具备高校教师资格；基本素质：逻辑思维清楚、语言表达能力过关。

2．实践教学条件要求

（1）校内实训室。

表 7-10 网络实训室

实训室名称	网络机房实训室	面积要求	60 m²
序号	核心设备	数量要求	备注
1	二层交换机	24 套	S2700/S3700
2	三层交换机	24 套	S5700
3	路由器	21 套	AR1200/AR2200
4	计算机	50 台	1 台/人，安装 ENSP
5	教师机	1 台	连接控制所有电脑

3．教学方法和策略

（1）教学方法。

本课程主要采用项目化教学法，情境教学法和工作过程导向教学法。

以情境模式引导知识探求，依据工作岗位要求设计教学内容，通过设计若干课程项目练习，将各知识点连贯起来。课程操作训练与理论知识并进，寓教于学，寓教于练。

（2）教学策略。

教学过程中将模拟平台的操作练习融于应用知识的学习掌握过程中。本课程将通信过程中涉及的网络应用知识通过实践操作和知识讲解，一边讲一边练，学会在实际操作练习中完成理论知识的掌握和融会贯通，使得学生掌握常用的网络设备及数据通信的基本原理，具有组建、维护和管理网络的应用能力，提高学生在组建网络的过程中的分析问题和解决问题的实际动手能力，使学生的理论知识和实践技能同步发展，并促进学生在沟通、交流、协作等方面的职业素养的初步形成，并使用"职教云"平台扩展学习方式。

7.2.3 "通信线路"课程标准

7.2.3.1 课程性质

1. 课程类型、课程功能

在整个铁道通信与信息化技术专业和现代通信技术专业课程体系中，与"通信线路"课程密切相关的先行课程是"电路分析基础"，它所服务的后续课程是"通信工程施工与管理"课程。

"通信线路"课程是"通信技术"专业的核心课程，主要培养学生通信光缆及电缆线路维护技能，和下一步学习的"通信工程施工与管理"课程一起，对形成专业面向的通信线务员、通信工程技术人员、通信工程项目经理等岗位所需要的技能、知识和素质起支撑作用，同时为下一步学习"通信工程施工与管理"课程打下重要基础。

2. 课程功能定位

表 7-11 课程功能定位分析

对接的工作岗位	对接培养的职业岗位能力
通信线路（含光缆和电缆）维护岗位	1. 通信光缆线路维护技能
	2. 全塑电缆线路维护技能
通信光缆线务员	通信光缆线路维护技能
通信电缆线务员	全塑电缆线路维护技能

7.2.3.2 课程目标与内容

1. 课程总目标

课程总目标是使学生具有通信光电缆维护和故障处理的知识与能力、具备较高的职业素质，能解决通信线路维护遇到的问题，能胜任通信光缆线务员、通信电缆线务员、通信光电缆线路维护员等岗位工作。

2. 课程具体目标

表 7-12 课程教学目标与内容

序号	毕业要求指标点	知识目标	技能目标	素质目标	教学内容
1	掌握光缆和电缆线路结构、色谱、类型和应用；掌握光电缆线路的主要电气特性指标和测试方法；掌握各种仪器设备的使用方法；掌握光电缆线路维护规程。以及建筑物内部的综合布线系统的设计	（1）掌握光纤通信系统的构成及各部分的作用（2）掌握光纤通信系统的应用（3）了解光纤通信的发展历程、现状及趋势	（1）具备某一特定课题的资料收集能力（2）具备某一特定课题的资料整理分析能力（3）具备科技汇报文档的撰写能力	（1）培养学生分析能力（2）培养学生自学意识（3）培养学生协作精神	光纤通信系统的认识
2		（1）掌握通信线路工程施工准备知识（2）掌握架空、直埋、管道、水线、进局缆线施工作业知识	（1）具备通信线路工程施工准备的能力（2）具备架空、直埋、管道、水线、进局缆线施工作业能力	（1）培养学生职业意识（2）培养学生安全操作意识（3）培养学生自学意识	通信线路工程施工

续表

序号	毕业要求指标点	知识目标	技能目标	素质目标	教学内容
3		（1）理解光纤导光原理，掌握光纤结构（2）掌握光纤的类型及特性（3）掌握光缆结构、色谱及纤序表示规则、光缆类型及应用（4）理解光缆接续的原理，掌握的方法	（1）具备光缆的正确开剥及在接头盒内的固定的能力（2）具备光缆色谱及纤序识别能力（3）会使用光纤熔接机及维护仪器（4）具备熔接后盘纤及固定的能力	（1）培养学生职业意识（2）培养学生安全操作意识（3）培养学生自学意识	光缆接续
4		（1）理解光交接箱、ODF架、交接箱在光网络中的作用、地位和结构（2）掌握无源光器件的种类和性能指标及应用	（1）具备光缆交接箱成端安装能力（2）具备ODF架光缆成端安装能力（3）具备配线箱光缆成端安装能力	（1）培养学生职业意识（2）培养学生安全操作意识（3）培养学生自学意识	光缆成端安装
5	掌握光缆和电缆线路结构、色谱、类型和应用；掌握光电缆线路的主要电气特性指标和测试方法；掌握各种仪器设备的使用方法；掌握光电缆线路维护规程。以及建筑物内部的综合布线系统的设计	（1）掌握光缆损耗、长度测量的原理和方法（2）掌握各种仪器仪表的工程原理（3）掌握通信用光器件的工作原理和性能指标	（1）能看懂工程设计图，并具备设计人员沟通熔接方案的能力（2）会使用激光手电筒进行线号核对（3）能利用OTDR测试光纤背向散射曲线、光纤损耗、熔接点衰耗、衰减系数及光纤长度（4）能利用光功率计进行光功率测试	（1）培养学生职业意识（2）培养学生安全操作意识（3）培养学生自学意识	光缆测试
6		（1）掌握光缆线路的维护规程（2）掌握光缆线路的故障处理流程及方法	（1）具备进行光缆线路日常维护和定期维护能力（2）具备光缆线路障碍处理的综合能力	（1）培养学生应急能力（2）培养学生综合分析问题的能力（3）培养学生职业意识和安全意识	光缆线路维护及障碍处理
7		（1）掌握全塑电缆色谱及电缆端别的规定（2）掌握全塑电缆的结构（3）掌握全塑电缆接续方法（4）掌握不良线对的种类及定义（5）掌握蜂鸣器的使用常识	（1）具备全塑电缆的色谱、线序号及电缆端别的识别能力，正确进行全塑电缆芯线线序编排（2）具备扣式接线子接续和模块式接线子接续能力（3）具备电缆放音对号及不良线对的检验能力（4）能使用热可缩套管封合及气塞制作（5）掌握蜂鸣器的使用方法	（1）培养学生职业意识（2）培养学生人身安全和设备安全意识（3）培养学生自学意识	全塑电缆接续及封合

续表

序号	毕业要求指标点	知识目标	技能目标	素质目标	教学内容
8	掌握光缆和电缆线路结构、色谱、类型和应用；掌握光电缆线路的主要电气特性指标和测试方法；掌握各种仪器设备的使用方法；掌握光电缆线路维护规程。以及建筑物内部的综合布线系统的设计	（1）掌握全塑电缆的电气特性 （2）掌握电缆线路障碍的类型和现象 （3）掌握QJ-45电桥的测试原理和使用方法 （4）掌握地阻仪的测试原理和使用方法 （5）掌握兆欧表的测试原理和使用方法	（1）具备正确使用QJ-45电桥测试环路电阻的能力 （2）具备正确使用地阻仪进行电缆接地电阻测试的能力 （3）具备正确使用兆欧表进行电缆绝缘电阻测试的能力 （4）具备正确使用兆欧表进行电缆线路障碍测试的能力 （6）掌握电缆故障综合测试仪和使用方法	（1）培养学生职业意识 （2）培养学生安全操作意识 （3）培养学生自学意识	全塑电缆测试
9		（1）掌握线路维护规程 （2）掌握线路维护的主要维护指标及测试周期 （3）掌握线路设备防护知识 （4）掌握障碍处理的基本流程和方法	（1）具备电缆线路的日常巡查维护的能力 （2）具备电缆线路的定期维护的能力 （3）具备线路设备的防护的能力 （4）具备电缆线路障碍综合处理的能力	（1）培养学生职业意识 （2）培养学生安全操作意识 （3）培养学生自学意识	全塑电缆线路维护

表7-13 课程教学安排

序号	项目（模块）	任务（单元）	教学内容	重点、难点、考核点	学时
1	通信光缆线路维护	光纤通信系统的认识	通信线路概述，通信线路的分类及特点	（1）掌握光纤通信系统的构成及各部分的作用 （2）掌握光纤通信系统的应用 （3）了解光纤通信的发展历程、现状及趋势	2
		通信线路工程施工	通信线路工程施工的准备和作业过程系列知识。	（1）掌握通信线路工程施工准备 （2）掌握架空、直埋、管道、水线、进局缆线施工作业	4
		光缆接续	光缆接续方法和技巧	（1）理解光纤导光原理，掌握光纤结构 （2）掌握光纤的类型及特性 （3）掌握光缆结构、色谱及纤序表示规则、光缆类型及应用 （4）理解光缆接续的原理，掌握的方法	12
		光缆成端安装	光缆成端安装的制作和技巧	（1）理解光交接箱、ODF架、交接箱在光网络中的作用、地位和结构 （2）掌握无源光器件的种类和性能指标及应用	8

续表

序号	项目（模块）	任务（单元）	教学内容	重点、难点、考核点	学时
1	通信光缆线路维护	光缆测试	光缆测试的操作和运用	（1）掌握光缆损耗、长度测量的原理和方法 （2）掌握各种仪器仪表的工程原理 （3）掌握通信用光器件的工作原理和性能指标	8
		光缆线路维护及障碍处理	光缆线路维护及障碍处理的方法和技巧	（1）掌握光缆线路的维护规程 （2）掌握光缆线路的故障处理流程及方法	4
2	全塑电缆线路维护	全塑电缆接续及封合	全塑电缆接续及封合技术要点	（1）掌握全塑电缆色谱及电缆端别的规定 （2）掌握全塑电缆的结构 （3）掌握全塑电缆接续方法 （4）掌握不良线对的种类及定义 （5）掌握蜂鸣器的使用常识	12
		全塑电缆测试	全塑电缆测试的操作和运用	（1）掌握全塑电缆的电气特性 （2）掌握电缆线路障碍的类型和现象 （3）掌握QJ-45电桥的测试原理和使用方法 （4）掌握地阻仪的测试原理和使用方法 （5）掌握兆欧表的测试原理和使用方法 （6）掌握电缆故障综合测试仪和使用方法	6
		全塑电缆线路维护	全塑电缆线路维护的规程和防护知识	（1）掌握线路维护规程 （2）掌握线路维护的主要维护指标及测试周期 （3）掌握线路设备防护知识 （4）掌握障碍处理的基本流程和方法	6
合计					60

注：每个任务（单元）最多不超过12学时。

7.2.3.3 课程考核

建立过程考评（任务考评和平时表现）与终结性考评（期末考试）相结合的方法，强调过程考评的重要性。本门课程为统一闭卷考试，采用笔试的形式进行考核。过程考评占总成绩的70%，终结性考评占总成绩30%。具体考核要求如表7-14所示。

表 7-14 考核要求

考评方式	过程考评（70%）		终结性考评（30%）
	任务考评（60%）	平时表现（10%）	期末考试（30%）
考评实施	由主讲教师根据学生完成的工单情况考评。根据各任务实施环境条件的不同，既可能采用随堂考核，也可能是根据学生提交的作品进行评价	由指导教师根据学生表现集中考评	统一闭卷考试，以卷面考评的方式组织
考评标准	从职业技能和职业素养两方面进行综合评价，详情见各任务工单	主要考核学生遵守学习纪律和工作纪律的情况	建议题型如下（不少于5种）：填空、单向选择、多项选择、判断、名词解释、问答题、论述题

7.2.3.4 实施要求

1. 授课教师基本要求

对担任本课程教学任务的教师的学历要求：本科及以上；职称要求：讲师（或同级别）及以上；工作经历要求：有一年及以上相关工作经验、职业资格水平，取得高校教师资格证等。

2. 实践教学条件要求

表 7-15 通信线路实训室

实训室名称	通信线路实训室	面积要求	300 m²
序号	核心设备	数量要求	备注
1	光纤熔接机	4 台	
2	OTDR	4 台	
3	电平表	4 台	
4	地阻测试仪	2 台	
5	兆欧表	4 台	
6	电缆接续架	25 架	

3. 教学方法和策略

（1）教学方法：根据学情分析和教学内容特征，主要灵活运用项目化教学、案例教学法、情景教学法、工作过程导向教学法。

（2）教学策略：选择采用网络教学平台实现混合式教学，在条件允许的情况下引进行业、企业专家参与教学。

7.2.4 "传输系统"课程标准

7.2.4.1 课程性质

1. 课程性质

传输系统是通信网的重要组成部分，本课程是通信类专业群中各专业的一门专业核心课，面向的通信职业岗位是电信机务员及铁路通信工，通过课程学习使学生掌握从事通信传输设备的维护、值机、调测、检修、障碍处理及工程施工等工作所需要的技能、知识和职业素质。

2. 课程功能定位

表 7-16 课程功能定位分析

对接的工作岗位	对接培养的职业岗位能力
传输机务员岗位	1. 要求从事传输设备的建设、维护、值机、调测、检修、故障处理等具体工作内容
	2. 能完成日常工作中的日常巡检，激光器的发射接收功率、误码率、灵敏度等指标的测试

7.2.4.2 课程目标与内容

1. 课程总目标

现代通信技术及铁道通信与信息化技术专业主要是面向铁路局、电信运营商、通信代维企业和通信工程施工企业进行的专业人才的培养。本课程主要注重培养学生使其具备传输网络工程技术、维护管理及业务营销等方面的职业技术能力和较强的学习能力、适应能力；同时，将学生培养成具有团队合作精神，能在通信领域中从事传输网络的管理、维护、施工等岗位工作的高素质技能型人才。

2. 课程具体目标

表 7-17 课程教学目标与内容

序号	毕业要求指标点	知识目标	技能目标	素质目标	教学内容
1	认识公共传输网络和专用传输网络	传输网络在通信网中地位、作用以及网元结构	1. 画出不同传输网结构图，能区分不同的业务 2. 能规划和设计简单的传输系统	1. 通过与现场人员的有效沟通，认识现场相关各部门的职能与结构 2. 通过与现场人员的有效沟通，了解现场各部门的岗位职责和工作要求 3. 分组合作，培养团结协作精神	认识公共传输网络在通信网中的地位；认识铁路专网的特点
2	建立链形、环形、复杂拓扑结构 MSTP 传输网络	1. 掌握传输网络拓扑结构和网络通路组织图 2. 掌握SDH/MSTP基础知识	1. 掌握系统搭建流程 2. 掌握系统设备的物理连接、接口	1. 养成及时清理工作现场的习惯，养成爱护、爱惜设备、仪器仪表的习惯 2. 熟悉劳动纪律，养成遵守纪律的工作习惯 3. 分组合作，培养团结协作精神	拓扑结构特点及网元类型；SDH 的复用结构和步骤；链形网传输系统搭建流程；SDH 帧结构；通道环复用段环保护机制；复杂网络拓扑结构特点；时钟网概念；MSTP 概念；以太网相关知识

240

序号	毕业要求指标点	知识目标	技能目标	素质目标	教学内容
3	掌握网管系统安装	掌握传输设备网管系统操作知识	1.能熟练、正确安装网管 2.能熟练处理网管安装过程中出现的故障	1.养成细心、严谨的工作态度,形成遇事沉着冷静的工作作风 2.遵守传输机务维护员工作职责	安装中兴华为网管系统
4	掌握日常维护操作	1.理解传输系统各性能指标的含义 2.熟悉日常维护规程	1.能根据要求制定维护计划 2.能进行传输机房一般测试及指标性能测试 3.能按规范记录并分析测试数据	1.遵守日常维护安全制度 2.遵守日常维护的工作纪律 3.分组合作,培养团结协作精神	日常值班、月度维护
5	掌握故障处理方法	掌握故障处理流程;掌握告警基础知识	1.能根据故障现象,分析排除实际告警 2.掌握告警处理方法和处理流程	1.养成细心、严谨的工作态度,形成遇事沉着冷静的工作作风 2.熟知故障处理上报制度,养成按制度办事的良好习惯	处理 LOS、AIS 故障
6	WDM 和 OTN 传输系统组建	1.理解 DWDM、PTN、OTN 的基本原理和基础知识 2.掌握设备的结构与功能 3.认识 DWDM、PTN、OTN 对线网的改进 4.认识波分设备与 SDH 设备的区别	能运用 DWDM、PTN、OTN 的基础知识和相关设备设计、组建传输系统	养成不断学习的习惯,培养自主解决问题、自我学习的作风	DWDM、PTN、OTN 的基本原理和基础知识;DWDM、PTN 和 OTN 设备的结构与功能
7	实作考核	能将所学的任务内容联系起来	能进行综合数据配置组网	具有综合实作能力	综合训练考核

表 7-18 课程教学目标与内容

序号	项目(模块)	任务(单元)	教学内容	重点、难点、考核点	学时
1	认识传输系统	认识传输网络	认识公共传输网络和铁路专网的特点	公共传输网络在通信网中的地位;铁路专网的特点	2
2	搭建 MSTP 传输系统	建立链形结构传输网络	SDH 的复用结构和步骤	拓扑结构特点及网元类型;SDH 的复用结构和步骤;2M 业务及单板的配置	6
		建立环形拓扑结构传输网络	SDH 帧结构;二纤通道复用段环保护机制;时钟同步	环网保护机制;时钟的配置	10
		建立复杂拓扑结构传输网络	复杂网络拓扑结构特点;MSTP 相关知识	复杂网络拓扑数据配置;MSTP 概念;中兴 MSTP 设备 SFE 板的配置应用	8
3	网管系统认识	安装中兴华为网管系统	中兴、华为网管安装和认识	中兴、华为网管系统	2(机动)

续表

序号	项目（模块）	任务（单元）	教学内容	重点、难点、考核点	学时
4	日常维护	日常值班	日常工作流程	面板灯状态及网管告警、设备结构等	4
		月度维护	月度维护操作	单板插拔、误码性能和接收灵敏度的测试；光功率测试	8
5	故障处理	处理LOS故障	LOS告警产生机理；环回法	光口及电口LOS故障处理方法	4
		处理AIS故障	AIS告警产生机理；环回法	AIS故障处理方法	2
6	WDM和OTN传输系统组建	DWDM的应用	波分复用系统的基本概念；WDM网络的关键设备及系统设计	DWDM数据配置	6
		OTN的认识	OTN帧结构和PTN基本原理	OTN和PTN设备认识与配置	8
7	实作考核	综合实作考核	综合数据配置	综合数据配置应用	2

注：每个任务（单元）最多不超过12学时。

7.2.4.3 课程考核

（1）课程考核分为终结性评价和过程评价，关注学生个体差异。

（2）终结性评价为标准化试题的闭卷考试。

（3）形成性评价针对各个学习环节进行考核，对每个项目进行分段考核。

形成性考核包括平时考核、综合实作考核。终结性考核指期末统一考试。

表 7-19 成绩结构

序号	考核项目			所占比例
1	实作考核			20%
2	期末考试			50%
3	平时考核	报告	40%	30%
		实做考核	60%	
4	总和			100%

7.2.4.4 实施要求

1. 授课教师基本要求

担任本课程教学任务的教师应有通信相关专业的本科以上学历。

2. 实践教学条件要求

校内实训室

表 7-20 传输实训室

实训室名称	传输实训室	面积要求	80 m²
序号	核心设备	数量要求	备注
1	中兴传输设备	一套（3台）	
2	华为传输设备	一套（6台）	

3. 教学方法和策略

（1）教学方法：该课程为理实一体教学，常用的教学方法有项目化教学、案例教学法、情景教学法、工作过程导向教学法等教学方法。

（2）教学策略：采用教学做一体教学法，引进行业、企业专家参与教学内容的制定等。

7.2.5 "通信工程施工与管理"课程标准

7.2.5.1 课程性质

1. 课程类型、课程功能

"通信工程施工与管理"是现代通信技术专业针对于通信工程施工及组织管理岗位能力进行培养的一门核心课程。本课程构建于"通信原理""通信线路""交换设备运行与维护""传输系统组建与维护""移动通信技术"等课程的基础上,主要培养学生进行通信线路工程和有线通信设备安装工程、基站工程的施工及工程实施组织管理等专业能力,同时注重培养学生的社会能力和方法能力。

2. 课程功能定位

表 7-21 课程功能定位分析

对接的工作岗位	对接培养的职业岗位能力
工程施工岗位	1. 通信工程设备施工技能
	2. 通信工程线路施工技能
工程管理岗位	1. 通信工程建设项目质量控制
	2. 通信工程建设项目安全控制
	3. 通信工程建设项目竣工验收管理
工程监理岗位	1. 通信工程设备施工技能
	2. 通信工程线路施工技能
	3. 通信工程建设项目质量控制
	4. 通信工程建设项目安全控制
	5. 通信工程建设项目竣工验收管理

7.2.5.2 课程目标与内容

1. 课程总目标

(1) 理解通信工程项目管理的基本概念,工程建设程序流程以及建设实施阶段的主要工作。
(2) 掌握通信线路工程和有线通信设备安装工程的施工方法、作业流程。
(3) 掌握基站工程施工方法、作业流程及通信工程建设项目管理的基础知识。

2. 课程具体目标

能开展通信线路工程和基站工程的施工;能开展有线通信设备安装工程的施工;具备相应的方法能力和职业素质。

表 7-22 课程教学目标与内容

序号	毕业要求指标点	知识目标	技能目标	素质目标	教学内容
1	掌握通信线路、设备、基站工程施工的基本技术;	掌握通信线路工程施工理论知识	熟练通信线路工程施工操作技术	理论扎实、操作熟练	通信线路工程施工理论知识和操作
2	掌握通信工程建设项目管理技术	掌握通信设备施工理论知识	熟练通信设备施工操作技术	理论扎实、操作熟练	有线通信设备安装工程施工理论知识和操作

续表

序号	毕业要求指标点	知识目标	技能目标	素质目标	教学内容
3	掌握通信线路、设备、基站工程施工的基本技术；掌握通信工程建设项目管理技术	掌握通信基站施工理论知识	熟练通信基站施工操作技术	理论扎实、操作熟练	基站工程施工理论知识和操作
4		掌握通信工程建设项目管理的理论知识	熟练通信工程建设项目管理的操作技术	理论扎实、操作熟练	

表 7-23 课程教学安排

序号	项目（模块）	任务（单元）	教学内容	重点、难点、考核点	学时
1	通信线路工程施工	1-1 建设项目概述	通信线路工程施工理论知识和操作	路由复测、光缆配盘、管道光缆敷设	2
		1-2 立杆与登杆作业			2
		1-3 装设拉线与电杆附属设施			2
		1-4 吊线架设及架空光缆敷设			2
		1-5 光（电）缆线路工程路由复测			4
		1-6 光缆配盘			2
		1-7 管道光缆敷设			4
2	有线通信设备安装工程施工	2-1 机柜机架安装（1）	有线通信设备安装工程施工理论知识和操作	机柜机架安装、蓄电池安装、走线架安装、电源与接地线布放	4
		2-1 机柜机架安装（1）			4
		2-1 机柜机架安装（1）			4
		2-4 电源线与接地线安装布放（1）			4
		2-5 光（电）缆单盘检验			2
3	基站工程施工	3-1 馈线接头的制作	基站工程施工理论知识和操作	馈线接头制作、馈线的布放、主天线安装、天馈系统调测	2
		3-2 主天线的安装			4
		3-3 馈线布放与安装			4
		3-4 天馈系统调测			2
4	通信工程建设项目管理	4-1 通信工程建设项目质量控制	通信工程建设项目管理理论知识和操作	通信工程建设项目质量控制、通信工程建设项目安全管理、通信工程建设项目竣工验收管理	4
		4-2 通信工程建设项目安全管理			4
		4-3 通信工程建设项目竣工验收管理			4
合计					60

注：每个任务（单元）最多不超过 12 学时。

7.2.5.3 课程考核

建立过程考评（任务考评和平时表现）与终结性考评（期末考试）相结合的方法，强调过程考评的重要性。过程考评占总成绩的 70%，终结性考评总成绩的 30%。具体考核要求如表 7-24 所示。

表 7-24 考核要求

考评方式	过程考评（70%）		终结性考评（30%）
	任务考评（60%）	平时表现（10%）	期末考试（30%）
考评实施	由主讲教师根据学生完成的工单情况考评。根据各任务实施环境条件的不同，可能采用随堂考核，也可能是根据学生提交的作品进行评价	由指导教师根据学生表现集中考评	统一考试闭卷，以卷面考评的方式组织
考评标准	从职业技能和职业素养两方面进行综合评价，详情见各任务工单	主要考核学生遵守学习纪律和工作纪律的情况	建议题型如下（不少于5种）：填空、单向选择、多项选择、判断、名词解释、问答题、论述题

7.2.5.4 实施要求

1. 授课教师基本要求

对担任本课程教学任务的教师的学历要求：本科及以上；职称要求：讲师（或同级别）及以上；工作经历要求：有一年及以上相关工作经验；职业资格水平要求：取得高校教师资格证等。

2. 实践教学条件要求

表 7-25 通信工程实训室

实训室名称	通信工程实训室	面积要求	300 m²
序号	核心设备	数量要求	备注
1	光纤熔接机	4 台	
2	OTDR	4 台	
3	穿管器	1 架	
4	机柜机架	4 架	
5	蓄电池组	1 组	
6	地线和电源线	各 30 米	
7	馈线接头	30 个	
8	馈线	30 米	
9	主天线	2 架	
10	驻波比测试仪	2 台	

3. 教学方法和策略

（1）教学方法：根据学情分析和教学内容特征，主要灵活运用项目化教学、案例教学法、情景教学法、工作过程导向教学法。

（2）教学策略：选择采用网络教学平台实现混合式教学，在条件允许的情况下引进行业、企业专家参与教学。

7.2.6 "无线网络规划与优化"课程标准

7.2.6.1 课程性质

1. 课程性质

本课程是现代通信技术专业必修的一门专业主干课，是学生在学习了《移动通信技术》《通信原理》等课程、具备了移动通信网络基本认知的基础上，为提升学生在无线网络维护能力而开设的一门理论+实践课，其功能是对接通信技术专业人才培养目标，面向通信网络维护及无线网络优化工作岗位，培养学生在移动通信网络工程规划、网络故障处理、网络优化等方面的基本素质和职业素养，以及培养学生团队合作、项目管理方面的能力，并为学生专业技能的不断学习和提高奠定基础。

2. 课程功能定位

表 7-26 各对接岗位和其对应的能力、知识点

对接的工作岗位	对接培养的职业岗位能力	对应岗位的知识点
通信网络维护员	1. 能对无线网络故障进行初步定位	1. 信令分析 2. 无线设备的工作原理
	2. 掌握常见网络故障的解决方法	1. 无线设备的工作原理 2. 参数的基本原理
无线网络优化技术员	1. 能根据建网目标提出无线网络建设方案	1. 网络规划的工作原理 2. 网络规划软件的应用
	2. 能根据通信的异常现象进行问题的分析，并提出解决办法	1. 信令分析 2. 优化软件操作
	3. 能基本理解信令的作用	1. 信令分析 2. 参数的基本原理
	4. 能理解常见的网络指标	1. 网络优化原理 2. 无线参数的应用

7.2.6.2 课程目标与内容

1. 课程总目标

秉承以岗导学的教学思路，从掌握基本的测试技能入手，通过与其他课程教学内容的衔接，让学生对移动通信系统有更深的认识和了解；熟悉通信流程，了解流程的作用，培养学生挖掘并解决常见网络问题的基本能力；通过课内实训熟悉生产工具，并逐步学会如何正确利用工具，引导学生养成主动思考的学习习惯。课程的考核合格率不应低于80%。

2. 课程具体目标

表 7-27 课程教学目标与内容

序号	毕业要求指标点	知识目标	技能目标	素质目标	教学内容	教学资源
1	具备分析移动通信网络问题的能力	掌握LTE网络的关键技术，了解系统结构	1. 掌握LTE关键技术 2. 掌握LTE系统组成	1. 养成勤于思考、善问的好习惯 2. 养成善于总结和归纳的好习惯，在知识结构上做好衔接	LTE无线网络结构、OFDM、MIMO等LTE关键技术、LTE中物理信道的功能、LTE无线网络接入、LTE空口信令流程、LTE系统移动性管理	职教云课件、职教云题库

续表

序号	毕业要求指标点	知识目标	技能目标	素质目标	教学内容	教学资源
2	具备分析移动通信网络问题的能力	掌握无线电波传播原理，了解天线在通信系统中的作用	1. 掌握无线传播特性 2. 掌握天线的特性参数及应用	1. 养成主动学习的好习惯 2. 打好基础，为专业知识的更新做准备	无线电波波段划分、无线电波的分布、电磁波的形成与传播特性、无线传播环境和传播损耗、分集技术和合并技术、天线的基本工作原理及特性参数	职教云课件、职教云题库、天线实物
3		1. 掌握网络优化的基本流程 2. 掌握基本的通信流程	1. 掌握系统搭建流程 2. 掌握系统设备的物理连接、接口	1. 养成及时清理工作现场的习惯，养成爱护、爱惜设备、仪器仪表的习惯 2. 熟悉劳动纪律，养成遵守纪律的工作习惯 3. 分组合作，培养团结协作精神	UE 进行小区搜索的过程、小区选择的过程和 S 准则、小区重选的过程和 R 准则、系统消息的构成、MIB 和 SIB 承载的信息、随机接入过程、RRC 连接建立流程	职教云课件、职教云题库、分析软件、测试文件
4	具备解决无线网络故障的基本能力	1. 理解系统各性能指标的含义 2. 熟练操作软件	1. 能根据要求完成数据分析工作 2. 能进行一般测试报表的制作 3. 能按规范记录并分析测试数据	1. 遵守日常优化安全制度 2. 遵守日常优化的工作纪律 3. 分组合作，培养团结协作精神	软件的基本操作、数据导入与解析、网络评价的标准、网络评价指标的种类及意义、制作分析报表	职教云课件、职教云题库、分析软件、测试文件
5		1. 熟悉软件操作，掌握基本通信英语 2. 提高语言组织和写作技能	1. 运用优化工具发现问题，思考解决办法 2. 严密的逻辑思维能力	1. 培养细心、严谨的工作态度，沉着冷静的工作作风 2. 培养团队意识，认真负责的职业素养	信令流程解读、读取系统信息、网络问题点分析、解决问题的方式方法	职教云课件、职教云题库、分析软件、测试文件

表 7-28 课程教学目标与内容

序号	项目（模块）	任务（单元）	教学内容	重点、难点、考核点	教学方法和手段	学时
1	项目一 LTE 无线网络认知	认识 LTE 系统结构、空口的组成	LTE 通信系统结构和各个网元的功能、空中接口主要物理信道的种类及作用	**重点**：LTE 中物理信道的功能、LTE 中系统消息的作用、LTE 系统移动性管理 **难点**：LTE 中物理信道的功能	讲授法、案例教学法	8
		了解无线传播特性	无线电波波段划分、电磁波的形成与传播特性、天线的基本工作原理及特性参数	**重点**：无线传播特性、分集技术、天线的工作原理 **难点**：天线特性	讲授法、项目式教学法、案例教学法	4

续表

序号	项目（模块）	任务（单元）	教学内容	重点、难点、考核点	教学方法和手段	学时
2	项目二 LTE通信过程认知	了解LTE中信号处理过程	UE进行小区搜索的过程、小区选择的过程和S准则、小区重选的过程和R准则、随机接入过程	**重点**：小区搜索、小区选择和重选的过程 **难点**：S准则和R准则的应用	讲授法、项目式教学法、案例教学法、情景教学法	10~12
		了解通信流程	附着流程和去附着流程、移动性管理流程、业务申请流程	**重点**：附着和去附着、移动性管理和业务申请的内容 **难点**：理解流程对于网络通信的意义	讲授法、项目式教学法、案例教学法、情景教学法	6
3	项目三 测试数据分析	了解无线网络的评价体系	网络评价的标准、网络评价指标的种类及意义	**重点**：评价指标的定义、指标的等级划分及影响 **难点**：理解评价指标	讲授法、项目式教学法、案例教学法、情景教学法	6
		撰写网络测试分析报告	软件的基本操作、数据导入与解析、制作分析报表	**重点**：软件基本操作、参数窗口的调用、报告的完整度 **难点**：选择参数窗口、网络情况小结	讲授法、项目式教学法、案例教学法	4~6
4	项目四 优化案例分析	信令流程分析	信令流程及消息解读	**重点**：对照流程解读信令 **难点**：网络参数的理解	讲授法、项目式教学法、案例教学法、情景教学法	4
		覆盖案例分析	读取系统信息、网络问题点分析、解决问题的方式方法	**重点**：问题的发现与描述 **难点**：问题的分析、解决办法	讲授法、项目式教学法、案例教学法、情景教学法	6
		干扰案例分析			讲授法、项目式教学法、案例教学法、情景教学法	4
		切换问题分析			讲授法、项目式教学法、案例教学法、情景教学法	6

注：每个任务（单元）最多不超过12学时。

7.2.6.3 课程考核

（1）课程考核采用过程评价和终结性评价相结合的方式。

（2）终结性评价采用笔试，闭卷形式。过程评价针对学习环节进行考核，包括实验和作业。

表7-29 课程总评表

项目	评价内容	权重	总比例	总评
终结性评价	期末考试	100%	30%	100%
过程评价	实验	50%	70%	
	作业	50%		

7.2.6.4 实施要求

1. 授课教师基本要求

本课程授课教师具备通信技术专业课授课经验,并具有高校教师资格。

2. 实践教学条件要求

表 7-30 移动通信实训室

实训室名称	移动通信实训室	面积要求	100 m²
序号	核心设备	数量要求	备注
1	电脑	50 台	1 台/人
2	无线网络优化软件	50 套	1 套/人

3. 教学方法和策略

(1)教学方法:采用"理论+实践"一体组织教学,在每一模块中设置了一个或多个任务。以"够用为度"的原则选择理论教学内容,在实践任务中突出理实融合,让学生通过"做中学"夯实理论知识并能重新归纳及整理。主要的教学方法有:讲授法、项目式教学法、案例教学法、情景教学法。

(2)教学策略:以学生将要从事的岗位所需的职业能力为目标,与行业企业合作,进行基于工作过程的课程开发与设计,既保证职业岗位所需技能、相关知识、职业素质的需要,培养学生的职业能力和创新学习的能力,养成学生良好的职业习惯;同时在该课程的学习过程中将贯穿对以往所学知识点的回顾,使学生能深入掌握移动通信网络规划和优化基本工作内容,也为学生的可持续发展奠定了基础。

7.2.7 "通信工程勘察与设计"课程标准

7.2.7.1 课程性质

1. 课程性质

本课程是现代通信技术专业必修的一门专业核心课，是学生在学习了通信原理、通信线路、传输系统等课程，具备了基本的通信系统和通信网络知识的基础上，为其开设的一门理实一体化课程，其功能是对接通信技术专业人才培养目标，面向通信工程勘察设计工作岗位，培养学生进行通信线路工程和通信设备工程勘察、施工图设计、概预算编制等专业能力，同时注重培养学生的社会能力和方法能力，并为后续专业技能考证实训、毕业设计等课程的学习奠定基础。

2. 课程功能定位

表 7-31 课程功能定位分析

对接的工作岗位	对接培养的职业岗位能力	对应岗位的知识点
通信工程制图员	1. 能熟练运用CAD制图平台绘图 2. 能依据通信工程制图规范完成通信工程图纸的绘制、校对和出版	理解 CAD 制图软件的基本功能和在通信工程中的应用
通信工程制图员		1. 掌握中望 CAD 软件的基本图形绘制命令 2. 熟悉中望CAD软件的操作流程和操作规范
通信工程制图员	1. 能熟练运用勘察工具完成各类通信工程的勘察 2. 能根据勘察结果完成施工图设计与绘制	1. 掌握中望 CAD 软件的图形编辑、填充的命令与操作方法 2. 熟悉中望CAD软件的操作流程和操作规范
通信工程制图员		1. 掌握中望 CAD 软件图形标注的命令与操作方法 2. 熟悉中望CAD软件的操作流程和操作规范
通信勘察设计师	1. 能根据施工图完成各类通信工程的概预算编制	理解直接工程费中各项费用的计算规则与计算方法
通信勘察设计师	2. 能在施工图和概预算的基础上，形成通信工程建设项目设计书并出版	理解建筑安装工程费中各项费用的计算规则与计算方法

7.2.7.2 课程目标与内容

1. 课程总目标

理解通信工程项目管理的基本概念，工程建设程序流程以及建设实施阶段的主要工作；掌握光缆线路工程和通信设备工程勘察和设计的基础知识；掌握光缆线路工程和通信设备工程概预算的基础知识。具备通信工程施工图设计的专业技能，包括对通信光电缆线路工程、综合布线工程和通信设备安装工程等工程项目开展工程勘察、工程制图、工程概预算等工作的专业技能和职业能力。

2. 课程具体目标

表 7-32 课程教学目标与内容

序号	考核指标点	知识目标	技能目标	素质目标	教学内容	教学资源
1	具备通信工程施工图设计的专业技能，包括对通信光电缆线路工程、综合布线工程和通信设备安装工程等工程项目开展工程勘察、工程制图、工程概预算、工程施工以及工程组织管理等工作的专业技能和职业能力	理解 CAD 制图软件的基本功能和在通信工程中的应用	1. 能对中望 CAD 软件进行基本的操作 2. 能设置中望 CAD 软件的个性化环境（适合通信工程制图的环境）	具有沟通与交流能力	CAD 基本操作	电子数字资源
2		1. 掌握中望 CAD 软件的基本图形绘制命令 2. 熟悉中望 CAD 软件的操作流程和操作规范	能运用中望 CAD 软件绘制基本图形	养成规范的软件操作习惯——"左手键盘，右手鼠标"	绘制基本图形	电子数字资源
3		1. 掌握中望 CAD 软件的图形编辑、填充的命令与操作方法 2. 熟悉中望 CAD 软件的操作流程和操作规范	能运用中望 CAD 软件对图形进行编辑与填充	练习过程中协作互助	图形编辑与填充	电子数字资源
4		1. 掌握中望 CAD 软件图形标注的命令与操作方法 2. 熟悉中望 CAD 软件的操作流程和操作规范	能运用中望 CAD 软件对图形进行标注和文本处理	培养自主探索意识	尺寸标注与文本处理	电子数字资源
5		1. 熟悉通信工程制图规范 2. 掌握图幅尺寸的计算与绘制、图衔的格式及绘制	掌握常用图例在通信工程图纸中的应用并绘制	培养标准和规范意识	通信工程制图规范	电子数字资源
6		熟悉宽带接入工程勘察流程与要求	具备依托 CAD 平台设计并绘制宽带接入线路工程图纸的能力	养成良好的职业操作习惯——"安全第一、预防为主"	通信线路工程勘察与施工图设计	电子数字资源
7		熟悉基站设备安装工程勘察流程与要求	具备依托 CAD 平台设计并绘制基站设备安装工程图纸的能力	养成良好的职业操作习惯——"团队一体、协同作业"	通信设备安装工程勘察与施工图设计	电子数字资源
8		理解通信工程概预算编制的概念和基本流程	1. 理解通信建设工程费用的构成，制作概预算成套的 excel 表格 2. 熟悉 excel 表格的操作与使用，重点是表格内及表格之间公式的实现	培养标准和规范意识	初识通信工程概预算	电子数字资源
9		理解直接工程费中各项费用的计算规则与计算方法	1. 掌握人工、材料费的计算，填写表三（甲）和表四（甲） 2. 掌握机械和仪表使用费的计算,填写表三（乙）（丙）	培养严谨求实的工作作风	直接工程费的计算和表格填写	电子数字资源

续表

序号	考核指标点	知识目标	技能目标	素质目标	教学内容	教学资源
10	具备通信工程施工图设计的专业技能，包括对通信光电缆线路工程、综合布线工程和通信设备安装工程等工程项目开展工程勘察、工程制图、工程概预算、工程施工以及工程组织管理等工作的专业技能和职业能力	理解建筑安装工程费中各项费用的计算规则与计算方法	1. 掌握措施费的计算，填写表二中的相关内容 2. 掌握间接费、利润和税金的计算，填写表二中的相关内容	培养认真细致的工作习惯	建筑安装工程费的计算和表格填写	电子数字资源
11		理解工程总费用中各项费用的计算规则与计算方法	1. 掌握设备、工器具购置费的计算，填写表四（甲） 2. 掌握工程建设其他费、预备费、利息的计算，填写表五 3. 掌握总费用的构成，填写表一	培养安全生产意识	工程总费用计算和表格填写	电子数字资源
12		熟悉无线通信工程定额的构成，理解工程量的统计	能完成整个项目的概预算编制，并填写整套表格	培养绿色经济、节约环保的意识	通信设备安装工程概预算编制	电子数字资源
13		熟悉线路工程定额的构成，理解工程量的统计	能完成整个项目的概预算编制，并填写整套表格	培养绿色经济、节约环保的意识	通信线路工程概预算编制	电子数字资源
14		熟悉通信工程设计书编制的规范和要求	能根据给定的背景和要求，完成相应区域宽带接入工程施工图的设计，并编制概预算，最终形成完整的设计文件输出	培养标准和规范意识	通信线路（设备安装）工程设计书编制	电子数字资源

表 7-33　课程教学安排

序号	项目（模块）	任务（单元）	教学内容	重点、难点	教学方法和手段	学时
1	项目 1 CAD 基本操作与使用	1-1 CAD 基本操作	CAD 基本操作	**重点**：通信工程建设项目的基本概念和基础知识、CAD 软件平台的定制化设置 **难点**：CAD 软件平台的定制化设置	项目教学	4
2		1-2 绘制基本图形	绘制基本图形	**重点**：直线、圆、圆弧、椭圆、椭圆弧、圆环、矩形、正多边形、多段线等基本图形的绘制 **难点**：复杂图形的拆解与组合	项目教学	4
3		1-3 图形编辑与填充	图形编辑与填充	**重点**：移动、旋转、复制、阵列、缩放、倒角、圆角、修剪、延伸等图形编辑方法 **难点**：图形的填充方法	项目教学	4
4		1-4 尺寸标注与文本处理	尺寸标注与文本处理	**重点**：各种尺寸标注的标注方法和应用 **难点**：标注样式的设置及应用	项目教学	4
5	项目 2 通信工程勘察设计	2-1 通信工程制图规范	通信工程制图规范	**重点**：图幅、线型、比例、图衔等制图规范级应用 **难点**：通信工程常用图例及应用	项目教学	4
6		2-2 通信线路工程勘察与施工图设计	通信线路工程勘察与施工图设计	**重点**：宽带接入工程勘察 **难点**：草图绘制与施工图设计	项目教学	4
7		2-3 通信设备安装工程勘察与施工图设计	通信设备安装工程勘察与施工图设计	**重点**：无线通信设备安装工程勘察 **难点**：草图绘制与施工图设计	项目教学	4

续表

序号	项目（模块）	任务（单元）	教学内容	重点、难点	教学方法和手段	学时
8	项目3 概预算基础	3-1 初识通信工程概预算	初识通信工程概预算	**重点**：概预算基本概念和基础知识、信息通信建设工程定额的基本概念和基础知识 **难点**：信息通信建设工程费用的构成及概预算表格的组成	项目教学	4
9		3-2 直接工程费的计算和表格填写	直接工程费的计算和表格填写	**重点**：人工费、材料费、机械使用费和仪表使用费的含义与计算及相应表格的填写 **难点**：材料费的计算及表四（甲）的填写	项目教学	4
10		3-3 建筑安装工程费的计算和表格填写	建筑安装工程费的计算和表格填写	**重点**：措施项目费、间接费、利润、销项税额的含义与计算及表二的填写 **难点**：措施项目费的计算	项目教学	4
11		3-4 工程总费用计算和表格填写	工程总费用计算和表格填写	**重点**：设备工器具购置费、工程建设其他费、预备费、建设期利息的含义与计算及表格填写 **难点**：设备、工器具购置费的计算及表四（甲）的填写	项目教学	4
12	项目4 通信工程概预算编制	4-1 通信设备安装工程概预算编制	通信设备安装工程概预算编制	**重点**：通信设备安装工程工程识图、工程量统计、主材用量统计和整套表格填写 **难点**：工程量统计	项目教学	4
13		4-2 通信线路工程概预算编制	通信线路工程概预算编制	**重点**：通信线路工程工程识图、工程量统计、主材用量统计和整套表格填写 **难点**：工程量统计	项目教学	4
14	项目5 通信工程设计书编制	5-1 通信线路（设备安装）工程设计书编制	通信线路（设备安装）工程设计书编制	**重点**：根据给定的背景或条件，设计通信线路（设备安装）工程施工图、编制概预算 **难点**：施工图设计	项目教学	8
			合计			60

注：每个任务（单元）最多不超过12学时。

7.2.7.3 课程考核

课程考核采用形成性考核（即过程考核）和终结性考核相结合的方式。原则上形成性考核占70%，终结性考核占30%。具体考核要求如表7-34所示。

表7-34 考核要求

考评方式	过程考评（70%）		终结性考评（30%）
	任务考评（60%）	平时表现（10%）	期末考试（30%）
考评实施	由主讲教师根据学生完成的工单情况考评。根据各任务实施环境条件不一样，可能采用随堂考核，也可能根据学生提交的作品进行评价	由指导教师根据学生表现进行集中考评	以卷面考评的方式组织
考评标准	从职业技能和职业素养两方面进行综合评价，详情见各任务工单	主要考核学生遵守学习纪律和工作纪律的情况	建议题型如下（不少于5种）：填空、单项选择、多项选择、判断、名词解释、问答题、论述题

7.2.7.4 实施要求

1. 授课教师基本要求

本课程教师应具备通信工程勘察、施工图设计、概预算编制等基本操作技能，有信息通信建设工程项目管理的实践经验或进过专门的基本操作技能训练，具有高等学校教师资格。

2. 实践教学条件要求

（1）校内实训室。

表 7-35 通信工程实训室

实训室名称	通信工程实训室	面积要求	200 m²
序号	核心设备	数量要求	备注
1	计算机	50 台	1 台/人
2	CAD 制图软件	50 套	1 套/人
3	信息通信建设工程定额	50 套	1 套/人
4	轮式测距仪	10 台	1 台/组
5	皮尺（100 m）	10 把	1 把/组
6	激光测距仪	10 台	1 台/组
7	GPS	10 台	1 台/组

（2）校外实训基地。

表 7-36 《通信工程勘察与设计》课程校外实习基地

序号	校外实训基地名称	合作企业名称	可开展的实训项目	备注
1	广东南方通信建设有限公司	广东南方通信建设有限公司	1. 通信工程勘察 2. 通信工程施工图设计 3. 通信工程概预算编制 4. 通信工程施工 5. 通信网络维护 6. 通信工程建设项目管理	
2	广西茜英信息技术有限公司	广西茜英信息技术有限公司	1. 通信工程勘察 2. 通信工程施工图设计 3. 通信工程概预算编制 4. 通信工程施工 5. 通信网络维护 6. 通信工程建设项目管理	

3. 教学方法和策略

（1）教学方法。

主要采用项目化教学、案例教学法、情景教学法、工作过程导向教学法、探究式教学法等教学方法。

采用以行动为导向、采用项目法和任务驱动法相结合的思路进行设计。根据通信工程岗位能力的要求和通信工程的实现环节，将整个课程划分成三个既相对独立又相互联系的模块，每个模块的学习目标通过下设的若干个工作任务承载和实现。

（2）教学策略。

教学过程中可采用网络教学平台实现混合式教学，引进行业、企业专家参与教学。

教学过程中，可以采用网络教学平台和课堂教学相结合的方式，比如项目1中的四个任务，课前让学生学习网络平台的视频并提前练习，然后在课堂上重点讲解学生所遇到的疑难问题。再比如项目5的"通信工程设计书编制"，该任务的大部分工作是需要学生利用课余时间完成的，因此可以聘请行业、企业专家担任学生的指导老师，将企业力量引入到教学中。

二、专业群专业基础课程标准

8 课程标准

8.1 "轨道交通概论"课程标准

8.1.1 课程性质

1. 课程类型、课程功能

本课程是为城市轨道交通运营管理专业群学生开设的一门专业基础课。主要是学习城市轨道交通的线路、车辆、通信、信号、供电、车站设备及运营组织等内容。通过本课程的学习,使学生掌握城市轨道交通系统的整体概念、系统的结构特点;各组成部分的特点及其衔接协调。使学生初步了解城市轨道交通的线路工程、轨道结构、车辆、通信信号系统、运营组织等,并了解各部分之间的相互关系和作用。也可以使学生更全面地了解本专业,热爱本专业,为进一步学习专业课程打下良好的基础。

2. 课程功能定位

表 8-1 课程功能定位分析

对接的工作岗位	对接培养的职业岗位能力
专业群各对应岗位	1. 城市轨道交通认知 2. 初步掌握城市轨道交通运营相关知识 3. 掌握城市轨道交通相关理论知识

8.1.2 课程目标与内容

1. 课程总目标

本课程是城市轨道交通运营管理专业必修的一门专业基础课。主要是对学生进行城市轨道交通系统涉及内容的总体概念教学,以帮助学生建立专业理论研究和实际应用研究的基本知识框架,使其在之后开展的专业课学习中具有更加明确的目标,能够将各门专业课知识贯穿成一个整体,并帮助学生了解在城市轨道交通领域会面临的基本问题和形成解决问题的思维方式。

2. 课程具体目标

表 8-2　轨道交通的课程教学目标与内容

序号	考核指标点	知识目标	技能目标	素质目标	教学内容
1	初步掌握城市轨道交通运营相关知识，具备城市轨道交通运营管理的基本能力	掌握城市轨道交通的基本概念；各种轨道交通的类型、特点；轨道交通的发展历史及发展趋势	掌握城市轨道交通的基本概念、类型及技术经济特性	树立城市轨道交通相关概念，树立安全管理意识	城市轨道交通基本概念；各种轨道交通的特点；轨道交通的发展历史及发展趋势
2		了解城市轨道交通系统规划与设计的内容、目标	城市轨道交通系统线网规划的基本思路与主要内容		城市轨道交通系统规划与设计的主要内容、目标，城市轨道交通系统线网规划的基本思路与主要内容
3		了解城市轨道交通线路的组成和分类；城市轨道交通车站的组成、分类及设计形式；换乘站形式和换乘方式	线路的组成和分类；车站的组成、分类及设计形式；换乘站形式和换乘方式		城市轨道交通线路的组成和分类；城市轨道交通车站的组成、分类及设计形式；换乘站形式和换乘方式；城市轨道交通车站的各类机电设备
4		了解城市轨道交通运营组织与管理的基本概念与特性；车站日常客运组织内容；票务系统与自动售检票系统	城市轨道交通运营组织与管理的基本概念与特性；车站日常客运组织内容；票务系统与自动售检票系统		城市轨道交通运营组织与管理的基本概念与特性；运营管理组织机构及主要管理岗位的工作职责；车站日常客运组织内容；城市轨道交通的票务系统与自动售检票系统
5		了解城市轨道交通车辆的特点和分类、基本组成；车辆基地的作业和车辆检修的内容	车辆特点和分类、基本组成；车辆基地的作业和车辆检修的内容		城市轨道交通车辆的特点和分类、基本组成；车辆基地的作业和车辆检修的内容
6		了解各种城市轨道交通信号设备，列车运行控制系统的功能与结构	城市轨道交通信号系统的组成和作用		各种城市轨道交通信号设备，列车运行控制系统的功能与结构
7		了解城市轨道交通供电系统的功能和组成，各类接触网的特点	城市轨道交通供电系统的功能和组成，各类接触网的特点		供电系统的功能和组成，变电所的种类和功能；各类接触网的特点
8		了解城市轨道交通信息化技术	了解城市轨道交通信息化技术		城市轨道交通供电、客运服务及安全保障方面的信息化系统

表 8-3　课程教学安排

序号	项目（模块）	任务（单元）	教学内容	重点、难点	学时
1	城市轨道交通绪论	城市轨道交通的概念；城市轨道交通类型；发展历史及发展趋势	城市轨道交通的基本概念；城市轨道交通类型；发展历史及发展趋势	城市轨道交通的基本概念、各种类型及特点	4
2	城市轨道交通规划与设计	规划与设计概述；规划与设计理论、理念；设计过程及线网规划	城市轨道交通系统规划与设计的内容、目标城市轨道交通系统线网规划的基本思路与主要内容	线网规划的基本思路与主要内容	2

续表

序号	项目（模块）	任务（单元）	教学内容	重点、难点	学时
3	城市轨道交通线路与车站	城市轨道交通线路、车站、车站机电设备	城市轨道交通线路与车站的组成和分类；换乘站形式和换乘方式；车站各类机电设备	线路与车站的组成和分类；换乘站形式和换乘方式；车站各类机电设备	8
4	城市轨道交通运营组织与管理	运营组织与管理概述；行车管理，行车调度组织；客运组织管理；票务管理	城市轨道交通运营组织的特点；车站日常客运组织内容；票务系统与自动售检票系统	运营组织的特点、车站客运组织工作内容及票务管理内容	6
5	城市轨道交通车辆	城市轨道交通车辆特点及分类、组成；车辆停放及维修基地的主要任务、布局	城市轨道交通车辆的特点和分类、基本组成；车辆基地的作业和车辆检修的内容	城市轨道交通车辆的基本组成和分类	4
6	城市轨道交通通信信号系统	城市轨道交通通信信号系统的作用、组成	各种城市轨道交通通信信号设备，列车运行控制系统的功能与结构	城市轨道交通通信信号系统的作用、组成	4
7	城市轨道交通供电系统	轨道交通供电类型，变电所分类及特点，接触网的类型、结构及特点	城市轨道交通供电系统的功能和基本结构，变电所的种类和功能；各类接触网的特点	城市轨道交通变电所的种类和功能；各类接触网的特点	2
8	城市轨道交通信息化	城市轨道交通信息化技术	城市轨道交通供电、客运服务及安全保障方面的信息化系统	城市轨道交通相关信息化技术	2

8.1.3 课程考核

本课程考核采用形成性考核（即过程考核）和终结性考核相结合的方式。主要考核学生的学习态度和基础知识运用的能力。本课程为统一考试，考试采取闭卷笔试的形式。期评成绩构成：综合成绩=平时成绩×40%[课堂考勤（10%）+课堂活动（10%）+作业（20%）]+期末考试×60%。

8.1.4 实施要求

1．授课教师基本要求

（1）应具有中级及以上职称，具有高校教师资格证及相关职业资格证书。

（2）具有按照先进高职教育理念组织教学，并指导学生实践的能力。

2．教学方法和策略

（1）教学方法：理论联系实际，采用多媒体教学，运用引导文教学法，案例法，讨论法等教学方法，引导学生更好地学习。

（2）教学策略：采用网络教学平台实现混合式教学。

8.2 "轨道交通车辆"课程标准

8.2.1 课程性质

1. 课程类型、课程功能

本课程是城市轨道交通运营管理专业群的专业基础课,为32学时,2学分。其功能是对接城市轨道交通运营管理专业群专业人才培养目标,面向城市轨道交通专业群各专业就业岗位,培养学生的轨道交通车辆设备操作及常见故障处理的能力,并为后续他们对专业课程的学习奠定基础。

2. 课程功能定位

表 8-4 课程功能定位分析

对接的工作岗位	对接培养的职业岗位能力
客运岗位	1. 了解车辆的基本知识,正确使用轨道交通车辆的安全设备
	2. 正确使用轨道交通车辆的服务设备
	3. 协助司机处理轨道交通车辆的常见故障
行车岗位	1. 了解车辆的基本知识,正确使用轨道交通车辆的安全设备
	2. 识别轨道交通车辆的车辆标记,会摘接风管,解钩车钩
	3. 合理安排轨道交通车辆的运用及检修
货运岗位	1. 了解车辆的基本知识,正确使用铁道车辆的安全设备
	2. 识别车辆的标记,选择货物运输合适的货车种类
	3. 正确使用车辆的制动装置

8.2.2 课程目标与内容

1. 课程总目标

(1)了解轨道交通车辆的基本知识,车体、转向架的组成以及结构原理,使学生具有对车辆组成部分的认知能力。

(2)掌握轨道交通车辆设备操作、车门故障等常见故障的处理。

(3)培养学生爱岗敬业、安全生产、文明服务等职业道德,培养学生适应轨道交通站务员、值班员等工作岗位的能力及素质。

2. 课程具体目标

表 8-5 课程教学目标与内容

序号	考核指标点	知识目标	技能目标	素质目标	教学内容
1	了解车辆的基本知识，识别轨道交通车辆的车辆标记	列举轨道交通车辆的分类；列举轨道交通车辆基本构成	能认识轨道交通车辆的类型；了解车辆的组成	培养学生爱岗敬业、安全生产等职业道德	轨道交通车辆的种类及基本构成
2		列举车辆标记的种类；归纳车辆标记的用途	能运用车辆标记	学习新知识的能力	车辆标记
3	会进行车钩的解钩	列举车钩缓冲装置的种类及型号；归纳车钩的"三态"作用	了解车钩的构造；知道车钩摘挂方法；会车钩常见故障的处理	安全意识、工作责任心	车钩缓冲装置
4	正确使用车辆的制动装置	列举制动装置的种类；分析空气制动机的基本原理	会紧急制动、手制动机的操作方法；会列车制动与缓解的操作	安全意识、事故防范意识	制动装置
5	协助司机处理轨道交通车辆车门的常见故障	了解车门控制方式；列举车门类型	能处理常见的车门故障；会查找车门编号	大局观	车门
6	正确使用轨道交通车辆的安全设备	列举车体的分类；归纳车体的组成	会操作驾驶室安全设备；会使用客室应急设备	安全意识；事故防范意识；团结协作的意识	车辆运用与突发情况处理

表 8-6 课程教学安排

序号	项目（模块）	任务（单元）	教学内容	重点、难点	学时
1	项目 1 车辆的基本知识	1.1 轨道交通车辆的种类及基本构成	1. 轨道车辆种类及发展概况 2. 我国轨道车辆的用途 3. 车辆的基本构成以及车辆的选用	**重点**：轨道车辆种类 **难点**：车辆的基本构成	2
2		1.2 车辆标记	1. 车辆标记的种类 2. 车辆标记的用途 3. 常用车辆标记的含义 4. 车辆的主要尺寸及经济技术指标	**重点**：车辆标记的种类、车辆限界及规定 **难点**：常用车辆标记的含义、车辆的主要尺寸及经济技术指标	4
3	项目 2 车钩缓冲装置	2.1 车钩缓冲装置 2.2 车钩的摘挂	1. 车钩缓冲装置的种类及型号 2. 车钩的构造 3. 车钩三态作用的原理 4. 车钩摘挂方法	**重点**：车钩的构造、车钩"三态"作用 **难点**：车钩"三态"工作原理 车钩摘挂方法	4
4	项目 3 转向架	转向架	1. 转向架的作用 2. 转向架的分类 3. 转向架的基本构造 4. 转向架的常见故障检查 5. 轮对的指标、减振装置的设备	**重点**：转向架的基本构造 **难点**：轮对的指标、减振装置的设备	4
5	项目 4 制动装置	4.1 制动装置 4.2 列车制动与缓解	1. 制动装置的种类 2. 车辆制动装置的组成 3. 空气制动机的基本原理 4. 电制动的设备及原理 5. 紧急制动、手制动机的操作方法	**重点**：制动装置的组成、列车自动空气制动机的设备及原理 **难点**：列车制动的操纵方式、列车制动与缓解的操作	6

续表

序号	项目（模块）	任务（单元）	教学内容	重点、难点	学时
6	项目5 车体及车门	5.1 车体 5.2 车门	了解车体的分类； 理解车体的组成，掌握驾驶室、客室的设备布置； 了解车门类型，理解车门编号办法； 掌握车门的控制方式	**重点**：车体的设计、车门的构造 **难点**：客室设备的布置、车门故障的处理	4
7	项目6 电力牵引系统	6.1 电力牵引系统	了解电力牵引系统类型； 理解电力牵引系统的工作原理； 掌握牵引装置的控制	**重点**：电力牵引系统的设备及原理 **难点**：牵引装置的控制	4
8	项目7 采暖、空调及通信系统	7.1 采暖、空调及通信系统	了解空调系统组成和设备； 理解空调系统的原理； 掌握空调系统的调节与控制操作	**重点**：空调系统的原理 **难点**：空调系统的调节与控制操作	4
9	项目8 车辆运用	8.1 车辆运用与突发情况处理	1. 铁路车辆系统的运用 2. 轨道交通车辆设备的运用 3. 轨道交通日常维护与定期检修的任务 4. 轨道交通列车突发情况处理	**重点**：轨道交通车辆设备的运用 **难点**：轨道交通列车突发情况处理	2
10	项目9 轨道交通车辆发展	9.1 铁路机车车辆、跨座式单轨车辆、智能化城市轨道交通	1. 铁路机车车辆发展概况 2. 铁路机车的工作原理 3. 跨座式单轨车辆的构造及运用 4. 智能化城市轨道交通	**重点**：铁路机车的工作原理 **难点**：跨座式单轨车辆的构造及运用	2

注：本课程标准适用于学时范围为28~36的"轨道交通车辆"课程标准，表中的学时为建议和参考学时，实际教学内容和课时可结合课程标准，根据教学的专业和课时进行选择和调整。

8.2.3 课程考核

课程考核采用形成性考核（即过程考核）和终结性考核相结合的方式。原则上形成性考核占50%，终结性考核占50%。形成性考核：平时成绩占30%（课内考勤及表现占10%、线上线下教学互动占20%），期中考试占20%。

8.2.4 实施要求

1. 授课教师基本要求

具备大学本科及以上学历，中级及以上职称，高校教师资格证，有现场工作或挂职经历，思想品德好，并经过专业的技能学习。

2. 教学方法和策略

（1）教学方法：根据学情分析和教学内容特征，选择项目化教学、案例教学法、情景教学法等教学方法。

（2）教学策略：可选择通过网络教学平台实现混合式教学，引进行业、企业专家参与教学等。

8.3 "轨道交通信号与通信设备"课程标准

8.3.1 课程性质

1. 课程类型、课程功能

《轨道交通信号与通信设备》是城市轨道交通运营管理专业群的一门专业基础课，比较全面、系统地介绍了轨道交通信号与通信两大技术，以及相关设备、系统的结构组成和工作原理等知识。

通过本课程的学习，使学生熟知轨道交通信号系统和通信系统的基本设备器材，轨道交通信号系统的基本联锁关系、轨道交通信号系统的基本闭塞原理、轨道交通列车自动控制的基本原理等基本知识，以及通信传输技术在城市轨道交通中的应用，充分认识城市轨道交通通信信号设备的重要性，并能够与本专业的知识联系起来，为今后走上工作岗位奠定坚实的应用基础。

2. 课程功能定位

表 8-7 课程功能定位分析

对接的工作岗位	对接培养的职业岗位能力
行车值班员岗位	正确运用计算机联锁控制台进行行车厂接、发及调车作业的有关操作； 正确使用车站 ATS 工作站进行排列进路、转换道岔、开放引导、重置计轴、设定限速等相关操作
行车调度员岗位	正确运用计算机联锁控制台进行接、发及调车作业的有关操作；正确使用控制中心 ATS 进行排列进路、转换道岔、开放引导、重置计轴、设定限速等相关操作
铁路内勤助理值班员岗位	1. 能操作联锁设备 2. 能操作闭塞设备 3. 能看懂信号平面图 4. 能结合联锁表掌握车站联锁关系 5. 能区分铁路信号所代表的显示意义

8.3.2 课程目标与内容

1. 课程总目标

本课程介绍了城市轨道交通通信与信号现代化新技术以及相关设备的结构、原理，让学生建立对设备工作情况的整体概念，并进行相应的实践操作，将"教、学、看、演、练"融为一体，加深对知识的理解及提高锻炼动手能力，充分掌握城轨通信信号知识，了解本专业与通信信号设备的联系性。

2. 课程具体目标

表 8-8 课程教学目标与内容

序号	考核指标点	知识目标	技能目标	素质目标	教学内容
1	城市轨道交通信号设备的基本构造、工作原理及使用方法；城市轨道交通通信设备的工作原理及使用方法	城市轨道交通通信信号系统概述	了解通信信号系统的特点及组成	培养学生轨道交通"安全第一、预防为主"的理念和城轨运输"职责明确、快速到位、控制有效"的原则	城市轨道交通通信信号系统认知
2		城市轨道交通信号系统基础设备	掌握城市轨道交通信号基础设备的基本构造、工作原理及使用方法		城市轨道交通信号基础设备信号机、继电器、轨道电路、转辙机、计轴器、应答器的构造、工作原理及特点
3		联锁设备	掌握联锁的概念、内容及设备分类；车辆段联锁设备功能及使用；正线车站联锁设备工作原理及使用方法		进路的概念、进路的分类、敌对进路的概念；联锁定义及联锁要求；车辆段联锁设备功能及使用；正线进路控制原理，正线车站联锁设备工作原理及使用方法
4		闭塞设备	熟悉闭塞的概念；了解闭塞种类和发展；树立使用闭塞设备		闭塞的概念，各种闭塞种类、发展和作用；自动站间闭塞、准移动闭塞、移动闭塞的概念及工作原理
5		列车自动控制系统	掌握 ATC 系统的组成、功能；掌握 ATC 系统的各子系统的功能和组成；掌握基于通信的列车运行控制系统 CBTC 的实现方式及工作原理		ATC 系统的组成与功能；ATP、ATO、AT 各子系统的结构和功能；CBTC 系统的的应用及优缺点；CBTC 系统的工作原理
6		通信系统	掌握电话系统、广播系统、视频监控系统、乘客信息系统的使用及功能应用		通信传输系统组成及功能；电话系统的使用；视频监视系统的功能及应用；广播系统的组成及操作；乘客信息系统的功能及构成

表 8-9 课程教学安排

序号	项目（模块）	任务（单元）	教学内容	重点、难点	学时
1	城市轨道交通通信信号系统概述	城市轨道交通信号与通信系统的作用及组成	城市轨道交通信号与通信系统的特点、功能及组成	城市轨道交通信号系统的特点、要求、组成；通信系统的特点、组成	2
2	信号基础设备	信号基础设备——信号机	信号机的类型、结构；信号各颜色含义及信号机灯光配列；地面信号机的设置方法及含义	信号颜色含义及信号机灯光配列；地面信号机的设置方法、含义及显示要求	4

续表

序号	项目（模块）	任务（单元）	教学内容	重点、难点	学时
3	信号基础设备	信号基础设备——继电器	继电器的作用、类型和工作原理； 会对继电器电路分析	继电器的作用、工作原理；会对继电器电路分析	2
4		信号基础设备——轨道电路	轨道电路的基本结构和基本原理； 道岔轨道电路的结构特点、工作原理及作用； 轨道电路的划分和命名方法	轨道电路的基本结构和基本原理； 道岔轨道电路的结构特点、工作原理及作用； 轨道电路的划分和命名方法	2
5		信号基础设备——转辙机	道岔结构、号数、位置和状态； 转辙机的作用和分类； 转辙机的设置、操纵及锁闭	道岔的结构、号数、位置和状态； 转辙机的作用和分类； 转辙机的设置、操纵及锁闭	2
6		信号基础设备——计轴器	计轴系统的基本原理及工作过程； 计轴器的结构；各元件作用； 在城市轨道交通系统的使用	计轴系统的结构、基本原理及工作过程； 在城市轨道交通系统的使用	2
7		信号基础设备——应答器	应答器的作用、分类； 应答器的工作原理	应答器的作用、分类； 应答器的工作原理	2
8	联锁设备	联锁	进路的概念、分类、敌对进的概念； 联锁定义、要求，分析联锁关系	联锁定义、要求，分析联锁关系，信号、道岔和进路之间的联锁关系	2
9		车辆段联锁设备	车辆段联锁设备	车辆段联锁设备功能； 6502电气集中联锁设备的使用； 计算机联锁设备的基本操作	10
10		正线联锁设备	正线进路控制原理； 车站联锁设备的功能； ILOCK联锁设备工作原理及操作	正线进路控制原理； 车站联锁设备的功能； ILOCK联锁设备工作原理及操作	6
10	闭塞	闭塞设备	熟悉闭塞的概念； 了解闭塞种类和发展； 熟练使用闭塞设备	闭塞的概念，种类； 自动站间闭塞、准移动闭塞、移动闭塞的概念及工作原理	4
10	列车自动控制系统	ATC系统	掌握ATC系统的组成、功能； 掌握ATC系统的各子系统的功能和组成	ATC系统的组成与功能；ATP、ATO、AT各子系统的结构和功能	4
11		基于通信的列车运行控制系统CBTC	掌握基于通信的列车运行控制系统CBTC的实现方式及工作原理	CBTC系统的分类及优缺点； CBTC系统的工作原理	2
12	通信系统	传输系统	通信传输系统基础知识； 组成及功能	通信传输系统的结构、功能	4

267

续表

序号	项目（模块）	任务（单元）	教学内容	重点、难点	学时
13	信号基础设备	电话系统	公务电话、专用电话的使用	公务电话、专用电话的使用	
14		无线通信系统	移动通信的分类、集群通信系统，无线集群调度系统的应用	无线集群调度系统的应用	
15		闭路电视监视系统	闭路电视监视系统的组成、基本作用及应用	闭路电视监视系统的作用及应用	
16		广播系统	广播系统的组成、应用及操作	广播系统的操作	
17		乘客信息系统	乘客信息系统的组成、功能及技术要求	乘客信息系统的构成及使用	
18		时钟系统	时钟系统的功能、组成及运作模式	时钟系统的功能、组成	

8.3.3 课程考核

本课程考核采用形成性考核（即过程考核）和终结性考核相结合的方式。主要考核学生的学习态度和专业知识运用的能力。本课程为统一考试，考试形式为闭卷笔试。期评成绩构成：综合成绩 = 平时成绩×40%[课堂考勤（10%）+课堂活动（10%）+作业（20%）]+期中考试×10%+期末考试×50%。

8.3.4 实施要求

1. 授课教师基本要求

（1）应具有中级及以上职称，具有高校教师资格证及相关职业资格证书。
（2）应具备熟练操作通信信号设备，处理复杂综合性事件的能力。
（3）应具备熟练操作设备设施模拟考证软件的能力。
（4）具有按照先进高职教育理念组织教学，并指导学生实践的能力。

2. 教学方法和策略

（1）教学方法：以设备和工作认知为中心组织教学，按照学生应具备的知识能力步步导入，使用引导文教学法、演示教学法、实例讲解法等"教、学、看、演、练"一系列的教学方法。
（2）教学策略：采用网络教学平台实现混合式教学，引进行业、企业专家参与教学等。

8.4 "轨道交通线路站场"课程标准

8.4.1 课程性质

1. 课程类型、课程功能

本课程是城市轨道交通运营管理专业群的专业基础课，32学时，2学分。是学生在学习了"轨道交通车辆"等课程，具备了轨道交通车辆等设备认知能力的基础上，为其开设的一门理论课，其功能是对接城市轨道交通运营管理专业群人才培养目标，面向站务员、值班员、调度员、信号工等工作岗位，培养正确使用线路、车站、车辆段设备的能力，为后续专业课程学习奠定基础。

2. 课程功能定位

以车站值班员、车站调度员、行车调度员等职业岗位技能构建课程内容，针对轨道交通行车工作各岗位工种的典型工作任务，分析岗位所需的知识、技能和态度，确定学生应具备的专业能力、方法能力和社会能力。

表8-10 课程功能定位分析

对接的工作岗位	对接培养的职业岗位能力
站务员岗位	1. 了解线路基本知识，能使用线路设备，加强巡视及安全管理
	2. 能了解车站的布局，巡视车站设备
	3. 了解站台设备，维持站台秩序
	4. 了解车站线路及平面布局，合理组织客流
值班员	1. 能了解车站的布局，巡视车站设备
	2. 利用线路合理组织列车运行
	3. 能够监视车站、线路的设备
调度员	1. 利用线路合理组织列车运行
	2. 利用线路、车站进行非正常情况下的列车运行调整
货运岗位	1. 了解线路与站场的基本知识，正确使用行车设备
	2. 识别车站分类，提高货物运输效率
	3. 合理使用站场设备

8.4.2 课程目标与内容

1. 课程总目标

（1）了解城市轨道交通车站、线路、车辆段的类型；掌握城市轨道交通车站、线路、车辆段的功能、组成、运用等内容。

（2）具备城市轨道交通车站、线路、车辆段的识图能力，培养学生城市轨道交通车站、线路、车辆段的设备布局能力。

（3）培养学生文明服务、安全责任、大局观等职业道德及思想品德。

2. 课程具体目标

表 8-11 课程教学目标与内容

序号	考核指标点	知识目标	技能目标	素质目标	教学内容
1	1. 了解线路基本知识 2. 能使用线路设备 3. 加强巡视及安全管理	说明线路的组成；线路的敷设形式；路基组成	能选择线路的敷设方式，会路基防护办法	有较强的责任心、事业心；有较强的安全意识和责任意识	轨道交通线路站场概述；路基及桥隧建筑
		说明轨道构造组成及要求；列举轨道几何形位的含义	能巡视线路；能判断轨道几何形位的检测标准	学习新知识的能力；有较强的安全意识和责任意识	轨道结构
		说明道岔的种类；分析道岔的组成及作用	能识别道岔的类型及开通方向；能正确识别道岔号	学习新知识的能力；有较强的安全意识和责任意识	道岔
		说明线路设计的方法；解释曲线、坡道附加阻力	掌握平、纵断面设计的相关规定；能执行车站限界的规定	有较强的责任心、事业心；有较强的安全意识和责任意识	线路平面及纵断面；限界及线间距
2	1. 能了解车站的布局 2. 巡视车站设备	说明车站的分类；解释车站设计原则；站厅、站台车站设备布置	能巡视站厅、站台车站设备	学习新知识的能力；有较强的安全意识和责任意识	轨道交通车站
3	1. 能了解车辆段的布局 2. 熟悉车辆段的各部分功能	了解车辆基地的基本功能；理解车辆段的设计原则；分辨车辆段的修程及线路布置	能分辨车辆段的功能分区	学习新知识的能力；有较强的安全意识和责任意识	轨道交通车辆基地

表 8-12 课程教学安排

序号	项目（模块）	任务（单元）	教学内容	重点、难点	学时
1	项目一 轨道交通线路站场概述	轨道交通线路站场概述	了解轨道交通子系统，轨道交通的点、线、面的概念；理解线路路由方案的选择依据；掌握线路敷设形式的选择方法、线路图的识读	**重点**：线路图的识读 **难点**：线路的敷设方式选择	2
2	项目二 轨道交通线路设计	2.1 线路平面及纵断面	了解线路平、纵断面的概念；理解平、纵断面要素的含义；掌握平、纵断面设计的相关规定	**重点**：平、纵断面要素的含义 **难点**：平、纵断面设计的相关规定	4
3		2.2 线路横断面	了解限界的种类、线间距的概念；理解限界的含义；掌握车站建筑限界的相关规定；了解线间距的要求	**重点**：限界的含义 **难点**：车站建筑限界的相关规定	2

续表

序号	项目（模块）	任务（单元）	教学内容	重点、难点	学时
4	项目三 轨道交通线路组成	3.1 路基及桥隧建筑	了解路基的组成；了解桥梁的种类、隧道的种类；理解隧道的施工方法；掌握桥梁隧道的设备布置、路基的防护方法	**重点**：桥梁隧道的设备布置 **难点**：路基的防护方法	2
5		3.2 轨道结构	了解轨道结构的组成部分；理解轨道各组成部分的作用；掌握轨道各组成部分的基本要求	**重点**：轨道各组成部分的作用 **难点**：轨道各组成部分的基本要求	2
6		3.3 道岔	了解道岔的分类；理解道岔的组成及作用；掌握道岔号的运用	**重点**：道岔的组成及作用 **难点**：道岔号的运用	4
7	项目四 车站线路	4.1 车站线路及设置	了解区间及车站的分界点、车站线路的分类；理解车站配线的作用；掌握车站正线的要求、折返线的运用	**重点**：车站配线的作用 **难点**：车站正线的要求、折返线的运用	4
8		4.2 课内实训一 道岔类型、组成及工作原理认识	了解道岔的表示方法；理解道岔限速的要求；掌握用中心线表示各种道岔、绘制单开道岔图的方法	**重点**：道岔的表示方法 **难点**：绘制单开道岔图	2
9		4.3 课内实训二 线路日常检查及线路标志的认知	了解轨道几何形位的基本要求；理解线路日常检查性的方法；掌握线路几何形位的检测、线路标志的识别	**重点**：轨道几何形位的基本要求 **难点**：线路几何形位的检测	2
10		4.4 实训三 车站配线及行车组织的认知	了解车站配线的要求；理解车站配线与行车组织的关系；掌握车站线路的编号、绘制车站线路图	**重点**：车站配线的要求 **难点**：绘制车站线路图	2
11	项目五 轨道交通车站	5.1 车站建筑	了解车站的分类；理解车站设计原则；掌握车站站台基本组成及指标	**重点**：车站设计原则 **难点**：车站站台基本组成及指标	2
12		5.2 课内实训四 轨道交通车站类型及组成认知	了解车站的类型、站台型式；理解车站站台的功能；掌握站台的平面布局及设备布置	**重点**：车站的类型、站台型式 **难点**：站台的平面布局及设备布置	2
13		5.3 课内实训五 车站站厅、平面布局及设备的认知	了解站厅的组成；理解车站平面备布局的原则；掌握站厅及设备区、管理区的平面布局	**重点**：车站平面备布局的原则 **难点**：站厅及设备区、管理区的平面	2

续表

序号	项目（模块）	任务（单元）²	教学内容	重点、难点	学时
14	项目六 轨道交通车辆基地	6.1 车辆段及停车场	了解车辆基地的基本功能；理解车辆段设计原则；掌握车辆运用流程、车辆检修流程	**重点**：车辆段设计原则 **难点**：车辆运用流程、车辆检修流程	2
15		6.2 课内实训六 轨道交通车辆基地认知	了解车辆段线路种类；理解车辆段线路布置原则；掌握车辆段主要线路的功能与特点	**重点**：车辆段主要线路的功能与特点 **难点**：车辆段线路的识读	2

8.4.3 课程考核

评价方式：课程考核采用形成性考核（即过程考核）和终结性考核相结合的方式。原则上形成性考核占 50%，终结性考核占 50%。形成性考核：平时成绩占 30%[含课内考勤及表现（10%）、线上线下教学互动（20%）]；课内实训考核占 20%。

8.4.4 实施要求

1. 授课教师基本要求

具备大学本科及以上学历，中级及以上职称，拥有高校教师资格证，有现场工作或挂职经历，思想品德好，经过专业的技能学习。

2. 教学方法和策略

（1）教学方法：根据学情分析和教学内容特征，选择项目化教学、案例教学法、情景教学法、工作过程导向教学法等教学法。

（2）教学策略：可选择采用网络教学平台实现混合式教学，引进行业、企业专家参与教学等。

8.5 "电力与电子技术"课程标准

8.5.1 课程性质

本课程是城市轨道交通运营管理专业群的一门基础课,其设置的目的是通过理论学习与实验训练,使学生了解电子技术的基本理论与基础知识,掌握电力电子器件的作用,掌握安全用电常识,以培养学生实践技能为重点,具备从事本专业及相关工作岗位所必需的基本技能。具有参与意识、责任意识、协作意识和自信心,以及使学生拥有利用专业书籍和工具书对工作中涉及的知识和技能进行自主学习的能力。使学生具备本专业高素质劳动者和中、初级专门人才所必需的电子技术知识与技能。为学生学习城轨车辆供电、故障处理等专业知识打下基础,提高学生的全面素质。

8.5.2 课程功能定位

表 8-13　课程功能定位分析

对接的工作岗位	对接培养的职业岗位能力
轨道列车检修工	1. 掌握电工电子技术的基本理论知识,具备维修电工(中级及以上)岗位操作能力
	2. 能胜任机电系统及设备的安装、调试、运行、维护以及管理工作
轨道列车司机	1. 能独立操作轨道列车车载通信设备、信号设备
	2. 能对列车车载信号设备、电气设备进行操作检查、功能检测
城市轨道交通站务员、值班员、值班站长、调度员等工作岗位	1. 树立安全用电意识、严肃认真的科学态度与工作作风
	2. 具备电工和电子技术方面的基本理论、基本知识和基本技能
	3. 具备识读、绘制电路图、计算基本电路的能力,初步具有分析电路一般问题的能力
	4. 具备常见电工电子仪器的操作能力
电工仪器仪表、电工工具管理生产岗位	1. 熟悉电工仪器仪表的使用方法
	2. 掌握常用电工工具的使用方法
	3. 了解电工仪器仪表、电工工具的维护、维修方法
电气产品组装、装配岗位	1. 熟悉电气原理图、电气布置图和电气安装接线图的阅读方法
	2. 有较强的电路分析能力
	3. 掌握常用电气元件的识别方法、技术参数和装配要求
	4. 掌握常用电子元件的安装与焊接工艺
	5. 掌握电子产品的调试技术
仿真电路设计岗位	1. 会使用常见的电路仿真软件
	2. 理解电路原理,并能用仿真软件进行简单的电路设计
电气设备检测、调试与维修岗位	1. 能分解整个大电路为小电路,并分析小电路的功能
	2. 会用电工仪器仪表检测电气设备故障
	3. 能对电气设备进行调试和简单维修

续表

对接的工作岗位	对接培养的职业岗位能力
低压电工作业	1. 了解国家安全生产监督管理总局令第 30 号的相关内容
	2. 掌握安全生产相关的法律法规
	3. 熟练掌握低压供配电安全知识
	4. 掌握电气安全工作要求和措施
	5. 了解触电种类和触电方式，熟练掌握触电急救相关知识
	6. 掌握防火防爆防雷及防静电相关方法
	7. 熟练掌握电工工具及电工仪表的使用方法
	8. 掌握低压电器设备的识别和作用
	9. 熟练掌握导线的连接方法
	10. 掌握照明电路的安装及维护
	11. 学会配电线路的安装方法
	12. 掌握电气设备的安装调试及故障排查
	13. 熟练掌握触电急救的操作方法

8.5.3 课程目标与内容

1．课程总目标

通过本课程的学习，使学生掌握从事本专业工作的高素质劳动者和初、中级专门人才必备的电子技术基本知识和基本技能，为今后进一步学习专业知识和从事本专业相关工作打下必要的基础。

2．课程具体目标

了解电力电子技术的基本概况；了解电力电子技术的发展史和应用；熟悉各种电力电子器件的结构、工作原理、基本特性及主要参数、分类及应用范围；熟练掌握单相、三相整流电路的工作原理、波形分析和参数计算及各种负载对电路工作的影响；熟悉直流变换电路、逆变电路、交流变换电路的工作原理及应用；初步具有学习和应用电子技术新知识、新技术的能力。

表 8-14 课程教学目标与内容

序号	毕业要求指标点	知识目标	技能目标	素质目标	教学内容	教学资源
1	能认识二极管、三极管、电力二极管、晶闸管、电子元件及了解其工作原理	能认识常用电力电子器件原理、特性	能够阅读各种器件性能手册及产品说明书	培养学生的安全意识和认真学习的态度	电力电子器件	课件、微课动画、电子器件实物
2	能掌握常用的相控整流电路和有源逆变电路、直流变换电路、无源逆变电路、交流变换电路的基本原理、波形分析主要参数计算	掌握常用电力电子电路的基本原理、波形分析和相应的参数计算	能分析相控整流电路图、直流变换电路、无源逆变电路、交流变换电路，能进行电路分析	培养学生的安全操作意识和良好的职业道德；培养学生团结协作的能力	相控整流电流、直流变换电路、无源逆变电路、交流变换电路	课件、微课动画
3	具有一定的电力电子电路试验和调试能力	能进行晶闸管的简易测试及导通关断条件测试实验	能进行电力电子电路简单试验电路连接和测试	具备安全意识、团队合作的精神	课内实验：晶闸管的简易测试及导通关断条件测试实验	课件、微课动画
4	掌握软开关技术相关的概念和基本的软开关电路	掌握软开关技术基础	能说明白软开关的基本特点、分类、认识基本的软开关电路	具备安全意识；执行规章制度的意识；团队合作的精神	软开关技术基础	课件、微课动画

表 8-15 课程教学安排

序号	项目（模块）	任务（单元）	教学内容	重点、难点、考核点	教学方法和手段	学时
1	第一章 电力电子器件	1.1 概述 1.2 电力电子器件	1. 了解电力电子技术的概述 2. 了解电力电子器件的基本模型与特性 3. 了解电力电子器件的分类与电力二极管	**重点**：电力电子器件的基本模型与特性 **难点**：电力二极管的工作原理及主要参数	讲授法、练习法	2
2	第一章 电力电子器件	1.3 晶闸管	1. 了解晶闸管及其工作原理 2. 了解晶闸管的特性与主要参数 3. 了解晶闸管的派生器件	**重点**：晶闸管的结构和工作原理晶闸管的特性及主要参数 **难点**：晶闸管的特性及主要参数	讲授法、练习法、小组讨论法	2
3		1.4 可关断晶闸管	1. 可关断晶闸管的结构和工作原理 2. 可关断晶闸管的特性及主要参数	**重点**：可关断晶闸管的结构和工作原理，可关断晶闸管的特性及主要参数 **难点**：三极管的主要参数	讲授法、练习法	2
4	第二章 相控整流电路	2.1 整流器的性能指标	1. 了解整流电路与相控整流电路 2. 了解整流器的性能指标与基本计算方法	**重点**：整流电路与相控整流电路 **难点**：了解整流器的性能指标与基本计算方法	讲授法、练习法、小组讨论法	2
5		2.2 单相相控整流电路	1. 掌握单相半波相控整流电路的不同性质负载的电路结构、原理、波形分析和参数计算 2. 掌握单相全控桥式整流电路的不同性质负载的电路结构、原理、波形分析和参数计算	**重点**：掌握单相全控桥式整流电路、单相半波相控的不同性质负载的电路结构、原理、波形分析和参数计算 **难点**：感性负载单相全控桥式整流电路的结构、原理、波形分析和参数计算	讲授法、练习法	4
6		2.3 三相相控整流电路	1. 掌握三相半波相控整流电路的结构、原理、波形分析和参数计算 2. 掌握三相全控桥式整流电路的结构、原理、波形分析和参数计算	**重点**：阻性负载、电感性负载三相半波相控整流电路、三相全控桥式整流电路的结构、原理、波形分析和参数计算 **难点**：电感性负载三相半波可控整流电路、三相全控桥式整流电路的工作原理和波形分析	讲授法、练习法	4
7		2.5 整流电路的有源逆变工作状态	1. 了解有源逆变的工作原理 2. 掌握三相半波有源逆变电路、三相桥式有源逆变电路	**重点**：有源逆变的工作原理 **难点**：三相半波有源逆变电路、三相桥式有源逆变电路	讲授法、练习法	2
8	第三章 直流变换电路	3.1 直流变换电路的工作原理	理解直流变换电路的工作原理	**重点**：降压、升压及升降压斩波电路工作原理、工作方式 **难点**：波形分析、参数计算	讲授法、练习法	2

续表

序号	项目（模块）	任务（单元）	教学内容	重点、难点、考核点	教学方法和手段	学时
9	第三章 直流变换电路	3.2 降压变换电路	理解降压变换电路的工作原理	**重点**：降压变换电路工作原理、工作方式 **难点**：波形分析、参数计算	讲授法、练习法	2
10		3.3 升压变换电路； 3.4 升降压变换电路	1. 理解升压变换电路的工作原理 2. 理解升降压变换电路的工作原理	**重点**：升压及升降压斩波电路工作原理、工作方式 **难点**：波形分析、参数计算	讲授法、练习法	2
11		3.7 直流变换电路的PWM控制技术	1. 了解PWM控制的基本原理 2. 了解PWM控制脉冲的产生	**重点**：PWM控制的基本原理 **难点**：PWM控制脉冲的产生	讲授法、练习法	2
12	第四章 无源逆变电路	4.1 逆变电路的性能指标与分类； 4.2 逆变电路的工作原理	1. 了解逆变电路的性能指标与分类，理解逆变电路的原理 2. 掌握电压型单相半桥逆变电路的结构、原理及输出波形	**重点**：逆变电路的工作原理，电压型单相半桥逆变电路的原理及输出波形 **难点**：电压型单相半桥逆变电路的原理及输出波形	讲授法、练习法	2
13		4.3 电压型逆变电路	掌握电压型逆变电路的工作原理及特点	**重点**：掌握电压型三相逆变器的工作原理及其特点 **难点**：掌握电压型三相逆变器的工作原理	讲授法、练习法	2
14		4.4 电流型逆变电路	理解电流型逆变电路的工作原理及特点	**重点**：脉宽调制型逆变电路的基本原理 **难点**：脉宽调制型逆变电路的基本原理	讲授法、练习法	2
15		4.5 逆变电路的SPWM控制技术	1. 了解SPWM控制基本原理 2. 了解单极性、双极性SPWM控制方式	**重点**：SPWM控制基本原理 **难点**：单极性、双极性SPWM控制方式	讲授法、练习法	2
16	第五章 交流变换电路	5.1 交流调压电路	理解单相交流调压电路阻性、感性负载的工作原理及输出电压电流波形	**重点**：单相交流调压电路阻性、感性负载的工作原理 **难点**：单相交流调压电路阻性、感性负载的输出电压电流波形	讲授法、练习法、工作过程导向教学法	4
17		5.3 交流电力电子开关 5.4.1 单相输出交-交变频电路	1. 了解交流电力电子开关 2. 理解单相输出交-交变频电路的原理及其优缺点	**重点**：单相交流调压电路阻性、感性负载的工作原理 **难点**：单相交-交变频电路原理	讲授法、练习法	2
18	第六章 软开关技术基础	6.1 软开关的基本概念	1. 了解软开关及其特性 2. 了解软开关的分类	**重点**：基本软开关及其特点 **难点**：软开关的分类	讲授法、练习法	2

续表

序号	项目（模块）	任务（单元）	教学内容	重点、难点、考核点	教学方法和手段	学时
19	第六章 软开关技术基础	6.2 基本的软开关电路	了解基本软开关电路的原理及特点	**重点**：基本软开关电路的原理及特点 **难点**：基本软开关电路的原理	讲授法、练习法、小组讨论法	2
20	第七章 电力电子装置	7.1 电力电子装置的一般模型 7.2 开关电源 7.4 不间断电源	1. 了解电力电子装置 2. 了解开关电源 3. 了解不间断电源	**重点**：了解电力电子装置的一般模型、开关电源与不间断电源 **难点**：了解电力电子装置的一般模型、开关电源与不间断电源	讲授法、练习法	2
21	实验	实验一 晶闸管的简易测试及导通关断条件测试实验	掌握晶闸管的简易测试方法及晶闸管导通、关断条件测试方法	**重点**：掌握晶闸管的简易测试方法及晶闸管导通、关断条件测试方法 **难点**：掌握晶闸管的简易测试方法及晶闸管导通、关断条件测试方法	实验法、演示法、实物模型教学法	2

注：每个任务（单元）最多不超过12学时。

8.5.4 课程考核

课程考核采用即过程考核和终结性考核相结合的方式。过程考核占 40%，终结性考核占 60%。过程考核可包括考勤、实验、作业。终结性考核为使用标准化试题的闭卷考试。

表 8-16 课程评价总表

项目	评价内容	得分	权重	总比例	总评
终结性考核	期末考试		60%	60%	100%
过程性考核	考勤		10%	40%	
	实验		5%		
	课堂表现		10%		
	作业		15%		

8.5.5 实施要求

1. 授课教师基本要求

本课程授课教师需具备电路分析基础、电子技术基础、物理、高等数学的理论知识，具有完成简单电路绘制和模拟电路基础实验的基本技能，具有强烈的敬业精神，具有较高的教学能力及实践能力，具有运用各种教学方法与手段的能力，能胜任本课程的教学工作，现场实验必须具备电工操作基本技能。授课教师要求具有高等学校教师资格。

2. 教学方法和策略

（1）教学方法：结合课程理论性较强难以理解记忆的特点，主要采用讲授法、练习法、讨论法、演示法、引导教学法、实物模型教学法、工作过程导向教学法等教学方法。

（2）教学策略：在教学过程中，根据课程知识点的特点，对于理论知识部分的讲授主要以多媒体教学为主，根据图片动画等形式将枯燥的理论知识转换为形象生动的知识，同时通过实物和部分实验将学过的理论知识应用在实践中，从而取得良好的教学效果。

3. 教材和数字化资源的选用

表 8-17 电子技术课程教材选用表

序号	教材名称	教材类型	出版社	主编	出版时间
1	《电力电子技术（第4版）》	公开出版	高等教育出版社	浣喜明	2014.08
2	《电子技术基础》	公开出版	高等教育出版社	康华光	2014.01

表 8-18 电子技术课程参考教材选用表

序号	教材名称	教材	出版社	主编	出版时间
1	《电力电子技术（第4版）》	公开出版	高等教育出版社	浣喜明	2014.08
2	《电力电子技术（第5版）》	公开出版	机械工业出版社	王兆安	2009.08

8.6 "机械基础"课程标准

8.6.1 课程性质

1. 课程类型

本课程是城市轨道交通运营管理专业群的一门基础课。其设立的目的是培养学生掌握常用机构和通用机械零件的基本知识，了解金属材料热处理的基本知识，会合理选用机械工程材料。初步具有分析、选用和设计机械零件及简单机械传动装置的能力，初步具有正确操作和维护机械设备的能力，为今后从事生产实际工作和学习后续课程及新的科学技术打下基础。

2. 课程功能定位

表 8-19 课程功能定位分析

对接的工作岗位	对接培养的职业岗位能力
轨道列车检修与机械设备检修	掌握机械基础的理论知识
	掌握常用机构的运动形式
	掌握螺纹联接和螺纹传动内容
	掌握机械传动类型
	掌握常见的机械零件
城轨车站用服务员、轨道列车检修工与司机	能够较正确而熟练地使用常用绘图工具和仪器进行手工绘制仪器图和草图
	能够识读中等复杂程度的零件图和装配图
	能够绘制中等复杂程度的零件图和装配图
	能够正确查阅标准、规范、手册、图册等技术资料

8.6.2 课程目标与内容

1. 课程总目标

学习完本课程后学生应当能够熟练掌握各种常用传动机构、常用零件的工作原理和应用特点，能够进行一些简单的分析运算，并联系日常生活中的具体实例，培养和提高学生善于观察问题、思考问题、分析问题和解决问题的能力，为今后的专业课程的学习，以及实践技能的训练打下基础。

2. 课程具体目标

具体表述课程的内容及学生应达到的知识目标、技能目标、素质目标，在进行目标表述时应以学生作为行为主体来表述。

表 8-20　课程教学目标与内容

序号	考核指标点	知识目标	技能目标	素质目标	教学内容	教学资源
1	能够初步认识机械	掌握构件和零件的区别、机器与机构的区别	培养区分构件和零件的区别、机器与机构	新知识、新技术的学习认知能力	机械的认识	多媒体课件 思维导图 视频 题库测验
2	知道平面机构工作特点	掌握铰链四杆机构、凸轮机构和间歇运动机构的工作原理、结构特点	使学生了解各种机构的工作过程，从感性认识上升到理性认识	培养学生团结协作、共同进步的团队合作精神	1. 平面机构的结构分析 2. 平面连杆机构 3. 凸轮机构 4. 间歇运动机构	多媒体课件 思维导图 视频 题库测验
3	掌握螺纹联接和螺纹传动	了解螺纹的类型和特点；螺纹联接的类型	了解螺纹联接应用场合、预紧和防松方法	培养学生分析判断的能力	1. 螺纹的分类 2. 螺纹联接的类型、预紧和放松	多媒体课件 思维导图 视频 题库测验
4	知道各种机械传动特性	掌握带传动、链传动、齿轮传动和蜗杆传动的工作原理、结构特点	培养学生初步选用简单机械传动装置的能力	培养学生方法能力和社会能力，形成良好综合职业素养	1. 带传动 2. 链传动 3. 齿轮传动 4. 蜗杆传动 5. 齿轮系	多媒体课件 思维导图 视频 题库测验
5	能够认识机械零件	掌握通用机械零件的工作原理、结构特点、设计计算的基本知识	培养学生初步具备测量机械零件尺寸的能力	培养学生认真负责、严谨务实的工作态度，形成耐心细致、一丝不苟的工作作风	1. 轴与轮毂连接 2. 轴承 3. 联轴器、离合器	多媒体课件 思维导图 视频 题库测验

表 8-21　课程教学目标与内容

序号	项目（模块）	任务（单元）	教学内容	重点、难点	教学方法和手段	学时
1	课题一　对机械的初步认识	机械的认识	1. 本课程的性质、任务、内容及基本要求 2. 本课程的学习方法	**重点**：有关机构、构件和零件的概念 **难点**：构件和零件的区别、机器与机构的区别 **考核点**：机器与机构的区别	讲授法 练习法 自学法	2
2	课题二　常用机构	2.1 运动副与平面机构运动简图	1. 运动副 2. 平面机构运动简图	**重点**：运动副及运动副的分类、构件及运动副的表达形式及平面机构运动简图的绘制方法 **难点**：高副与低副的区分 **考核点**：高副与低副的区分	讲授法 讨论法 练习法	2
		2.2 平面机构自由度	平面机构自由度的计算	**重点**：自由度、约束的概念以及平面机构自由度的计算 **难点**：自由度计算时应注意的问题 **考核点**：自由度的计算，构件系统具有确定运动的条件	讲授法 讨论法 练习法 提问法	2
		2.3 平面连杆机构结构	1. 铰链四杆机构的类型 2. 铰链四杆机构的演化	**重点**：平面四杆机构的组成与类型 **难点**：铰链四杆机构的演化 **考核点**：平面四杆机构的组成与类型	讲授法 演示法 练习法	2

续表

序号	项目（模块）	任务（单元）	教学内容	重点、难点	教学方法和手段	学时
2	课题二 常用机构	2.4 平面连杆机构的传动特性	1. 曲柄存在的条件 2. 急回特性 3. 死点	**重点**：急回特性、曲柄存在的条件、死点 **难点**：急回特性 **考核点**：死点位置、急回特性	讲授法 演示法 练习法	2
		2.5 凸轮机构	1. 凸轮机构的应用、分类、结构 2. 从动件的常用运动规律	**重点**：凸轮机构从动件的常用运动规律 **难点**：凸轮机构从动件的常用运动规律 **考核点**：从动件的常用运动规律	讲授法 演示法 练习法	2
		2.6 间歇运动机构	1. 棘轮机构 2. 槽轮机构	**重点**：棘轮机构和槽轮机构工作原理及运动特点 **难点**：棘轮机构和槽轮机构工作原理 **考核点**：棘轮机构和槽轮机构工作原理及运动特点	讲授法 讨论法 练习法	2
3	课题三 螺纹联接和螺纹传动	3.1 螺纹联接	1. 螺纹的形成、主要参数与分类 2. 螺纹联接的基本类型及螺纹连接件	**重点**：螺纹的分类、螺纹联接的特点和基本形式 **难点**：螺纹的主要参数、螺纹连接件 **考核点**：螺纹联接的特点和基本形式	讲授法 对比分析法 练习法	2
		3.2 螺纹联接的预紧、防松和螺纹传动	1. 螺纹联接的预紧和防松 2. 螺纹传动	**重点**：螺纹联接的预紧、防松、螺纹传动 **难点**：螺纹传动 键**考核点**：螺纹联接的预紧和防松	讲授法 讨论法 练习法	2
4	课题四 机械传动	4.1 带传动	1. 带传动的类型、特点 2. 普通V带、V带轮 3. 带传动工作情况的分析 4. 带传动的张紧、安装和维护	**重点**：传动的类型、特点 **难点**：带传动中的弹性滑动与打滑现象及其相互间的区别 **考核点**：普通V带、V带轮的结构组成，带传动中的弹性滑动与打滑现象	讲授法 对比分析法 练习法	2
		4.2 链传动	1. 滚子链和链轮 2. 链传动的张紧与润滑	**重点**：滚子链的结构和传动特点，链传动的张紧和润滑方法 **难点**：滚子链的结构和参数 **考核点**：滚子链的结构和传动特点	讲授法 讨论法 练习法 演示法	2
		4.3 齿轮传动	1. 齿轮传动的特点及分类 2. 齿廓啮合基本规律	**重点**：齿轮传动特点、分类和应用，齿廓啮合基本规律 **难点**：齿廓啮合基本规律 **考核点**：齿轮传动特点、分类和应用，齿廓啮合基本规律	讲授法 讨论法 练习法	2

续表

序号	项目（模块）	任务（单元）	教学内容	重点、难点	教学方法和手段	学时
4	课题四 机械传动	4.3 齿轮传动	1. 渐开线齿廓 2. 渐开线齿轮的基本参数及标准直齿圆柱齿轮的尺寸计算	**重点**：渐开线的形成与性质，渐开线标准齿轮的基本参数 **难点**：渐开线标准齿轮的基本参数 **考核点**：渐开线的形成与性质，渐开线标准齿轮的基本尺寸	讲授法 讨论法 练习法	2
			1. 渐开线标准直齿圆柱齿轮的啮合传动 2. 渐开线齿轮的切齿原理及根切现象	**重点**：渐开线齿轮的正确啮合条件 **难点**：渐开线齿轮的切制原理及根切现象和最少齿数的概念 **考核点**：渐开线齿轮的正确啮合条件	讲授法 讨论法 练习法 演示法	2
			1. 齿轮传动的失效形式与设计准则 2. 平行轴斜齿圆柱齿轮传动 3. 直齿锥齿轮传动	**重点**：齿轮传动的失效形式、斜齿圆柱齿轮传动、直齿锥齿轮传动 **难点**：斜齿圆柱齿轮主要参数和正确啮合条件、齿轮传动的失效形式 **考核点**：齿轮传动的失效形式	讲授法 讨论法 练习法 对比分析法	2
		4.4 蜗杆传动	1. 蜗杆传动的类型、特点 2. 蜗杆传动的基本参数 3. 蜗杆传动失效形式及材料 4. 蜗杆、蜗轮的转向判断	**重点**：蜗轮蜗杆传动特点及正确啮合条件，蜗杆、蜗轮转向的判断 **难点**：蜗杆、蜗轮转向的判断 **考核点**：蜗杆、蜗轮转向的判断	讲授法 演示法 练习法	2
		4.5 齿轮系	1. 齿轮系的功用 2. 齿轮系的分类 3. 定轴轮系传动比计算	**重点**：定轴轮系传动比计算 **难点**：齿轮系的功用 **考核点**：定轴轮系传动比计算	讲授法 讨论法 练习法	2
		4.6 渐开线直齿圆柱齿轮参数的测定（课内实验）	1. 游标卡尺的使用 2. 千分尺的使用 3. 渐开线直齿圆柱齿轮参数的方法	**重点**：游标卡尺的使用、千分尺的使用、测定渐开线直齿圆柱齿轮参数的方法 **难点**：测定渐开线直齿圆柱齿轮参数的方法 **考核点**：测定渐开线直齿圆柱齿轮参数的方法	现场教学法 任务驱动法	2
5	课题五 机械零件	5.1 轴	1. 轴的功用、分类及特点 2. 轴的结构设计	**重点**：轴的结构和分类，零件的轴向的固定方法和周向的固定方法 **难点**：轴的结构设计 **考核点**：轴的结构和分类	讲授法 讨论法 练习法	2

续表

序号	项目（模块）	任务（单元）	教学内容	重点、难点	教学方法和手段	学时
5	课题五 机械零件	5.2 轮毂连接	1. 键连接 2. 花键连接 3. 销连接	**重点**：键连接的类型、特点及平键连接的尺寸选择 **难点**：平键连接的尺寸选择 **考核点**：键连接的类型、特点	讲授法 讨论法 练习法 对比法	2
		5.3 滚动轴承	1. 滚动轴承的组成及类型 2. 滚动轴承的代号 3. 滚动轴承的类型选择	**重点**：滚动轴承的结构和代号 **难点**：滚动轴承的代号及类型的选择 **考核点**：滚动轴承的代号	讲授法 提问法 练习法	2
		5.4 滑动轴承与轴承的润滑	1. 滑动轴承 2. 轴承的润滑	**重点**：滑动轴承的类型，轴承的润滑 **难点**：滑动轴承的结构 **考核点**：滑动轴承的类型，轴承的润滑	讲授法 对比法 练习法	2
		5.5 联轴器、离合器	1. 联轴器 2. 离合器	**重点**：联轴器和离合器的类型和特点 **难点**：联轴器和离合器的类型和特点 **考核点**：联轴器和离合器的类型	讲授法 演示法 练习法	2
		5.6 齿轮减速器的装拆（课内实验）	1. 齿轮减速器的基本结构 2. 减速器中各零件作用、结构形状及装配关系	**重点**：齿轮减速器的基本结构 **难点**：减速器中各零件作用、结构形状及装配关系 **考核点**：齿轮减速器的基本结构及各零件的装配关系	现场教学法 任务驱动法	2

注：每个任务（单元）最多不超过12学时。

8.6.3 课程考核

1. 考核方式

采取闭卷考试和线上、线下考核相结合的方式。

2. 评价方式

课程考核采用形成性考核（即过程考核）和终结性考核相结合的方式。考试时间为100分钟。形成性考核占50%，终结性考核占50%。形成性考核包括课堂考勤、课件学习、课堂表现、测验、作业和期中考试。学生必须在完成作业后，经形成性考核合格，方能参加终结性考试，终结性考核指期末考试。

表 8-22 课程评价总表

项目	评价内容	权重	总评
终结性考核	期末考试	50%	100%
过程性考核	课件学习	10%	
	课堂表现	25%	
	作业	15%	

8.6.4 实施要求

1. 授课教师基本要求

本课程授课教师应具有高校教师资格证书；具有理想信念、道德情操、扎实学识、仁爱之心；具有机械相关专业本科及以上学历；具有扎实的机械设计基础和机械原理理论功底；每 5 年中应累计不少于 6 个月的企业实践经历。

2. 实践教学条件要求

表 8-23 《机械原理》实训室

实训室名称	机械原理实训室	面积要求	60 m²
序号	核心设备	数量要求	备注
1	渐开线直齿圆柱齿轮	16 个	
2	齿轮减速器	8 套	

3. 教学方法和策略

（1）教学方法：根据学情分析和教学内容特征，以讲授法为主，结合实践教学法、演示法、探究式教学法等教学方法。

坚持"够用为度"的原则选择相关的教学内容，运用图片、视频、动画等多媒体教学手段，让知识直观化。设置实践课时，进行理实一体化教学，使学生能够快速掌握所学知识。

（2）教学策略：选择职教云教学平台实施混合式教学，按照课前发布教学导入视频，课堂讲解教学重难点，课后布置作业复习巩固的模式开展教学。要求学生收看《超级工程——中国车》等纪录片，了解中国的高速铁路，提高学习热情。

4. 教材和数字化资源的选用

表 8-24 "机械基础"课程教材选用表

序号	教材名称	教材类型	出版社	主编	出版时间
1	《机械基础》	高等职业教育"十三五"规划教材轨道交通类数字化教材	西南交通大学出版社	孟莹	2019.07

表 8-25 "机械基础"课程参考教材选用表

序号	教材名称	教材	出版社	主编	出版时间
1	《城市轨道交通机械基础》	职业教育城市轨道交通专业规划教材	机械工业出版社	徐坚，柴鹏飞	2018.09
2	《机械基础》	全国机械行业职业教育优势规划教材；高等职业教育机电类专业规划教材	机械工业出版社	马璇，陈荣强	2018.07

三、专业拓展课程模块课程标准

9 课程标准

9.1 "物联网概论"课程标准

9.1.1 课程性质

本课程是城市轨道交通运营管理专业群开设的一门专业拓展课,是学生在学习了"计算机应用基础"课程,初步具备了计算机应用能力的基础上,为其开设的一门拓展课。通过本课程的学习,使学生对物联网的发展概况、基本原理和应用领域有初步了解,对主要技术及应用有一定掌握,启发学生对物联网的兴趣,培养知识创新能力。

9.1.2 课程目标与内容

1. 课程总目标

本课程强调对学生职业素质的培养,在教学过程中针对不同环节采用恰当的教学方法,使得学生了解物联网的基本理论、基本方法和基本技术,为今后的工作打下坚实的基础。

2. 课程具体目标

表 9-1 课程教学目标与内容

序号	毕业要求指标点	知识目标	技能目标	素质目标	教学内容
1	物联网概述	了解物联网的基本概念	了解物联网的技术体系框架	培养学生接受新事物的能力	物联网概述
2	感知技术	了解物联网的感知技术	了解传感器技术无线传感器网络	培养学生分析问题、解决问题能力	感知技术
3	通信技术	了解物联网的通信技术	了解移动通信及短距离无线通信	培养学生分析问题、解决问题能力	通信技术
4	应用技术	了解物联网的应用技术	了解物联网中间件及云计算	培养学生分析问题、解决问题能力	应用技术
5	物联网应用	了解物联网的应用	了解智能家居及智能物流	培养学生分析问题、解决问题能力	物联网应用
6	物联网安全	了解物联网的安全	了解信息安全及无线传感器网络安全	培养学生分析问题、解决问题能力	物联网安全

表 9-2　课程教学目标与内容

序号	项目（模块）	任务（单元）	教学内容	重点、难点、考核点	学时
1	物联网概述	了解物联网的基本概念	物联网的技术体系框架	**重点**：物联网基本概念 **难点**：物联网体系框架	4
2	感知技术	了解物联网的感知技术	RFID 系统及条码技术	**重点**：无线传感器网络 **难点**：RFID 系统	4
3	通信技术	了解物联网的通信技术	移动通信及短距离无线通信	**重点**：移动通信 **难点**：短距离无线通信	4
4	应用技术	了解物联网的应用技术	物联网中间件及云计算	**重点**：云计算 **难点**：物联网中间件	4
5	物联网应用	了解物联网的应用	智能家居及智能物流	**重点**：物联网智能应用 **难点**：物联网智能应用	4
6	物联网安全	了解物联网的安全	RFID 安全及物联网安全体系	**重点**：物联网安全体系 **难点**：无线传感器网络安全	4

9.1.3　课程考核

（1）课程考核采用形成性考核和终结性考核相结合的方式，形成性考核占 80%，终结性考核占 20%。

（2）形成性考核包括平时作业、考勤及课堂提问，终结性考核内容为一篇关于物联网技术的综述报告。

9.1.4　实施要求

1．授课教师基本要求

本课程授课教师应具备物联网、传感器和 RFID 的相关知识，了解物联网对现代生活的改变和影响，熟悉物联网在智能电网、智能交通系统、智能家居、智能物流等方面的应用，具有高等学校教师资格。

2．实践教学条件要求

无。

3．教学方法和策略

（1）教学方法。

本课程全面介绍了物联网知识体系与热门应用领域，以物联网的应用领域为线索介绍学习领域，通过案例导读引入相应领域的学习，通过案例延伸理解学习领域的实际应用和未来发展。尽量用通俗易懂的语言和应用案例引导学生进入物联网应用领域的学习。

（2）教学策略。

教学过程中选择采用多媒体平台实现教学。

9.2 "轨道交通市场营销"课程标准

9.2.1 课程性质

1. 课程类型、课程功能

《轨道交通市场营销》属于理实一体化课程,是为高职城市轨道交通运营管理专业群学生开设的一门拓展课,旨在培养学生基本的营销方面的思想素质、知识素质和技能素质,以利将来学生在城运各个岗位上能更自觉有效地提高工作质量或在社会上进一步拓展就业渠道。

2. 课程功能定位

表 9-3 课程功能定位分析

对接的工作岗位	对接培养的职业岗位能力
从事营销工作的岗位	1. 应有的营销理念、职业态度、职业道德和职业习惯
	2. 必懂的营销基础理论和基本知识
	3. 必备的市场营销基本技能

9.2.2 课程目标与内容

1. 课程总目标

通过本课程的学习,学生必须树立科学正确的营销理念,养成爱岗敬业、诚实守纪、想人所想、文明热情的职业态度、职业道德和职业习惯;掌握营销基础理论,包括市场营销环境分析、消费者行为分析、市场调查、市场细分、目标市场选择与市场定位、市场营销策略、市场营销战略规划和管理等方面的基本知识;掌握市场分析、市场调查、市场定位和推销的营销技能。并且课程考核达到及格以上成绩并拿到相应学分。

2. 课程具体目标

表 9-4 课程教学目标与内容

序号	考核指标点	知识目标	技能目标	素质目标	教学内容
1	具备应有的营销理念、职业态度、职业道德和职业习惯	掌握营销市场的概念和构成要素;掌握市场营销的内涵	训练提高学生的学习能力(包括理解能力)	主要帮助学生树立科学正确的营销理念,养成爱岗敬业、诚实守信、想人所想、文明热情的职业态度和职业道德	1.1 什么是市场和市场营销
2		了解西方市场营销观念的演变过程;掌握现代市场营销观念的核心思想	能够应用现代市场营销理念处理业务		1.2 市场营销观念的发展
3		掌握战略规划的相关知识	学会利用波士顿矩阵分析法分析企业的业务,进行资源的优化配置		1.3 战略规划与市场营销管理过程

续表

序号	考核指标点	知识目标	技能目标	素质目标	教学内容
4	掌握必懂的营销基础理论和基本知识	掌握市场营销环境分析、消费者行为分析、市场调查的基础知识	掌握问卷调查方法和调查问卷的设计	主要帮助学生养成认真学习、力求学到最好的行为习惯，并树立不断学习、终身学习的职业意识	2 轨道交通市场营销环境分析 3 轨道交通消费者购买行为分析 4 轨道交通市场营销调查
5		掌握市场细分、目标市场选择与市场定位方面的基本知识	掌握市场定位的营销技能		5.1 进行市场细分 5.2 选择目标市场 5.3 进行市场定位
6		掌握市场营销策略的基本知识	掌握人员推销的营销技能		6 轨道交通产品策略 7 轨道交通价格策略 8 轨道交通渠道策略 9 轨道交通促销策略
7	掌握必备的市场营销基本技能	掌握战略规划、市场营销调查和人员推销的相关知识	掌握问卷调查方法和调查问卷的设计	主要帮助学生养成认真做事、努力将事情做到最好的职业习惯	实训 1 波士顿矩阵分析 实训 2 轨道交通市场调查

表 9-5 课程教学安排

序号	项目（模块）	任务（单元）	教学内容	重点、难点	学时
1	模块 1 轨道交通市场营销概述	1.1 什么是市场和市场营销	营销市场和市场营销及其相关概念	**重点**：营销市场的概念、市场营销的内涵、西方市场营销观念的演变以及现代市场营销观念的核心思想、波士顿矩阵分析法 **难点**：理解营销市场的概念及市场营销的内涵实质，树立现代市场营销观念，波士顿矩阵分析法，企业成长战略	2
2		1.2 市场营销观念的发展	市场营销观念的发展，现代营销观念的核心思想		2
3		1.3 战略规划与市场营销管理过程	战略规划与市场营销管理过程		4
4	模块 2 分析营销环境	2 轨道交通市场营销环境分析	2.1 市场营销环境概述 2.2 宏观环境分析 2.3 微观环境分析 2.4 环境分析与营销对策	**重点**：企业市场营销的宏、微观环境因素，环境分析的方法和企业营销对策 **难点**：环境分析方法的具体运用	2
5	模块 3 分析消费者购买行为	3 轨道交通消费者购买行为分析	3.1 消费者市场和购买行为分析 3.2 组织市场和购买行为分析	**重点**：影响消费者购买行为的主要因素，消费者购买决策过程和购买行为类型 **难点**：消费者购买行为模式的理解	2
6	模块 4 市场营销调查	4 轨道交通市场营销调查	4.1 市场调查的含义和内容 4.2 实施市场调查 4.3 市场预测	**重点**：市场营销调查的类型、步骤和方法；市场预测的基本方法 **难点**：市场调查调查表的编制，市场预测方法的实际应用，尤其要理解和学会应用一元线性回归预测法	6
7	模块 5 制定营销战略	5 轨道交通目标市场营销	5.1 进行市场细分 5.2 选择目标市场 5.3 进行市场定位	**重点**：市场细分的概念和标准、市场有效细分的条件、目标市场战略和市场定位的方法和步骤 **难点**：目标市场营销理论的具体运用	2
8	模块 6 发展营销策略	6 轨道交通产品策略	6.1 产品与产品组合 6.2 品牌决策	**重点**：产品整体概念、品牌的概念和策略 **难点**：产品整体概念的营销意义的理解，品牌策略运用	2

续表

序号	项目（模块）	任务（单元）	教学内容	重点、难点	学时
9	模块6 发展营销策略	7 轨道交通价格策略	7.1 影响定价决策的因素 7.2 常用的定价方法 7.3 定价策略	**重点**：影响企业产品定价的主要因素、定价方法和心理定价策略 **难点**：如何理解价格需求弹性及其对产品定价的影响	2
10		8 轨道交通渠道策略	8.1 渠道概述 8.2 渠道成员 8.3 设计渠道 8.4 管理渠道	**教学重点**：分销渠道的含义、基本模式、类型、影响选择的因素及选择策略 **教学难点**：分销渠道的设计	2
11		9 轨道交通促销策略	9.1 促销及促销方式 9.2 人员推销 9.3 广告策略 9.4 销售促进 9.5 公共关系	**重点**：促销的概念、实质和组合方式，人员推销的特点、形式和技巧，广告媒体策略，销售促进的概念、基本特征和分类，公共关系的应用方式 **难点**：人员推销策略和技巧的应用、营业推广和公关理论的具体运用	2
12	期末课内考试				2

9.2.3 课程考核

（1）本课程考核采用形成性考核（即过程考核）和终结性考核相结合的方式。

（2）原则上形成性考核占50%，包括平时作业、课堂考勤和课堂表现，以及技能实训考查等。

（3）终结性考核占50%，一般指期末考试，考试采用闭卷的笔试形式，主要考核学生对营销基础理论的理解掌握程度及应用理论分析问题的能力，题型可采用填空、判断、选择、问答、案例分析题等形式。

9.2.4 实施要求

1. 授课教师基本要求

担任本课程教学任务的教师要求具有大学本科以上的学历，具有高校教师资格，具备较强的学习能力，具有较丰富的营销理论知识和较强的营销技能，具有基本的运用信息化教学手段的能力。

2. 教学方法和策略

（1）教学方法：可结合各课题具体内容灵活采用讲授法、讨论法、案例教学法、阅读指导法、情景教学法、角色扮演法、翻转课堂教学法等教学方法，并应适当发展应用多媒体等现代化教学手段。

（2）教学策略：可选择采用网络教学平台实现混合式教学，引进行业、企业专家参与教学等。

9.3 "轨道交通班组管理"课程标准

9.3.1 课程性质

1. 课程性质

本课程是城市轨道交通运营管理专业群的一门专业拓展课，是学生在学习了专业基础类课程，熟悉专业基本工作岗位内容的基础上，为其开设的一门理论课程，其功能是对接复合型人才培养目标，面向班组作业与管理的基本要求，结合职业规划发展，培养学生使其具备班组沟通技巧，班组安全生产、质量管理和文化建设的能力，树立铁路企业所必需的工作服从精神、大局观意识，增强团队协作意识，并为后续的"专业综合实践""顶岗实习"等课程的学习奠定基础。

2. 课程功能定位

表 9-6 课程功能定位分析

对接的工作岗位	对接培养的职业岗位能力
轨道交通企业各作业岗位	1. 熟悉企业和班组管理制度，并在其工作岗位上认真执行
	2. 具备在企业中良好的人际沟通和组织协调能力
	3. 按要求将班组各类资料、台账进行整理、归档
	4. 能反思班组内部各方面的不足，对各类管理制度提出整改意见
	5. 能够组织班组日常业务学习和安全教育，并对学习成效进行监督、考核
	6. 主动与班组成员进行有效沟通，协调班组成员关系
	7. 建设符合企业要求，有企业特色的班组文化

9.3.2 课程目标与内容

1. 课程总目标

班组管理是以管理学十大原理、班组基础知识为引入，通过本课程的学习，使学生了解班组和管理原理的基本知识及方法，熟悉班组的规章管理、内部人际管理、生产管理、安全管理和绩效管理等内容，掌握有效沟通、管理员工技巧，提高学生组织、计划、沟通及管理的能力，建立符合铁路企业文化的价值观，使之适应所从事工作的需要。

2. 课程具体目标

表 9-7 课程教学目标与内容

序号	毕业要求指标点	知识目标	技能目标	素质目标	教学内容
1	1. 学生需具备较扎实的管理学基础知识 2. 学生应具备较好的团队沟通技巧 3. 具备初步的班组安全生产、质量管理和团队文化建设的能力	简述城市轨道交通车站班组的主要职责，说明班组长应具备的能力，列举出班组管理的各项内容	能遵守铁路企业的班组管理制度，能对自身的情况做相应的职业规划	树立班组工作的集体荣誉感和责任感	班组管理认知
2		理解沟通的概念、方法和倾听要点，列举出班组员工管理的切入点，掌握班组长与不同性格员工的人际关系处理方法	能够掌握有效沟通的技巧，从班组长的角度初步运用管理不同类型员工的方法	增强团队协作意识、沟通意识	班组员工管理
3		理解车站日常生产工作组织及车站文件的管理流程，列举生产任务需要遵守的规章制度，说明车站有哪些部门参与电子文件的管理	能够掌握生产管理的概念以及车站标准化的作用及形式	树立成本意识、质量意识，增强现场管理能力	班组生产管理
4		掌握班组安全管理的内容及管控对象，结合车站行车作业的特征，列举城市轨道交通公共危机的处理原则和行车作业结合部的特征	能够根据所学知识模拟城轨交通公共危机场景，并以团队协作的方式进行处置	树立班组的大局观意识和安全意识，增强团队组织协调能力和解决问题的能力	班组安全管理
5		列举提高班组劳动效率的途径，掌握班组劳动纪律管理的有效手段；简述班组质量管理的含义与原则；掌握5S管理方法的内涵、构成要素和实施阶段	能够运用所学知识掌握实施班组精细化管理的手段	树立团队学习意识，增强团队学习能力	班组绩效管理

表 9-8 课程教学目标与内容

序号	项目（模块）	任务（单元）	教学内容	重点、难点、考核点	学时
1	班组管理认知	班组管理认知	1. 班组认知 2. 管理与班组管理 3. 班组长认知	**重点**：班组长的主要职责 **难点**：班组长自身威信的提升 **考核点**：班组长的主要职责以及如何提升班组长自身的威信	4
2	班组员工管理	班组员工管理	1. 员工管理 2. 心理健康管理 3. 时间管理技巧 4. 班组信息管理 5. 员工沟通管理 6. 人际关系管理	**重点**：员工情绪管理与压力管理 **难点**：员工沟通管理 **考核点**：员工沟通管理用于工作实例分析	8
3	班组生产管理	班组生产管理	1. 生产过程管理 2. 标准化作业管理 3. 车站文件及台账管理	**重点**：标准化作业管理 **难点**：标准化作业管理 **考核点**：标准化作业管理的流程	4

续表

序号	项目（模块）	任务（单元）	教学内容	重点、难点、考核点	学时
4	班组安全管理	班组安全管理	1. 安全基本管理 2. 安全法规管理 3. 结合部安全管理 4. 班组公共危机处理	**重点**：城轨交通公共危机的定义及特征 **难点**：城轨交通公共危机的处置原则与方法 **考核点**：城轨交通公共危机处置原则及方法	4
5	班组绩效管理	班组绩效管理	1. 劳动组织管理 2. 劳动纪律管理 3. 班组培训管理 4. 班组绩效考核管理 5. 班组质量管理 6. 班组建设	**重点**：班组劳动纪律管理的有效手段，班组质量管理的含义与原则 **难点**：班组劳动纪律管理的有效手段 **考核点**：运用班组劳动纪律管理与质量管理等知识实施班组精细化管理	8
6	期末考核	期末考核	对课程内容进行考核检验		2

注：每个任务（单元）最多不超过12学时。

9.3.3 课程考核

课程考核为过程性考核和终结性考核相互结合的方式。原则上过程性考核占40%，终结性考核占60%。

（1）过程性考核针对课程学习中的各个环节进行考核。以知识内容检测为主，兼顾技能、素质方面的考核，对重要的知识点及知识点运用进行多样化的考核，考核形式包括堂考勤、课堂表现、作业、小组PPT等。

（2）终结性考核为课程试题的闭卷考试。按照教学目标，设置适合的试题，通过试题检测学生对课程知识的掌握程度。

9.3.4 实施要求

1. 授课教师基本要求

本课程授课教师应具备高校教师资格证，管理专业本科以上学历，每年至少到相关企业挂职1个月，并有一定的分析总结、组织协调的能力。

2. 实践教学条件要求

表9-9 实训室

实训室名称	综合实训室	面积要求	
序号	核心设备	数量要求	备注
1	电子白板 智能教学平台	1台	
2	多媒体操作台	1张	

3．教学方法和策略

（1）教学方法。

本课程主要采用案例教学法、情景教学法和探究式教学法。

基于本课程理论知识较多，学生分析能力较弱的情况，选取班组管理中重要的日常工作内容，通过创设铁路工作情境，利用大量的案例，引导学生自主探究学习，达到理论知识运用于实践的目的。

（2）教学策略。

本课程教学适宜采用启发式教学策略、归纳教学策略。

在教学过程中，充分激发学生学习的内在动机，调动学生学习的主动性、积极性，促进学生积极思维，提倡学生自己主动分析、探究获取知识，加强当堂消化吸收、巩固和内化，培养学生解决实际问题的能力。

4．教材和数字化资源的选用

表 9-10 "班组管理"课程教材选用表

序号	教材名称	教材类型	出版社	主编	出版时间
1	《班组长如何抓管理》	公开出版	电子工业出版社	冯志新	2017.10

9.4 "办公软件高级应用"课程标准

9.4.1 课程性质与功能定位

1. 课程性质

"办公软件高级应用"是高职城市轨道交通运营管理专业群的一门专业拓展课程,其任务是使培养学生将来工作中所必需的计算机操作知识及技能、文字处理相关知识及操作技能、电子表格相关知识及操作技能、演示文档相关知识及操作技能,并为学习后续课程打下基础。

2. 课程功能定位

表 9-11　课程功能定位分析

对接的工作岗位	对接培养的职业岗位能力
制单员	1. 能设置 Word 文档的基本格式
	2. 能制作 Word 表格
	3. 能设置 Excel 的数据输入及格式
	4. 能应用 Excel 函数及公式
	5. 能管理与使用 Excel 数据
	6. 能应用图表与数据透视表
物流助理	1. 能进行 Word 图文混排
	2. 能进行 Word 长文档排版
	3. 能创建及美化 PowerPoint 演示文稿
	4. 能设置 PowerPoint 动画及放映

9.4.2 课程目标与内容

1. 课程总目标

本课程主要学习计算机系统的简单操作、Office 软件中 Word、Excel 及 PowerPoint 等软件的操作。通过学习,使学生对各种办公软件有系统的和更加深入的认识,具备较为扎实的计算机系统、文字处理、电子表格、演示文档等相关理论知识。本课程侧重于培养学生办公软件应用的操作能力,培养学生使其成为团结协作、掌握有先进技术和先进技能、适应科技发展需要的技术复合型人才。

2. 课程具体目标

表 9-12 课程教学目标与内容

序号	毕业要求指标点	知识目标	技能目标	素质目标	教学内容
1	掌握计算机操作系统的使用，常用办公软件的运用、中文录入及文本处理	认识 Word 软件界面；说出文字排版基本流程	能设置字体、字号、字符间距、文字效果、段落对齐方式、缩进、行距、项目符号和编号、首字下沉、分栏、边框和底纹等格式	学习新知识的能力；细心的工作意识	文档的基本格式设置
2		认识段落文字的排版常用功能；说出表格的制作过程	能设置特殊符号的插入、日期的插入、表格的创建、边框和底纹的设置和表格属性	举一反三的能力	表格的制作
3		认识如何对报纸、杂志的版面、素材进行规划及分类	能应用文本框、分栏、艺术字、表格、自选图形、图文混排等功能进行排版	创新思维；全局观	图文混排
4		认识长文档排版知识及技巧	能按照规范文件排版长文档	规范操作意识；细心和耐心	Word 长文档排版
5	掌握 Excel 软件的高级应用	认识不同格式数据的输入方法以及使用自动填充、数据有效性序列等功能提高数据输入的效率	能完成单元格格式基本设置以及使用条件格式实现满足一些特殊要求的格式设置	在工作中找规律的意识	Excel 的数据输入及格式设置
6		认识常用 Excel 函数及公式	能应用函数分析信息数据、计算数值、并分析数据中的最高值、最低值、平均值，统计总和值和排名	学以致用的能力	函数及公式的应用
7		认识复杂的 Excel 函数及公式	能通过调用各种函数实现复杂的文本、日期运算	发散思维；融会贯通的能力	函数及公式的提高
8		认识数据的管理与使用的相关知识	能运用 Excel 的筛选、排序、分类汇总功能	全局观；融会贯通的能力	数据的管理与使用
9		认识图表与数据透视表的应用技巧	能通过数据透视表的分析，统计分析单个对象指定时间段的数值，并将数据分析的结果以图表展示	全局观；统筹规划的能力	图表与数据透视表的应用
10	掌握 PowerPoint 软件的高级应用	认识演示文稿的创建及美化技巧	能创建、保存演示文稿、设置幻灯片版式，更改背景，插入多种对象，设置超链接，绘制组织结构图	创新思维；发散思维	创建演示文稿及美化
11		认识演示文稿静态、动态效果的制作方法	能设置设计模板、母版、配色方案、动画效果（动画方案和自定义动画）、幻灯片切换、动作按钮、超链接、放映设置等	学以致用、举一反三的能力	动画及放映设置

表 9-13 课程教学安排

序号	项目（模块）	任务（单元）	教学内容	重点、难点、考核点	学时
1	模块一 Word 高级应用	文档的基本格式设置	1. 文档的基本格式设置 2. 简介制作	**重点**：字体格式设置、段落格式设置 **难点**：首字下沉、边框和底纹	4
2		表格的制作	1. 表格的制作 2. 表格制作	**重点**：表格的创建、边框和底纹的设置 **难点**：表格属性的设置	4

续表

序号	项目（模块）	任务（单元）	教学内容	重点、难点、考核点	学时
3	模块一 Word 高级应用	图文混排	1. 图文混排 2. 小报的制作	**重点**：艺术字、表格、自选图形的应用 **难点**：文本框、自选图形设置	4
4		Word 长文档排版	1. Word 长文档排版 2. 长文档综合排版	**重点**：规范排版文件的解读、长文档排版步骤 **难点**：目录、脚注的制作	6
5	模块二 Excel 高级应用	Excel 的数据输入及格式设置	1. Excel 的数据输入及格式设置 2. 制作通讯录	**重点**：数据输入、单元格格式设置 **难点**：有效性序列、条件格式	4
6		函数及公式的应用	1. 函数及公式的应用 2. 员工培训成绩表的管理	**重点**：最大值、最小值、平均值、求和函数 **难点**：排名函数	4
7		函数及公式的提高	1. 函数及公式的提高 2. 招聘考试成绩分析	**重点**：IF 函数、REPLACE 函数、MID 函数 **难点**：IF 函数的嵌套	4
8		数据的管理与使用	1. 数据的管理与使用 2. 公司销售台账管理	**重点**：Excel 的筛选、排序 **难点**：分类汇总	4
9		图表与数据透视表的应用	1. 图表与数据透视表的应用 2. 公司销售额统计分析 3. Excel 综合实训	**重点**：数据透视表布局、字段选择 **难点**：数据透视表统计分析	8
10	模块三 PowerPoint 稿制作	创建演示文稿及美化	1. 创建演示文稿及美化 2. 公司简介幻灯片制作	**重点**：演示文稿的创建、幻灯片版式的设置，背景的更改 **难点**：对象的插入，组织结构图的绘制	6
11		动画及放映设置	1. 动画及放映设置 2. 产品展示幻灯片制作 3. 综合实训 4. 考试	**重点**：动画效果（动画方案和自定义动画）、幻灯片切换 **难点**：设计模板、母版、配色方案的设置	8

注：每个任务（单元）最多不超过 12 学时。

9.4.3 课程考核

课程考核采用形成性考核（即过程考核）和终结性考核相结合的方式。原则上形成性考核占 50%，终结性考核占 50%。形成性考核可包括但不仅限于课堂考勤、课堂表现、作业、期中测验、单元测验。终结性考核一般指期末考试。期末考试时采用上机考试的形式，主要考核学生计算机操作知识及技能、文字处理相关知识及操作技能、电子表格相关知识及操作技能、演示文档相关知识及操作技能。

9.4.4 实施要求

1. 授课教师基本要求

担任本课程教学任务的教师应具备本科以上学历，拥有助教以上职称，有一定的工作或企业挂职调研经历，具有计算机等级资格证书和高等学校教师资格，爱岗敬业、勤于钻研。

2. 实践教学条件要求

表 9-14 物流信息实训室

实训室名称	物流信息实训室	面积要求	150 m²
序号	核心设备	数量要求	备注
1	计算机	45 台	
2	Office 软件	45 套	2010 版以上

3. 教学方法和策略

（1）教学方法：主要采用项目化教学、案例教学法、工作过程导向教学法、演示法、练习法等教学方法。

（2）教学策略：主要采用行为练习策略，采用网络教学平台实现混合式教学。实施步骤为：明确课程的目的、环节和内容；呈现新信息；控制练习时间，使学生掌握和运用新技能、新结构；对学生进行指导；提供机会使学生独立练习。

4. 教材和数字化资源的选用

表 9-15 "办公软件高级应用"课程教材选用表

序号	教材名称	教材类型	出版社	主编	出版时间
1	《办公自动化高级应用案例教程》	公开出版	电子工业出版社	刘强	2018.02

表 9-16 "办公软件高级应用"课程参考教材选用表

序号	教材名称	教材类型	出版社	主编	出版时间
1	《Office 2010 办公软件高级应用立体化教程》	公开出版	人民邮电出版社	谢宇	2014.08

9.4.5 其 他

无。

9.5 "轨道交通运输法规"课程标准

9.5.1 课程性质与功能定位

1. 课程类型

本课程是城市轨道交通运营管理专业群的一门专业拓展课,是学生在学习了专业知识的基础上,开设的一门理实一体化课程,其功能是对接专业群人才培养目标,面向轨道交通运营相关管理工作岗位,培养学生的法律知识运用能力、增强法律意识与法律素养,并为后续"顶岗实习"课程的学习奠定基础。

2. 课程功能定位

表 9-17 课程功能定位分析

对接的工作岗位	对接培养的职业岗位能力
运输生产的岗位	1. 会用所学的法律知识分析、处理、解决铁路运输合同纠纷
	2. 会运用《铁路法》解决法律问题
	3. 会运用法律知识解决运输纠纷

9.5.2 课程目标与内容

1. 课程总目标

本课程是一门专业拓展课,比较全面、系统地介绍了我国轨道交通运输法规的基本知识。通过本课程的教学工作,使学生了解我国的铁路运输法律法规体系,熟悉合同法律制度及铁路运输合同,掌握用运输法律手段解决运输纠纷的能力,同时为后续专业课的学习以及日后工作奠定初步的法律基础。学生学完本课程后应达到以下要求:

(1)知识:理解《铁路法》的主要条文规定,特别是对铁路运输合同的理解。
(2)能力:掌握依法办理客运业务和处理相关法律问题的方法。
(3)素质:具备客运法律意识,形成良好的法律职业素养。

2. 课程具体目标

具体表述课程的内容及学生应达到的知识目标、技能目标、素质目标,在进行目标表述时应以学生作为行为主体来表述。

表 9-18 课程教学目标与内容

序号	考核指标点	知识目标	技能目标	素质目标	教学内容
1	了解法律常识与我国铁路立法概况	了解宪法内容、民法、刑法基础知识及我国铁路立法存在的问题,理解铁路立法的必要性;了解铁路运输法律关系的概念、构成要素、理解铁路运输法律关系的产生、变更与消灭	能运用宪法、民法及刑法维护自身的权益及分析交通运输中存在的问题,能判断铁路运输法律关系的产生、变更与消灭	以有法可依、有法必依的理念,分析和处理工作中遇到的经济法律问题	法律常识与铁路立法
2	依据《铁路法》办理铁客运乘务及铁路运输	说出铁路运输法规概念、构成、调整对象,理解《铁路法》适用范围及主要内容	能根据《铁路法》依法办理铁路运输业务,能处理铁路运输纠纷与索赔	树立依法治路的思想,将依法治路落实到铁路运输的各项工作和作业中,提高铁路运输法律素养	铁路运输法律规范
3	依据合同法律制度办理客运乘务及铁路运输	了解合同概念、内容,理解合同订立、效力、合同的履行和担保规定,分析合同订立、变更、解除、转让和终止的法律要件及违反合同的责任	能确定合同订立、变更、解除、转让和终止的时机和条件,办理合同的担保,判定无效合同,划分违反合同的责任	树立在市场经济的条件下,转变传统的计划运输为现代的合同运输的观念,按照合同法的原则与条文规定执行	合同法律制度
4	办理客运乘务铁路运输合同业务	了解铁路运输合同概念、特点与构成要素,理解铁路旅客、行李、包裹运输合同相关法律、法规和司法解释的具体条文规定	能依法办理铁路运输合同的订立、变更和解除,明确合同当事人的权利和义务,界定合同违约责任,处理合同纠纷与索赔	依法办理铁路运输合同业务的工作作风,以严谨求实的态度,以事实为依据、以法律为准绳处理铁路运输合同纠纷	铁路运输合同
5	运用合法手段处理铁路运输纠纷	了解纠纷协商、调解、仲裁与诉讼的方法,理解铁路运输法院的诉讼管辖范围和审判程序和索赔时效	能运用诉讼的具体法律规定,正确处理铁路运输合同纠纷与索赔,按照审判程序参与和办理铁路运输诉讼	注重发挥人际沟通在民事纠纷协商、调解中的作用,公正地处理铁路行李、包裹损失和旅客、路外人身损害等纠纷	运输纠纷的解决

表 9-19 课程教学安排

序号	项目(模块)	任务(单元)	教学内容	重点、难点	学时
1	项目1 法律常识与铁路立法	1.1 宪法与民法	1. 法的概念与特征 2. 宪法的基本内容 3. 民法概念和基本原则、民事权利与责任	**重点**:法的特征、宪法保障的基本人权、民法权利与责任 **难点**:民法权利与责任	2
2		1.2 刑法 1.3 我国铁路立法概况	1. 刑法概念与原则、刑法的效力范围、刑罚 2. 中国铁路法律体系中存在的问题 3. 完善铁路立法发展的对策	**重点**:刑法的原则、刑罚、铁路法律体系中存在的问题 **难点**:刑法的效力范围、如何完善铁路立法	2
3		1.4 铁路运输法律关系	1. 铁路运输法律关系的概念与特征 2. 铁路运输法律关系的构成要素 3. 铁路运输法律关系的产生、变更与消灭	**重点**:铁路运输法律关系的构成要素,铁路运输法律关系的产生、变更与消灭 **难点**:铁路运输法律关系的构成要素	2

续表

序号	项目（模块）	任务（单元）	教学内容	重点、难点	学时
4	项目 2 铁路运输法律规范	2.1 铁路运输法律法规概述 2.2 我国铁路运输法律法规体系	1. 铁路运输法律法规概念、构成及调整对象 2. 铁路运输法律法规体系构成、法律适用原则	**重点**：铁路运输法律法规概念、构成及调整对象、法律适用原则 **难点**：铁路运输法律法规体系构成	2
5		2.3 《铁路法》	1.《铁路法》适用范围 2.《铁路法》的主要内容	**重点**：《铁路法》适用范围及法律责任 **难点**：违反《铁路法》的法律责任	2
6		2.4 《铁路法》案例分析与实践	运用《铁路法》分析案例，指出其法律责任	**重点**：法律责任的认定 **难点**：法律依据	2
7	项目 3 合同法律制度	3.1 合同概述 3.2 合同的订立与效力	1. 合同的概念与内容 2. 合同订立原则、当事人资格、形式与程序 3. 合同效力与无效合同的判断	**重点**：合同的内容、合同订立原则，无效合同的识别 **难点**：无效合同的识别	2
8		3.3 合同的履行和担保 3.4 合同的变更、解除、转让和终止	1. 合同履行概念、原则与合同担保形式 2. 合同变更、解除条件、责任，合同转让和终止形式	**重点**：合同担保形式、合同变更、解除条件 **难点**：合同终止形式	2
9		3.5 违反合同的责任	1. 违反合同责任的条件 2. 违反合同责任方式 3. 违约的免责条件	**重点**：违反合同责任的条件，违约的免责条件 **难点**：违约的免责条件	2
10	项目 4 铁路运输合同	4.1 铁路运输合同概述 4.2 铁路行李、包裹运输合同	1. 铁路运输合同概念、特点、构成要素 2. 铁路行李、包裹运输合同概念、内容、变更、解除及赔偿责任	**重点**：铁路运输合同的构成要素、铁路行李、包裹运输合同变更和解除及赔偿责任 **难点**：行李包裹损失赔偿责任	2
11		4.3 铁路旅客运输合同	1. 铁路旅客运输合同的成立和生效、变更 2. 旅客、承运人的权利和义务 3. 铁路对旅客人身伤害的责任	**重点**：旅客、承运人的权利和义务、铁路对旅客人身伤害的责任 **难点**：铁路对旅客人身伤害的责任范围及免责事由	2
12		4.4 铁路对旅客人身伤害赔偿案例分析	1. 铁路对旅客人身伤害责任分析 2. 合同法、铁路法相关条款的理解 2. 法律责任的认定	**重点**：结合铁路法分析责任事故 **难点**：责任的认定	2
13	项目 5 运输纠纷的解决	5.1 运输纠纷的处理与解决	1. 运输协商、调解、仲裁、行政复议基本内容与区别 2. 运输纠纷的诉讼解决	**重点**：协商、调解、仲裁、行政复议与诉讼的区别、诉讼审判程序 **难点**：诉讼管辖、时效	2
14		5.2 运输纠纷解决实践	1. 协商、调解、仲裁、行政复议、诉讼的识别与运用 2. 诉讼审判程序	**重点**：协商、调解、仲裁、行政复议、诉讼手段的正确使用 **难点**：诉讼审判程序	2
15	课程考核	课内考试			2

9.5.3　课程考核

（1）课程考核分为终结性评价和过程评价，关注学生个体差异。

（2）终结性评价（期末考试）采用标准化试题的闭卷考核，占比60%。

（3）过程性考核着重考核学生平时成绩，平时成绩占40%，其包括课件学习（占5%）、课堂考勤（占10%）（迟到、早退一次扣1分，旷课一次扣2分）、课堂活动（占5%）、平时作业（含实训作业）（占20%）等。

9.5.4　实施要求

1. 授课教师基本要求

校内专任教师：主要负责教学组织、授课，具备交通运输类、法律类专业大学本科以上学历，具有高校教师资格证书，拥有3个月以上企业实习、挂职锻炼经历，鼓励教师具备初级以上"双师型"教师资格证书。

校外兼职教师：主要负责法律事务指导，具有本科以上学历、5年以上法律工作和庭审办案经历，熟悉铁道交通运输法规，熟练办理铁路运输法律业务和铁路运输民事纠纷诉讼，具有律师资格证（法律职业资格证书）和律师执业证。

2. 教学方法和策略

（1）教学方法。

主要采用讲授法、演示法、讨论法、读书指导法、举例法等教学方法。

课程教学内容项目化，基于运乘务法律实务以工作任务为驱动开展教学，依据每一任务教学内容的特点，选取教学做一体教学、案例教学、情景教学、现场参观、课内实训等教学方法，提高教学质量。

（2）教学策略。

侧重客运乘务法律业务办理能力和客运乘务法律问题处理能力的培养，为适应拓宽就业岗位，兼顾铁路行车、货运相关法律学习，同时注重知识、能力、素质的协调发展。理论联系实际，引进行业、企业、法律专家参与教学。充分利用网络教学资源，采用信息化教学手段，提高教学效果。

9.6 "公关礼仪"课程标准

9.6.1 课程性质、课程功能定位

1. 课程性质

"公关礼仪"是城市轨道交通运营管理专业的专业拓展课程,是一门实践性和应用性都很强的理实一体课,其功能是对接城轨运营专业(群)人才培养目标,面向轨道交通运营各岗位,培养学生良好的政治思想素质、做人做事礼仪修养及较强的礼仪应用能力,进一步提高学生职业礼仪素质与综合素质能力,为学生后续专业实践服务及服务实习打下非常扎实的基础,为社会企业输送高素质"会做人"的人才。

2. 课程功能定位

表 9-20 课程功能定位分析

对接的工作岗位	对接培养的职业岗位能力	对应岗位的知识点
轨道交通运营各岗位	1. 能运用正确的礼仪处事原则方法修炼个人修养与外在行为	1. 礼仪内涵及其修养特征 2. 礼仪运用原则及修炼
	2. 能遵照礼仪规范服务乘客及拥有良好的为人处世、待人接物能力	1. 见面心理素质及礼仪规范 2. 服务工作礼节礼规要求
	3. 能运用职业场合外在仪表仪容的形象要求,懂得修饰、打扮、塑造	1. 仪表仪容礼仪规范 2. 职业人员仪表仪容要求
	4. 能运用礼仪沟通方法技巧,与乘客进行有效沟通及处理矛盾	1. 语言交谈礼仪规范 2. 有效服务沟通方法技巧
	5. 能够准确表达肢体语言所传递的思想和感情,具备举止端庄、得体大方的气质形象	1. 仪态功能及其礼仪规范 2. 职业人员举止标准要求
	6. 能运用礼仪知识做好服务及事务性场合访送礼规礼节工作	1. 访送礼仪规范 2. 服务接待迎送礼节

9.6.2 课程目标与内容

1. 课程(思政)总目标

以习近平新时代中国特色社会主义思想为指导,以职业岗位需求为切入点,通过学习服务礼仪基本理论与礼仪规范技能训练,使学生掌握与人交往的行为规范及服务工作场合的礼貌、礼节,掌握敬人、自律、适度、真诚的待人处事原则,培养学生具备良好的礼仪修养与较强的服务沟通能力,培育学生理想信念、价值取向、社会责任、为人处世、铁路职业精神,进一步提升学生思想道德品质及职业礼仪核心素养,为社会各行各业输送政治觉悟素质过硬、会做人做事的高技术技能人才。

本课程的考核合格率不低于95%。

2. 课程具体目标

表 9-21 课程教学目标与内容

序号	考核指标点	知识目标	技能目标	素质目标	教学内容	教学资源
1	1. 礼仪内涵 2. 礼仪原则	掌握服务礼仪内涵、功能与运用原则，了解服务礼仪内容及学习方法	初步具备正确的礼仪处事原则方法，具有运用礼仪外化于行的能力	引导学生树立正确的政治方向、价值取向，培育学生践行文明和核心价值观的品德素质	第一讲 服务礼仪概述	课程网站；职教云平台；动画、视频；微课、课件
2	1. 见面心理素质及培养 2. 见面礼节运用	领会自信与微笑心理素质内涵与培养，理解掌握见面礼规礼节内涵及其应用	能够在人际交往、服务工作中鉴行礼仪规范，并增强服务公关意识	引导学生树立高远志向，历练敢于担当的精神，培育学生使其具有勇于奋斗的精神状态、乐观向上的人生态度	第二讲 见面礼仪	课程网站；职教云平台；动画、视频；微课、课件
3	1. 着装原则运用 2. 职业仪表规范运用	理解服饰与人物形象的关系与意义；掌握着装的四大原则及职业场合着装的规范要求	能运用着装原则与正式仪表仪容要求，懂得修饰打扮，塑造职业形象	以美育人、以礼塑人，引导学生树立职业形象的意识，培育学生的审美和核心职业素质	第三讲 服饰礼仪	课程网站；职教云平台；动画、视频；微课、课件
4	1. 职业仪容规范运用 2. 职业仪容修饰操作	掌握职业人士仪容修饰要领	能够运用仪容修饰要领塑造职业人士形象		第四讲 仪容修饰礼仪	课程网站；职教云平台；动画、视频；微课、课件
5	1. 仪态举止规范应用 2. 肢体语言在服务沟通的应用	了解态势语的功能作用，掌握服务人员仪态举止礼仪规范及其内涵	能够准确表达肢体语言所传递的思想和感情的能力，能够洞察解读他人肢体语言的能力	引导学生树立"以知促行、以行求知"真理，培育学生内在气质与外在行为标准合一的职业素质	第五讲 仪态礼仪	课程网站；职教云平台；动画、视频；微课、课件
6	1. 语言谈吐修养应用 2. 沟通方法技巧应用	掌握交谈礼仪规范与要领、方法，掌握与人交谈的沟通技巧	养成文明用语、善于交谈沟通，处理好人际关系与服务沟通工作	引导学生树立文明优质服务意识，培育学生具有良好的语言谈吐修养与聆听沟通能力等职业素质	第六讲 交谈礼仪	课程网站；职教云平台；动画、视频；微课、课件
7	1. 社交访送礼规应用 2. 服务接待礼规应用	领会常见个性的社交类型与特点，操作应用拜访、迎访、待客、送客、馈赠等礼仪规范	能运用礼仪知识做好服务及事务性场合访送礼规礼节工作	培育学生礼尚往来、彬彬有礼的传统美德与人情练达的处事方法	第七讲 访送礼仪	课程网站；职教云平台；动画、视频；微课、课件
8	标准操作见面礼貌礼节	训练操作各种见面礼节规范要领	具有较强的心理素质与礼仪应用能力	培育学生内在自信乐观，外在彬彬有礼的核心职业素质	项目一 见面礼节训练	课程网站；职教云平台；动画、视频；微课、课件
9	熟练操作淡妆与领带系打	训练系打领带与职业化淡妆要领	能运用仪容修饰技巧方法，塑造职业形象	培育学生职业形象之素质	项目二 仪表仪容训练	课程网站；职教云平台；动画、视频；微课、课件

续表

序号	考核指标点	知识目标	技能目标	素质目标	教学内容	教学资源
10	标准操作仪态举止规范	训练站、坐、走、蹲、引导手势等仪态礼仪规范	学以致用仪态规范要领，做到神态举止彬彬有礼，落落大方	培养内在礼仪品行与外在风度气质	项目三 仪态礼仪训练	课程网站；职教云平台；动画、视频；微课、课件
11	修炼语言谈吐，锻炼语言表达表现力	训练敬语敬辞、表达能力及聆听沟通	熟记常用敬语敬辞，具有语言表达能力与非语言表现力，善于有效沟通	培养语言谈吐修养与聆听沟通综合素质	项目四 交谈礼仪训	课程网站；职教云平台；动画、视频；微课、课件

表 9-22 课程教学安排

序号	项目（模块）	任务（单元）	教学内容	重点、难点、考核点	学时
1	第一讲 服务礼仪概述	第一章 服务礼仪概述	1. 礼仪重要性与目的 2. 礼仪内涵、原则及学习方法	**重点**：礼仪重要性、礼仪内涵及原则 **难点**：礼仪内涵应用	2
2	第二讲 见面礼仪	第二章 见面礼仪	1. 自信微笑内涵及其培养 2. 见面礼仪规范及其应用	**重点**：自信微笑内涵及其培养，见面礼规礼节 **难点**：自信微笑的培养，见面礼节操作应用	2
3	项目一 见面礼节训练	第二章 见面礼节训练	见面礼节操作应用	**重点**：见面礼节标准训练与应用 **难点**：见面礼节内涵应用	2
4	第三讲 服饰礼仪	第三章 服饰礼仪	1. 服饰内涵 2. 着装原则 3. 职业着装规范及忌讳	**重点**：着装原则及职业着装规范要求 **难点**：着装内涵与原则应用	2
5	第四讲 仪容修饰	第四章 仪容礼仪	仪容修饰规范技巧	**重点**：职业人士仪容修饰要求 **难点**：职业女士淡妆	1
6	项目二 仪表仪容训练	第四章 仪容礼仪	职业仪容修饰规范技巧	**重点**：男士操作系打领带长度、领结方法，女士职业化淡妆 **难点**：淡妆手法操作	1
7	第五讲 仪态礼仪	第五章 仪态礼仪	1. 仪态功能 2. 站、坐、蹲、走、手势等礼仪规范	**重点**：仪态礼仪功能、仪态礼仪规范 **难点**：仪态礼仪规范应用	2
8	项目三 仪态礼仪训练	第五章 仪态礼仪	站、坐、走、引导手势训练	**重点**：站、坐、行、手势礼仪规范操作及气质的训练 **难点**：良好仪态举止的养成	2
9	第六讲 交谈礼仪	第六章 交谈礼仪	1. 寒暄与敬语 2. 注视与呼应 3. 交谈内容与修饰 4. 聆听与泛听	**重点**：寒暄与敬语、注视与呼应、交谈内容与修饰、聆听与泛听 **难点**：情感呼应与聆听技巧	2
9	项目四 交谈礼仪训练	第六章 交谈礼仪	服务敬语演礼与敬辞以及表达沟通能力等训练	**重点**：服务敬语敬辞的应用及肢体语言沟通表达训练 **难点**：有效沟通效果	2
10	第七讲 访送礼仪	第七章 访送礼仪	1. 常见个性交往类型特点 2. 访送场合待人接物规范	**重点**：个性交际类型特点及其在服务交往中的应用、访送场合待人接物规范 **难点**：接待顾客礼仪规范与沟通	2

续表

序号	项目（模块）	任务（单元）	教学内容	重点、难点、考核点	学时
11	礼仪考试	面试考核	礼仪知识及其应用及求职沟通应聘能力	重点考核礼仪知识的应用与为人处世素养，重点考核求职现场重点条理性与沟通应变能力	2
12	礼仪考试	面试考核	礼仪知识及其应用及求职沟通应聘能力	重点考核礼仪知识的应用与为人处世素养，重点考核求职现场重点条理性与沟通应变能力	2

9.6.3 课程考核

（1）课程考核采用形成性考核（即过程考核）和终结性考核相结合的方式。

（2）终点性考核即为礼仪面试考核，占期评的50%。

面试考核内容分为两大部分：其一是礼仪知识及其应用，其二是服务沟通应用能力。重点考核学生对礼仪知识的实践应用与待人接物素养，重点考核服务、职场沟通应用能力。

（3）形成性考核包括在线作业成绩与课堂考勤、表现、训练，两大部分各占期评的50%。

在线作业网址为：https://ly.ltzy.edu.cn/go.aspx，学生输入"学号""密码"登录系统，默认密码与学号一致。学生登录后，选择作业开始答题，答题操作由客观题（单选题、多选题、判断题）和主观题（简答题）等类型组成，作业的有效期由任课教师后台设定，教师批改作业后，在"成绩"栏显示作业成绩。本课程共有5次在线作业，取5次在线作业的平均成绩作为作业成绩。

课堂考勤表现评定与课堂的出勤情况及课堂训练的表现挂钩。

9.6.4 实施要求

1. 授课教师基本要求

本课程授课教师具有高等学校教师资格，具有过硬的政治思想素质和扎实丰富的礼仪理论功底及优秀的个人修养和气质形象，课前具有现场服务培训经验或经过礼仪专业训练，具备全国礼仪师资培训资格证书。

2. 教学方法和策略

（1）教学方法。

主要采用情景演礼教学法、案例教学法、启发式谈话教学法、项目化训练法和面试考试方法等教学方法。

本课程采用情景演礼教学法、案例教学法、启发式谈话教学法等教学法进行礼仪课堂教学，采用项目化教学法进行礼仪课堂训练，采用面试考试方式进行礼仪考试，将礼仪课程分三大功能模块进行教学，即：课堂演礼教学+操作训练+面试考核。课堂演礼教学突出"礼仪内涵式教学"与"以岗导学"，达到学习礼仪"内化于心，外化于行"的根本目的；礼仪操作训练突出"礼仪实践应用"与"沟通能力"的培养；礼仪面试考核方式既考核礼仪知识的活学活用，也对学生的"内在礼仪修养"与"外在沟通能力、应变能力"等综合素质能力的考核。

（2）教学策略。

在教学过程中，可采用礼仪教育教学平台实现混合式教学，打破单一课堂教学空间限制，形成课内与课外、校内与校外、校园活动与专业专门训练，职前与职后教育、自我学习与教师引导，线上与线下立体式礼仪教学，增强礼仪教学教育的有效性、针对性与可持续性，提高职业院校礼仪教学教育培养质量。